366 meditações

Manhãs com Deus

Publicações
Pão Diário

366 meditações

Manhãs com Deus

Charles Haddon
SPURGEON

Manhãs com Deus
Copyright © 2024 Publicações Pão Diário
Todos os direitos reservados.

Esta obra é parte do devocional
Dia a dia com Spurgeon — manhã e noite: meditações diárias,
por Charles Haddon Spurgeon. © 2015 Publicações Pão Diário

Coordenação editorial: Adolfo A. Hickmann
Edição: Dayse Fontoura, Thaís Soler, Lozane Winter
Revisão: Irene Giglio
Coordenação gráfica e de artes: Audrey Novac Ribeiro
Capa e diagramação: Audrey Novac Ribeiro

Dados internacionais de Catalogação na Publicação (CIP)

SPURGEON, Charles Haddon (1834–1892)
Manhãs com Deus
Curitiba/PR, Publicações Pão Diário, 2024.
1. Teologia prática   2. Vida cristã   3. Religião   4. Meditações   5. Relacionamentos

Proibida a reprodução total ou parcial, sem prévia autorização, por escrito, da editora.
Todos os direitos reservados e protegidos pela Lei 9.610 de 19/02/1998.
Permissão para reprodução: permissao@paodiario.org
Exceto se indicado o contrário, as citações bíblicas são extraídas da edição Revista e
Atualizada de João F. de Almeida © 2009 Sociedade Bíblica do Brasil.

Publicações Pão Diário
Caixa Postal 9740,
82620-981 Curitiba/PR, Brasil
publicacoes@paodiario.org
www.publicacoespaodiario.com.br
Telefone: (41) 3257-4028

WU408 • 978-65-5350-551-3

1.ª edição: 2024
Impresso na China

Escaneie o QR Code e conheça todos os outros materiais disponíveis em nosso site:

publicacoespaodiario.com.br

Prefácio

Imagine a cena:

> É outubro, outono na bela Londres. As árvores exibem um belíssimo matiz de cores, antes que suas folhas caiam completamente, anunciando a iminência do inverno. A pequena sala está iluminada pelos raios solares, que entram pela janela à frente da escrivaninha. O jovem pastor que observava o horizonte em seus tons alaranjados e avermelhados do crepúsculo, volta sua atenção ao movimento das ruas: do outro lado da calçada um sapateiro esmera-se em desenvolver seu mais novo modelo de calçado. Alguns casais passeiam de mãos dadas e as crianças que brincam alegremente param, vez ou outra, para tomar água nos bebedouros de rua. De repente, uma senhora demonstrando desespero dirige-se rapidamente aos telégrafos para enviar uma mensagem urgente, enquanto cavalos puxam uma carroça que traz a madeira cortada pelo hábil lenhador que a dirige.
>
> Esse cenário enche a mente de Spurgeon que, subitamente, toma sua pena, a imerge no tinteiro e começa a registrar aquilo que o Espírito Santo o inspira a escrever. São as primeiras palavras de um dos devocionais mais amados da história da Igreja...

O texto que você tem em mãos é produto das experiências deste grande homem de Deus, que viveu no século 19. Sua caminhada com o Senhor foi marcada pelo grande sucesso ministerial, e também pela luta contra doenças graves desde a juventude, bem como contra a forte oposição que enfrentou dentro da igreja e também no mundo. Todos esses fatores atestam a autoridade desses escritos como inspiradores.

Ao decidirmos fazer uma versão desta obra clássica da literatura cristã em português tivemos que tomar algumas decisões para que sua mensagem tivesse o mesmo efeito em nosso leitor, do que o que tem exercido sobre os leitores da língua inglesa por mais de cem anos. Assim, escolhemos usar linguagem mais moderna, porém buscando manter todas as características históricas do texto original. Você lerá sobre cavalos, colchões de pena, iluminação por velas, lampiões e candeeiros, e estações do ano em épocas diferentes das nossas.

Outra decisão importante foi a de incluirmos notas explicativas no corpo do texto para facilitar a compreensão contextual cada vez que Spurgeon fez referência a livros cristãos e a pessoas que ajudaram a construir a história eclesiástica. Você verá como é interessantíssimo que, apesar de escritas há tanto tempo, essas meditações ainda continuam tão verdadeiras e contemporâneas para o cristão do século 21.

A forma vívida e, muitas vezes poética, como o autor fala sobre pecado, redenção, vida cristã e a segunda vinda de Jesus provoca contrição, um senso profundo de adoração e desejo de maior consagração.

Em cada uma das 366 meditações deste volume, você encontrará palavras de encorajamento, exortação, consolo e esperança. Invista os primeiros momentos da manhã para buscar a orientação de Deus para o seu dia. Ouça o que do Senhor deseja lhe dizer enquanto lê cada uma das meditações deste livro.

Inspire-se!

—*dos editores*

Charles Haddon
SPURGEON
O príncipe dos pregadores

Sem sombra de dúvidas, Charles H. Spurgeon, conhecido como "príncipe dos pregadores", foi um dos maiores evangelistas do século 19. Após mais de 100 anos de sua morte, seu exemplo de fé e prática do evangelho ainda continua inspirando milhares de cristãos ao redor do mundo. Seu entendimento e amor pelas Escrituras, manifesto por meio de suas obras e de sua vida, tem sido referência no contexto dos cursos teológicos de nossa época.

Primogênito entre 16 irmãos, Spurgeon nasceu em 19 de junho de 1834, em Kelvedon, Inglaterra. Devido a dificuldades financeiras de seus pais, passou parte de sua infância com seus avós paternos que o iniciaram na fé cristã. Posteriormente, voltou a morar com os pais em Colchester. Era precocemente notável, leu muitos livros, entre eles *O Peregrino* (Publicações Pão Diário, 2014), de John Bunyan, obra que marcou profundamente sua vida. Ainda na infância, ouviu uma palavra que foi confirmada, posteriormente, durante seus anos de ministério: "Este menino pregará o evangelho a grandes multidões."

Spurgeon buscava um relacionamento genuíno com Cristo. Por isso, dos 14 aos 16 anos, passou por uma crise a respeito de sua salvação. A convicção de pecado perturbava sua alma. Por seis meses ele visitou igrejas, orou e lutou contra a condenação que sentia. Certo dia, devido a uma nevasca, deteve-se em uma congregação, onde ouviu um simples sapateiro levantar-se e ler: "Olhai para mim e sede salvos..." (Isaías 45:22). O pregador repetia a passagem e dizia: "Olhai para mim, e não para vocês mesmos. Olhai para mim, pendurado na cruz, olhai para mim, morto e sepultado." Em seguida, fixando os olhos em Spurgeon, disse: "Moço, olhe para Jesus! Olhe agora"! Spurgeon olhou para Jesus com fé e arrependimento e foi salvo. Por toda a sua vida jamais deixou de olhar para seu Senhor e Salvador.

Após sua conversão, foi batizado e começou a distribuir panfletos e a ensinar crianças na escola dominical em Newmarket. Aos 16 anos pregou seu primeiro sermão em Teversham, e, aos 18, recebeu a incumbência de pastorear uma pequena congregação na cidade de Waterbeach. Aos 20 anos já havia pregado mais de 600 mensagens e fora convidado a pastorear a igreja de New Park Street, na região metropolitana de Londres. Convicto de que era a vontade de Deus para sua vida, aceitou o desafio e passou a liderar um suntuoso templo de 1.200 lugares que contava com pouco mais de 100 pessoas frequentando os cultos.

Entretanto, a popularidade de Spurgeon imediatamente tornou necessária a ampliação do prédio para acomodar os fiéis que ali se reuniam. Mesmo após uma reforma, poucos meses depois, o espaço tornou-se insuficiente, pois multidões ajuntavam-se para ouvi-lo, ao ponto de muitos não conseguirem entrar no templo. Assim, ousadamente, Spurgeon decidiu mudar a igreja para um lugar com acomodação para 12 mil pessoas. No culto de inauguração do grande Tabernáculo Metropolitano, em 18 de março de 1861, houve participação de 10 mil pessoas.

Spurgeon causou muita agitação em Londres. Sua pregação brotou como um manancial no deserto espiritual em que viviam a Inglaterra e outros lugares da Europa naquele tempo. Muitos foram os que beberam dessa fonte aberta por meio da Palavra da verdade e isso causou desconforto a outros religiosos. Alguns o criticavam pelo seu estilo de pregação, enquanto outros o elogiavam. Alguns chegaram a publicar em jornais que duvidavam da conversão de Spurgeon. Porém, mesmo com toda a oposição, o fluxo de pessoas para ouvi-lo era tanto que, em certos periódicos chegou-se a citar que "desde os tempos de George Whitefield e John Wesley, Londres não era tão agitada por um avivalista".

Em pouco tempo ele se tornou uma figura célebre ao redor do mundo e foi reconhecido como uma das mentes mais brilhantes de sua época. Era convidado para ensinar em vários países, pregando uma média de 8 a 12 mensagens por semana. O maior auditório no qual pregou, foi no Crystal Palace, Londres, em 7 de outubro de 1857. Aproximadamente 23.650 pessoas se reuniram naquela noite para ouvi-lo. Certa vez, por causa das grandes multidões que se ajuntavam para vê-lo pregar, teve que rogar àqueles que tivessem ouvido a Palavra nos últimos três meses, que não comparecessem mais, a fim de dar oportunidade a irmãos que ainda não o tivessem ouvido.

Uma das características que chama atenção na vida de Spurgeon é sua disponibilidade em servir ao Senhor de todo o coração, mesmo em meio a adversidade, uma vez que a dor e o sofrimento foram companheiros inseparáveis de sua vida e ministério. Ele foi um pregador excepcional e em todas as coisas provou ser um homem dirigido pelo Espírito Santo. Tinha a capacidade de expor as Escrituras de maneira simples, clara e compreensível. Estudava a Palavra e, em seguida, a comunicava com fluência e eficácia. A oração também foi uma prática contínua ao longo de sua vida. Spurgeon disse, certa vez, à sua congregação: "Que Deus me ajude se deixarem de orar por mim! Que me avisem, pois naquele dia terei de parar de pregar. Deixem-me saber quando se propuserem a cessar suas orações a meu favor, pois então exclamarei: 'Deus, dá-me o túmulo neste dia, e durma eu no pó.'"

Outro aspecto, em seu ministério, era sua força espiritual, o que nos momentos difíceis lhe permitiu seguir em frente e cumprir a obra que Deus lhe confiara. Uma das maiores dificuldades foi a perseguição que sofreu por causa de sua pregação, fidelidade, força, clareza e rigidez quanto à doutrina bíblica, o que resultou em sua pouca aceitação no ambiente religioso de 1856. Contudo, Spurgeon não estava preocupado com seus adversários, sua maior preocupação estava em instruir a igreja com doutrina bíblica forte e eficaz.

Ainda jovem, desenvolveu gota e reumatismo, e quanto mais a idade avançava, mais essas enfermidades o debilitavam. A delicada condição de saúde de sua esposa também era outro fator agravante. Por diversas vezes, Spurgeon teve que se ausentar de seu púlpito por recomendação médica. Nos anos de 1880, foi diagnosticado com bright, uma doença degenerativa e crônica, sem cura. Ao final de seu ministério Spurgeon enfrentou muita oposição, o que desgastou ainda mais sua debilitada saúde. Em 1891, sua condição agravou-se, forçando-o a convidar um pastor dos Estados Unidos para assumir temporariamente a função principal de sua igreja. E em 1892, os sermões de Spurgeon já eram traduzidos para cerca de nove línguas diferentes.

Aos 50 anos de idade, Spurgeon havia sido responsável pela fundação e supervisão de cerca de 66 instituições, incluindo igrejas, escolas, seminários, orfanatos, escolas de pastores, revistas mensais e editoras. Pastoreava uma igreja de milhares de pessoas, respondia uma média de 500 cartas semanalmente, lia seis livros teológicos por semana, e isso, dizia ele, representava apenas metade de suas tarefas. Dentre seus dons estava a capacidade de escrever. Comunicava sua mensagem escrita tão bem quanto a pregava. Publicou 3.561 sermões e 135 livros. Spurgeon ainda deixou a aclamada série de comentários em *O tesouro de Davi* — *comentários aos Salmos* (obra que levou mais de 20 anos para ser concluída — ainda não disponível em português). Até o último dia de pastorado, havia batizado em torno de 14.692 pessoas e preparado centenas de jovens para o ministério. Foi casado com Susanah Thompson, seu amor e inspiração, e teve dois filhos, os gêmeos não-idênticos Thomas e Charles.

Em 7 de junho de 1891 ensinou pela última vez. Suas últimas palavras, no leito de morte, foram dirigidas à sua esposa: "Ó, querida, tenho desfrutado de um tempo muito glorioso com meu Senhor!" Ela, então, exclamou: "Ó, bendito Senhor Jesus, eu te agradeço pelo tesouro que me emprestaste no decurso desses anos." Spurgeon "adormeceu" em Menton, França, em 31 de janeiro de 1892, aos 57 anos. Seu corpo foi transportado para a Inglaterra. Na ocasião de seu funeral — 11 de fevereiro de 1892 — muitos cortejos e cultos foram organizados em Londres. Seis mil pessoas assistiram ao culto memorial. Em seu caixão, uma bíblia estava aberta no texto de sua conversão: "Olhai para mim e sede salvos..." (Isaías 45:22). Em seu simples túmulo, estão gravadas as palavras: "Aqui jaz o corpo de CHARLES HADDON SPURGEON, esperando o aparecimento do seu Senhor e Salvador JESUS CRISTO."

1º de janeiro

"...naquele ano, comeram das novidades da terra de Canaã".
JOSUÉ 5:12

Os cansados andarilhos de Israel estavam espalhados e finalmente chegara o descanso prometido. Nada mais de tendas, serpentes venenosas, amalequitas raivosos e uivos selvagens: haviam chegado à terra onde manava leite e mel e comeram do seu trigo. Talvez este ano, amado leitor, esse seja o seu caso ou o meu. A perspectiva é de alegria e, se a fé for exercitada ativamente, será um ano de puro prazer. Estar com Jesus no descanso reservado ao povo de Deus é, na verdade, uma esperança animadora e, esperarmos esta glória tão cedo, é felicidade dupla. Estremecem os incrédulos no rio Jordão, — que ainda se coloca entre nós e a boa terra, mas temos a certeza de que já vivenciamos mais males do que o pior que a morte pode nos causar. Vamos banir qualquer pensamento temeroso e nos regozijar com enorme alegria na perspectiva de que este ano começaremos a estar "para sempre com o Senhor".

Uma parte das hordas celestiais passará pela terra este ano, para fazer o serviço do seu Senhor. Se isto ocorrer também conosco, não há motivo para este texto de Ano Novo não ser verdadeiro. "Nós, porém, que cremos, entramos no descanso." O Espírito Santo é o penhor de nossa herança; Ele nos concede a antecipação da glória. No céu, os anjos estão em segurança, e também estamos nós, preservados em Cristo Jesus; lá eles triunfam sobre seus inimigos, e nós triunfamos também. Os espíritos celestes desfrutam a comunhão com o seu Senhor e isso não nos é negado; eles descansam em Seu amor e nós temos perfeita paz nele; eles cantam louvores e também é nosso privilégio louvá-lo. Este ano vamos recolher frutos celestiais em solo terreno, onde a fé e a esperança transformaram o deserto em jardim do Senhor. O homem comeu o alimento dos anjos no passado; e por que não agora? Ah, que graça é se alimentar de Jesus e então comer o fruto da terra de Canaã este ano!

2 de janeiro

"Perseverai na oração..."
COLOSSENSES 4:2

É interessante observar como é grande a parte das Escrituras Sagradas que fala da oração, seja fornecendo exemplos, reforçando preceitos ou anunciando promessas. Mal abrimos a Bíblia, lemos: "daí se começou a invocar o nome do SENHOR", e quando estamos prestes a fechar o livro, o "amém" de uma fervorosa súplica chega aos nossos ouvidos. Os casos são abundantes. Aqui encontramos um Jacó em conflito, ali um Daniel que orava três vezes ao dia, e um Davi que, do fundo do seu coração, clamava por seu Deus. Na montanha vemos Elias; na masmorra, Paulo e Silas. Temos uma multidão de mandamentos e uma infinidade de promessas. O que isto nos ensina além da sagrada importância e necessidade da oração? Podemos ter certeza de que tudo o que Deus fez se destacar em Sua Palavra, Ele pretende que seja visível em nossa vida. Se o Senhor falou tanto sobre a oração, é porque sabe o quanto precisamos dela. Nossa necessidade é tão profunda que, até chegarmos ao céu, não devemos parar de orar. Você não quer nada? Então, temo que não tenha consciência de sua pobreza. Não há alguma misericórdia a pedir a Deus? Então, que a misericórdia do Senhor mostre a você a sua miséria! Uma alma sem oração é uma alma sem Cristo. A oração é o balbuciar do bebê, o grito do lutador, o réquiem do santo morrendo em Jesus. É a respiração, a palavra de ordem, o conforto, a força e a honra do cristão. Se você é um filho de Deus, irá procurar a face do Pai e viver em Seu amor. Ore para que este ano você seja santo, humilde, zeloso e paciente; tenha uma comunhão íntima e direta com Cristo e que participe com mais frequência do banquete de Seu amor. Ore para ser um exemplo e uma bênção aos outros, e para que possa viver mais para a glória de seu Mestre. O lema para este ano deve ser: "Perseverai na oração."

3 de janeiro

"...guardar-te-ei e te farei mediador da aliança do povo..."
ISAÍAS 49:8

O próprio Jesus Cristo é a soma e a essência da aliança, e uma de suas dádivas. Ele pertence a todos os que creem nele. Cristão, você consegue imaginar o que recebe em Cristo? "Porquanto, nele, habita, corporalmente, toda a plenitude da divindade." Considere a palavra "Deus" e sua infinitude, e em seguida, medite sobre o "homem perfeito" e toda a sua beleza; tudo o que Cristo, como Deus e homem, teve ou pode ter, é seu — totalmente de graça, passando a ser sua propriedade para sempre. Nosso bendito Jesus, como Deus, é onisciente, onipresente, onipotente. Não o consola saber que todos esses atributos grandes e gloriosos são seus? Ele tem poder? Esse poder é seu para apoiar e fortalecê-lo, para vencer seus inimigos e para preservá-lo até o final. Ele tem amor? Bem, não existe uma gota de amor em Seu coração que não seja sua; você pode mergulhar no oceano imenso de Seu amor e ainda dizer: "É meu". Porventura Ele é justo? Pode parecer um atributo austero, mas até isso é seu, pois Ele, em Sua justiça, garantirá que tudo o que foi prometido a você no pacto da graça, esteja assegurado. E tudo isso que Ele tem como homem perfeito é seu. Como um homem perfeito, a alegria do Pai estava sobre Ele. Foi aceito pelo Altíssimo. Ah, cristão, a aceitação de Cristo por Deus é a sua aceitação; você não sabe que o amor do Pai revelado no Cristo perfeito, está agora em você? Pois tudo o que Cristo fez é seu. Essa justiça perfeita operada por Jesus quando, em Sua vida irrepreensível, guardou a lei e a honrou, é sua e a você é imputada. Cristo está na aliança.

Meu Deus, sou Teu — que conforto divino!
Que bênção saber que o Salvador é meu!
No Cordeiro celestial sou feliz triplamente
E meu coração dança ao som de Teu nome.

4 de janeiro

> *"Antes, crescei na graça e no conhecimento de nosso Senhor e Salvador Jesus Cristo."*
>
> 2 PEDRO 3:18

"Crescei na graça" — não numa graça apenas, mas em toda graça. Cresça naquela graça-raiz, a fé. Creia nas promessas com mais força do que nunca. Permita que a fé cresça em plenitude, constância e simplicidade. Cresça também em amor. Peça que o seu amor possa se tornar maior, mais intenso, mais prático, influenciando cada pensamento, palavra e ação. Da mesma forma, cresça em humildade. Busque ser menor e saber mais sobre sua própria insignificância. À medida que decresce em humildade, busque também crescer para o alto — aproximando-se mais de Deus em oração e tendo um relacionamento mais íntimo com Jesus. Que Deus, o Espírito Santo, o capacite a "crescer no conhecimento de nosso Senhor e Salvador". Aquele que não cresce no conhecimento de Jesus, recusa-se a ser abençoado. Conhecê-lo é "vida eterna" e crescer no conhecimento dele é crescer em felicidade. Aquele que não se empenha em conhecer mais de Cristo, ainda não sabe nada sobre Ele. Quem bebeu desse vinho terá sede por mais, pois embora Cristo satisfaça, ainda assim a satisfação é tamanha, que o apetite é aguçado. Se você conhece o amor de Jesus — assim como o cervo anseia pela água corrente, você também irá almejar o mais profundo de Seu amor. Se não desejar conhecê-lo melhor, então você não o ama, porque o amor sempre grita: "Mais perto, mais perto". A ausência de Cristo é o inferno; mas a presença de Jesus é o céu. Então, não se contente sem um maior conhecimento de Jesus. Busque saber mais sobre Ele em Sua natureza divina, em Seu relacionamento humano, em Seu trabalho consumado, em Sua morte, em Sua ressurreição, em Sua gloriosa intercessão atual e em Seu advento real futuro. Permaneça bem próximo à cruz e descubra o mistério de Suas feridas. Um aumento de amor por Jesus e uma maior compreensão de Seu amor por nós é um dos melhores testes de crescimento na graça.

5 de janeiro

*"E viu Deus que a luz era boa;
e fez separação entre a luz e as trevas."*
GÊNESIS 1:4

A luz pode ser boa, sendo que surgiu daquela declaração de bondade: "Haja luz". Nós, que desfrutamos dela, deveríamos ser mais gratos do que somos, e vermos mais de Deus nela e por ela. A luz física, segundo Salomão, é doce, mas a luz do evangelho é infinitamente mais preciosa porque revela coisas eternas e ministra à nossa natureza imortal. Quando o Espírito Santo nos dá luz espiritual e abre os nossos olhos para contemplar a glória de Deus na face de Jesus Cristo, contemplamos o pecado em suas cores verdadeiras, e a nós mesmos em nossa verdadeira posição; vemos o Santíssimo Deus como Ele se revela, o plano de misericórdia como Ele o propôs e o mundo por vir, como a Palavra descreve. A luz espiritual tem muitos raios e cores prismáticas, mas sejam elas conhecimento, alegria, santidade ou vida, todas são divinamente boas. Se a luz recebida é tão boa assim, como deve ser a luz essencial, e como deve ser glorioso o lugar onde Ele se revela. Ó Senhor, como a luz é tão boa, dê-nos mais dela, e mais de si mesmo, a verdadeira luz.

E tão logo haja uma boa coisa no mundo, uma divisão é necessária. Luz e escuridão não se comunicam; Deus as dividiu, não as confundamos. Filhos da luz não devem ter comunhão com obras, doutrinas ou falsidades das trevas. Os filhos do dia devem ser sóbrios, honestos e corajosos no trabalho de seu Senhor, deixando as obras das trevas para aqueles que devem lidar com elas para sempre. Nossas igrejas devem, por disciplina, separar a luz das trevas, e nós devemos, por nossa distinta separação do mundo, fazer o mesmo. Ao julgar, ao agir, ao ouvir, ao ensinar, ao nos associar, devemos discernir entre o precioso e o vil, e manter a grande distinção que o Senhor fez sobre a terra no primeiro dia. Ó, Senhor Jesus, seja a nossa luz ao longo de todo este dia, pois Tua luz é a luz dos homens.

6 de janeiro

*"Lançando sobre ele toda a vossa ansiedade,
porque ele tem cuidado de vós."*

1 PEDRO 5:7

É um jeito alegre de acalmar a tristeza, quando sinto que "Ele cuida de mim". Cristão! Não desonre a religião mantendo uma testa franzida de preocupação; venha, entregue seu fardo ao seu Senhor. Você está cambaleando com um peso que seu Pai não sentiria. O que lhe parece um fardo pesado, será para Ele apenas um pouco de pó na balança. Nada é tão doce quanto

> Descansar nas mãos de Deus,
> E saber apenas a Sua vontade.

Ó, filho do sofrimento, seja paciente; Deus não lhe negou a Sua providência. Ele, que alimenta os pardais, também lhe dará o que você precisa. Não se entregue ao desespero; tenha esperança, espere sempre. Levante os braços da fé contra o mar de problemas e sua postura deve pôr fim à angústia. Existe Aquele que cuida de você. Seus olhos estão fixos em você, Seu coração bate piedosamente pelo seu infortúnio e Sua mão onipotente trará a ajuda de que precisa. As nuvens mais sombrias devem se dissipar em chuvas de misericórdia. A tristeza mais profunda dará lugar à manhã. Ele, se você fizer parte de Sua família, irá fechar as feridas e curar seu coração partido. Não duvide de Sua graça por causa de sua tribulação, mas acredite que Ele o ama tanto nas temporadas de problemas, como nas horas de alegria. Que vida serena e tranquila você levará se deixar a provisão nas mãos do Deus da providência! Com um pouco de azeite na botija e um punhado de farinha na panela, Elias sobreviveu à fome, e você fará o mesmo. Se Deus tem cuidado de você, por que precisa se preocupar também? É capaz de confiar a Ele sua alma, mas não seu corpo? O Senhor nunca se recusou a aliviar o seu fardo, Ele nunca desabou com o seu peso. Então, venha alma! Não fique inquieta e deixe todas as suas preocupações nas mãos do Deus da graça.

7 de janeiro

"Porquanto, para mim, o viver é Cristo..."
FILIPENSES 1:21

O cristão nem sempre vive para Cristo. Ele começa a fazê-lo quando o Espírito Santo de Deus o convence de seu pecado e quando, pela graça, é levado a ver a morte do Salvador como remissão de sua culpa. A partir do instante de seu novo nascimento celestial, o homem começa a viver para Cristo. Para os cristãos, Jesus é a pérola de enorme valor com quem estamos dispostos a compartilhar tudo o que temos. O Mestre ganhou nosso amor de tal forma, que nosso coração pulsa apenas por Ele; por Sua glória viveríamos, e morreríamos em defesa do evangelho; Ele é o padrão de nossa vida e o modelo a partir do qual devemos esculpir nosso caráter. As palavras de Paulo significam mais do que muitos homens pensam; elas indicam que o objetivo e a finalidade de sua vida era Cristo — ou melhor, que a vida de Paulo era Jesus. Nas palavras de um santo da antiguidade, ele comia, bebia e dormia a vida eterna. Jesus era sua respiração, a alma de sua alma, o coração de seu coração, a vida de sua vida. Como um cristão professo, você pode dizer que vive dessa maneira? Pode falar honestamente que para você o viver é Cristo? Seus negócios: você os está realizando por Cristo? Não são feitos por engrandecimento pessoal e por vantagem familiar? Você pergunta: "Esta é a razão principal?" Para um cristão, é. Ele professa viver para Cristo; como pode viver por outro objetivo sem cometer adultério espiritual? Há muitos que vivenciam esse princípio de alguma maneira; mas quem pode ousar dizer que viveu totalmente para Cristo como o apóstolo fez? No entanto, isso, por si só, é a verdadeira vida de um cristão — sua origem, seu sustento, seu jeito de ser, seu fim, tudo reunido em um nome — Cristo Jesus. "Senhor, aceita-me; aqui me apresento, orando por viver apenas em ti e para ti. Deixa-me ser como o novilho que se coloca entre o arado e o altar, para trabalhar ou para ser sacrificado; e permita que meu lema seja: 'Pronto para qualquer um deles.'"

8 de janeiro

> "...a iniquidade concernente às coisas santas..."
> ÊXODO 28:38

Que véu é levantado por estas palavras, e que declaração é feita! Será humilhante e proveitoso para nós fazermos uma pausa e observar esta triste visão. As iniquidades da nossa adoração pública, hipocrisia, formalidade, indiferença, irreverência, o coração vagando e o esquecimento de Deus, que medida completa temos aí! Nosso trabalho para o Senhor, concorrência, egoísmo, descuido, negligência, incredulidade, que massa de profanação está aí! Nossas devoções individuais, prostração, frieza, negligência, sonolência e vaidade, que montanha de terra árida! Se olharmos com mais cuidado, devemos descobrir que essa iniquidade é muito maior do que aparenta à primeira vista. O Dr. Payson [N.E.: Pregador norte-americano do século 18], escrevendo ao seu irmão, diz: "Minha paróquia, assim como meu coração, muito se assemelha ao jardim do preguiçoso; e o que é pior, acho que muito dos meus desejos de melhorar ambos vêm, do orgulho, da vaidade ou da indolência. Eu olho para as ervas daninhas que se espalham pelo meu jardim e expiro um desejo sincero de que sejam erradicadas. Mas por quê? O que move esse desejo? Talvez eu queira poder sair e dizer a mim mesmo: 'Como meu jardim está bem cuidado!' Isso é orgulho. Ou, talvez sejam meus vizinhos que possam olhar pelo muro e dizer: 'Como o seu jardim floresce!' Isso é vaidade. Ou eu talvez queira a destruição das ervas daninhas porque estou cansado de tirá-las. Isso é indolência." Então, até mesmo nossos desejos por santidade podem ser poluídos por motivos vis. Os vermes se escondem sob os gramados mais verdes; não precisamos procurar muito para descobri-los. Como é animadora a ideia de que, quando o Sumo Sacerdote suportou a iniquidade das coisas santas, Ele usou em Sua testa as palavras: "Santidade ao Senhor", e mesmo enquanto Jesus carrega o nosso pecado, Ele apresenta diante de Seu Pai, não a nossa profanação, mas Sua própria santidade. Ó, que graça é ver nosso grande Sumo Sacerdote pelos olhos da fé!

9 de janeiro

"...eu serei o seu Deus..."
JEREMIAS 31:33

Cristão! eis tudo o que você pode precisar. Para ser feliz, você quer algo que o satisfaça: e isso não é suficiente? Se você puder derramar essa promessa em seu copo, porventura não dirá como Davi: "Meu cálice transborda", eu tenho mais do que o coração pode desejar? Quando isso acontecer, "eu serei o seu Deus" você não possuirá todas as coisas? O desejo é insaciável como a morte, mas aquele que cumpre tudo em todos, pode preenchê-lo. Quem pode medir a capacidade de nossos desejos? A riqueza incomensurável de Deus pode mais do que transbordá-la. Então lhe pergunto, você não está completo com Deus? Quer alguma coisa além de Deus? Ele não é suficiente o bastante para satisfazê-lo, se tudo mais falhar? Mas você quer mais do que satisfação tranquila, quer prazer arrebatador. Venha, alma, eis a música do céu para você, porque Deus é o Criador do céu. Nem toda música que brota de instrumentos de sopro ou de corda, pode produzir uma melodia tão doce quanto essa promessa: "Eu serei o seu Deus." Eis um mar profundo de alegria, um oceano ilimitado de prazer; vem, banhe seu espírito nele; nade sem parar e não encontrará margem; mergulhe por toda a eternidade, e não achará o fundo. "Eu serei o seu Deus." Se isso não provocar um brilho em seus olhos nem seu coração bater mais forte de felicidade, então certamente sua alma não está saudável. Mas você quer mais do que os prazeres atuais; almeja algo sobre o qual possa exercitar a esperança; e o que mais pode esperar do que o cumprimento dessa grande promessa, "Eu serei o seu Deus?" Essa é a obra-prima de todas as promessas; sua alegria cria um céu aqui e fará um céu lá em cima. Habite na luz do seu Senhor e deixe sua alma ser arrebatada por Seu amor. Saia dessa banha e gordura que o seguram. Viva de acordo com os privilégios e regozije-se com uma alegria indescritível.

10 de janeiro

"Já agora a coroa da justiça
me está guardada..."
2 TIMÓTEO 4:8

Você duvida e diz com frequência: "Tenho medo de nunca entrar no céu." Não tenha medo! Todos os filhos de Deus entrarão lá. Gosto muito da história de um moribundo que exclamou: "Não tenho medo de voltar para casa; mandei todos antes de mim; o dedo de Deus está no trinco da minha porta e estou pronto para deixá-lo entrar." "Mas", disse alguém: "Não está com medo de ter perdido sua herança?" "Não", ele respondeu, "há uma coroa no céu, que o anjo Gabriel não pode usar, e ela só caberá em minha cabeça. Há um trono no céu, onde o apóstolo Paulo não pode se sentar, ele foi feito para mim e vou usá-lo." Ah, cristão, que pensamento alegre! Sua porção está reservada; "lá está o descanso". "Mas eu não posso perder isso?" Não, é inalienável. Se sou filho de Deus, não perderei. É tão certo que será meu, como se eu já estivesse lá. Venha comigo, cristão, vamos nos sentar no topo do Nebo e olhar a terra fértil, até Canaã. Vê aquele pequeno rio de morte brilhando à luz do sol, e além dele, vê os pináculos da cidade eterna? Percebe o país agradável e todos os seus alegres habitantes? Saiba, então, que se pudesse voar até lá, veria escrito sobre uma de suas muitas mansões, "está reservado para tal pessoa; apenas para ela. Ela deve ser trazida para habitar eternamente com Deus". Pobre duvidoso, veja a herança, é sua. Se você crê no Senhor Jesus, se está arrependido do pecado, se o seu coração foi renovado, se é um dos filhos do Senhor, então há um lugar reservado para você, uma coroa guardada para você, uma harpa especialmente feita para você. Ninguém receberá o que é seu, está reservado para você no céu. E terá tudo isso em breve, porque não haverá tronos vazios na glória quando todos os escolhidos estiverem reunidos.

11 de janeiro

> "...estes não têm raiz..."
> LUCAS 8:13

Minh'alma, examine-se esta manhã à luz desse texto. Você recebeu a palavra com alegria; ela mexeu com sua emoção e causou uma impressão vívida; mas lembre-se: receber a palavra com os ouvidos é uma coisa, e receber Jesus em sua alma é bem outra; emoções superficiais normalmente estão associadas ao endurecimento de coração, e uma impressão vívida da Palavra nem sempre é duradoura. Na parábola, uma das sementes cai sobre um chão de pedras coberto por uma fina camada de terra; quando a semente começou a criar raiz, ela esbarrou na pedra dura, e então, esta passou a colocar toda a sua força em empurrar o broto verde o mais alto possível, mas não tendo umidade interior vinda do alimento da raiz, a planta secou. É esse o meu caso? Tenho demonstrado uma aparência piedosa sem ter uma vida interior correspondente? O bom crescimento acontece para cima e para baixo ao mesmo tempo. Estou enraizado em sincera fidelidade e amor a Jesus? Se meu coração permanece endurecido e não fertilizado pela graça, a boa semente pode germinar durante uma estação, mas, por fim, secará, pois não pode florescer num coração endurecido, intacto, não santificado. Conceda-me temer uma santidade tão rápida no crescimento, quanto carente em resistência, semelhante à planta de Jonas; conceda-me falar do preço de ser um seguidor de Jesus, acima de tudo, conceda-me sentir a força de Seu Santo Espírito, e então terei uma semente duradoura e resistente em minha alma. Se minha mente permanece tão inflexível quanto era por natureza, o sol do julgamento vai queimar, e meu duro coração ajudará a aumentar terrivelmente o calor sobre a semente mal coberta, e minha religião logo morrerá, e meu desespero será terrível. "Entretanto, ó Semeador celeste, que eu seja arado primeiro, e então, lançada a verdade sobre mim, e me permita render uma colheita abundante."

12 de janeiro

> *"...e vós, de Cristo..."*
> 1 CORÍNTIOS 3:23

E vós de Cristo." Você é dele por doação, porque o Pai o deu ao Filho; comprado por sangue, porque Ele pagou o preço por sua redenção; é dele por dedicação, porque você consagrou sua vida a Ele; por parentesco, porque recebeu o Seu nome e foi feito um de Seus irmãos e coerdeiros. Trabalhe praticamente para mostrar ao mundo que você é o servo, o amigo, a noiva de Jesus. Quando tentado a pecar, responda: "Não posso fazer tamanha maldade, porque sou de Cristo." Princípios imortais proíbem o amigo de Cristo de pecar. Quando a riqueza estiver diante de você para ser conquistada de forma pecaminosa, diga que é de Cristo e não a toque. Está exposto a dificuldades e perigos? Permaneça firme no dia ruim, lembrando que é de Cristo. Foi colocado entre outros que ficam de braços cruzados, sem fazer nada? Levante-se para trabalhar com todas as suas forças; e quando o suor escorrer em seu rosto e for tentado a esmorecer, grite: "Não, não posso parar, porque sou de Cristo. Se não tivesse sido comprado por sangue, talvez eu fosse como Issacar, agachado entre dois fardos, mas sou de Cristo e não posso parar." Quando o canto de prazer da sereia tentar tirar você do caminho certo, responda: "Sua música não pode me enfeitiçar; eu sou de Cristo." Quando a causa de Deus o chamar, entregue seus bens e a si mesmo, porque você é de Cristo. Nunca esconda o que professa. Seja sempre um daqueles cujo comportamento é cristão, cujo discurso é como o do Nazareno, cuja conduta e conversa é tão impregnada do céu, que todos os que o virem saberão que é do Salvador, reconhecendo em você Suas feições de amor e Seu semblante de santidade. "Eu sou um romano!" era um motivo de integridade; muito mais, então, que seja o seu argumento de santidade: "Eu sou de Cristo!".

13 de janeiro

"Fez Josafá navios de Társis, para irem a Ofir em busca de ouro; porém não foram, porque os navios se quebraram em Eziom-Geber."
1 REIS 22:49

Os navios de Salomão voltaram em segurança, mas os barcos de Josafá nunca chegaram à terra do ouro. A providência prospera um e frustra o desejo do outro na mesma questão e no mesmo lugar, contudo o Grande Soberano é tão bom e sábio em um tempo como no outro. Hoje, ao nos lembrarmos deste texto, que possamos ter a graça de bendizer ao Senhor pelos barcos quebrados em Eziom-Geber, assim como pelos navios fretados com bênçãos temporais; que não invejemos os que têm mais sucesso, nem choremos por nossas perdas como se estivéssemos sendo especialmente testados. Como Josafá, sejamos especiais aos olhos do Senhor, embora nossos planos acabem em desapontamento.

O motivo secreto da perda de Josafá também é digno de atenção, uma vez que é o caminho de boa parte do sofrimento do povo do Senhor; foi sua aliança com uma família pecadora, sua amizade com pecadores. Em 2 Crônicas, a Bíblia relata que o Senhor enviou um profeta para declarar: "Porquanto te aliaste com Acazias, o SENHOR destruiu as tuas obras" (20:37). Foi um castigo paterno que, aparentemente, se tornou uma bênção para ele, já que no versículo seguinte de nossa leitura, o encontramos recusando-se a permitir que seus servos navegassem nos mesmos barcos com aqueles do rei malvado. Deus queria que a experiência de Josafá fosse um alerta para o restante do povo do Senhor, para que evitassem o jugo desigual com os incrédulos! Uma vida infeliz é normalmente o que acontece àqueles que se unem em matrimônio, ou em qualquer outra forma que escolham, com homens do mundo. Ó, por amor a Jesus, que sejamos santos, inocentes, imaculados e separados dos pecadores; pois se assim não for conosco, podemos esperar escutar muitas vezes, "o SENHOR destruiu as tuas obras".

14 de janeiro

"...poderoso para salvar."
ISAÍAS 63:1

Entendemos as palavras "para salvar" como toda a grande obra da salvação, desde o primeiro desejo santo até a santificação completa. As palavras são *multum in parro*: na verdade, aqui está toda a misericórdia em palavras. Cristo não apenas é "poderoso para salvar" aqueles que se arrependem, mas também é capaz de fazer os homens se arrependerem. Ele levará os que creem para o céu; mas Ele é, além disso, poderoso para dar um novo coração aos homens, e operar a fé neles. Ele é poderoso para fazer o homem que detesta a santidade, amá-la, e compelir aquele que despreza o Seu nome, a ajoelhar-se diante dele. Não, esse não é todo o sentido, pois o poder divino é igualmente visto no após. A vida de um cristão é uma série de milagres forjados pelo "Deus Poderoso". O arbusto queima, mas não se consome. Ele é poderoso para manter Seu povo santo e para preservá-lo em Seu temor e amor até consumar sua existência espiritual no céu. O poder de Cristo não está em converter um cristão e, então, deixá-lo para que se transforme sozinho; mas aquele que começa a boa obra, a leva adiante; Ele, que concede o primeiro germe de vida numa alma morta, prolonga a existência divina e a fortalece até que rompa todo e qualquer vínculo com o pecado, e a alma deixe a Terra, aperfeiçoada em glória. Cristão, isso é encorajamento. Você está orando por algum amado? Ah, não desista de suas orações, pois Cristo é "poderoso para salvar". Você é incapaz de recuperar o rebelde, mas seu Senhor é Todo-Poderoso. Segure esse braço poderoso e o levante para levar adiante a Sua força. Sua própria situação o incomoda? Não tema, pois Sua força é suficiente para você. Seja para começar com outros ou para levar adiante a obra em você, Jesus é "poderoso para salvar", a melhor prova disso está no fato de Ele ter salvado você. Que maravilhoso descobrir que Ele não é poderoso apenas para destruir!

15 de janeiro

"...faze como falaste."
2 SAMUEL 7:25

As promessas de Deus não devem ser postas de lado como papel velho; são destinadas ao uso. O ouro de Deus não é dinheiro do avarento, mas cunhado para ser negociado. Nada agrada mais ao nosso Senhor do que ver Suas promessas em circulação; Ele ama ver Seus filhos trazendo-as e dizendo: "Senhor, faze como falaste." Glorificamos a Deus quando rogamos por Suas promessas. Você acha que Deus ficará mais pobre por dar-lhe as riquezas que prometeu? Sonha que Ele será menos santo ao dar-lhe santidade? Imagina que Ele será menos puro lavando você de seus pecados? Ele disse: "Vinde, pois, e arrazoemos, diz o SENHOR; ainda que os vossos pecados sejam como a escarlata, eles se tornarão brancos como a neve; ainda que sejam vermelhos como o carmesim, se tornarão como a lã." A fé se apega à promessa de perdão e não protela dizendo: "Esta é uma promessa preciosa, será que é verdadeira?", mas vai direto ao trono com ela e clama: "Senhor, eis a promessa, 'faze como falaste'". Nosso Senhor responde: "Seja feito como você deseja." Quando um cristão agarra uma promessa, se não levá-la a Deus, ele o desonra; quando ele corre para o trono da graça e grita: "Senhor, não tenho nada a meu favor além disso, 'faze como falaste'", então seu pedido deve ser atendido. Nosso Banqueiro celeste se alegra em descontar Seus próprios cheques. Nunca deixe uma promessa enferrujar. Tire a palavra de promessa de sua bainha e use-a com veemência santa. Não pense que Deus será perturbado por você, inoportunamente, ficar lembrando-o de Suas promessas. Ele ama ouvir os gritos das almas necessitadas. Ele tem prazer em conceder favores. Ele está mais pronto para ouvir, do que você para pedir. O sol não se cansa de brilhar, nem a fonte de jorrar. É da natureza de Deus cumprir Suas promessas; então vá de uma vez ao trono com "faze como falaste".

16 de janeiro

> *"...eu te ajudo, diz o Senhor..."*
> ISAÍAS 41:14

Esta manhã, vamos ouvir o Senhor Jesus dizer a cada um de nós: "Eu o ajudo". "É algo simplesmente pequeno para mim, seu Deus, ajudá-lo. Pense no que Eu já fiz. O quê! não o ajudei? Pois o comprei com o meu sangue. O quê! não o ajudei? Eu morri por você e, se fiz o maior, não faria o menor? Ajudar você! É o mínimo que farei; Eu fiz mais, e farei mais. Antes do início do mundo, o escolhi. Fiz o pacto por você. Deixei minha glória de lado e me tornei homem por você; abri mão da minha vida por você; e se fiz isso tudo, certamente o ajudarei agora. Ao ajudá-lo, estarei lhe dando o que Eu já comprei para você. Se precisar de ajuda mil vezes, Eu darei; você pede pouco comparado ao que estou pronto para dar. Esse muito que você precisa não é nada para Eu lhe dar. 'Eu o ajudo?' Não tema! Se houvesse uma formiga à porta do seu celeiro pedindo ajuda, não o arruinaria lhe dar um punhado do seu trigo; e você não é nada além de um pequeno inseto à porta da minha plena suficiência. 'Eu o ajudo.'"

Ó minha alma, isso não é suficiente? Você precisa de mais força do que a onipotência da Santa Trindade? Quer mais sabedoria do que existe no Pai, mais amor do que se mostra no Filho, ou mais poder do que é manifesto na influência do Espírito? Traga o seu jarro vazio! Certamente esse poço o encherá. Venha depressa, reúna seus desejos e traga-os para cá — seu vazio, seus problemas, suas necessidades. Eis que esse rio de Deus está cheio para abastecer você; o que mais poderá desejar? Vá em frente, minha alma, nessa sua força. O Deus Eterno é o seu socorro!

Não temas, eu sou contigo; ah, não te assombres!
Eu, eu sou teu Deus; eu ainda te darei ajuda.

17 de janeiro

"Olhei, e eis o Cordeiro em pé sobre o monte Sião..."
APOCALIPSE 14:1

O apóstolo João teve o privilégio de olhar através dos portões do céu e, ao descrever o que viu, começou dizendo: "Olhei, e eis o Cordeiro!" Isso nos ensina que o objeto principal de contemplação no estado celeste é "o Cordeiro de Deus, que tira o pecado do mundo". Nada atraiu tanto a atenção do apóstolo quanto a pessoa daquele Ser Divino, que nos redimiu com Seu sangue. Ele é o tema dos cânticos de todos os espíritos glorificados e dos santos anjos. Cristão, eis a sua alegria; você olhou e viu o Cordeiro. Por entre as suas lágrimas, seus olhos viram o Cordeiro de Deus tirando os seus pecados. Regozije-se então. Mais um pouco, quando seus olhos estiverem secos das lágrimas, verá o mesmo Cordeiro exaltado em Seu trono. Essa é a alegria de seu coração ao manter comunhão diária com Jesus; você terá a mesma alegria num grau mais elevado no céu, pois desfrutará da visão constante de Sua presença; você irá morar com Ele para sempre. "Olhei, e eis o Cordeiro!" Ora, aquele Cordeiro é o próprio céu, como disse o bom Rutherford [N.E.: Teólogo presbiteriano escocês (1600–61)]: "O Céu e Cristo são a mesma coisa"; estar com Cristo é estar no céu, e estar no céu é estar com Cristo. Aquele prisioneiro do Senhor escreve muito docemente em um de seus brilhantes textos — "Ó meu Senhor Jesus Cristo, se eu pudesse estar no céu sem ti, seria um inferno; e se eu estivesse no inferno e ainda tivesse a ti, seria um céu para mim, pois és todo o céu que eu quero." É verdade, não é, cristão? A sua alma não diz o mesmo?

Nem todas as harpas acima
Podem fazer um lugar celestial
Se Deus retirar Sua residência
Ou esconder a Sua face.

Tudo o que você precisa para ser abençoado, supremamente abençoado, é "estar com Cristo."

18 de janeiro

"Portanto, resta um repouso para o povo de Deus."
HEBREUS 4:9

Como será diferente do que é aqui, o estado do cristão no céu! Aqui ele nasce para trabalhar e se cansar, mas na terra do imortal, a fadiga não é conhecida. Ansioso para servir seu Mestre, o cristão descobre que sua força é desigual ao seu zelo: seu grito constante é, "ajuda-me a servir-te, ó meu Deus". Se ele for bem ativo, terá muito trabalho; não demais para sua vontade, porém mais do que suficiente para o seu poder, então ele gritará: "Não estou cansado do trabalho, mas estou cansado nele". Ah, cristãos, o dia quente de cansaço não dura para sempre, o sol está quase no horizonte; ele deverá nascer de novo com um dia mais claro do que vocês jamais viram na terra onde servem a Deus dia e noite, e ainda descansarão de seus trabalhos. Aqui, o descanso é parcial, lá, é perfeito. Aqui, o cristão está sempre perturbado, sente que ainda não alcançou o objetivo. Lá, tudo é descanso; alcançaram o topo da montanha; ascenderam ao seio de seu Deus. Não poderão ir mais alto. Ah, trabalhador desgastado, pense apenas em quando terá descanso para sempre! Não consegue conceber isso? É um descanso eterno; um descanso que "repousa". Aqui, minhas melhores alegrias trazem escrito em sua fronte "mortal"; minhas flores murcham; meus copos delicados desgastam; meus pássaros mais doces caem perante as flechas da morte; meus dias mais prazerosos são ofuscados em noites; e as marés da minha felicidade desaparecem em fluxos de tristeza; mas lá tudo é imortal; a harpa permanece sem ferrugem, a coroa de louros não seca, o olho não esmaece, a voz continua firme, o coração não se abala e o ser imortal é totalmente absorvido no prazer infinito. Que dia feliz!

Feliz, quando a mortalidade for engolida pela vida e o Sábado Eterno começar.

19 de janeiro

> *"...busquei-o e não o achei."*
> CÂNTICO DOS CÂNTICOS 3:1

Diga-me onde você perdeu a companhia de Cristo, e eu lhe direi o lugar mais provável de encontrá-lo. Você perdeu Cristo no quarto, orando menos? Então é onde você deve procurar e se reencontrar com Ele. Você perdeu Cristo ao pecar? Não encontrará Cristo de outra forma que não seja se afastando do pecado e buscando o Espírito Santo para dominar o membro no qual a luxúria habita. Você perdeu Cristo negligenciando as Escrituras? Encontrará Cristo nas Escrituras. Este é um ditado verdadeiro: "Procure por algo onde você o deixou, e estará lá." Então, procure por Cristo onde o perdeu, pois Ele não foi embora. Mas é um trabalho árduo voltar para Cristo. O autor John Bunyan descreve sobre um peregrino que achou que uma parte da estrada de volta para o Desfiladeiro Dificuldade, onde ele perdeu seu pergaminho, fora a mais difícil por onde já havia viajado. Seguir 30 quilômetros à frente é mais fácil do que voltar dois quilômetros para buscar um objeto perdido.

Cuidado, então, quando encontrar o seu Mestre, agarre-se a Ele. Mas como você o perdeu? Alguém poderia pensar que você jamais se afastaria de um amigo tão precioso, cuja presença é tão doce, cujas palavras são tão reconfortantes, e cuja companhia lhe é tão preciosa! Como pode não olhar para Ele a todo instante com medo de perdê-lo de vista? Ainda assim, mesmo que o tenha deixado ir, que bênção que você o esteja buscando, ainda que gemendo tristemente, "ó, que eu saiba onde posso encontrá-lo!" Continue procurando, porque é perigoso ficar sem o seu Senhor. Sem Cristo você é como uma ovelha sem o pastor; como uma árvore sem água para as raízes; como uma folha solta na tempestade, que não está ligada à árvore da vida. Com todo o seu coração, busque-o, e você o encontrará; apenas entregue-se completamente à busca e, na verdade, você o descobrirá para sua alegria e júbilo.

20 de janeiro

> *"...Abel foi pastor de ovelhas..."*
> GÊNESIS 4:2

Como pastor, Abel santificou seu trabalho para a glória de Deus e ofereceu um sacrifício de sangue em seu altar, e o Senhor respeitou Abel e sua oferta. Este símbolo inicial de nosso Senhor é extremamente claro e distinto. Como o primeiro raio de luz que tinge o leste ao nascer do sol, que não revela tudo, mas manifesta claramente o fato de que o sol está chegando. Quando vemos Abel, um pastor e também um sacerdote, oferecendo um sacrifício doce a Deus, discernimos nosso Senhor, que traz perante Seu Pai um sacrifício o qual Jeová sempre respeitou. Abel foi odiado por seu irmão — odiado sem motivo; e da mesma forma foi o Salvador: o homem natural e carnal odiou o Homem aceito, em quem o Espírito da graça estava, e não descansou enquanto Seu sangue não foi derramado. Abel caiu e salpicou seu altar e sacrifício com o próprio sangue, e aí está a demonstração do Senhor Jesus morto pela inimizade do homem, enquanto servia como sacerdote do Senhor. "O bom pastor dá a vida pelas ovelhas." Choremos por Ele ao o vermos morto pelo ódio da humanidade, manchando as bordas de Seu altar com Seu próprio sangue. O sangue de Abel fala. "E disse Deus: [...] 'A voz do sangue de teu irmão clama da terra a mim'". O sangue de Jesus tem voz poderosa e o clamor de Seu grito não é de vingança, mas de misericórdia. É mais precioso do que toda a riqueza, estar no altar de nosso bom Pastor! Nós o vemos ali sangrando como o sacerdote massacrado, e então ouvimos Seu sangue falando de paz para todo o Seu rebanho, paz em nossa consciência, paz entre os judeus e os gentios, paz entre o homem e seu Criador ofendido, paz por toda a eternidade aos homens lavados em sangue. Abel é o primeiro pastor em ordem cronológica, mas nosso coração deve sempre colocar Jesus em primeiro lugar, em ordem de importância. "Grande Pastor de ovelhas, nós, o povo de Teu rebanho, te bendizemos com todo o nosso coração, quando vemos que morreste por nós."

21 de janeiro

"E, assim, todo o Israel será salvo..."
ROMANOS 11:26

Então Moisés cantou diante do mar Vermelho; foi uma alegria saber que todo Israel estava a salvo. Nenhuma gota vazou da sólida parede até que o último abençoado israelita tivesse posto seu pé em segurança do outro lado do mar. Isso feito, imediatamente as muralhas de água se dissolveram voltando para seu lugar, mas não antes. Parte daquela canção era: "Com a tua beneficência guiaste o povo que salvaste". Na última vez, quando os eleitos cantarem o cântico de Moisés, dos servos de Deus e do Cordeiro, deverá ser para a glória de Jesus, "não perdi nenhum dos que me deste". No céu não deverá haver um trono vago.

Pois todo o povo escolhido
Se encontrará ao redor do trono
Bendirá a Sua graça,
E tornará Sua glória conhecida.

Os muitos que Deus escolheu, os muitos que Cristo redimiu, os muitos chamados pelo Espírito, os muitos que creem em Jesus, devem atravessar o mar dividido com segurança. Ainda não estamos todos em terra firme:

Parte do grupo atravessou a correnteza,
E parte está atravessando agora.

A linha de frente do exército já alcançou a costa. Estamos marchando através das profundezas; hoje estamos seguindo nosso Líder no coração do oceano. Tenhamos bom ânimo; em breve a retaguarda estará onde já está a linha de frente; o último dos escolhidos logo deverá ter cruzado o oceano, e então será ouvido o cântico de triunfo, quando todos estiverem em segurança. Mas, ó! se um estiver ausente — ah! se um de Sua família escolhida for deixado para trás — haverá uma dissonância duradoura no cântico dos redimidos, e as cordas das harpas do paraíso serão cortadas, pois essa música jamais poderia sair delas.

22 de janeiro

> *"Filho do homem, por que mais é o sarmento de videira que qualquer outro, o sarmento que está entre as árvores do bosque?"*
>
> EZEQUIEL 15:2

Estas palavras são para o povo humilde de Deus; eles são chamados de vinha de Deus, mas o que são eles, por natureza, mais do que os outros? Eles, pela bondade de Deus, se tornaram fecundos, tendo sido plantados em um bom solo; o Senhor os treinou dentro das paredes do santuário e eles frutificaram para Sua glória; mas o que são sem seu Deus? O que são sem a influência contínua do Espírito gerando fecundidade neles? Ah, cristão, aprenda a rejeitar o orgulho vendo que você não tem motivo para isso. Seja o que você for, não há nada para deixá-lo orgulhoso. Quanto mais você tem, mais está em débito com Deus; e não deveria ter orgulho do que lhe faz um devedor. Considere sua origem; olhe para o que era. Considere o que seria sem a divina graça. Olhe para si como você é agora. Sua consciência não o reprova? Suas mil andanças não se colocam à sua frente, dizendo que não é digno de ser chamado Seu filho? E se Ele fez de você alguma coisa, não ensinou que é a graça que o faz diferente? Grande cristão, você seria um grande pecador se Deus não o tivesse feito diferente. Ah, você que é valioso para a verdade, seria tão valioso para o erro se a graça não se derramasse sobre seu ser. Portanto, não seja orgulhoso, pois embora tenha uma grande propriedade, um largo domínio de graça, não possui uma única coisa a chamar de sua, exceto seu pecado e tormento. Ah! estranha presunção a sua, que tem tudo emprestado, pensar em gabar-se, um pobre pensionista dependente da bondade de seu Salvador, que tem uma vida que morreria sem os frescos riachos de vida de Jesus, e ainda assim se orgulha! Que vergonha, ó, tolo coração!

23 de janeiro

"...do meio do povo, exaltei um escolhido."
SALMO 89:19

Por que Cristo foi o escolhido dentre o povo? Fale, meu coração — porque os pensamentos provenientes do coração são os melhores. Não seria por que Ele era capaz de ser nosso irmão, num abençoado vínculo de família de sangue? Ah, que parentesco existe entre Cristo e o cristão! O cristão pode dizer: "Eu tenho um Irmão no céu; posso ser pobre, mas tenho um Irmão que é rico, e é um Rei, e Ele vai querer me ver sofrer enquanto está em Seu trono? Ah, não! Ele me ama; Ele é meu Irmão". Cristão, aproprie-se desta ideia abençoada como um colar de diamantes no pescoço de sua memória; coloque-a como um anel de ouro no dedo da lembrança, e utilize-a como o próprio selo do Rei, selando as petições de sua fé com certeza de sucesso. Ele é um irmão nascido para a adversidade, trate-o assim.

Cristo também foi escolhido dentre o povo para que pudesse conhecer nossos desejos e nos compreender. "Foi ele tentado em todas as coisas, à nossa semelhança, mas sem pecado." Em todas as nossas tristezas, temos Sua compaixão. Tentação, dor, desapontamento, fraqueza, cansaço, pobreza — Ele os conhece todos, porque os sentiu. Lembre-se disso, cristão, e deixe que o conforte. Por mais difícil e doloroso que seja o seu caminho, é marcado pelas pegadas do seu Salvador; e mesmo quando chegar ao vale da sombra da morte, e nas águas profundas do grande Jordão, você encontrará Suas pegadas lá. Em todos os lugares por onde quer que passemos, Ele foi nosso precursor; cada fardo que temos que carregar, um dia foi colocado sobre os ombros do Emanuel.

O Seu caminho foi muito mais difícil e sombrio do que o meu
Cristo, meu Senhor, sofreu, devo eu reclamar?

Tenha coragem! Os pés reais deixaram um rastro de sangue na estrada, e consagraram o espinhoso caminho para sempre.

24 de janeiro

"Pois ele te livrará do laço do passarinheiro..."
SALMO 91:3

Deus liberta Seu povo do laço do passarinheiro em dois sentidos: Os livra dele e os tira dele. Primeiro, Ele os liberta do laço — não os permite que entrem nele; e, em segundo lugar, se forem pegos ali, Ele os tira dele. A primeira promessa é a mais preciosa para alguns; a segunda é a melhor para outros.

"Ele te livrará do laço." Como? Um problema é, muitas vezes, o meio que Deus nos liberta. Ele sabe que nosso desvio logo resultará em nossa destruição e, em Sua misericórdia, nos envia a vara. Dizemos: "Senhor, por que isso?", sem saber que o problema foi o meio de nos libertar de um mal muito pior. Muitos têm sido salvos da ruína por suas tristezas e cruzes; estes afastaram os pássaros das redes. Em outros momentos, Deus mantém Seu povo fora do laço do passarinheiro, dando-lhes grande força espiritual, de modo que, quando são tentados a fazer o mal, dizem: "Como posso fazer essa grande maldade e pecar contra Deus?" Mas que bênção será se o cristão, numa hora ruim, for capturado na rede e, ainda assim, Deus o tirar dela! Ó desviado, você pode ser abatido, mas não se desespere. Embora você tenha andado errante, ouça seu Redentor dizer: "Volte, filho desviado; terei misericórdia de você." Mas você diz que não pode voltar, pois é um prisioneiro. Então escute a promessa: "Pois ele te livrará do laço do passarinheiro." Você já foi liberto de todo o mal em que caiu, e embora nunca deixe de se arrepender de seus caminhos, aquele que o amou nunca o rejeitará; Ele o receberá e lhe dará júbilo e alegria, que seus ossos quebrados possam regozijar-se. Nenhum pássaro do paraíso deve morrer na rede do passarinheiro.

25 de janeiro

> *"Celebrarei as benignidades do* Senhor
> *e os seus atos gloriosos, segundo tudo o que
> o* Senhor *nos concedeu..."*
> ISAÍAS 63:7

E você não pode fazer isso? Será que não existem benignidades que não tenha experimentado? O que o deixa triste agora? Esqueceu-se daquela hora abençoada quando Jesus o encontrou e disse: "Venha comigo"? Consegue não se lembrar daquele momento em que Ele quebrou as suas algemas, atirou as correntes na terra e disse: "Eu vim para quebrar seus grilhões e libertá-lo?" Ou, se o amor de noivos foi esquecido, certamente deve haver algum momento precioso ao longo da estrada da vida que não ficou recoberto de musgo, onde você pode ler um feliz memorial de Sua misericórdia em sua vida? Ou você nunca esteve doente como agora e Ele o recuperou? Ou nunca esteve pobre antes e Ele supriu suas necessidades? Ou nunca esteve em apuros antes e Ele o livrou? Levante-se, vá ao rio da sua experiência, pegue alguns juncos e construa uma arca, e nela sua fé infantil pode navegar em segurança pela corrente dos rios. Não esqueça o que o seu Deus fez por você; abra o livro da sua memória e considere os dias antigos. Não se lembra do outeiro de Mizar? O Senhor nunca se encontrou com você no monte Hermom? Você nunca escalou as Montanhas das Delícias? [N.E.: Referente ao livro *O Peregrino* de John Bunyan (Publicações Pão Diário, 2014)]. Nunca recebeu ajuda em tempos de necessidade? Não, eu sei que já. Retorne, então, um pouco mais para as misericórdias do ontem e, em meio ao sombrio agora, acenda as luzes do passado, elas o iluminarão em meio à escuridão, e você deve confiar no Senhor até o dia raiar e as sombras se dissiparem. "Lembra-te, Senhor, das tuas misericórdias e das tuas bondades, que são desde a eternidade."

26 de janeiro

"...vosso Pai celeste..."
MATEUS 6:26

O povo de Deus é duplamente filho de Deus: são Seus descendentes pela criação e filhos por adoção em Cristo. Portanto, eles têm o privilégio de chamá-lo "Pai nosso, que estás no céu." Pai! Ah, que palavra preciosa esta! Aqui está a autoridade: "Se sou pai, onde está a minha honra?" Se você é filho, onde está a sua obediência? Aqui há carinho misturado com autoridade; uma autoridade que não provoca rebeliões; uma obediência exigida que é alegremente honrada — e que não seria negada, mesmo se pudesse. A obediência que os filhos de Deus devem a Ele deve ser uma obediência em amor. Não vão ao serviço de Deus como escravos ao seu feitor, mas correm no caminho de Suas ordens, porque é o caminho do seu Pai. Entregam seus corpos como instrumentos de justiça, porque justiça é a vontade de seu Pai, e a Sua vontade deve ser o desejo de Seus filhos. Pai! — Aqui está um atributo real tão docemente velado em amor, que a coroa do Rei é esquecida e Seu cetro se transforma, não numa vara de ferro, mas num cetro de prata de misericórdia — o cetro, na verdade, parece ter sido esquecido na mão suave daquele que exerce o poder. Pai! — Aqui está honra e amor. Como é bom o amor de um Pai por Seus filhos! O que a amizade não pode fazer e a mera benevolência não conseguiria, o coração e a mão de um Pai devem fazer por Seus filhos. Eles são Sua criação, Ele deve abençoá-los; eles são Seus filhos, Ele deve se mostrar forte em sua defesa. Se um pai terreno olha por seus filhos com amor e cuidado incessantes, quanto mais o nosso Pai celeste? Aba, Pai! Ele, que pode dizer isso, proferiu música melhor que querubins ou serafins podem alcançar. Há céu na profundidade daquela palavra — Pai! Há tudo o que podemos pedir; tudo que as minhas necessidades podem precisar; tudo que meus desejos podem desejar. Tenho tudo em tudo para toda a eternidade, quando posso dizer: "Pai".

27 de janeiro

"Porque todos nós temos recebido da sua plenitude..."
JOÃO 1:16

Estas palavras nos dizem que existe uma plenitude em Cristo. Há uma plenitude de deidade essencial, pois "nele, habita, corporalmente, toda a plenitude da Divindade". Há uma plenitude de perfeita humanidade, pois nele, corporalmente, Deus foi revelado. Há uma plenitude de eficiente expiação em Seu sangue, pois "o sangue de Jesus, seu Filho, nos purifica de todo pecado". Há uma plenitude de retidão justificada em Sua vida, pois "já nenhuma condenação há para os que estão em Cristo Jesus". Há uma plenitude de prevalência divina em Seu pleito, pois "pode salvar totalmente os que por ele se chegam a Deus, vivendo sempre para interceder por eles". Há uma plenitude de vitória em Sua morte, pois por Sua morte Ele destruiu aquele que tinha o poder da morte, ou seja, o diabo. Há uma plenitude de eficácia em Sua ressurreição da morte, pois por ela "nos regenerou para uma viva esperança". Há uma plenitude de triunfo em Sua ascensão, pois "quando ele subiu às alturas, levou cativo o cativeiro e concedeu dons aos homens". Há uma plenitude de bênçãos de todos os tipos e formas; uma plenitude de graça para perdoar, de graça para regenerar, de graça para santificar, de graça para preservar, e de graça para aperfeiçoar. Há uma plenitude o tempo todo; uma plenitude de conforto na aflição; uma plenitude de orientação na prosperidade. Uma plenitude em todos os atributos divinos, de sabedoria, de poder, de amor, uma plenitude impossível de enumerar, muito menos, explorar. "Porque aprouve a Deus que, nele, residisse toda a plenitude." Ah, que plenitude tem que ser essa que recebe tudo! Plenitude, na verdade, deve haver quando o rio está sempre fluindo, e assim a fonte brota tão livre, rica e abundante como nunca. Venha, cristão, e pegue todo o suprimento que precisar; peça bastante, e deverá receber em abundância, pois essa "plenitude" é inesgotável, e é guardada onde todos os necessitados podem alcançar, em Jesus, Emanuel — Deus conosco.

28 de janeiro

"...perfeito em Cristo."
COLOSSENSES 1:28

Não sente em sua alma que a perfeição não está em você? Cada dia não lhe ensina isso? Cada lágrima que brota de seu olho chora "imperfeição"; cada palavra dura que sai de seus lábios murmura "imperfeição". Com muita frequência você tem uma visão de seu próprio coração sonhando com um momento de qualquer perfeição em si mesmo. Mas em meio a essa triste consciência de imperfeição, eis um conforto — você é "perfeito em Cristo Jesus". Na visão de Deus, você é "completo nele"; mesmo agora é "aceito no Amado". Mas ainda há uma segunda perfeição a ser percebida, que é certa a toda a descendência. Não é maravilhoso ansiar pelo tempo em que toda e qualquer mancha de pecado será removida do cristão e ele será apresentado irrepreensível perante o trono, sem mácula ou vinco, ou nada disso? A Igreja de Cristo então será tão pura, que nem mesmo o olho do Onisciente verá uma mancha ou defeito nela; tão santa e tão gloriosa, que Hart [N.E.: Pastor e compositor de hinos inglês 1712–68] não foi além da verdade quando disse:

> *Com as vestes do meu Salvador,*
> *Santo como o Santo.*

Então saberemos, provaremos e sentiremos a alegria desta vasta, porém curta declaração: "Completo em Cristo." Só então poderemos compreender as alturas e profundezas da salvação de Jesus. Seu coração não pula de alegria ao pensar nisso? Trevas como você é, um dia será luz; imundo como é, ficará limpo. Ah, essa é uma salvação maravilhosa! Cristo pega um verme e o transforma num anjo; Cristo pega algo escuro e deformado e o deixa claro e incomparável em Sua glória, inigualável em Sua beleza e pronto para ser o companheiro dos serafins. Ah, minha alma, levante-se e admire essa verdade abençoada da perfeição em Cristo.

29 de janeiro

> *"...nas coisas... que se não veem..."*
> 2 CORÍNTIOS 4:18

Em nossa peregrinação cristã é bom, na maior parte do tempo, olhar para frente. Lá na frente está a coroa e adiante está o objetivo. Seja por esperança, alegria, consolação ou pela inspiração do nosso amor, o futuro deve ser, afinal, o grande objetivo do olhar da fé. Olhando para o futuro, vemos o pecado ser extirpado, o corpo de pecado e morte destruído, a alma se tornando perfeita e apta a participar da herança dos santos em luz. Olhando para frente ainda, os olhos iluminados dos cristãos podem ver que o rio da morte passou, o córrego sombrio foi atravessado e alcançadas as colinas de luz, onde se ergue a cidade celestial; ele se vê entrando pelos portões do céu saudado como mais que um vencedor, coroado pela mão de Cristo, abraçado pelos braços de Jesus, glorificado com Ele e assentado com Ele em Seu trono, assim como Ele venceu e está sentado com o Pai em Seu trono. Pensar nesse futuro pode também aliviar a escuridão do passado e a tristeza do presente. As alegrias do céu certamente compensarão as aflições da Terra. Calem-se, calem-se minhas dúvidas! A morte é apenas um riacho estreito, e logo você o terá atravessado. Tempo, como é curto — eternidade, como é longa! Morte, como é rápida — imortalidade, como é infinita! Parece, mesmo agora, que estou comendo os cachos de Escol e bebendo do poço que está perto do portão. A estrada é tão, tão curta! Logo deverei estar lá.

> *Quando o mundo está cortando meu coração*
> *Com a sua mais pesada tempestade,*
> *Meus alegres pensamentos para o céu ascendem,*
> *Encontram um refúgio para o desespero.*
> *Visão brilhante da fé deve me sustentar*
> *Até a peregrinação da vida passar;*
> *Medos podem maltratar e problemas me doerem,*
> *Vou chegar a minha casa, finalmente.*

30 de janeiro

> *"...ouvindo tu um estrondo de marcha
> pelas copas das amoreiras, então, te apressarás..."*
> 2 SAMUEL 5:24

Os membros da Igreja de Cristo deveriam se manter em oração, sempre buscando a unção do Espírito Santo para seus corações, desejando que o reino de Cristo possa vir, e ansiando que seja "assim na terra como no céu"; porém há momentos em que Deus parece estar favorecendo especialmente a Sião. E esses momentos para eles soam como "um estrondo de marcha pelas copas das amoreiras". Devemos então orar em dobro, ser duplamente fervorosos, lutar mais próximos ao trono do que normalmente fazemos. A ação deve ser rápida e vigorosa. A onda está vindo — então vamos corajosamente para a costa. Ah, os derramamentos e trabalhos pentecostais. Cristão, em você há momentos de "um estrondo de marcha pelas copas das amoreiras". Você tem um poder peculiar na oração; o Espírito de Deus lhe dá alegria e satisfação; as Escrituras estão abertas para você; as promessas são postas em prática; você anda na luz da face de Deus; você tem peculiar independência e liberdade em devoção, e mais comunhão com Cristo do que era seu costume. Agora, em tais períodos de alegria, quando escutar o "estrondo de marcha pelas copas das amoreiras", é hora de apressar-se; agora é o momento de se livrar de qualquer hábito ruim, enquanto o Espírito de Deus o auxilia em suas fraquezas. Arme a sua vela; mas lembre-se do que você algumas vezes canta.

*Eu só posso armar a vela,
Tu, Senhor, deves soprar o vendaval.*

Apenas assegure-se de estar com a vela armada. Não perca o vento por falta de preparação. Busque ajuda de Deus para que possa ser mais sincero no serviço quando estiver mais forte na fé; que possa ser mais constante na oração quando tiver mais liberdade diante do trono; que possa ser mais santo em sua conversa ao viver mais próximo de Cristo.

31 de janeiro

"...Senhor, Justiça Nossa."
JEREMIAS 23:6

Sempre dará ao cristão a maior calma, tranquilidade, conforto e paz, pensar na justiça perfeita de Cristo. Quantas vezes os santos de Deus estão abatidos e tristes! Não acho que deveriam ficar. Não acho que ficariam se pudessem sempre ver sua perfeição em Cristo. Há alguns que estão sempre falando sobre corrupção, depravação do coração e maldade inata da alma. Isso é verdade, mas por que não ir um pouco além, e lembrar-se de que nós somos "perfeitos em Cristo Jesus"? Não é de espantar que aqueles que estão vivendo de sua própria corrupção devam sustentar olhares tão abatidos; mas certamente se nos lembrarmos que "Cristo se tornou para nós justiça", teremos bom ânimo. Apesar das angústias que me afligem, apesar dos ataques de Satanás e embora possa haver muitas coisas a serem vivenciadas antes de eu chegar ao céu, todas essas coisas são feitas para mim e estão incluídas na aliança da divina graça; não há nenhuma falta de provisão em meu Senhor, Cristo fez tudo. Na cruz Ele disse "está consumado" e se está consumado, então estou completo nele, e posso me regozijar com alegria indescritível e cheia de glória. "Não tendo justiça própria, que procede de lei, senão a que é mediante a fé em Cristo, a justiça que procede de Deus, baseada na fé." Você não encontrará nesse céu pessoas mais santas do que aquelas que receberam em seus corações a doutrina da justiça de Cristo. Quando o cristão diz: "Vivo só em Cristo; descanso nele apenas pela salvação, e creio que, apesar de não merecer, ainda sou salvo em Jesus", então esse pensamento se eleva como motivo de gratidão: "Não deverei viver para Cristo? Não deverei amar e servi-lo, vendo que sou salvo por Seus méritos?" "O amor de Cristo nos constrange" "para que os que vivem não vivam mais para si mesmos, mas para aquele que por eles morreu e ressuscitou". Se salvos pela justiça imputada, devemos valorizar muito a justiça transmitida.

1º de fevereiro

"...e cantarão os caminhos do SENHOR..."
SALMO 138:5

O tempo em que os cristãos começaram a cantar os caminhos do Senhor foi quando livraram-se de seu fardo aos pés da cruz. Nem mesmo os cânticos dos anjos pareciam tão doces como o primeiro cântico de arrebatamento que brota do íntimo da alma do filho de Deus perdoado. Você sabe como John Bunyan descreve isso. Ele diz que quando o pobre Peregrino livra-se de seu fardo na cruz, ele dá três grandes pulos e segue seu caminho cantando:

Bendita cruz! Bendita tumba!
Bendito Aquele que minh'alma veio salvar!

Cristão, você lembra o dia em que seus grilhões caíram? Lembra-se do lugar onde Jesus o encontrou e disse: "Eu o amei com um amor infinito; desfiz a grossa nuvem de suas transgressões e pecados; para sempre, elas não deverão mais ser mencionadas contra você." Ah! Que doce momento é quando Jesus leva embora a dor do pecado. A primeira vez que o Senhor perdoou o meu pecado, fiquei tão alegre que mal me contive em dançar. No caminho da casa onde eu havia sido liberto até a minha, pensei que deveria contar para as pedras da rua a história da minha libertação. Minha alma estava tão repleta de alegria, que eu queria contar a cada floco de neve que caía do céu sobre o maravilhoso amor de Jesus, que havia apagado os pecados de um dos principais dos rebeldes. Mas não é apenas no começo da caminhada com Cristo que os cristãos têm motivos para cantar; enquanto vivem, descobrem razões para cantar nos caminhos do Senhor, e a experiência de Sua benignidade constante, os leva a dizer, "Bendirei o SENHOR em todo o tempo, o seu louvor estará continuamente em meus lábios." Certifique-se irmão, de engrandecer o Senhor neste dia.

Desde que pisamos esta terra deserta,
Novas misericórdias demandarão novas músicas.

2 de fevereiro

"Sem derramamento de sangue, não há remissão." HEBREUS 9:22

Essa é a voz da verdade inalterável. Em nenhuma das cerimônias judaicas os pecados eram removidos, mesmo tipicamente, sem derramamento de sangue. Em nenhum caso, por motivo algum, o pecado pode ser perdoado sem expiação. É claro então, que não há esperança para mim sem Cristo; pois não há nenhum outro derramamento de sangue que valha tanto como a expiação pelo pecado. Estou eu, então, crendo nele? O sangue de Sua expiação realmente se aplica à minha alma? Todos os homens estão no mesmo patamar naquilo que se refere à sua necessidade por Ele. Se jamais fomos tão morais, generosos, amigáveis ou patrióticos, a regra não seria alterada para nos abrir uma exceção. O pecado só se renderá a nada menos do que o poderoso sangue daquele que Deus entregou como propiciação. Que bênção existir apenas um caminho de perdão! Por que deveríamos buscar outro?

Pessoas de mera religião formal não podem compreender como podemos nos regozijar por todos os nossos pecados serem perdoados em nome de Cristo. Seus trabalhos, suas orações, suas cerimônias lhes dão bem pouco conforto; e isso pode ser bem desconfortável, pois estão negligenciando a única grande salvação, e se esforçando para obter remissão sem sangue. Minh'alma, sente-se e contemple a justiça de Deus que é obrigada a punir o pecado; veja toda aquela punição ser executada sobre seu Senhor Jesus, e caia em humilde alegria, e beije os queridos pés daquele cujo sangue foi expiação para você. É inútil que a consciência desperte e lance mão de sentimentos e evidências para encontrar conforto; esse é um hábito que aprendemos no Egito de nossa escravidão. A única restauração para uma consciência culpada é a visão de Jesus sofrendo na cruz. "A vida de toda carne é o seu sangue", diz a lei levítica, e tenhamos certeza de que é também a vida de fé, alegria e qualquer outra santa graça.

Ó! Como é doce ver o fluir
Do sangue precioso do meu Salvador;
Sabendo com certeza divina
Que Ele me restaurou com Deus.

3 de fevereiro

"Assim, pois, irmãos, somos devedores."
ROMANOS 8:12

Como criaturas de Deus, todos somos devedores: devemos obedecê-lo com todo o nosso corpo, alma e força. Ao desobedecer Seus mandamentos, como todos nós fizemos, tornamo-nos devedores de Sua justiça e lhe devemos tanto que não somos capazes de pagar. Mas do *cristão* pode-se dizer que não deve nada à *justiça* de Deus, pois Cristo pagou a dívida de Seu povo; por isso o cristão ainda deve o *amor*. Eu sou um devedor da graça de Deus e de Sua misericórdia indulgente; mas não sou um devedor de Sua justiça, porque Ele nunca me acusará de um débito que já foi pago. Cristo disse: "está consumado!" e com isso, Ele quis dizer que tudo o que Seu povo devia, tinha sido apagado para sempre do livro da memória. Cristo satisfez a justiça divina até o fim; a dívida está paga; a letra está pregada na cruz; o recibo foi dado e não somos mais devedores da justiça de Deus. Mas então, por não sermos mais devedores de nosso Senhor nesse sentido, ficamos dez vezes mais em débito com Deus do que antes. Cristão, pare e pense por um momento. Como você é devedor à *soberania* divina! Quanto deve ao Seu amor desinteressado, pois Ele deu Seu próprio Filho para morrer por você. Considere o quanto deve por Sua *graça* indulgente, pois após dez mil afrontas, Ele o ama tão infinitamente como sempre. Considere o que deve ao Seu *poder*; como Ele o resgatou de sua morte no pecado; como Ele preservou sua vida espiritual; como Ele evitou que você caísse; e como, apesar de mil inimigos cruzarem seu caminho, você é capaz de manter o rumo. Considere o que deve a Sua *imutabilidade*. Embora você tenha mudado mil vezes, Ele não mudou nem uma única vez. Você está tão profundamente em débito quanto possível com cada um dos atributos de Deus. A Ele deve sua vida e tudo o que tem — entregue-se em sacrifício vivo, contudo isso é apenas o seu culto racional.

4 de fevereiro

> *"...o Senhor ama..."*
> OSEIAS 3:1

Cristão, *olhe para trás* para toda a sua experiência e pense na forma como o Senhor seu Deus o guiou pelo deserto, e como Ele o alimentou e vestiu todos os dias — como Ele suporta o seu mau comportamento — como Ele tolera todos os seus murmúrios e anseios pelas panelas de carne do Egito — como Ele tem aberto a rocha para suprir e alimentá-lo com o maná que vem do céu. Pense em Sua graça que é suficiente em todos os seus problemas — como Seu sangue tem sido o perdão para todos os seus pecados — como a Sua vara e Seu cajado o consolam. Quando assim, você olhar para trás, para o amor do Senhor, então permita que a fé examine o Seu amor no futuro, pois lembre-se de que a aliança e o sangue de Cristo contêm mais em si do que o passado. Aquele, que o amou e perdoou, nunca deixará de amar e perdoar. Ele é o Alfa e também será o Ômega: Ele é o primeiro e será o último. Portanto, lembre-se de que, quando passar pelo vale da sombra da morte, não precisa temer mal algum, pois Ele está com você. Quando você enfrentar as águas frias do Jordão, não precisa temer, pois a morte não poderá separá-lo do Seu amor; e quando chegarem os mistérios da eternidade, você não precisa tremer, "Porque eu estou bem certo de que nem a morte, nem a vida, nem os anjos, nem os principados, nem as coisas do presente, nem do porvir, nem os poderes, nem a altura, nem a profundidade, nem qualquer outra criatura poderá separar-nos do amor de Deus, que está em Cristo Jesus, nosso Senhor." Sendo assim, alma, o seu amor não está renovado? Isso não a faz amar Jesus? Um voo pelas planícies ilimitadas do éter do amor não inflama o seu coração e a compele a se deleitar no Senhor seu Deus? Certamente, enquanto meditamos no amor do Senhor, nossos corações ardem dentro de nós e ansiamos amá-lo ainda mais.

5 de fevereiro

> *"...o Pai enviou o seu Filho
> como Salvador do mundo."*
> 1 JOÃO 4:14

É um doce pensamento saber que Jesus Cristo não veio sem a permissão, autoridade, consentimento e assistência de Seu Pai. Ele foi enviado do Pai para que pudesse ser o Salvador dos homens. Somos muito propensos a esquecer que, embora haja distinções entre as *pessoas* da Trindade, não há distinções de *honra*. Frequentemente atribuímos a honra de nossa salvação ou, pelo menos, a profundidade de sua benevolência, mais a Jesus Cristo do que ao Pai. Este é um erro muito grande. Se Jesus veio? Não foi Seu Pai quem o enviou? Se Ele falou maravilhosamente, não foi Seu Pai que derramou graça em Seus lábios para que pudesse ser um ministro capaz da nova aliança? Aquele que conhece o Pai, o Filho e o Espírito Santo como deve, nunca coloca um antes do outro em seu amor; ele os vê em Belém, no Getsêmani e no Calvário, todos igualmente envolvidos na obra da salvação. Ah, cristão, você colocou sua confiança no Homem Cristo Jesus? Porventura colocou sua dependência unicamente nele? E você está unido a Ele? Então creia que é unido ao Deus do céu. Como o Homem Cristo Jesus é seu irmão e com você mantém uma comunhão íntima, então está ligado ao Deus Eterno, e "o Ancião dos Dias" é seu Pai e amigo. Alguma vez já considerou a profundidade do amor no coração de Jeová, quando Deus o Pai preparou Seu Filho para o grande empreendimento da misericórdia? Se não, que essa seja a sua meditação do dia. O *Pai* o enviou! Contemple esse assunto. Pense como Jesus opera as vontades do *Pai*. Nas feridas do Salvador morrendo, veja o amor do grande Eu Sou. Deixe que cada pensamento sobre Jesus esteja também ligado com o Eterno, sempre bendito Deus, pois "ao Senhor agradou moê-lo, fazendo-o enfermar".

6 de fevereiro

"...orando em todo tempo..."
EFÉSIOS 6:18

Que multidão de orações temos feito desde o primeiro instante em que aprendemos a orar. Nossa primeira oração foi por nós mesmos; pedimos a Deus que tivesse misericórdia e que apagasse o nosso pecado. Ele nos ouviu. Mas quando Ele apagou nossos pecados como uma nuvem, fizemos mais orações por nós mesmos. Tivemos que orar por graça santificadora, por graça contrita e restrita; fomos levados a ansiar por uma renovada garantia de fé, pela aplicação confortável da promessa, por libertação na hora da tentação, por ajuda em momentos de dever e por auxílio no dia do juízo. Fomos compelidos a buscar a Deus por nossas almas, como mendigos constantes que pedem de tudo. Perceba, filho de Deus, que você nunca adquiriu algo para sua alma em qualquer outro lugar. Todo o pão que nossa alma tem comido cai do céu, e toda a água que ela tem bebido, flui da rocha viva — Cristo Jesus, o Senhor. Nossa alma nunca enriqueceu por si mesma; ela tem sido sempre pensionista da magnanimidade diária de Deus; e portanto, suas orações ascenderam ao céu por uma série de misericórdias espirituais infinitas. Seus desejos foram inumeráveis e, consequentemente, os suprimentos têm sido infinitamente grandes, e suas orações tão variadas quanto as incontáveis misericórdias. Então você não se compele a dizer: "Eu amo o Senhor porque Ele tem escutado a voz da minha súplica?". Tantas quantas são as suas orações, também têm sido as respostas de Deus a elas. Ele lhe escutou no dia do problema, fortaleceu e ajudou, mesmo quando você o desonrou tremendo e duvidando do trono da misericórdia. Lembre-se disto e permita que seu coração se encha de gratidão a Deus, que tem graciosamente escutado suas pobres e fracas orações. "Bendize, ó minha alma, ao SENHOR, e não te esqueças de nem um só de seus benefícios."

7 de fevereiro

"Levantai-vos e ide-vos embora."
MIQUEIAS 2:10

Está se aproximando a hora em que a mensagem chegará a nós, como chega a todos: "Levante e saia da casa onde tem habitado, da cidade onde fez seus negócios, da sua família, de seus amigos. Levante e faça sua última viagem." E o que sabemos nós da viagem? E o que sabemos nós do país ao qual estamos destinados? Um pouco do que lemos aqui, e algo do que nos foi revelado pelo Espírito; mas como sabemos pouco sobre o reino do futuro! Sabemos que há um rio negro e tempestuoso chamado "morte". Deus nos convida a atravessá-lo, prometendo estar conosco. Mas, após a morte, o que acontece? Que mundo maravilhoso se abrirá frente à nossa visão atônita? Que cenário de glória nos será revelado? Nenhum viajante voltou para contar. Mas sabemos o suficiente sobre a terra celeste para nos fazer acolher nossa intimação para lá com alegria e júbilo. A jornada da morte pode ser sombria, mas devemos seguir sem medo, sabendo que Deus está conosco enquanto atravessamos o vale sombrio, e por isso não precisamos temer o mal. Deveremos deixar para trás todos os que conhecemos e amamos aqui, mas estaremos indo para a casa de nosso Pai — para o lar de nosso Pai, onde Jesus está — para aquela verdadeira "cidade que tem fundamentos, da qual Deus é o arquiteto e edificador." Essa será a nossa última mudança, para habitar para sempre com aquele que amamos, em meio ao Seu povo, na presença de Deus. Cristão, medite muito sobre o céu, isso o ajudará a prosseguir e a esquecer a labuta do caminho. Este vale de lágrimas é apenas uma estrada para um país melhor: este mundo de aflição é apenas um degrau para um mundo de bem-aventurança.

Prepara-nos, Senhor, pela divina graça,
Para Teus brilhantes átrios do céu;
Então leva nossos espíritos a subir e juntarem-se
Ao coro celestial.

8 de fevereiro

"...lhe porás o nome de Jesus".
MATEUS 1:21

Quando uma pessoa é querida, tudo que se relaciona a ela se torna querido por sua causa. Desse modo, tão preciosa é a pessoa do Senhor Jesus na estima de todos os verdadeiros cristãos, que eles consideram inestimável acima de tudo, qualquer coisa sobre Ele. "Todas as tuas vestes recendem a mirra, aloés e cássia", disse Davi, como se as vestimentas do Salvador fossem tão aromatizadas por Sua pessoa, que ele não podia fazer outra coisa senão amá-las. Certamente é, pois não há um lugar onde aquele pé santificado tenha pisado — não há uma palavra que tenha saído daqueles lábios abençoados — nem um pensamento revelado por Sua amorosa Palavra — que não seja precioso acima de tudo para nós. E isto é verdade sobre os nomes de Cristo — são todos doces aos ouvidos do cristão. Seja Ele chamado de Marido da Igreja, seu Noivo, seu Amigo; seja Ele denominado o Cordeiro sacrificado desde a fundação do mundo — o Rei, o Profeta ou o Sacerdote — cada título de nosso Mestre — Siló, Emanuel, Maravilhoso, Grande Conselheiro — cada nome é como o favo pingando mel, e deliciosas são as gotas que destilam dele. Mas se há um nome mais doce do que outro aos ouvidos do cristão, é o nome de Jesus. Jesus! É o nome que faz as harpas do céu tocarem. Jesus! A vida de todas as nossas alegrias. Se há um nome mais encantador, mais precioso que outros, é este nome. É tecido na própria trama de nossa salmodia. Muitos de nossos hinos começam com ele, e raramente algum termina sem ele. É a soma de todas as delícias. É a música com a qual tocam os sinos do céu; um cântico em uma palavra; um oceano para compreensão, em uma gota de brevidade; um oratório inigualável em duas sílabas; uma reunião de aleluias da eternidade em cinco letras.

Jesus, eu amo Seu nome encantador,
É música aos meus ouvidos.

9 de fevereiro

"Davi consultou ao Senhor."
2 SAMUEL 5:23

Quando Davi fez esta consulta, tinha acabado de lutar contra os filisteus e recebido um sinal de vitória. Os filisteus chegaram com grandes exércitos, mas, com a ajuda de Deus, Davi os tinha afugentado facilmente. Observe, entretanto que, quando eles vieram pela segunda vez, Davi não foi lutar sem consultar o Senhor. Como havia vencido anteriormente, poderia ter dito, como muitos o fizeram em outras ocasiões: "Serei vitorioso novamente; posso ficar bem tranquilo pois se consegui uma vez, triunfarei de novo. Portanto, devo tardar a procurar as mãos do Senhor?" Não Davi. Ele tinha vencido uma batalha pela força do Senhor; não se aventuraria em outra até estar seguro. Consultou: "Devo me levantar contra eles?" Ele esperou até que o sinal de Deus fosse dado. Aprenda com Davi a não dar nenhum passo sem Deus. Cristão, se quiser conhecer o caminho do dever, tome Deus como bússola; se quiser navegar seu barco por ondas sombrias, coloque o leme nas mãos do Todo-Poderoso. Escaparemos de muitas pedras se deixarmos nosso Pai assumir a direção; muitos cardumes e areias movediças poderão ser evitados se deixarmos Sua soberana vontade escolher e comandar. O Puritano disse: "Certo é que sempre que um cristão esculpir a si mesmo, cortará os próprios dedos," esta é uma grande verdade. Outro antigo ditado diz: "Aquele que segue antes da nuvem da providência divina, segue numa missão de tolo," e é isso mesmo. Precisamos deixar a providência de Deus nos conduzir; e se a providência tardar, espere até ela chegar. Aquele que caminha sob a providência, ficará feliz em voltar a correr. "Instruir-te-ei e te ensinarei o caminho que deves seguir," é a promessa de Deus ao Seu povo. Levemos, então, todas as nossas perplexidades para Ele e digamos: "Senhor, o que queres que eu faça?" Não saia de seu quarto esta manhã sem consultar o Senhor.

10 de fevereiro

> *"...tenho experiência... de abundância..."*
> FILIPENSES 4:12

Há muitos que sabem "como ser humilhados", que não aprenderam "como ter abundância." Quando estão no topo, suas cabeças tonteiam e estão prontas a cair. Com muito mais frequência o cristão envergonha sua fé na prosperidade do que na adversidade. Ser próspero é algo perigoso. O crisol da adversidade é um teste menos severo para o cristão do que o refinado pote da prosperidade. Ah, que magreza da alma e negligência das coisas espirituais foram trazidas pelas misericórdias e graças de Deus! No entanto, não é necessariamente assim, pois o apóstolo nos diz que ele sabia como ter abundância. Quando teve muito, soube como usar. A graça abundante lhe permitiu suportar a prosperidade abundante. Quando ele teve a vela cheia, estava carregado de muito lastro, então navegou em segurança. É preciso mais que habilidade humana para levar o cálice transbordante de alegrias mortais com mão firme, e Paulo aprendeu essa habilidade, como declara: "De tudo e em todas as circunstâncias, já tenho experiência, tanto de fartura como de fome." É uma lição divina saber como ter fartura, pois os israelitas tiveram abundância, mas enquanto a carne estava em sua boca, a ira de Deus recaiu sobre eles. Muitos pedem por bênçãos que podem satisfazer a concupiscência de seu próprio coração. Abundância de pão muitas vezes leva à abundância de sangue, e isso leva à devassidão do espírito. Quando temos muito das misericordiosas provisões divinas, com frequência, temos pouco da graça de Deus e pouca gratidão pelas bênçãos recebidas. Estamos fartos e esquecemos Deus: satisfeitos com a Terra, nos contentamos em ficar sem o céu. Certifique-se de que é mais difícil saber como ter abundância do que saber como ter fome — tão desesperada é a tendência da natureza humana ao orgulho e esquecimento de Deus. Tenha cuidado ao pedir, em suas orações, para que Deus o ensine a "ter abundância".

Que os presentes do Teu amor
Não afastem nossos corações de ti.

11 de fevereiro

> "...admiraram-se; e reconheceram
> que haviam eles estado com Jesus."
> ATOS 4:13

Um cristão deve ter uma semelhança impressionante com Jesus Cristo. Você leu sobre a vida de Cristo, bela e eloquentemente escrita, mas a melhor vida de Cristo é Sua biografia viva, escrita nas palavras e ações de Seu povo. Se nós fôssemos o que professamos ser, e o que deveríamos ser, deveríamos ser retratos de Cristo; de fato, de tal semelhança a Ele, que o mundo não precisaria nos congelar no tempo como numa foto e dizer: "Bem, tem alguma semelhança"; mas exclamariam, quando estivessem conosco: "Eles estiveram com Jesus; Ele os ensinou; são como Ele; captaram a essência do santo Homem de Nazaré, e Ele age em suas vidas e em suas ações diárias." Um cristão deveria ser como Cristo em Sua *ousadia*. Nunca ter vergonha de sua própria religião; sua confissão de fé nunca o desonrará; cuidar para jamais desgraçá-la. Ser como Jesus, muito valioso para o seu Deus. Imitá-lo em seu espírito *amoroso*; pensar com bondade, falar bondosamente e fazer o bem, de modo que os homens digam sobre você: "Ele esteve com Jesus." Imitar Jesus em Sua *santidade*. Ele era zeloso por Seu Mestre? Seja também; sempre fazendo o bem. Não desperdice tempo: o bem é muito precioso. Ele foi abnegado, nunca buscando seu próprio interesse? Seja igual. Ele foi piedoso? Seja fervoroso em suas orações. Ele teve consideração pela vontade de Seu Pai? Então submeta-se a Ele. Ele foi paciente? Então aprenda a suportar. E, melhor de tudo, como um grande retrato de Jesus, tente perdoar seus inimigos, como Ele o fez; e permita que essas palavras sublimes de seu Mestre: "Pai, perdoa-lhes, porque não sabem o que fazem", ecoem sempre em seus ouvidos. Perdoe, como espera ser perdoado. Amontoe brasas sobre a cabeça de seus inimigos ao demonstrar bondade com eles. Bem pelo mal, lembre-se, é divino. Seja divino então; e de todas as maneiras e formas, viva de modo que todos digam sobre você: "Ele esteve com Jesus."

12 de fevereiro

*"Porque, assim como os sofrimentos de Cristo
se manifestam em grande medida a nosso favor, assim também
a nossa consolação transborda por meio de Cristo."*
2 CORÍNTIOS 1:5

Há uma proporção abençoada. O Soberano da Providência tem uma balança — neste lado Ele coloca as provações de Seu povo, e naquele, coloca suas consolações. Quando a balança da provação estiver quase vazia, você descobrirá sempre que a balança da consolação estará quase na mesma condição; e quando o prato da provação estiver cheio, o da consolação estará tão pesado quanto ele. Quando as nuvens negras mais se juntam, a luz revelada a nós é mais brilhante. Quando a noite cai e a tempestade está próxima, o Capitão Celestial sempre está mais próximo à Sua tripulação. É abençoador que quanto mais formos humilhados, mais seremos exaltados pelas consolações do Espírito. Uma das razões é que *provações dão mais espaço para a consolação*. Grandes corações só podem ser forjados por grandes tribulações. A pá dos problemas cava o reservatório do conforto ainda mais profundamente, e abre mais espaço para a consolação. Deus entra em nosso coração — o encontra cheio — e começa a romper a nossa acomodação para deixá-lo vazio; então há mais espaço para a graça. Quanto mais humilde for o homem, mais conforto sempre terá, porque estará mais preparado para recebê-lo. Outra razão pela qual nos alegramos em meio aos nossos problemas, é o fato de — *nesses momentos fazermos os acordos mais íntimos com Deus*. Quando o celeiro está cheio, o homem pode viver sem Deus: quando a bolsa está estourando com ouro, tentamos viver sem muita oração. Mas uma vez que nossas *cumbucas* nos são tiradas, queremos o nosso *Deus*; uma vez retirados os ídolos da casa, somos compelidos a honrar Jeová. "Das profundezas clamo a ti, Senhor." Não há clamor tão sincero quanto o que vem do pé das montanhas; nenhuma oração é tão calorosa quanto aquela que vem das profundezas da alma por grandes provações e aflições. Portanto, elas nos trazem a Deus, e ficamos mais felizes; pois a proximidade de Deus é felicidade. Venha, cristão aflito, não se preocupe com seus pesados fardos, pois eles são arautos de grandes misericórdias.

13 de fevereiro

*"Vede que grande amor nos tem concedido o Pai,
a ponto de sermos chamados filhos de Deus. Por essa razão,
o mundo não nos conhece, porquanto não o
conheceu a ele mesmo. Amados, agora, somos filhos de Deus."*
1 JOÃO 3:1,2

"Vede que grande amor nos tem concedido o Pai." Considere quem éramos e o que sentimos ser mesmo agora, quando a corrupção é poderosa em nós, e você ficará maravilhado com a nossa adoção. Ainda assim somos chamados *filhos de Deus*. Que relacionamento importante é o de um filho, e que privilégios ele traz! Que cuidado e carinho o filho espera de seu pai, e que amor o pai sente pelo filho! Mas tudo *isso*, e mais do que isso, temos agora por intermédio de Cristo. Como pelo sofrimento temporário do irmão mais velho, aceitamos como uma honra: "Por essa razão, o mundo não nos conhece, porquanto não o conheceu a ele mesmo." Satisfazemo-nos em ser desconhecidos com Ele em Sua humilhação, pois seremos exaltados com Ele. "Amados, agora, somos filhos de Deus." Isso é fácil de ler, mas não é fácil sentir. Como está seu coração esta manhã? Está nas profundezas da tristeza? A corrupção se levanta em seu espírito e a graça parece como uma pequena centelha presa debaixo de seu pé? Sua fé está quase falhando? Não tema, não é por seu mérito, nem por seus sentimentos que você deve viver: precisa viver simplesmente pela fé em Cristo. Com todas as adversidades contra nós, hoje — nas profundezas de nossa tristeza, onde quer que estejamos — *agora*, tanto no vale, quanto na montanha, "Amados, *agora*, somos filhos de Deus." "Ah, mas," você diz: "Veja como estou trajado! Minhas virtudes não têm brilho; minha justiça não brilha com glória aparente." Mas leia o que vem depois: "E ainda não se manifestou o que haveremos de ser. Sabemos que, quando Ele se manifestar, seremos semelhantes a Ele." O Espírito Santo deverá purificar nossas mentes, e o poder divino deverá refinar nossos corpos, e então o veremos como Ele é.

14 de fevereiro

"E da parte do rei lhe foi dada subsistência vitalícia, uma pensão diária, durante os dias da sua vida."

2 REIS 25:30

Joaquim não foi expulso do palácio do rei com um suprimento para durar alguns meses, mas suas provisões lhes eram dadas como pensão diária. Aqui ele retrata a alegre posição de todo o povo do Senhor. Uma porção diária é *tudo o que um homem realmente quer*. Não precisamos dos suprimentos de amanhã; esse dia ainda não nasceu e suas necessidades ainda não existem. A sede que podemos ter no mês de junho não precisa ser saciada em fevereiro, pois ainda não a sentimos; se temos o suficiente para cada dia, conforme os próximos dias chegarem, nunca conheceremos o querer. O suficiente para o dia é *tudo o que podemos desejar*. Não podemos comer, beber ou vestir mais do que o suprimento de comida, bebida e vestuário do dia; o excedente nos dá o cuidado de guardar e a ansiedade de vigiar contra o ladrão. Um cajado ajuda o viajante, mas um feixe de cajados é um fardo pesado. O suficiente não é apenas tão bom quanto um banquete, mas é tudo o que o maior glutão pode realmente apreciar. Isso é *tudo o que deveríamos esperar*; um desejo por mais do que isso, é ingratidão. Quando nosso Pai não nos dá mais, deveríamos nos contentar com Sua dose diária. O caso de Joaquim é o nosso, temos uma porção certa, uma porção que *nos é dada pelo Rei*, uma porção *graciosa*, e uma *porção perpétua*. Aqui está um solo fértil para gratidão.

Amado leitor cristão, na questão da graça *você precisa de um suprimento diário*. Não há um estoque de força. Dia a dia deve buscar ajuda do alto. É uma segurança muito doce saber que *uma porção diária é fornecida a você*. Na Palavra, por meio do sacerdócio, por meditação, na oração e na espera em Deus, você receberá força renovada. Em Jesus tudo o que é necessário foi designado para você. Então *desfrute sua porção contínua*. Nunca tenha fome enquanto o pão diário da graça está na mesa da misericórdia.

15 de fevereiro

"A Ele seja a glória, tanto agora como no dia eterno."
2 PEDRO 3:18

O céu será repleto de louvores incessantes a Jesus. Eternidade! Seus anos inumeráveis terão a velocidade de Seu curso duradouro, mas para sempre e sempre, "a Ele seja a glória." Não é Ele um "Sacerdote para sempre, segundo a ordem de Melquisedeque?" "A Ele seja a glória." Não é Ele o Rei para sempre? — Rei dos reis e Senhor dos senhores, o Pai *eterno*? "A Ele seja a glória, tanto agora como no dia eterno." Os louvores a Ele nunca cessarão. Aquilo que foi comprado com sangue merece durar enquanto perdura a imortalidade. A glória da cruz nunca deve ser eclipsada; o brilho do túmulo e da ressurreição jamais deve ser diminuído. "Ah, Jesus! Deves ser louvado para sempre. Tanto quanto vive o espírito imortal — assim perdura o trono do Pai — para sempre, para sempre, sobre ti será a glória." Cristão, você está esperando a hora em que deverá se juntar aos santos lá em cima atribuindo toda a glória a Jesus; mas você está glorificando-o *agora*? As palavras do apóstolo são: 'A Ele seja a glória, tanto agora como no dia eterno.' Você não fará hoje esta oração? "Senhor, ajuda-me a glorificar-te; sou pobre, ajuda-me a glorificar-te com satisfação; sou doente, me ajuda a honrar-te na paciência; tenho talentos, me ajuda a enaltecer-te usando meus talentos para ti; tenho tempo, Senhor, ajuda-me a remi-lo para poder servir-te; tenho um coração para sentir, Senhor, permita que esse coração sinta apenas amor por ti e brilhe apenas com a chama da afeição por ti; tenho uma cabeça para pensar, Senhor, me ajuda a pensar *em* ti e *por* ti; me colocaste neste mundo para algum propósito, Senhor, mostra-me qual é e me ajuda a descobri-lo em minha vida: eu não posso fazer muito, mas como a viúva colocou suas duas moedas, que era tudo o que tinha para viver, da mesma forma, Senhor, coloco meu tempo e eternidade em Teu tesouro; sou todo Teu; toma-me e me capacita para glorificar-te *agora*, em tudo o que eu falo, em tudo o que eu faço e em tudo o que eu tenho."

16 de fevereiro

> *"...aprendi a viver contente em toda e qualquer situação".*
> FILIPENSES 4:11

Estas palavras nos demonstram que o contentamento não é uma propensão natural do homem. "Ervas daninhas crescem rapidamente." A cobiça, o descontentamento e a murmuração são tão naturais ao homem como os espinhos são para o solo. Não precisamos semear cardos e silvas; eles nascem naturalmente e em abundância, porque são nativos da terra: da mesma forma, não precisamos ensinar os homens a reclamar; eles reclamam rápido o bastante sem nenhum aprendizado. Porém, as coisas mais preciosas da terra devem ser cultivadas. Se quisermos ter trigo, precisamos arar e semear; se quisermos flores, devemos ter um jardim e todo o cuidado com ele. Então, contentamento é uma das flores do céu, e se o quisermos, ele deve ser cultivado; não crescerá em nós naturalmente; apenas a nova natureza pode produzi-lo e, mesmo assim, devemos ser especialmente cuidadosos e alertas para manter e cultivar a graça que Deus semeou em nós. Paulo diz: "*Aprendi* a viver contente"; isto equivale a dizer que houve um tempo em que ele não soube como. Custou a ele algumas dores para alcançar o mistério daquela grande verdade. Sem dúvida, algumas vezes, ele achou que havia aprendido, e então caiu. E quando finalmente conseguiu, pôde dizer: "aprendi a viver contente em toda e qualquer situação," ele como um homem idoso e grisalho às portas do túmulo — um pobre prisioneiro acorrentado na masmorra de Nero, em Roma. Podemos bem estar dispostos a suportar as debilidades de Paulo e compartilhar a fria masmorra com ele, se também, por qualquer meio, estivermos dispostos a alcançar seu equilíbrio, sua boa medida. Não pense que você pode aprender a viver contente com lições teóricas, ou aprender sem disciplina. Não é um poder que possa ser exercitado naturalmente, mas uma ciência a ser adquirida aos poucos. Sabemos isso por experiência. Irmão, cale aquele lamento, natural que seja, e continue a ser um aluno aplicado na Faculdade do Contentamento.

17 de fevereiro

"Isaque habitava junto a Beer-Laai-Roi."
GÊNESIS 25:11

Uma vez Agar encontrou salvação ali e Ismael bebeu da água tão graciosamente revelada por Deus, que vivia e via os filhos dos homens; mas esta foi meramente uma visita casual, como as que os mundanos fazem ao Senhor em tempos de necessidade quando lhes bem serve. Eles clamam por Deus na aflição, mas o esquecem na prosperidade. Isaque ali *habitava* e fez do poço do Deus que vive e tudo vê, sua constante fonte de suprimento. O propósito da vida de um homem, o *embate* de sua alma é o verdadeiro teste do seu ser. Talvez a providencial visita experimentada por Agar tenha vindo à mente de Isaque e o tenha levado a reverenciar o lugar; seu nome mítico o encantou; suas reflexões frequentes à sua fronteira ao anoitecer o fizeram familiarizado com o poço; seu encontro com Rebeca ali fez seu espírito sentir-se em casa perto do lugar; porém melhor do que tudo, o fato de que ali ele desfrutava comunhão com o Deus vivo, o fez escolher aquele solo sagrado para sua habitação. Aprendamos a viver na presença do Deus vivo; oremos ao Espírito Santo para que neste dia, e em todos os outros dias, possamos sentir, "Tu és Deus que vê." Que o Senhor Jeová seja como um poço para nós, agradável, confortante, infalível, brotando vida eterna. O vaso do ser se quebra e seca, mas o poço do Criador nunca falha; feliz é aquele que habita junto ao poço e por isso tem suprimentos abundantes e constantes à mão. O Senhor tem sido um auxílio certo para outros: Seu nome é *Shaddai*, Deus Todo-suficiente; nossos corações com frequência têm adorável relacionamento com Ele; por meio dele, nossa alma encontrou seu Esposo glorioso, o Senhor Jesus; e nele vivemos, nos movemos e somos hoje; habitemos, então, em comunhão mais próxima com Ele. "Glorioso Senhor, constrange-nos para que nunca nos afastemos de ti, mas vivamos junto ao poço do Deus vivo."

18 de fevereiro

"...faze-me saber por que contendes comigo".
JÓ 10:2

Talvez, ó alma tribulada, o Senhor esteja fazendo isto para desenvolver suas virtudes. Há algumas de suas virtudes que nunca seriam *descobertas* se não fosse pelas tribulações. Não sabe que sua fé nunca parece tão grande no clima do verão, como é no inverno? O amor é, com frequência, como um pirilampo, mostrando apenas uma pequena luz, quando está no meio da escuridão. Por outro lado, a esperança é como uma estrela — não para ser vista à luz do sol da prosperidade, e apenas para ser descoberta na noite da adversidade. Aflições são, muitas vezes, as folhas negras nas quais Deus coloca as joias das virtudes de Seus filhos, para que brilhem melhor. Não faz muito tempo você estava de joelhos dizendo: "Senhor, eu temo não ter fé: permita-me reconhecer minha fé." Não era isso na verdade, embora talvez inconscientemente, sua oração por provações? — ou então, como você pode saber que tem fé até que sua fé seja exercitada? Dependa disso, Deus com frequência nos envia provações para que nossas virtudes sejam descobertas, e assim possamos estar certos de sua existência. Além disso, não é uma mera descoberta, o *verdadeiro crescimento* na graça é o resultado de provações santificadoras. Muitas vezes, Deus nos tira o nosso conforto e privilégios para fazer de nós cristãos melhores. Ele treina Seus soldados, não em barracas de facilidade e do luxo, mas os transforma e os usa para forçar marchas e para o serviço pesado. Ele os faz atravessar córregos rasos, nadar através de rios, escalar montanhas e andar longas distâncias com mochilas pesadas de tristeza nas costas. Bem, cristão, será que isto não pode ser o motivo dos problemas que você está passando? Não é o Senhor revelando suas virtudes e fazendo-as crescer? Não é essa a razão pela qual Ele está contendendo com você?

Provações fazem doce a promessa;
Provações dão nova vida à oração;
Provações me colocam aos pés do Senhor,
Dobram-me, e me mantêm lá.

19 de fevereiro

> *"Assim diz o SENHOR Deus: Ainda nisto permitirei que seja eu solicitado pela casa de Israel."*
> EZEQUIEL 36:37

A oração é a antecessora da misericórdia. Consulte a história sagrada e descobrirá que raramente uma grande misericórdia veio a este mundo sem ser antecipada pela súplica. Você descobriu esta verdade em sua própria experiência. Deus tem lhe concedido muitas dádivas não solicitadas, mas ainda grandes orações tem sido o prelúdio de grandes misericórdias para você. Quando encontrou a paz por meio do sangue da cruz, orou muito e sinceramente, intercedendo com Deus para que Ele removesse suas dúvidas e o libertasse de suas angústias. Sua segurança foi o resultado da oração. Quando, a qualquer tempo, teve altas e arrebatadoras alegrias, foi obrigado a olhá-las como respostas às suas orações. Quando teve grandes libertações de dolorosos problemas e ajudas poderosas em grandes perigos, pôde dizer: "Eu busquei ao Senhor e Ele me ouviu, e me libertou de todos os meus temores." A oração é sempre o prefácio de bênçãos. Ela vem antes da bênção, *como se fosse a sua sombra*. Quando a luz das misericórdias de Deus se ergue sobre nossas necessidades, ela lança a sombra da oração por toda a planície. Ou, para usar outra ilustração, quando Deus empilha uma montanha de misericórdias, Ele mesmo brilha por trás delas e lança em nossos espíritos a sombra da oração, para que tenhamos a certeza de que se oramos muito, nossas súplicas são as sombras da misericórdia. A oração está assim conectada com a bênção *para nos mostrar seu valor*. Se recebêssemos as dádivas sem pedir por elas, pensaríamos nelas como coisas comuns; mas a oração torna as misericórdias recebidas mais preciosas do que os diamantes. As coisas que pedimos são preciosas, mas não percebemos sua preciosidade até buscarmos por elas fervorosamente.

A oração faz a nuvem escura desaparecer;
A oração sobre a escada que Jó viu;
Exercita a fé e o amor;
E traz a bênção lá do alto.

20 de fevereiro

"Deus, que conforta os abatidos."
2 CORÍNTIOS 7:6

E quem conforta como Ele? Vá até algum pobre, melancólico, aflito filho de Deus; fale a ele sobre as doces promessas e sussurre ao seu ouvido palavras escolhidas de conforto; ele é como a víbora surda, que não ouve a voz do encantador, que nunca a encanta tão sabiamente. Ele está bebendo veneno e fel, conforte-o o quanto quiser, e obterá dele apenas uma nota ou duas de resignação triste; não ouvirá salmos de louvor, aleluias ou sonetos de júbilo. Mas deixe *Deus* chegar a Seu filho, deixe que Ele eleve seu semblante e os olhos do enlutado brilhem com esperança. Você não o ouve cantar —

Este é o paraíso, se estás aqui;
Se vais embora, isto é o inferno?

Você pode não tê-lo alegrado: mas o Senhor o fez; Ele é o "Deus de toda consolação." Não há bálsamo em Gileade, mas há bálsamo em Deus. Não há médico entre as criaturas, mas o Criador é Jeová-*Raphá*, que o cura. É maravilhoso como uma doce palavra de Deus comporá canções inteiras para os cristãos. Uma palavra do Senhor é como um pedaço de ouro, e o cristão é o batedor do ouro e pode martelar aquela promessa por semanas inteiras. Então, pobre cristão, você não precisa sentar-se em desespero. Vá até o Consolador e peça a Ele que lhe dê consolo. Você é um pobre poço seco. Já foi dito que, quando uma bomba d'água está seca, é preciso derramar primeiro água sobre ela, para que se volte a obter água. Cristão, quando estiver seco, vá até Deus, peça que lance Sua alegria em seu coração, e seu júbilo será completo. Não vá a companheiros terrenos, pois encontrará neles os consoladores de Jó; mas vá primeiro e principalmente ao seu "Deus, que conforta os abatidos", e logo dirá: "Na multidão dos meus pensamentos, as Tuas consolações recreiam a minha alma."

21 de fevereiro

"Ele tem dito..."
HEBREUS 13:5

Se pudermos apenas agarrar estas palavras pela fé, temos uma arma poderosa em nossas mãos. Que dúvida não será escravizada por essa espada de dois gumes? Que medo não será ferido mortalmente diante desta flecha do arco da aliança de Deus? As angústias da vida e as dores da morte; as corrupções interiores e as armadilhas; as provações do alto e as tentações de baixo, tudo isso não parecem leves aflições quando podemos nos esconder sob a fortaleza de "Ele tem dito?" Sim; seja por júbilo em nossa quietude ou por força em nossos conflitos, "Ele tem dito" deve ser nosso refúgio diário. E isto pode nos ensinar o extremo valor de *buscar* as Escrituras. Talvez haja uma promessa na Palavra que se encaixa exatamente em seu caso, mas você nem a conheça, e portanto perde seu consolo. Você é como um prisioneiro numa masmorra, e pode haver uma chave no molho que destrancaria a porta e o deixaria livre; mas se não procurar por ela, poderá permanecer prisioneiro embora a liberdade esteja tão perto de sua mão. Talvez haja um remédio potente na farmacopeia das Escrituras, e você possa continuar doente a não ser que examine e busque as Escrituras para descobrir o que "Ele tem dito." Você não deveria, além de ler a Bíblia, armazenar ricamente a sua memórias com as promessas de Deus? Você pode relembrar as citações de grandes homens; pode guardar os versos de poetas renomados; não deveria então ser um profundo conhecedor das palavras de Deus, de modo a ser capaz de citá-las prontamente ao solucionar uma dificuldade ou demolir uma dúvida? Como "Ele tem dito" é a raiz de toda a sabedoria e a fonte de todo o conforto, permita que isso habite ricamente em você, como "uma fonte a jorrar para a vida eterna". E você deverá crescer saudável, forte e feliz na vida divina.

22 de fevereiro

> *"O seu arco, porém, permanece firme, e os seus braços são feitos ativos pelas mãos do Poderoso de Jacó."*
>
> GÊNESIS 49:24

Aquela força que Deus dá aos Seus Josés é *verdadeira* força; não é um valor para ser motivo de orgulho, uma ficção, algo sobre o qual os homens falam, mas que acaba em fumaça; é real — *força divina*. Por que José se levanta contra a tentação? Porque Deus lhe dá ajuda. Não há nada que possamos fazer sem o poder de Deus. Toda a verdadeira força vem "do Poderoso de Jacó." Perceba de que *maneira abençoadamente familiar* Deus dá esta força a José — "Os seus braços são feitos ativos pelas mãos do Poderoso de Jacó." Portanto, Deus é representado como se estivesse colocando Suas mãos nas mãos de José, colocando Seus braços nos braços de José. Como um pai que ensina seus filhos, assim o Senhor os ensina a temerem-no. Ele coloca Seus braços sobre eles. Maravilhosa condescendência! Deus Todo-Poderoso, Eterno, Onipotente, levanta-se de Seu trono e coloca Suas mãos sobre as mãos de uma criança, esticando Seu braço sobre o braço de José, para que ele seja fortalecido! Esta força também era força da aliança, pois é descrita como "do *Poderoso de Jacó*". Agora, onde você ler o Deus de Jacó na Bíblia, deve lembrar-se da aliança com Jacó. Os cristãos gostam de pensar sobre a aliança de Deus. Todo o poder, toda a graça, todas as bênçãos, todas as misericórdias, todas as consolações, todas as coisas que temos, chegam a nós pela fonte divina, por meio da aliança. Se não houvesse aliança, deveríamos de fato falhar; pois toda graça provém dela, como a luz e o calor vêm do sol. Anjos não desciam e subiam, salvo naquela escada que Jacó viu, no topo da qual estava o Deus da aliança. Cristão, pode ser que os arqueiros o tenham entristecido dolorosamente, atirado em você e o ferido, mas ainda assim seu arco permanece firme; assegure-se de atribuir toda a glória ao Deus de Jacó.

27 de fevereiro

"...nunca jamais te abandonarei".
HEBREUS 13:5

Nenhuma promessa tem uma interpretação pessoal. Qualquer coisa que Deus disse para um santo, Ele disse a todos. Quando Ele abre o poço para um, é para todos poderem beber. Quando Ele abre a porta do celeiro para dar alimento, pode haver um homem faminto que seja o motivo dela se abrir, mas todos os santos com fome podem vir e se alimentar também. Tenha Ele dado a palavra a Abraão ou a Moisés, não importa, ó cristão, Ele a deu a você como uma das sementes da aliança. Não há uma bênção maior, nobre demais para você, nem uma misericórdia ampla demais. Eleve agora seus olhos para o norte e para o sul, para o leste e para o oeste, tudo isso é seu. Suba ao cimo de Pisga e veja o extremo limite da promessa divina, pois a terra é toda sua. Não há um riacho de Água Viva do qual você não possa beber. Se da terra emana leite e mel, coma o mel e beba o leite, pois ambos são seus. Seja corajoso em acreditar, pois Ele disse: "De maneira alguma te deixarei, nunca jamais te *abandonarei*". Nesta promessa, Deus dá tudo ao Seu povo. Eu "jamais te abandonarei." Portanto, nenhum atributo de Deus pode deixar de ser colocado para nós. Ele é poderoso? Se mostrará forte em favor daqueles que creem nele. Ele é amor? Então com benignidade terá misericórdia de nós. Sejam quais forem os atributos que possam compor o caráter da Deidade, cada um deles, em toda a sua extensão, estará ao nosso lado. Para resumir, não há nada que você possa querer, não há nada que você possa pedir, não há nada que possa precisar agora ou na eternidade, nada vivo, nada morto, nada neste mundo, nada no próximo, nada agora, nada na manhã da ressurreição, nada na eternidade, que não esteja contido nestas palavras — "De maneira alguma te deixarei, nunca jamais te abandonarei".

24 de fevereiro

> *"...farei descer a chuva a seu tempo,
> serão chuvas de bênçãos".*
> EZEQUIEL 34:26

E is uma *soberana misericórdia* — "Farei descer a chuva a seu tempo". Isso não é uma misericórdia soberana, *divina*? — pois quem pode dizer: "Farei descer a chuva", senão Deus? Há apenas uma voz que pode falar com as nuvens e mandar que venham as chuvas. "Quem envia a chuva sobre a terra? Quem espalha as gotas sobre a erva verde? Não sou Eu, o Senhor?" Portanto, a graça é o presente de Deus, e não deve ser criada pelo homem. É também uma graça *necessária*. O que seria do solo sem as chuvas? Você pode quebrar os torrões de terra, pode lançar as sementes, mas o que pode fazer sem a chuva? Tão absolutamente necessária é a bênção divina. Em vão você trabalha, até que Deus conceda chuva em abundância e envie a salvação. Então é *graça abundante*. "Farei descer a chuva." Ele não diz: "Farei descer gotas", mas "chuva". O mesmo acontece com a Sua graça. Se Deus concede uma bênção, normalmente a dá em tal medida a ponto de não haver espaço suficiente para recebê-la. Graça abundante! Ah! Queremos graça abundante para nos manter humildes, nos fazer orantes, nos fazer santos; graça abundante para nos tornar zelosos, nos preservar nesta vida e, finalmente, nos levar para o céu. Nada podemos fazer sem saturantes chuvas de graça. Novamente, é uma *graça a seu tempo*. "Farei descer a chuva *a seu tempo*." Qual o seu tempo esta manhã? É o tempo de seca? Então esse é o tempo para as chuvas. É a estação de grande sofrimento e nuvens escuras? Então esse é o tempo para as chuvas. "Como os teus dias, durará a tua paz." E eis uma bênção *diversificada*. "Serão *chuvas* de bênçãos." A palavra está no plural. Deus enviará todo tipo de bênçãos. Todas as bênçãos de Deus virão juntas, como elos de uma corrente de ouro. Se Ele dá a graça da conversão, também dá a graça do conforto. Ele enviará "chuvas de bênçãos". Olhe para cima hoje, ó planta ressecada, e abra suas folhas e flores para uma chuva celestial.

25 de fevereiro

"...ira vindoura".
MATEUS 3:7

É agradável andar pelo campo após uma tempestade, sentir o frescor das ervas depois que a chuva passou, e perceber as gotas brilhando como os diamantes mais puros sob a luz do sol. Essa é a posição de um cristão. Ele está passando por uma terra onde caiu a tempestade sobre a cabeça de seu Salvador e, se há algumas gotas de dor caindo, elas destilam de nuvens de misericórdia e Jesus o anima, assegurando-lhe de que não são para sua destruição. Mas como é terrível ser testemunha da aproximação de uma tempestade; perceber os avisos da tormenta; observar os pássaros no céu fechando suas asas; ver o gado aterrorizado baixando suas cabeças em terror; vislumbrar a face do céu escurecendo, olhar para o sol que não está brilhando, e para os céus zangados! Como é terrível esperar o avanço ameaçador de um furacão — como ocorre algumas vezes nos trópicos — e aguardar em terrível apreensão até que o vento passe furioso, arrancando as árvores de suas raízes, tirando as rochas de seus pedestais e destruindo todos os lugares de habitação do homem! E ainda assim, pecador, esta é sua posição atual. Nenhuma gota quente ainda caiu, mas a chuva de fogo está vindo. Nenhum vento terrível uivou ao seu redor, mas a tempestade de Deus está reunindo sua artilharia ameaçadora. Os fluxos de água ainda estão represados pela misericórdia, mas as comportas logo serão abertas: os raios de Deus estão ainda em Seu armazém, contudo, eis que a tempestade se apressa e quão terrível será aquele momento em que Deus, revestido de vingança, marchará em fúria! Onde, onde, onde, ó pecador, você esconderá sua face, ou para onde fugirá? Ah, que a mão da misericórdia possa agora guiá-lo a Cristo! Ele se coloca diante de você no evangelho: Suas chagas são a rocha do abrigo. Reconheça que precisa dele; acredite nele, entregue-se a Ele e então a fúria se desviará de você para sempre.

26 de fevereiro

"Ao Senhor pertence a salvação!"
JONAS 2:9

Salvação é obra de Deus. É apenas Ele quem desperta a alma morta em "delitos e pecados," e também é somente Ele quem mantém a alma em sua vida espiritual. Ele é o "Alfa e Ômega". "Ao Senhor pertence a salvação." Se sou orante, Deus me faz orar; se tenho virtudes, elas são presentes de Deus para mim; se mantenho uma vida consistente, é porque Ele me ampara com Sua mão. Eu não faço nada por minha própria preservação, exceto o que o próprio Deus faz primeiro em mim. Tudo o que tenho, toda a minha benevolência é apenas de Deus. Quando eu peco, é por minha conta; mas quando ajo corretamente, isso é Deus, plena e completamente. Se rejeito um inimigo espiritual, a força do Senhor moveu o meu braço. Vivo perante os homens uma vida consagrada? Não sou eu, mas Cristo que vive em mim. Sou santificado? Eu não me purifiquei: o Santo Espírito de Deus me santifica. Sou separado do mundo? Sou separado pela disciplina santificadora de Deus, para o meu bem. Cresço em conhecimento? O grande Instrutor me ensina. Todas as minhas joias foram desenhadas pela arte celestial. Encontro em Deus tudo o que desejo; mas em mim mesmo, encontro apenas pecado e miséria. "Só ele é a minha rocha, e a minha salvação." Alimento-me na Palavra? Essa Palavra não será alimento para mim a menos que o Senhor faça dela comida para minha alma e me ajude a me alimentar dela. Vivo do maná que cai do céu? O que é aquele maná senão o próprio Jesus Cristo encarnado, cujo corpo e sangue eu como e bebo? Continuamente estou recebendo renovação de forças? Onde obtenho o meu poder? Minha ajuda vem das colinas do céu: sem Jesus nada posso fazer. Como um galho não pode dar fruto a menos que esteja preso à vinha, nada posso eu, a menos que esteja nele. O que Jonas aprendeu nas profundezas, que eu possa aprender em meu momento devocional desta manhã: "Ao Senhor pertence a salvação."

27 de fevereiro

*"Pois disseste: O Senhor é o meu refúgio.
Fizeste do Altíssimo a tua morada."*
SALMO 91:9

No deserto os israelitas estavam *continuamente expostos à mudança*. Sempre que a coluna de fogo pairava, as tendas eram armadas; mas no dia seguinte, quando o sol da manhã chegava, a trombeta soava, a arca era colocada em movimento, a coluna de nuvem e de fogo guiava o caminho através de estreitos desfiladeiros de montanhas, ao lado da colina ou pelo árido deserto. Eles mal tinham tempo de descansar um pouco antes de ouvir o som de "Vamos! este não é o seu refúgio; vocês ainda precisam seguir viagem para Canaã!" Eles nunca ficavam muito tempo em um lugar. Nem mesmo poços e palmeiras podiam detê-los. No entanto, eles tinham um lar em seu Deus, a coluna de nuvem era seu teto e Sua chama à noite, seu fogo doméstico. Eles precisavam seguir de lugar em lugar, mudando continuamente, nunca tendo tempo para se fixar e dizer: "Agora estamos seguros; neste lugar devemos habitar." "Ainda, assim" diz Moisés, "embora estejamos sempre mudando, 'Senhor, tu tens sido o nosso refúgio, de geração em geração.'" O cristão não conhece mudanças em relação a Deus. Ele pode ser rico hoje e pobre amanhã; ele pode estar doente hoje e bem amanhã; ele pode estar alegre hoje e amanhã pode estar aflito — mas não há mudança em seu relacionamento com Deus. Se Ele me amou ontem, Ele me ama hoje. Minha mansão perene de descanso é meu abençoado Senhor. Que as perspectivas sejam frustradas; que as esperanças sejam destruídas; que a alegria seque; que o mofo destrua tudo; não perdi nada do que tenho em Deus. Senhor: "Sê tu para mim uma rocha habitável em que sempre me acolha." Sou um peregrino no mundo, mas estou em casa em meu Deus. Na Terra eu vago, mas em Deus eu habito num lar tranquilo.

28 de fevereiro

"...dele vem a minha esperança".
SALMO 62:5

É privilégio do cristão usar esta linguagem. Se ele está procurando algo no mundo, é uma "esperança" pobre realmente. Mas se olha para Deus para suprir o que quer, sejam bênçãos temporais ou espirituais, sua "esperança" não será vã. Ele pode se dirigir constantemente ao banco da fé e obter seu suprimento necessário nas ricas graças de Deus. Isso eu sei: prefiro ter Deus como meu banqueiro do que todos os Rothschilds [N.E.: Família que fundou uma dinastia bancária na Europa]. Meu Senhor nunca falha em honrar Suas promessas; e quando as trazemos ao Seu trono, Ele nunca as devolve sem respostas. Portanto, esperarei apenas à Sua porta, pois Ele sempre a abre com a mão da graça magnânima. A esta hora vou tentar novamente. Contudo, temos "esperanças" para além desta vida. Logo morreremos; e então "dele vem a minha esperança". Não esperamos que, quando estivermos sobre o leito de enfermidade, Ele envie anjos para nos levar ao Seu seio? Cremos que quando o pulso falhar e o coração arfar pesadamente, algum mensageiro angelical chegará com olhar amoroso ao nosso lado e sussurrará: "Espírito irmão, venha!" Ao nos aproximarmos do portão celestial, esperamos ouvir um convite de acolhida: "Venha, bendito de meu Pai, herde o reino preparado para você desde a fundação do mundo." Esperamos harpas de ouro e coroas de glória; esperamos logo estar entre a multidão de seres brilhantes perante o trono; estamos ansiosos e desejando a hora em que seremos como nosso glorioso Senhor — pois "haveremos de vê-lo como Ele é". Então, se essas forem as suas "esperanças", ó minha alma, viva por Deus; viva com o desejo e a resolução de glorificá-lo, de quem vem todo o seu suprimento, e em cuja graça da sua escolha, redenção e chamado, você tem toda "esperança" da glória vindoura.

29 de fevereiro

"...com benignidade te atraí".
JEREMIAS 31:3

Os trovões da lei e os terrores do julgamento são usados para nos trazer para Cristo; mas a vitória final é levada a efeito pela graça. O filho pródigo voltou para a casa paternal por necessidade; mas o pai o viu à distância e correu para encontrá-lo; de modo que nos últimos passos que deu em direção à casa do pai, ainda tinha o rosto quente pelo seu beijo, e a acolhida ainda soava como música aos seus ouvidos.

Lei e terror apenas endurecem
Tudo enquanto trabalham sozinhos;
Mas o sentimento do perdão comprado com sangue
Dissolverá um coração de pedra.

O Mestre veio uma noite à porta, bateu com a mão de ferro da lei; a porta balançou e tremeu sob suas dobradiças; mas o homem empilhou contra a porta cada peça de mobília que encontrou e disse: "Não deixarei o homem entrar." O Mestre foi embora, mas pouco a pouco Ele voltou e, com Sua própria mão macia, usando aquela parte onde o prego penetrou, Ele bateu novamente — ah, tão suave e amorosamente. Desta vez, a porta não balançou, mas, estranho dizer, ela abriu, e lá, de joelhos, o hospedeiro antes relutante, se encontrava regozijando por receber seu hóspede. "Entre, entre; bateste de tal maneira que minhas entranhas foram tocadas por ti. Não pude pensar em Tua mão cravada deixando Tua marca de sangue em minha porta, e em ires embora sem pouso, 'Tua cabeça está cheia de orvalho, os teus cabelos, das gotas da noite.' Eu me rendo, eu me rendo, Teu amor conquistou meu coração." Assim em cada caso: benignidade ganha o dia. O que Moisés com as tábuas de pedra jamais poderia fazer, Cristo faz com Sua mão ferida. Tal é a doutrina do chamado eficaz. Compreendo isso experimentalmente? Posso dizer: "Ele me chamou e eu o segui, feliz em confessar a voz divina"? Se sim, que Ele possa continuar a me chamar, até finalmente eu me sentar no jantar das bodas do Cordeiro.

1º de março

> *"Levanta-te, vento norte, e vem tu, vento sul;
> assopra no meu jardim,
> para que se derramem os seus aromas..."*
> CÂNTICO DOS CÂNTICOS 4:16

Qualquer coisa é melhor do que a calmaria da indiferença. Nossas almas sabiamente desejam o vento norte da tribulação apenas se puderem ser santificadas e exalar o perfume de nossas virtudes. Tanto quanto não se pode dizer: "O Senhor não estava no vento", não vamos recuar frente a maior explosão invernal que já soprou sobre as plantas da graça. A esposa nesse versículo não se submete humildemente às repreensões de seu Amado? Não pede apenas que envie Sua graça de alguma forma, sem estipular uma maneira específica como esta deveria vir? Como nós, será que ela não se torna tão profundamente cansada da apatia e calma profana, que suspira por qualquer visita que a prepare para agir? Ainda assim, ela também deseja o vento quente do sul da consolação, os sorrisos do amor divino, a alegria da presença do Redentor; esses normalmente são eficazmente poderosos para erguer nossa vida morosa. Ela deseja ou um ou outro, ou ambos para que possa ser capaz de encantar seu Amado com as especiarias de seu jardim. Nem ela nem nós conseguimos suportar ser inúteis. Como é animadora a ideia de que Jesus possa encontrar conforto em nossas pobres e frágeis virtudes. Pode ser? Parece bom demais para ser verdade. Bem podemos enfrentar a corte do julgamento ou mesmo a própria morte se assim pudermos ajudar a deixar o coração de Emanuel feliz. Ah, que nosso coração seja dividido em átomos se por tal ferida nosso doce Senhor Jesus puder ser glorificado. Virtudes não exercidas são como doces perfumes adormecidos dentro das flores; a sabedoria do grande Noivo sobrepõe causas diversas e opostas para produzir o resultado desejado, e faz que tanto a aflição como a consolação atraiam os gratos aromas da fé, amor, paciência, esperança, resignação, alegria e outras belas flores do jardim. Que possamos saber, pela doce experiência, o que isso significa.

2 de março

*"Pelo que todo o Israel tinha de descer aos filisteus
para amolar a relha do seu arado,
e a sua enxada, e o seu machado, e a sua foice."*

1 SAMUEL 13:20

Estamos envolvidos numa grande guerra contra os filisteus do mal. *Cada arma ao nosso alcance deve ser usada.* Pregar, ensinar, orar, dar, tudo precisa ser colocado em ação, e talentos que puderem ser usados no serviço devem ser empregados agora. Enxadas, machados e foices podem ser úteis para matar filisteus; ferramentas ásperas podem ser usadas em golpes duros e a matança não precisa ser feita elegantemente, desde que seja feita com eficácia. Cada momento, dentro ou fora da temporada; cada fragmento de habilidade, treinada ou não; cada oportunidade, favorável ou não, precisa ser usada, pois os inimigos são muitos e nossa força é escassa.

A maior parte de nossas ferramentas precisa ser afiada; precisamos rapidez de percepção, tato, força, prontidão. Em resumo: adaptação completa ao trabalho do Senhor. Senso prático é algo muito escasso entre os dirigentes das empresas cristãs. Precisamos aprender com nossos inimigos, se possível, e então *fazer os filisteus afiarem nossas armas*. Esta manhã, vamos observar o suficiente para aprimorar nosso zelo durante o dia, pela ajuda do Espírito Santo. Você vê o vigor dos religiosos, como eles vagam mar e terra para fazer um convertido, devem eles monopolizar todo fervor? Note os devotos pagãos, que torturas suportam ao serviço de seus ídolos! Só eles podem exibir paciência e autossacrifício? Observe o príncipe das trevas, como é perseverante em seus esforços, como é ousado em suas tentativas, como é corajoso em seus planos, como se esmera em seus enredos, quanta energia em tudo! Os demônios são unidos como um homem em sua rebelião infame, enquanto nós crentes em Jesus estamos divididos em nosso serviço a Deus e raramente trabalhamos em união. Que na mesma medida em que Satanás se empenha para enredar suas vítimas, aprendamos a ir como bons samaritanos, ao encontro de alguém a quem possamos abençoar!

3 de março

> *"...provei-te na fornalha da aflição."*
> ISAÍAS 48:10

Console-se, cristão em provação, com este pensamento: Deus disse: "provei-te na fornalha da aflição." Estas palavras não chegam como uma chuva suave para acalmar a fúria das chamas? Sim, não é uma armadura de amianto contra a qual o calor não tem poder? Deixe vir a aflição — Deus me provou. Pobreza, pode bater à minha porta, mas Deus já está dentro da casa e Ele me provou. Doença, pode chegar, mas tenho o bálsamo pronto. O que quer que recair sobre mim nesse vale de lágrimas, sei que Ele me "provou". Cristão, se você ainda precisar de um consolo maior, lembre-se de *que o Filho do Homem está com você na fornalha*. Naquele seu aposento silencioso, está sentado ao seu lado Aquele que não pode ser visto, mas a quem você ama; e, muitas vezes, quando você não sabe, Ele faz toda a sua cama na aflição e afofa o seu travesseiro. Embora você esteja na pobreza, o Senhor da vida e da glória é um visitante frequente em sua graciosa casa. Ele ama entrar nesses lugares desolados, então poderá visitá-lo. Seu amigo está próximo. Você não pode vê-lo, mas pode sentir o toque de Suas mãos. Não escuta Sua voz? Mesmo no vale da sombra da morte Ele diz: "Não temas, porque Eu sou contigo; não te assombres, porque Eu sou o teu Deus." Lembre-se daquele nobre discurso de Júlio César: "Não temas, levas César e toda a sua fortuna." Não tema, cristão; Jesus está com você. Em todas as suas terríveis provações, Sua presença é consolo e segurança. Ele nunca deixará aqueles que escolheu para si. "Não temas, porque Eu sou contigo", é Sua palavra certa de promessa aos Seus escolhidos na "fornalha da aflição". Porventura você não se apegará a Cristo e dirá:

Através das águas e chamas, se Jesus guiar,
Vou segui-lo aonde Ele for?

4 de março

"...A minha graça te basta..."
2 CORÍNTIOS 12:9

Se nenhum dos santos de Deus ficasse pobre e em provação, não conheceríamos tão bem nem metade das consolações da graça divina. Quando encontramos o andarilho que não tem onde reclinar sua cabeça e que ainda pode dizer: "Eu ainda confio no Senhor"; quando vemos o pobre faminto de pão e água que ainda glorifica a Jesus; quando vemos a viúva enlutada dominada pela aflição e ainda tendo fé em Cristo, ah! que honra isso reflete para o evangelho. A graça de Deus é ilustrada e enaltecida na pobreza e nas provações dos cristãos. Os santos suportam cada desalento acreditando que todas as coisas cooperam para o seu bem, e que apesar dos males aparentes, uma bênção verdadeira irá brotar — que seu Deus irá enviar uma libertação imediata, ou mais certamente os apoiará nos problemas enquanto o agradar mantê-los nessa situação. Essa paciência dos santos prova o poder da divina graça. Há um farol no meio do mar: é uma noite tranquila — eu não posso afirmar se o edifício é firme; a tempestade deve castigá-lo, e então poderei saber se ele aguentará de pé. É assim com a obra do Espírito: se não houvesse tantas ocasiões cercadas de águas turbulentas, não poderíamos saber que Ele é forte e verdadeiro; se os ventos não soprassem sobre Ele, não saberíamos como Ele é seguro e firme. As obras-primas de Deus são aqueles homens que se erguem em meio às dificuldades e se mantêm firmes e inabaláveis, —

Calma em meio a gritos atordoantes,
Confiança na vitória.

Aquele que quer glorificar a Deus deve estar ciente de enfrentar muitas provações. Nenhum homem pode ser bendito perante o Senhor a menos que sejam muitos os seus conflitos. Se então, o seu caminho for de muitas provações, regozije-se nele, porque terá uma demonstração melhor da suficiente graça de Deus. Quanto a Ele falhar com você, nunca sonhe com isso — abomine este pensamento. Devemos confiar até o fim no Deus que tem sido suficiente até agora.

5 de março

"...não durmamos como os demais..." 1 TESSALONICENSES 5:6

Há muitas formas de promover a vigília cristã. Entre outras coisas, aconselho os cristãos a conversarem vivamente sobre os caminhos do Senhor. "Cristão e Esperançoso" [N.E.: Referente ao livro *O Peregrino* de John Bunyan (Publicações Pão Diário, 2014)], em sua jornada para a "Cidade Celestial", disseram entre si: "Agora, para não adormecermos neste lugar, tenhamos um bom debate." "Cristão" perguntou: "Por onde começamos?" E Esperançoso respondeu: "Iniciemos por onde Deus começou conosco." Então "Cristão" cantou este cântico —

Aproximem-se, santos adormecidos,
Ouçamos a conversa desses dois peregrinos;
Aprendamos com seus sábios conselhos,
Mantenham seus olhos abertos.
Bendita comunhão entre irmãos,
Que os mantém acordados, apesar do inferno.

Cristãos que se isolam e seguem sozinhos estão muito sujeitos à sonolência. Siga em companhia de cristãos e com eles você se manterá acordado, será renovado e encorajado a progredir mais rapidamente na estrada para o céu. Mas quando tomar o "doce conselho" dos outros nos caminhos de Deus, tenha o cuidado para que o tema de sua conversa seja o Senhor Jesus. Que os olhos da fé estejam constantemente voltados para Ele; que seu coração esteja repleto dele; que seus lábios falem de Seu valor. Amigo, viva próximo à cruz e você não dormirá. Trabalhe para impressionar a si mesmo com um profundo sentido do valor do lugar para onde está indo. Se você se lembrar de que está indo para o céu, não dormirá no caminho. Se pensar que o inferno está atrás de você e que o diabo o está perseguindo, não andará lentamente. Será que o culpado dorme com o vingador de sangue em seu encalço e a cidade de refúgio à sua frente? Cristão, você dormirá enquanto os portões de ouro estão abertos — os cânticos dos anjos estão esperando que se junte a eles — uma coroa de ouro está pronta para a sua cabeça? Ah! não; continue a vigiar e orar em comunhão santa para não cair em tentação.

6 de março

> *"...importa-vos nascer de novo."*
> JOÃO 3:7

Regeneração é um assunto presente em todos os alicerces da salvação e devemos estar bem atentos em nos certificar de que somos "nascidos de novo", pois há muitos que afirmam isso, sem ter tido esta experiência. Tenha certeza de que o rótulo de cristão não significa ser cristão; e que nascer num país cristão e ser reconhecido como um professo da religião não tem valor a menos que algo mais seja acrescido a isso — o ser "nascido de novo" é uma questão tão *misteriosa*, que palavras humanas não podem descrevê-la. "O vento sopra onde quer, ouves a sua voz, mas não sabes donde vem, nem para onde vai; assim é todo o que é nascido do Espírito." No entanto, é uma mudança que é *conhecida e sentida*: conhecida pelas obras da santidade, e sentida por uma experiência da graça. Essa grande obra é *sobrenatural*. Não é uma operação que um homem faz por si mesmo: um novo princípio é infundido, que age no coração, renova a alma e afeta o homem por inteiro. Não é uma mudança do meu nome, mas uma renovação de minha natureza, para que eu não seja o homem que era, mas um novo homem em Cristo Jesus. Lavar e vestir um corpo morto é algo muito diferente de torná-lo vivo: o homem pode fazer o primeiro, mas apenas Deus pode fazer o segundo. Se, então, você tiver "nascido de novo", seu agradecimento será: "Ó Senhor Jesus, Pai eterno, és meu Pai espiritual; se o Teu Espírito não tivesse soprado em mim o sopro de uma vida nova, santa e espiritual, eu estaria até hoje 'morto em delitos e pecados'. Minha vida celeste é totalmente vinda de ti, a ti eu a atribuo. Minha vida 'está oculta juntamente com Cristo, em Deus'. Não sou mais eu quem vive, mas Cristo vive em mim." Que o Senhor nos permita estar seguros dessa questão vital, pois ser não-regenerado é estar sem salvação, sem perdão; sem Deus e sem esperança.

7 de março

> *"...Tende fé em Deus."*
> MARCOS 11:22

A fé serve como pés para a alma, com o qual ela pode andar pela estrada dos mandamentos. O amor pode fazer os pés se moverem mais rapidamente; mas a fé é o sustentáculo da alma. A fé é o óleo que permite que as rodas da santa devoção e da piedade fervorosa possam se mover bem; e sem ela as rodas seriam retiradas da carruagem e nos arrastaríamos pesadamente. Com a fé posso fazer todas as coisas; sem ela, não terei nem vontade nem poder para fazer qualquer coisa a serviço de Deus. Se você quiser encontrar os melhores homens que servem a Deus, deverá procurar os que tiverem mais fé. Uma pequena fé salvará um homem, mas não poderá fazer grandes coisas para Deus. Infeliz de "Pouca-Fé" [N.E.: Referente ao livro *O Peregrino* de John Bunyan (Publicações Pão Diário, 2014)], não pôde lutar com "Apolião," foi preciso que "Cristão" fizesse isso. "Pouca-Fé" não pôde matar o "Gigante Desespero", foi necessário o braço de "Grande-Graça" para abater esse monstro. "Pouca-Fé" quase certamente irá para o céu, mas com frequência se esconderá numa concha e perderá tudo menos as suas joias. "Pouca-Fé" talvez dissesse: "É uma estrada difícil, repleta de espinheiros afiados e cheia de perigos; tenho medo de prosseguir;" mas a "Grande-Graça" lhe lembraria da promessa: "O ferro e o metal será o teu calçado; e a tua força será como os teus dias"; e então "Pouca-Fé" se arriscaria corajosamente. "Pouca-Fé" desanima, misturando suas lágrimas à correnteza, mas "Grande-Graça" canta: "Quando passares pelas águas, eu serei contigo; quando, pelos rios, eles não te submergirão"; e imediatamente "Pouca-Fé" enfrenta as correntes. Você se sentiria confortável e feliz? Você se alegraria na religião? Teria uma religião de alegria e não de tristeza? Então "tende fé em Deus". Se você gosta de escuridão e está satisfeito em habitar na tristeza e na angústia, então se contente com uma pequena fé; mas se ama a luz do sol e quer cantar cânticos de júbilo, procure com zelo esse grande dom, a "grande fé".

8 de março

> "...através de muitas tribulações,
> nos importa entrar no reino de Deus."
> ATOS 14:22

O povo de Deus tem suas provações. Nunca foi planejado pelo Senhor, quando escolheu Seu povo, que deveriam ser isentos de dificuldades. Foram escolhidos na fornalha da aflição; não foram escolhidos para a paz e a alegria terrenas. Nunca lhes foi prometido libertação da doença e das dores da mortalidade; mas quando o seu Senhor elaborou a carta de privilégios, incluiu punições entre as coisas que deverão inevitavelmente herdar. Provações são parte da nossa porção; nos foram predestinadas no último legado de Cristo. Assim, tão certo como as estrelas são formadas por Sua mão e suas órbitas são determinadas por Ele, nossas provações são, certamente, destinadas a nós: Ele ordenou o tempo e o lugar delas, também a intensidade e efeitos que deverão ter sobre nós. Homens bons nunca devem esperar fugir dos problemas; se o fizerem, ficarão desapontados, pois nenhum de seus predecessores viveu sem eles. Observe a paciência de Jó; lembre-se de Abraão, pois ele teve suas provações, e por colocar sua fé diante delas se tornou o "Pai da fé". Note bem as biografias de todos os patriarcas, profetas, apóstolos e mártires, e descobrirá que nenhum daqueles de quem Deus fez vasos de misericórdia, foi desviado do fogo da aflição. Foi ordenado desde a antiguidade que a cruz dos problemas fosse gravada em cada vaso de misericórdia, assim como a marca real é colocada para distinguir os vasos de honra do Rei. Porém, embora a tribulação esteja no caminho dos filhos de Deus, eles têm o conforto de saber que seu Mestre a atravessou antes deles; têm a Sua presença e compaixão para os animar, Sua graça para apoiá-los, e Seu exemplo para ensinar como devem suportá-la. Ao alcançarem "o reino", as "muitas tribulações" pelas quais tiveram que passar para entrar ali serão mais do que compensadoras.

9 de março

"...sim, ele é totalmente desejável..."
CÂNTICO DOS CÂNTICOS 5:16

A beleza superlativa de Jesus é totalmente desejável; não é tanto para ser admirada como para ser amada. Ele é mais que agradável e justo, Ele é desejável. Certamente o povo de Deus pode justificar completamente o uso dessa palavra preciosa, pois Ele é o objeto de seu amor mais afetuoso, um amor baseado na excelência inerente de Sua pessoa, na completa perfeição de Seus encantos. Olhem, discípulos de Jesus, para os lábios de seu Mestre e respondam: "Não são eles os mais doces?" Suas palavras não fazem seus corações queimarem por dentro, enquanto Ele fala com vocês pelo caminho? Sim, adoradores de Emanuel, olhem para Sua cabeça de ouro puro e me digam: Seus pensamentos não são preciosos para vocês? Sua adoração não é adoçada com carinho quando humildemente nos inclinamos perante aquele semblante, que é como o Líbano, esplêndido como os cedros? Não há encanto em Sua imagem e não é Sua pessoa inteira perfumada com tal aroma de Seus bons unguentos, que faz as virgens o amarem? Há alguma parte de Seu corpo glorioso que não seja atraente? — uma porção de Sua pessoa que não seja um imã novo para nossas almas? — uma obra que não seja uma forte corda que amarre seu coração? Nosso amor não é apenas como um selo colocado sobre Seu coração amoroso; é também preso sobre Seu braço de poder; nem há uma única parte dele sobre a qual não se fixa. Ungimos toda a Sua pessoa com o doce nardo de nosso amor fervoroso. Iremos imitar toda a Sua vida; todo o Seu caráter queremos reproduzir. Em todos os outros seres vemos alguma falha, nele tudo é perfeição. O melhor de Seus santos favoritos tem manchas em suas vestes e rugas em sua testa; Ele é totalmente belo. Todos os sóis terrenos têm seus pontos de escuridão: o belo mundo tem desertos; as dádivas mais desejáveis apresentam imperfeições, logo não conseguimos amá-las integralmente; mas Cristo Jesus é ouro sem mistura — luz sem escuridão — glória sem nuvem — "Sim, ele é *totalmente* desejável."

10 de março

> *"Quanto a mim, dizia eu na minha prosperidade: jamais serei abalado."* SALMO 30:6

Despreocupado esteve Moabe desde a sua mocidade e não foi mudado de vasilha para vasilha. Dê riqueza a um homem; deixe que seus navios tragam continuamente para casa cargas valiosas; deixe que os ventos e ondas pareçam ser seus servos suportando o peso de suas embarcações sobre as poderosas profundezas; deixe que suas terras produzam abundantemente; deixe que o clima seja propício às suas plantações; deixe que o sucesso ininterrupto recaia sobre ele; deixe que permaneça como um mercador de sucesso entre os homens; que desfrute saúde continuada; permita-lhe tranquilidade e olhar brilhante para andar pelo mundo e viver alegremente; dê a ele o espírito dinâmico; deixe que tenha perpetuamente música em seus lábios; que seus olhos estejam sempre brilhando de alegria — e a consequência natural de tal estado de facilidade para qualquer homem, mesmo que seja o melhor cristão que já respirou, será a *presunção*. Até mesmo Davi disse: "Jamais serei abalado", e não somos melhores que Davi, nem a metade tão bons quanto ele. Irmão, cuidado com os lugares macios do caminho; se você os está pisando, ou se o caminho é duro, agradeça a Deus por isso. Se Deus sempre nos balançasse no berço da prosperidade; se fôssemos sempre embalados nos joelhos da fortuna; se não tivéssemos alguma mancha na coluna de alabastro; se não houvesse algumas nuvens no céu; se não tivesse algumas gotas amargas no vinho desta vida, poderíamos ficar intoxicados com prazer, e sonharíamos "estar de pé", e estaríamos de pé, mas seria em cima de um pináculo. Como o homem sonolento sobre o mastro, estaríamos em perigo a cada momento.

Então, vamos bendizer a Deus por nossas aflições; agradecer-lhe por nossas mudanças; exaltar Seu nome pela perda de uma propriedade; porque sentimos que se Ele não nos tivesse castigado, poderíamos nos sentir seguros demais. A prosperidade mundana contínua é uma prova de fogo.

Aflições, embora pareçam severas,
Na misericórdia são enviadas.

11 de março

"...o pecado... sobremaneira maligno..."
ROMANOS 7:13

Cuidado com os leves pensamentos de pecado. Na hora da conversão, a consciência está tão sensível que temos medo do menor pecado. Recém-convertidos têm uma timidez santa, um divino temor de ofender a Deus. Mas ai de mim! Logo a fina flor sobre esses primeiros frutos colhidos é removida pela dura manipulação do mundo ao redor: a planta sensível da jovem devoção se transforma num salgueiro no pós-vida, flexível demais, inclinando-se com muita facilidade. Infelizmente, é verdade que mesmo um cristão pode ficar insensível de tal maneira que o pecado, que uma vez o apavorava, nem mesmo o assuste. Aos poucos os homens se familiarizam com o pecado. O ouvido perto do qual o canhão estourou, não perceberá sons leves. No início, um pecadinho nos assusta; mas logo dizemos: "Isso não é pequeno?" Então vem outro maior, e outro, até que, aos poucos, começamos a olhar o pecado como um mal pequeno; e então segue-se uma presunção profana: "Não caímos em grande pecado. Na verdade, tropeçamos no pouco, mas nos mantivemos de pé no principal. Podemos ter dito uma palavra profana, mas na maior parte de nossa conversa, temos sido consistentes." Então, aliviamos o pecado; jogamos uma capa sobre ele; o chamamos por nomes delicados. Cristão, cuidado para não amenizar o pecado. Tenha cautela para não cair pouco a pouco. O pecado é algo *pequeno*? Não é um veneno? Quem conhece seus limites? Pecado, uma coisa pequena? As pequenas raposas não estragam as uvas? Um minúsculo coral não pode construir uma rocha com restos de um navio? Pequenos golpes não fazem cair carvalhos imponentes? Gotejamentos contínuos não desgastam pedras? O pecado, é algo insignificante? Ele feriu a cabeça do Redentor com espinhos e perfurou Seu coração! Ele o fez sofrer angústia, amargura e aflição. Se você pudesse pesar o menor dos pecados na balança da eternidade, fugiria dele como de uma serpente, e abominaria a mínima aparência do mal. Olhe para todo pecado como aquele que crucificou o Salvador, e verá que é "sobremaneira maligno".

12 de março

> *"...Amarás o teu próximo..."*
> MATEUS 5:43

Amarás o teu próximo. Talvez ele nade em riquezas e você seja pobre e, vivendo em sua casinha humilde ao lado da mansão imponente dele, veja todos os dias suas posses, seu linho fino e seus suntuosos banquetes. Deus concedeu a ele esses presentes, não cobice sua riqueza e não tenha pensamentos ruins sobre ele. Fique satisfeito com sua porção; se não puder ter mais e melhor, não olhe para o seu próximo desejando que ele seja como você. Ame-o, e então, não o invejará.

Talvez, por outro lado, você seja rico e perto de você morem os pobres. Não se abstenha de chamá-los próximos. Você deve amá-los. O mundo os chama de inferiores. São inferiores em quê? São muito mais parecidos a você do que imagina, pois Deus "de um só fez toda a raça humana para habitar sobre toda a face da terra." Seu casaco é melhor do que o deles, mas isso não significa que você seja melhor. São homens e o que você é mais do que isso? Esteja atento em amar seu próximo, mesmo que ele esteja coberto de trapos ou mergulhado em profunda pobreza.

Mas, talvez você diga: "Não posso amar meu próximo porque, apesar de tudo o que faço, ele retribui com ingratidão e menosprezo." Então há mais espaço para o heroísmo do amor. Você seria capaz de ser um guerreiro em cama de penas em vez de suportar a dura batalha do amor? Aquele que ousar mais, deverá ganhar mais; e se o seu caminho de amor é difícil, trilhe-o ousadamente, ainda assim, ame a seu próximo no bem e no mal. Acumule brasas vivas sobre sua cabeça e, se ele for difícil de ser agradado, procure não agradá-*lo*, mas agradar o *seu Mestre*. Lembre-se de que se *ele* desprezar o seu amor, o seu Mestre não o desprezará, e sua obra será tão aceitável a Ele como se tivesse sido aceita por seu próximo. Ame seu próximo, pois ao fazer isso, estará seguindo as pegadas de Cristo.

13 de março

"...Para que estaremos nós aqui sentados até morrermos?"
2 REIS 7:3

Querido leitor, este livro foi pensado principalmente para a edificação dos cristãos, mas se você não é salvo, nosso coração anseia por você, e de bom grado diremos uma palavra que possa abençoá-lo. Abra sua Bíblia e leia a história dos leprosos e observe a posição deles, que era muito parecida com a sua. Se você permanecer onde está, certamente perecerá; se for para Jesus, pode apenas morrer fisicamente. "Quem não arrisca, não petisca", diz o velho ditado, e no seu caso, o risco não é grande. Se ficar sentado quieto, em um desespero carrancudo, ninguém poderá ter pena de você quando chegar sua ruína; mas se você morrer buscando misericórdia, se tal coisa for possível, será o alvo de compaixão universal. Ninguém que se recusa a olhar para Jesus pode escapar, mas você sabe disso de alguma forma, pois os que creem nele são salvos, e alguns de seus conhecidos receberam essa misericórdia: então, por que não você? Os ninivitas disseram: "Quem sabe?" Aja com a mesma esperança e experimente a misericórdia do Senhor. Perecer é tão terrível, que se apenas houvesse uma palha para se apegar, o instinto de autopreservação o levaria a esticar sua mão. Estamos lhe falando em seus próprios termos não-cristãos, e agora queremos assegurá-lo, da parte do Senhor, que se você buscá-lo, o encontrará. Jesus não lança fora alguém que venha a Ele. Você não perecerá se confiar nele, ao contrário, encontrará um tesouro muito mais valioso do que os pobres leprosos encontraram no arraial dos sírios. Que o Espírito Santo o encoraje a ir a Ele de uma vez, e você não crerá em vão. Quando for salvo, espalhe as boas-novas aos outros. Não guarde sua paz para si; anuncie primeiro na casa do Rei, e se reúna com eles em comunhão; deixe que o porteiro da cidade, o ministro, sejam informados de sua descoberta, e, então, proclame as boas-novas em todos os lugares. Que o Senhor o salve antes que o sol se ponha hoje.

14 de março

> *"Aquele, pois, que pensa estar em pé veja que não caia."*
> 1 CORÍNTIOS 10:12

É curioso que haja algo como ter orgulho da graça. Um homem diz: "Tenho grande fé, não cairei; uma fé pequena poderia tombar, mas eu jamais." "Tenho amor fervoroso", diz outro: "Posso suportar, não há perigo que me desvie." Aquele que se vangloria da graça, tem pouca graça para se orgulhar. Alguns que o fazem, acham que suas virtudes podem mantê-los, não sabendo que o fluxo deve brotar constantemente da fonte, ou, de outra forma, o poço logo secará. Se um fluxo contínuo de óleo não chega ao lampião, ele brilhará hoje, mas soltará fumaça amanhã, e seu aroma será nocivo. Tome cuidado para não se vangloriar de suas virtudes, mas deixar que todo o seu louvor e confiança estejam em Cristo e em Sua força, pois apenas isso evitará sua queda. Ore mais. Invista mais tempo em santa adoração. Leia as Escrituras com mais fervor e constância. Tenha mais cuidado com sua vida. Viva mais perto de Deus. Escolha os melhores exemplos para seu comportamento. Deixe que sua conversa tenha o aroma do céu. Deixe que seu coração seja perfumado com afeição pelas almas dos homens. Então viva para que eles saibam que você está com Jesus, que aprendeu com Ele; e quando aquele feliz dia chegar, quando aquele que você ama disser: "Suba para cá", que você possa ter a felicidade de ouvi-lo dizer: "Combateste o bom combate, completaste a carreira, e agora eis a coroa da justiça que não desaparecerá." Siga em frente, cristão, com cuidado e atenção! Siga, com temor e tremor santo! Siga, com fé e confiança apenas em Jesus, e que sua constante súplica seja: "Ampara-me, segundo a Tua promessa." Ele, e somente Ele é capaz de "vos guardar de tropeços e para vos apresentar com exultação, imaculados diante da sua glória."

15 de março

> *"...fortifica-te na graça que está em Cristo Jesus."*
> 2 TIMÓTEO 2:1

Cristo tem em si graça sem medida, mas Ele não a guarda para si mesmo. Como um reservatório se esvazia nos canos, Cristo flui Sua graça para Seu povo. "Porque todos nós temos recebido da Sua plenitude e graça sobre graça." Parece que Ele a tem apenas para dispensá-la sobre nós. Jesus é como a fonte, sempre fluindo, mas apenas para suprir os vasos vazios e os lábios sedentos dos que se aproximam. Como uma árvore, Ele dá frutos doces, não para ficarem pendurados nos galhos, mas para serem colhidos por quem necessita. Graça, seja ela para perdoar, limpar, preservar, fortalecer, iluminar, animar ou restaurar, sempre deve vir dele livremente e sem custo; não há uma obra da graça que Ele não tenha concedido ao Seu povo. Assim como o sangue que flui do coração para todo o corpo pertence igualmente a cada um dos membros, assim as influências da graça são heranças de cada santo unido ao Cordeiro; e nelas há uma doce comunhão entre Cristo e Sua Igreja, na medida em que ambos recebem a mesma graça. Cristo é a cabeça sobre a qual o óleo foi derramado primeiro; mas o mesmo óleo escorre para as orlas de Suas vestes, então até o menor dos santos tem uma unção do mesmo unguento que cai sobre a cabeça. A comunhão verdadeira é quando a seiva da graça flui do tronco para o galho, e quando é percebido que o próprio tronco é sustentado pelo mesmo nutriente que alimenta o galho. Quando recebemos a graça de Jesus diariamente, e reconhecemos com mais constância que ela vem dele, deveremos nos agarrar a Ele e desfrutar a felicidade da comunhão com Ele. Façamos uso diário de nossas riquezas e sempre voltemos a Ele como nosso Senhor na aliança, buscando nele o suprimento para todas as nossas necessidades com o mesmo arrojo com que os homens tiram dinheiro de suas carteiras.

16 de março

"...sou forasteiro à tua presença..."
SALMO 39:12

Sim, Senhor, à *Tua* presença, mas não a ti. Toda a minha alienação natural a ti, Tua graça removeu eficazmente; e agora, em comunhão contigo, caminho por este mundo pecaminoso como um peregrino num país estrangeiro. És um estrangeiro em Teu próprio mundo. O homem se esquece de ti, te desonra, estabelece novas leis e costumes estranhos, e não te conhece. Quando o Teu Filho veio para os Seus, eles não o receberam. Ele estava no mundo, e o mundo foi feito por Ele, e o mundo não o conheceu. Nunca um estrangeiro foi tão humilhado entre os habitantes da Terra, como o Teu Filho amado entre Seus irmãos. Não é nenhuma maravilha então se eu, que vivo a vida de Jesus, for um desconhecido e um estrangeiro aqui embaixo. Senhor, eu não gostaria de ser um cidadão onde Jesus foi um estrangeiro. Sua mão perfurada afrouxou a corda que uma vez ligou minha alma à Terra, e agora me vejo estrangeiro aqui. Meu discurso parece ser para esses babilônicos, uma língua estranha, meu comportamento é diferente e minhas ações são esquisitas. Um homem tártaro [N.E.: Habitante da Tartária. Agricultores e caçadores] se sentiria mais à vontade num centro comercial, do que eu na morada dos pecadores. Mas eis a doçura da minha porção: sou um estrangeiro contigo. Tu és meu companheiro sofredor, meu companheiro peregrino. Ah, que alegria andar em companhia tão abençoada! Meu coração queima dentro de mim quando falas, e embora eu seja um forasteiro, sou muito mais abençoado do que aqueles que sentam em seus tronos, e estou muito mais em casa do que os que habitam em suas construções vedadas.

Para mim não há lugar ou tempo;
Meu país está em qualquer lugar;
Posso ser calmo e livre de cuidado
Em qualquer porto, desde que Deus esteja lá.
E quando buscamos ou evitamos lugares,
A alma não encontra alegria em nenhum;
Mas com Deus para guiar nosso caminho,
Alegria igual é ir ou ficar.

17 de março

> *"...que nos lembrássemos dos pobres..."*
> GÁLATAS 2:10

Por que Deus permite que tantos dos Seus filhos sejam pobres? Ele poderia fazer que todos fossem ricos, se quisesse; Ele poderia deixar sacos de ouro em suas portas; poderia enviar a eles uma grande receita anual; ou poderia espalhar em volta de suas casas provisões em abundância, como um dia Ele fez aparecer codornizes, aos montes, ao redor do acampamento de Israel e fez chover pão do céu para alimentá-los. Não há necessidade de serem pobres, a menos que Ele veja isso como o melhor. São dele "todos os animais do bosque e as alimárias aos milhares sobre as montanhas" — Ele poderia supri-los; Ele poderia fazê-los os mais ricos, os maiores e os mais poderosos, colocando Seu poder e riquezas aos pés de Seus filhos, pois os corações de todos os homens estão sob Seu controle. Mas Ele não faz isso; Ele permite que passem necessidades, permite que sofram penúrias e obscuridade. Por quê? Há muitas razões, uma delas é *dar aos que são favorecidos, uma oportunidade de demonstrar amor por Jesus*. Demonstramos nosso amor a Cristo quando cantamos sobre Ele e quando oramos a Ele; mas se não houvesse filhos da necessidade no mundo, perderíamos o doce privilégio de evidenciar nosso amor ministrando doações aos Seus irmãos mais pobres. Ele ordenou que provássemos o nosso amor não apenas em palavras, mas também em obras e em verdade. Se realmente amamos a Cristo, cuidaremos daqueles que são amados por Ele. Aqueles que lhe são queridos, serão queridos por nós. Vamos então olhar para isso não como uma obrigação, mas como um privilégio de socorrer aos pobres do rebanho do Senhor — lembrando das palavras do Senhor Jesus: "Em verdade vos afirmo que, sempre que o fizestes a um destes meus pequeninos irmãos, a mim o fizestes." Certamente isso é bom o bastante, e esse é um motivo suficientemente forte para nos levar a ajudar os outros com mãos dispostas e coração amoroso — lembrando de que tudo o que fazemos para Seu povo é graciosamente aceito por Cristo como se feito para Ele próprio.

18 de março

"Pois todos vós sois filhos de Deus mediante a fé em Cristo Jesus."
GÁLATAS 3:26

A paternidade de Deus é comum a todos os Seus filhos. Ah! "Pouca-Fé", [N.E.: Referência ao livro *O Peregrino* de John Bunyan (Publicações Pão Diário, 2014)] você tem dito com frequência, "Ah se eu tivesse a coragem de "Grande-Graça", se eu conseguisse levantar sua espada e ser tão valente como ele! Mas, ai de mim, eu tropeço até em palha e qualquer sombra me amedronta." Ouça a si mesmo, "Pouca-Fé". "Grande-Graça" é filho de Deus, e você também o é; e "Grande-Graça" não é mais filho de Deus do que você. Pedro e Paulo, os apóstolos amados, eram da família do Altíssimo; e você também o é; e um cristão fraco é tão filho de Deus quanto um cristão forte.

Esta aliança continua firme,
Embora os velhos pilares da Terra se inclinem,
O forte, o débil e o fraco,
São um em Jesus agora.

Todos os nomes estão registrados na mesma família. Um pode ter mais graças que outro, mas Deus, nosso Pai celeste, tem o mesmo carinho por todos. Um pode realizar obras maiores e trazer mais glória ao seu Pai, mas aquele cujo nome é o último no reino do céu é tão filho de Deus quanto aquele que desponta entre os homens mais poderosos do Rei. Que isso nos anime e conforte quando nos aproximarmos de Deus e dissermos: "Pai nosso".

Ainda assim, enquanto somos confortados por saber disso, não descansaremos satisfeitos com uma fé pequena, mas, como os apóstolos, vamos pedir para que ela cresça. Embora nossa fé possa ser fraca, se ela for verdadeira em Cristo, poderemos chegar finalmente ao céu, mas não honraremos muito nosso Mestre durante nossa peregrinação, nem teremos alegria e paz abundantes. Então, se quiser viver para a glória de Cristo e ser feliz em Seu serviço, busque estar cheio cada vez mais do espírito da adoção, até o perfeito amor levar embora o medo.

19 de março

"...pela fé, se fortaleceu..."
ROMANOS 4:20

Cristão, cuide bem de sua fé; pois lembre-se de que *fé é a única forma pela qual você pode obter bênçãos.* Se você quiser bênçãos de Deus, nada além da fé, poderá trazê-las. A oração não pode trazer respostas do trono de Deus, a menos que seja a oração fervorosa do homem que crê. A fé é o mensageiro angelical entre a alma e o Senhor Jesus na glória. Se permitirmos que esse anjo caia, não poderemos nem enviar orações nem receber respostas. Fé é o cabo telegráfico que liga a Terra e o céu — pelo qual as mensagens de amor de Deus passam tão rapidamente que antes de chamarmos, Ele responde e, enquanto ainda estamos falando, Ele nos ouve. Mas se aquele cabo telegráfico da fé for rompido, como receberemos a promessa? Estou com problemas? — posso obter ajuda pela fé. Estou sendo atacado pelo inimigo? — a minha alma, em seu querido Refúgio, se inclina pela fé. Mas se a fé for retirada — em vão clamarei a Deus. Não existe estrada entre minha alma e o céu. No inverno mais rigoroso, a fé é o caminho pelo qual os cavalos da oração podem viajar — sim, isso é o melhor no frio cortante. Mas se essa estrada for bloqueada, como poderemos nos comunicar com o Grande Rei? A fé me liga com a divindade, me reveste com o poder de Deus, coloca ao meu lado a onipotência de Jeová, garante cada atributo de Deus em minha defesa e me ajuda a derrotar as hordas do inferno, pois me faz marchar triunfante sobre as cabeças de meus inimigos. Mas sem fé, como posso receber algo do Senhor? Que aquele que duvida — que é como uma onda no mar — não espere receber alguma coisa de Deus! Ah, então, cristão, cuide bem de sua fé, pois com ela, embora pobre como é, você pode ganhar todas as coisas, mas sem ela, nada terá. "Se podes! Tudo é possível ao que crê."

20 de março

"...meu amado..."
CÂNTICO DOS CÂNTICOS 2:8

Esse era um nome de ouro pelo qual a igreja antiga, em seus momentos mais alegres, costumava chamar o Ungido do Senhor. Quando o tempo do canto dos pássaros chegou, e a voz da rola foi ouvida em sua terra, sua canção de amor foi a mais doce entre todas enquanto cantava: "O *meu amado é meu*, e eu sou dele; ele apascenta o seu rebanho entre os lírios." Sempre em seus louvores ela o chama por esse nome encantador: "Meu Amado!" Mesmo no longo inverno, quando a idolatria seca o jardim de Deus, seus profetas encontram espaço para colocar o fardo do Senhor um pouco de lado e dizer, como Isaías: "Agora, cantarei ao meu amado o cântico do meu amado a respeito da sua vinha." Embora os santos nunca tivessem visto Sua face, embora Ele ainda não tivesse se feito carne nem habitado entre nós, nem o homem tivesse vislumbrado a Sua glória, Ele sempre foi a consolação de Israel, a esperança e a alegria de todos os escolhidos, o "Amado" de todos os que se punham diante do Altíssimo. Nós, nesses dias de verão da igreja, também estamos acostumados a falar de Cristo como o mais Amado de nossa alma, e a sentir que Ele é muito precioso, o "primeiro entre dez mil, e totalmente adorável". Tão verdadeiro é que a igreja ama a Jesus e declara que Ele é o seu Amado, que o apóstolo ousa desafiar todo o universo a separá-la do amor de Cristo, e declara que nem perseguição, nem angústia, aflição, perigo ou espada são capazes de fazê-lo, pois, ele alegremente se orgulha: "Em todas estas coisas, porém, somos mais que vencedores, por meio daquele que nos amou."

Ah, que conheçamos mais de ti, pois és o sempre precioso!
Minha única posse é o Teu amor;
Abaixo na Terra, ou acima no céu,
Eu não tenho nenhum outro lugar;
E, embora com terno fervor eu ore,
E te importune dia a dia,
Não te peço nada mais.

21 de março

"...em que sereis dispersos, cada um para sua casa, e me deixareis só..." JOÃO 16:32

Poucos tiveram comunhão com os sofrimentos do Getsêmani. A maioria dos discípulos não estava suficientemente adiantada em graça para ser admitido a contemplar os mistérios da "agonia". Ocupados com a festa da Páscoa em suas casas, eles representam os muitos que vivem sob a letra, mas são meros bebês em relação ao espírito do evangelho. Para doze, não, para onze foi concedido o privilégio de entrar no Getsêmani e ver "essa grande maravilha". Dos onze, oito foram deixados à distância; eles tinham comunhão, mas não aquele tipo de intimidade admitida àqueles homens mais amados. Apenas três, os privilegiados, puderam se aproximar do véu da misteriosa agonia do nosso Senhor: e por aquele véu, nem mesmo eles podiam passar; uma distância precisava ser mantida entre eles. Ele deveria pisar no lagar *sozinho*, e de todas as pessoas ali, nenhuma poderia estar com Ele. Pedro e os dois filhos de Zebedeu representam os poucos santos eminentes e experientes, que poderiam ser considerados como "pais"; estes que tinham tirado seu sustento das grandes águas, podiam, até certo ponto, medir as imensas ondas do Atlântico da paixão de seu Redentor. Para alguns espíritos seletos foi permitido — por amor aos outros, e para fortalecê-los para um conflito futuro, que seria especial e tremendo — entrar no círculo íntimo e ouvir as súplicas de sofrimento do Sumo Sacerdote; eles tiveram comunhão com Ele em Seu sofrimento e foram confortados em Sua morte. Ainda assim, nem mesmo esses puderam adentrar nos lugares secretos da aflição do Salvador. "Teus sofrimentos desconhecidos" é a expressão notável da liturgia grega: havia um aposento interno no sofrimento de nosso Mestre, fechado para o conhecimento e comunhão humanos. Lá, Jesus é *"deixado sozinho"*. Aqui, Jesus foi mais do que nunca um "presente Indescritível!" Isaac Watts [N.E.: Teólogo, pregador e compositor inglês, 1674–1748] está certo quando canta —

*E todas as alegrias imensuráveis que Ele dá,
Foram trazidas com agonias desconhecidas.*

22 de março

> *"Adiantando-se um pouco,*
> *prostrou-se sobre o seu rosto, orando..."*
> MATEUS 26:39

Há muitas características didáticas na oração do nosso Salvador, na hora de Sua provação. Foi uma *oração solitária*. Ele se afastou até de Seus três discípulos favorecidos. Cristão, faça uma oração solitária, especialmente em momentos de provação. Orar em família, em momentos sociais, na igreja, não será suficiente; são momentos preciosos, mas o melhor aroma de seu incenso subirá em suas devoções particulares, quando nenhum ouvido além do de Deus, estiver escutando.

Foi uma *oração humilde*. Lucas declara que Ele se ajoelhou, mas outro evangelista diz que Ele "prostrou-se sobre o seu rosto". Onde, então, deve ser o seu lugar como humilde servo do grande Mestre? Que poeiras e cinzas devem cobrir a *sua* cabeça! A humildade nos dá uma boa postura de oração. Não há esperança de predominância com Deus, a menos que nos humilhemos para que Ele possa nos exaltar no devido tempo.

Foi uma *oração filial*. "Aba, Pai." Você descobrirá que pleitear sua adoção é uma fortaleza no dia do juízo. Você não tem direito como pessoa, ele lhe foi confiscado por sua traição; mas nada pode tirar o direito do filho à proteção do pai. Não tenha medo de dizer: "Meu Pai, ouça o meu clamor."

Observe que foi uma *oração perseverante*. Ele orou três vezes. Não cesse até prevalecer. Seja como a viúva inoportuna, cuja vinda contínua lhe valeu o que a primeira súplica não conseguiu. Continue a orar, e faça o mesmo ao agradecer.

Por último, foi uma *oração de resignação*. "Todavia, não seja como eu quero, e sim como tu queres." Renda-se, e Deus se revelará. Que seja feita a vontade de Deus, e Deus determinará o que é melhor. Então, alegre-se por deixar sua oração em Suas mãos; Ele sabe quando dar, como dar, o que dar, e o que negar. Assim, suplicando sincera e inoportunamente, mas com humildade e resignação, você, com certeza, prevalecerá.

27 de março

> *"...E aconteceu que o seu suor se tornou como gotas de sangue caindo sobre a terra."*
> LUCAS 22:44

A pressão mental que surgia da luta de nosso Senhor contra a tentação forçou tanto a Sua fronte a um anseio anormal, que Seus poros suaram grandes gotas de sangue que caíram no chão. Isso prova *quão tremendo deve ter sido o peso do pecado* quando ele conseguiu atingir o Salvador, de modo que Ele destilou grandes gotas de sangue! Isto demonstra o *grande poder de Seu amor*. É uma bela observação de Isaac Ambrose [N.E.: Teólogo inglês puritano do século 17], que a seiva que exala da árvore que não foi cortada é sempre a melhor. Essa árvore preciosa rendeu doces perfumes quando foi ferida por chicotes nodosos e quando foi perfurada pelos pregos na cruz; mas veja, ela exala melhores perfumes quando não há chicote, ou prego, ou ferida. Isso demonstra *a voluntariedade dos sofrimentos de Cristo*, pois, sem que tivesse sido ferido por uma lança, Seu sangue fluiu livremente. Sem necessidade de sanguessugas ou de faca; ele brota espontaneamente. Sem necessidade de governantes gritarem: "Brote, ó poço"; de si fluem torrentes escarlates. Se os homens sofrem grande dor de cabeça, aparentemente o sangue corre para o coração. As bochechas empalidecem; um desmaio vem; o sangue vai para o centro como se para nutrir o homem interior enquanto ele passa por sua provação. Mas veja o nosso Salvador em Sua agonia; Ele estava tão completamente alheio a si mesmo, que em vez de Sua agonia levar Seu sangue ao coração para nutri-lo, ela o levou para fora, para orvalhar a terra. A agonia de Cristo, na medida em que derramava Seu sangue no chão, mostra a plenitude da oferta que Ele fez aos homens.

Não perceberemos quão intensa deve ter sido a luta pela qual Ele passou e não ouviremos Sua voz nos dizendo: *"Na vossa luta contra o pecado, ainda não tendes resistido até ao sangue"*? Contemplem o grande Apóstolo e Sumo Sacerdote da nossa fé, e suem até sangue ao invés de cederem ao grande tentador de suas almas.

24 de março

"...tendo sido ouvido por causa da sua piedade..."
HEBREUS 5:7

Será que esse medo surge da sugestão infernal de que *ele teria sito completamente abandonado*? Deve haver provação maior que essa, mas certamente é horrível *ser completamente abandonado*. "Veja," diz Satanás, "você não tem nenhum amigo! Seu Pai fechou as entranhas de Sua compaixão por você. Nenhum anjo em Seus átrios irá estender a mão para ajudá-lo. Todo o céu está afastado de você; foi deixado sozinho. Veja os companheiros com quem andou, o que eles valem? Filho de Maria, veja Seu irmão Tiago, veja Seu amado discípulo João, e Seu ousado apóstolo Pedro, como os covardes dormem enquanto sofre! Olhe! Não lhe restou nenhum amigo no céu ou na Terra. Todo o inferno é contra você. Despertei meu covil infernal. Enviei meus mensageiros por todas as regiões convocando cada príncipe das trevas a se levantar contra você esta noite, e não pouparemos flechas, usaremos nosso poder infernal para destruí-lo: e o que fará, solitário?" Pode ser que esta tenha sido a tentação; pensamos que foi, por causa da aparição de um anjo sobre Jesus, fortalecendo-o para remover aquele temor. Ele foi ouvido em Seu temor; não estava mais só, mas o céu estava com Ele. Talvez, seja esta a razão dele vir três vezes aos Seus discípulos. Como coloca Joseph Hart [N.E.: Pregador e compositor inglês 1712-68] —

Para trás e para frente, três vezes Ele correu,
Como se buscasse ajuda do homem.

Ele veria por si mesmo se era realmente verdade que todos os homens o tinham abandonado; encontrou-os adormecidos; mas, talvez, a ideia de estarem dormindo — não por serem traidores, mas por estarem tristes — tenha lhe dado algum conforto. O espírito realmente estava disposto, mas a carne era fraca. De qualquer forma, Ele foi ouvido em Seus temores. Jesus foi ouvido em Sua angústia mais profunda. Minh'alma, você também será ouvida.

25 de março

"...com um beijo trais o Filho do Homem?"
LUCAS 22:48

"Os beijos de um inimigo são enganosos." Que eu fique de guarda quando o mundo colocar à minha frente um rosto amoroso, pois ele poderá, talvez, me trair com um beijo, como fez com meu Mestre. Sempre que um homem está prestes a esfaquear a religião, normalmente professa uma grande reverência por ela. Que eu esteja ciente da lustrosa face da hipocrisia, que é um escudeiro da heresia e da infidelidade. Conhecendo o engano da injustiça, que eu seja prudente como uma serpente para detectar e evitar os modelos do inimigo. O homem jovem, sem entendimento, foi desviado pelo beijo da mulher estranha: que minha alma seja tão graciosamente instruída durante todo este dia, que as "muitas palavras" do mundo não tenham efeito sobre mim. "Santo Espírito, não deixe o pobre frágil filho do homem, ser traído com um beijo!"

Mas, e se eu fosse culpado do mesmo pecado maldito de Judas, aquele filho da perdição? Fui batizado em nome do Senhor Jesus; sou membro de Sua igreja visível; sento-me à mesa da comunhão: todos esses são beijos dos meus lábios. Sou eu sincero neles? Se não, sou um traidor básico. Vivo no mundo com tanto descuido quanto os outros, e ainda assim professo ser um seguidor de Jesus? Então estou expondo a religião ao ridículo, e levando os homens a falar mal do santo nome pelo qual sou chamado. Certamente, se ajo tão inconsistentemente, sou um Judas, e seria melhor para mim, nunca ter nascido. Atrevo-me a esperar estar limpo nessa questão? "Ó Senhor, mantém-me assim. Faz-me sincero e verdadeiro. Preserva-me de qualquer caminho falso. Nunca me deixes trair meu Salvador. Eu te amo, Jesus, e ainda que muitas vezes te faça sofrer, desejo permanecer fiel a ti até a morte. Ó Deus, não permitas que eu seja um adepto altivo e, no final, venha a cair no lago de fogo, por ter traído meu Mestre com um beijo."

26 de março

"Então, lhes disse Jesus: Já vos declarei que sou eu; se é a mim, pois, que buscais, deixai ir estes."

JOÃO 18:8

Note, minh'alma, o cuidado que Jesus manifestou pelas ovelhas de Seu rebanho, mesmo na hora de Seu julgamento! A paixão dominante é forte na morte. Ele se entrega ao inimigo, mas interpõe uma palavra de poder para livrar Seus discípulos. Quanto a si mesmo, como uma ovelha perante seus tosquiadores, Ele emudece e não abre a boca, mas pelo bem de Seus discípulos, fala com grande vigor. Aqui há amor, constante, misericordioso e fiel. Mas não há muito mais aqui do que o que é visto na superfície? Não temos nós a alma e o espírito da expiação nessas palavras? O Bom Pastor dá Sua vida pelas ovelhas e defende que elas devam ser libertadas. O Fiador se apresenta e a justiça determina que aqueles por quem Ele se apresenta como substituto, devem ser libertados. Em meio ao cativeiro do Egito, aquela voz soa como uma palavra de poder: *"Deixai ir estes."* O redimido deve sair da escravidão do pecado e de Satanás. Em cada cela da masmorra de "Desespero" [N.E.: Referência ao livro *O Peregrino* de John Bunyan (Publicações Pão Diário, 2014)], o som ecoa, "Deixai ir estes," e para cá vêm "Desconfiança" e "Temeroso". Satanás ouve a voz bem conhecida e levanta seu pé do pescoço dos caídos; a morte a escuta, e o túmulo abre seus portões para deixar os mortos se levantarem. Seu caminho é progresso, santidade, triunfo e glória, e ninguém ousará atrasá-los. Nenhum leão se colocará em seu caminho, nenhum outro animal feroz subirá. "A corça da manhã" atraiu os caçadores cruéis para si, e agora as mais tímidas gazelas e corças do campo podem pastar em perfeita paz entre os lírios de Seu amor. O trovão rugiu sobre a Cruz no Calvário, e os peregrinos de Sião nunca mais serão feridos pelos pregos da vingança. Meu coração, alegre-se na imunidade assegurada pelo seu Redentor, e bendiga Seu nome durante o dia todo, e todos os dias.

27 de março

"...Então, os discípulos todos, deixando-o, fugiram."
MATEUS 26:56

Ele nunca os abandonou, mas eles, temendo covardemente por suas vidas, fugiram dele no exato momento do início de Seus sofrimentos. Este é apenas um exemplo didático da fragilidade de todos os cristãos, se forem deixados por conta própria; eles são, no máximo, como ovelhas que fogem quando o lobo aparece. Todos haviam sido alertados do perigo e tinham prometido morrer, ao invés de deixar seu Mestre; e, ainda assim, foram tomados por um pânico súbito e saíram correndo. Pode ser que eu, ao iniciar este dia, tenha preparado minha mente para suportar uma provação em nome do Senhor, e me imagino estar certo de demonstrar perfeita fidelidade; mas deixe-me desconfiar de mim mesmo, para que, por ter o mesmo coração perverso de incredulidade, eu não abandone meu Senhor como fizeram os apóstolos. Uma coisa é prometer, e outra bem diferente é cumprir. Teria sido sua honra eterna estar ao lado de Jesus corajosamente; eles fugiram da honra; que eu não os imite! Onde mais eles poderiam estar tão seguros quanto perto de seu Mestre, que poderia chamar doze legiões de anjos na mesma hora? Eles fugiram de sua verdadeira segurança. "Ó, Deus, que eu também não faça papel de tolo." A graça divina pode fazer de um covarde, um bravo. O pavio fumegante pode explodir como fogo no altar, quando o Senhor deseja. Esses mesmos apóstolos que foram tímidos como lebres, se tornaram audazes como leões depois que o Espírito desceu sobre eles, e, da mesma forma, o Espírito Santo pode fazer do meu espírito covarde um espírito corajoso para confessar meu Senhor e testemunhar Sua verdade.

Que angústia deve ter envolvido o Salvador quando viu Seus amigos tão infiéis! Esse foi um ingrediente amargo em Sua taça; mas aquela taça está seca; que eu não coloque outra gota nela. Se eu abandonar o meu Senhor, vou crucificá-lo outra vez e envergonhá-lo abertamente. "Ó Espírito bendito, guarda-me de um fim tão vergonhoso."

28 de março

> "...o amor de Cristo, que excede todo entendimento..."
> EFÉSIOS 3:19

O amor de Cristo em sua doçura, plenitude, grandeza e fidelidade, excede todo o entendimento humano. Onde poderá ser encontrado um idioma que possa descrever esse amor inigualável e incomparável pelos filhos dos homens? É tão vasto e ilimitado que, como a andorinha que apenas passa levemente sobre a água e não mergulha em suas profundezas, todas as palavras descritivas não tocam mais que a superfície, enquanto que as profundezes incomensuráveis permanecem intocadas. Bem diz o poeta:

Ó amor, teu abismo insondável!

Pois esse amor de Cristo é realmente imensurável e insondável; ninguém pode alcançá-lo. Antes que possamos ter alguma ideia do amor de Jesus, precisamos compreender a glória que tinha na sublime majestade, e Sua encarnação na Terra em toda a sua profundeza de vergonha. Mas quem pode nos falar sobre a majestade de Cristo? Quando estava entronizado nos mais altos céus, Ele era o próprio Deus; os céus e todas as suas hostes foram criados para Ele. Seu poderoso braço manteve os domínios; os louvores dos querubins e serafins o cercavam perpetuamente; todo o coro de aleluias do universo fluía incessantemente aos pés de Seu trono: Ele reinava supremo acima de todas as Suas criaturas, Deus acima de tudo, bendito para sempre. Quem pode falar então do tamanho da Sua glória? E quem, por outro lado, pode dizer o quanto Ele desceu? Ser um homem é considerável, ser um homem de dores é muito mais; sangrar, morrer e sofrer, isso foi demais para Ele que era o Filho de Deus; mas sofrer tão incomparável agonia — enfrentar a morte vergonhosa e o abandono de Seu Pai, isso é uma profundidade de amor condescendente que a mente mais inspirada não conseguiria imaginar. Isso sim é amor verdadeiro! — e que "excede todo entendimento". Ah, que esse amor preencha nossos corações com gratidão em adoração e nos leve a manifestações práticas de seu poder.

29 de março

> *"Embora sendo Filho, aprendeu a obediência pelas coisas que sofreu."*
> HEBREUS 5:8

Aprendemos que o Capitão de nossa salvação foi aperfeiçoado por meio do sofrimento, portanto nós, que somos pecadores e estamos longe de ser perfeitos, não devemos nos admirar por sermos chamados a passar também por sofrimentos. Porventura, a cabeça deve ser coroada com espinhos e os outros membros do corpo embalados no colo delicado da tranquilidade? Deve Cristo passar pelos mares de Seu próprio sangue para ganhar a coroa, e nós andarmos para o céu com os pés secos em sandálias de prata? Não, a experiência de nosso Mestre nos ensina que o sofrimento é necessário, e que o verdadeiro filho de Deus não irá e não deveria, escapar dele mesmo que pudesse. Mas há uma ideia muito reconfortante no fato de Cristo ter sido "aperfeiçoado, por meio de sofrimentos" — que Ele pode ter completa compaixão por nós. "Porque não temos sumo sacerdote que não possa compadecer-se das nossas fraquezas." Nessa compaixão de Cristo encontramos um poder de sustentação. Um dos primeiros mártires disse: "Eu posso suportar tudo, pois Jesus sofreu e Ele sofre em mim agora; Ele tem compaixão de mim e isto me fortalece." Cristão, agarre-se a esse pensamento em todas as horas de aflição. Que o pensamento de Jesus o fortaleça enquanto você segue Seus passos. Encontre um doce apoio em Sua compaixão e lembre-se de que sofrer é honroso — sofrer por Cristo é a glória. Os apóstolos se alegraram por terem sido considerados dignos de passar por isto. Na mesma medida em que o Senhor nos dá a graça de sofrer *por* Cristo e *com* Cristo, Ele nos honrará. As joias de um cristão são suas aflições. As insígnias de reis a quem Deus ungiu são seus problemas, suas tristezas, suas angústias. Não vamos, portanto, evitar ser honrados, nem deixar de lado o sermos exaltados. Aflições nos exaltam e problemas nos elevam. "Se perseveramos, também com ele reinaremos."

30 de março

> *"...Foi contado com os transgressores..."*
> ISAÍAS 53:12

Por que Jesus se dispôs a ser listado entre os pecadores? Esta maravilhosa condescendência foi justificada por muitas razões poderosas. *Em tal posição, Ele estaria em melhor condição de ser o advogado deles.* Em alguns julgamentos há uma identificação tal entre o advogado e o cliente, que aos olhos da lei eles não podem ser vistos separadamente. Então, quando o pecador é levado a juízo, o próprio Jesus aparece ali. *Ele* se levanta para responder à acusação. Ele aponta para o Seu lado, Suas mãos, Seus pés e desafia a Justiça a trazer qualquer coisa contra o pecador que Ele representa; Ele invoca Seu sangue, e o invoca tão triunfantemente, sendo listado com eles e tendo parte com eles, que o Juiz proclama: "Deixe-os seguir seu caminho; que sejam libertados de descer para a cova, pois Ele pagou o resgate." Nosso Senhor Jesus foi contado entre os transgressores para que *seus corações pudessem ser atraídos a Ele.* Quem pode ter medo daquele que está arrolado na mesma lista que nós? Certamente podemos ir corajosamente a Ele e confessar nossa culpa. Ele, que foi contado entre os culpados, transfere para Seu nome essa negra acusação, e os nossos nomes são retirados do rol de condenação e escritos no rol da aceitação, pois há uma transferência completa entre Jesus e Seu povo. Cristo tomou todo o nosso estado de miséria e pecado; e Sua plenitude é transferida para nós — Sua justiça, Seu sangue e tudo o que Ele nos dá como dote. Regozije-se, cristão, em sua união com Aquele que foi contado entre os transgressores; e prove que você é verdadeiramente salvo ao ser manifestadamente contado com aqueles que são novas criaturas em Cristo.

31 de março

"...pelas suas pisaduras fomos sarados."
ISAÍAS 53:5

Pilatos entregou nosso Senhor aos oficiais de Roma para ser açoitado. O açoite romano era um dos instrumentos de tortura mais terríveis. Era feito com tendões de bois e ossos afiados trançados entre as tiras, então a cada vez que o açoite brandia, esses pedaços de ossos rasgavam a pele e deixavam os ossos da vítima expostos. O Salvador foi, sem dúvida, amarrado à coluna e então açoitado. Ele já havia apanhado antes, mas o açoite dos oficiais romanos foi, provavelmente, Seu flagelo mais severo. Minh'alma, levante-se e chore sobre Seu pobre corpo ferido!

Crente em Jesus, você consegue encará-lo sem lágrimas, enquanto Ele espelha o amor agonizante? Ele é ao mesmo tempo, justo como o lírio da inocência e vermelho como a rosa de Seu próprio sangue. Ao sentirmos a cura certa e abençoada que Suas pisaduras têm operado em nós, nosso coração não se derrete de amor e lamento? Se alguma vez amamos nosso Senhor Jesus, certamente sentiremos essa afeição arder agora em nosso peito.

Veja como o paciente Jesus se levanta,
Insultado em seu lugar mais baixo!
Pecadores ataram as mãos do Altíssimo,
E cuspiram no rosto de seu Criador.
Com espinhos em Suas têmporas cortadas e ensanguentadas
Mandando rios de sangue para todos os lados;
Suas costas com açoites foram laceradas.
Mas açoites mais afiados rasgam Seu coração.

Gostaríamos de ir para o quarto chorar, mas como nossos negócios nos chamam a sair, oraremos primeiro para que nosso Amado imprima a imagem de Seu corpo ensanguentado nas tábuas do nosso coração o dia todo, e quando a noite vier, retornaremos para nos reunir com Ele e lamentar que nosso pecado lhe custasse tanto.

1º de abril

"Beija-me com os beijos de tua boca..."
CÂNTICO DOS CÂNTICOS 1:2

Durante diversos dias estivemos discorrendo sobre a paixão do Salvador, e logo mais à frente voltaremos a este assunto. No início de um novo mês, busquemos os mesmos desejos por nosso Senhor que aqueles que brilham no coração da esposa eleita. Veja como ela se volta imediatamente para *Ele*: não há palavras introdutórias; ela nem mesmo diz seu nome; seu coração está totalmente voltado para ele, pois fala *daquele* que era o único no mundo para ela. Como é corajoso o seu amor! Foi uma grande condescendência que permitiu à chorosa penitente ungir os pés de Cristo com nardo — foi rico o amor que permitiu a Maria sentar-se aos Seus pés e aprender com Ele — mas aqui, o amor, o forte e fervoroso amor, aspira a símbolos mais elevados de respeito e sinais mais próximos de comunhão. Ester tremeu na presença de Assuero, mas a esposa, na alegre liberdade do amor perfeito, não conhece o medo. Se recebermos o mesmo espírito livre, também poderemos pedir da mesma forma. Por beijos, supomos ser aquelas variadas manifestações de afeição das quais o cristão deve desfrutar no amor de Jesus. O beijo da *reconciliação* desfrutamos em nossa conversão, e foi tão doce como o mel escorrendo do favo. O beijo da *aceitação* ainda está quente em nossa testa, quando soubemos que Ele nos aceitou e a nossos atos por meio de Sua rica graça. O beijo da *comunhão* diária e presente é aquele pelo qual suspiramos, mesmo sendo repetido diariamente até ser trocado pelo beijo da *recepção*, que elevará a alma da Terra; e o beijo da *consumação* que se enche com a alegria do céu. Fé é o nosso andar, mas comunhão sensível é o nosso descanso. Fé é a estrada, mas comunhão com Jesus é a fonte da qual os peregrinos bebem. "Ah, Amado de nossa alma, não sejas um estranho para nós; que os lábios da Tua bênção encontrem os lábios de nossas súplicas; que os lábios de Tua plenitude toquem os lábios de nossa necessidade, e o beijo acontecerá imediatamente."

2 de abril

"Jesus não respondeu nem uma palavra..."
MATEUS 27:14

Ele nunca se calou quando era para abençoar os filhos dos homens, mas não disse uma única palavra a favor de si mesmo. "Jamais alguém falou como este homem" e nunca um homem silenciou como Ele. Esse silêncio singular foi o *indício de Seu perfeito autossacrifício*? Isso mostrou que Ele não pronunciaria uma palavra para evitar o massacre de Sua pessoa sagrada; que Ele havia se dedicado como uma oferta por nós? Teria Ele se rendido tão inteiramente que não interferiria por si próprio, nem no mínimo grau, deixando-se ser preso e morto como uma vítima resignada e sem resistência? Esse silêncio foi *um tipo de vulnerabilidade do pecado*? Nada pode ser dito como paliativo ou pretexto da culpa humana; e, portanto, aquele que suportou todo o seu peso, se manteve em silêncio perante Seu juiz. O silêncio paciente não é a melhor resposta *a um mundo contraditório*? A tolerância calma responde perguntas mais conclusivamente, do que a eloquência mais arrogante. Os melhores apologistas do cristianismo nos primeiros séculos foram seus mártires. A bigorna quebra muitos martelos aguentando tranquilamente seus golpes. O Cordeiro de Deus silencioso não nos forneceu *um grande exemplo de sabedoria*? Onde cada palavra era motivo para uma nova blasfêmia, era uma questão de dever não fornecer mais combustível para a chama do pecado. O ambíguo e o falso, o indigno e o maldoso, dentro em breve derrubarão e confrontarão a si mesmos e, portanto, a verdade pode se dar ao luxo de silenciar e descobrir que o silêncio pode ser sua sabedoria. Evidentemente, nosso Senhor, com Seu silêncio, proporcionou *um notável cumprimento da profecia*. Uma longa defesa de si mesmo teria sido contrária à previsão de Isaías: "Como cordeiro foi levado ao matadouro; e, como ovelha muda perante os seus tosquiadores, ele não abriu a boca." Com Seu silêncio Ele provou conclusivamente ser o verdadeiro Cordeiro de Deus. Dessa forma, o saudamos esta manhã. "Sê conosco, Jesus, e no silêncio de nosso coração, permite-nos ouvir a voz de Teu amor."

3 de abril

> *"Então, Pilatos o entregou para ser crucificado."*
> JOÃO 19:16

Ele passou toda a noite em agonia; tinha passado a manhã na casa de Caifás, fora levado de Caifás a Pilatos, de Pilatos a Herodes, e de Herodes, de volta a Pilatos; restava-lhe, portanto, pouca força, e ainda assim não lhe foi permitido nenhum repouso ou descanso. Eles estavam ansiosos por Seu sangue, e por isso, levaram-no para morrer, carregando a cruz. Ah, dolorosa procissão! Bem podem as filhas de Jerusalém chorar. Minh'alma, chore também.

O que aprendemos aqui, ao ver nosso bendito Senhor ser levado? Será que não percebemos essa verdade estabelecida no simbolismo do *bode expiatório*? O sumo sacerdote não trouxe o bode expiatório e colocou as mãos sobre sua cabeça, confessando os pecados do povo, para que aqueles pecados pudessem recair sobre o bode e não fosse imputado às pessoas? Então, o bode era levado embora para o deserto por um homem justo, carregando os pecados do povo, de modo que se fossem procurados, não poderiam ser encontrados. Agora, vemos Jesus ser levado perante os sacerdotes e governantes, que o julgaram culpado; o próprio Deus imputa nossos pecados a *Ele*: "o SENHOR fez cair sobre ele a iniquidade de nós todos"; "Ele o fez pecado por nós;" e, como o substituto de nossa culpa, suportando nosso pecado sobre Seus ombros, representado pela cruz vemos o grande Bode Expiatório ser levado pelos nomeados oficiais de justiça. Amado, você se sente seguro de que Ele levou *seus* pecados? Quando olha para a cruz nos ombros de Cristo, ela representa os pecados que você comete? Há uma forma de dizer se Ele levou ou não os seus pecados. Você colocou sua mão sobre a cabeça dele, confessou seu pecado e se entregou a Ele? Então, seu pecado não está mais sobre você; foi totalmente transferido pela bendita imputação a Cristo, e Ele o suporta sobre Seus ombros como uma carga mais pesada do que a cruz.

Não permita que esta imagem desapareça até que você tenha se alegrado em sua própria libertação e adorado o amoroso Redentor, sobre quem suas iniquidades foram lançadas.

4 de abril

> *"Aquele que não conheceu pecado,*
> *ele o fez pecado por nós;*
> *para que, nele, fôssemos feitos justiça de Deus."*
> 2 CORÍNTIOS 5:21

Cristão de luto, por que chora? Está de luto por suas próprias corrupções? Olhe para o seu perfeito Senhor e lembre-se de que você é completo nele; aos olhos de Deus você é tão perfeito como se nunca tivesse pecado; não, mais do que isso, o Senhor da nossa justiça colocou um manto divino sobre você, assim não está mais sob a justiça do homem — tem a justiça de Deus. Ah, você que está de luto por causa do pecado inato e da depravação, lembre-se de que nenhum dos seus pecados pode condená-lo. Você aprendeu a odiar o pecado, mas aprendeu também que esse pecado não é seu — foi colocado sobre a cabeça de Cristo. Sua posição não é sua — está em Cristo; sua aceitação não é sua, mas do seu Senhor; você é tão aceito por Deus hoje, com todos os seus pecados, quanto será quando estiver perante Seu trono, livre de toda corrupção. Ah, rogo a você, agarre-se a esse pensamento precioso, *perfeição em Cristo!* Pois você é "completo nele". Usando as roupas do seu Salvador, você será tão santo quando o Santo. "Quem os condenará? Foi Cristo Jesus quem morreu ou, antes, quem ressuscitou, o qual está à direita de Deus e também intercede por nós." Cristão, que seu coração se alegre, pois você foi "aceito no Amado" — o que tem a temer? Que sua face exiba um sorriso; viva perto de seu Mestre; viva nas moradas da cidade celestial; pois logo, quando sua hora chegar, será levado para onde Jesus está sentado, e reinará à Sua mão direita; e tudo isso porque "aquele que não conheceu pecado, ele o fez pecado por nós; para que, nele, fôssemos feitos justiça de Deus."

5 de abril

> "...puseram-lhe a cruz sobre os ombros,
> para que a levasse após Jesus."
> LUCAS 23:26

Vemos em Simão carregando a cruz uma imagem do trabalho da igreja por todas as gerações: ela é a carregadora da cruz depois de Jesus. Note então, cristão, Jesus não sofreu aquilo para excluir seu sofrimento. Ele suporta a cruz, não para que você possa escapar dela, mas para que você possa aguentá-la. Cristo o exime do pecado, mas não do sofrimento. Lembre-se disso e espere sofrer.

Porém, vamos nos consolar com o pensamento que, em nosso caso, como no de Simão, *não é a nossa cruz, mas a de Cristo, que carregamos*. Quando você for assediado por sua devoção; quando sua religião lhe trouxer a provação de zombarias cruéis, lembre-se de que não é a *sua* cruz, mas a de Cristo; e como é maravilhoso levar a cruz de nosso Senhor Jesus!

Você leva a cruz depois dele. Você tem companhia abençoada; seu caminho é marcado pelas pegadas do seu Senhor. A marca de Seu ombro vermelho de sangue está naquele fardo pesado. Esta é a *cruz dele*, e Ele vai à sua frente como um pastor vai à frente de suas ovelhas. Pegue a sua cruz diariamente e o siga.

Não esqueça também *que você tem companhia para levar essa cruz*. Alguns dizem que Simão levou apenas uma ponta da cruz, não ela inteira. É bem possível; Cristo deve ter carregado a parte mais pesada, na viga transversal, e Simão deve ter segurado a ponta mais leve. Certamente também é assim com você: leva apenas a ponta mais leve da cruz, Cristo suporta a mais pesada.

E lembre-se de que *embora Simão tenha levado a cruz apenas por pouco tempo, isso lhe deu honra eterna*. Da mesma forma, a cruz que nós levamos é apenas por um tempo, e então receberemos a coroa, a glória. Certamente deveríamos amar a cruz e, em vez de fugirmos dela, *tê-la como muito querida*, pois ela "produz para nós eterno peso de glória, acima de toda comparação."

6 de abril

> *"Saiamos, pois, a ele, fora do arraial..."*
> HEBREUS 13:13

Jesus, levando a Sua cruz, foi sofrer fora dos portões da cidade. O motivo de o cristão sair do campo do pecado e da religião do mundo, não é gostar de ser diferente, mas pelo fato de ter *Jesus feito isso*; e o discípulo deve seguir seu Mestre. Cristo "não era do mundo": Sua vida e Seu testemunho eram um protesto constante contra a conformidade com o mundo. Nunca houve tão transbordante carinho pelos homens como o encontrado nele; mas ainda assim, Ele foi separado dos pecadores. De maneira semelhante, o povo de Cristo deve "sair a Ele". Precisam assumir sua posição "fora do arraial", como testemunhas da verdade. Devem estar preparados para trilhar o caminho estreito e apertado. Devem ser corajosos, inabaláveis, com corações de leão, amando primeiro a Cristo e à Sua verdade, e Cristo e Sua verdade acima do mundo todo. Jesus levará Seu povo "para fora do arraial" *para a sua própria santificação*. Você não pode crescer em graça enquanto estiver conformado com o mundo. A vida de separação pode ser um caminho de sofrimento, mas é a estrada para a segurança; e mesmo que a vida separada possa custar a você muitos tormentos e fazer de cada dia uma batalha, é uma vida feliz apesar de tudo. Nenhuma alegria pode exceder aquela do soldado de Cristo: Jesus se revela tão graciosamente e dá reavivamento tão doce, que o guerreiro sente mais calma e paz em sua luta diária do que os outros em suas horas de descanso. O caminho da santidade é a estrada da comunhão. Então, devemos esperar *ganhar a coroa* se formos capacitados, fielmente, pela divina graça a seguir Cristo para "fora do arraial". A coroa de glória seguirá a cruz da separação. Uma vergonha momentânea será bem recompensada pela honra eterna; sustentar o testemunho por um pouco parecerá nada quando estivermos "para sempre com o Senhor".

7 de abril

"Ó homens, até quando tornareis a minha glória em vexame?..."
SALMO 4:2

Um didático escritor fez uma lista fúnebre das honras que o cego povo de Israel atribuiu ao seu Rei muito esperado.

1. Eles lhe deram *um cortejo de honra*, do qual legionários romanos, sacerdotes judeus, homens e mulheres participaram: Ele mesmo carregando Sua cruz. Este é o triunfo com o qual o mundo premia Aquele que vem para vencer os piores inimigos do homem. Gritos de escárnio são as únicas aclamações que Ele recebe, e provocações cruéis, o único hino de louvor que lhe entoam.

2. Eles o presentearam com o *vinho da honra*. Em vez de uma taça de ouro de bom vinho, ofereceram-lhe um estonteante projeto de morte criminosa, o qual Ele recusou porque iria preservar um incólume gosto da morte; e mais tarde, quando Ele gritou: "Tenho sede", deram-lhe vinagre misturado com fel, passado em Sua boca com uma esponja. Que hospitalidade miserável e detestável para o Filho do Rei!

3. Ele recebeu *uma guarda de honra*, que demonstrou sua estima apostando sobre Suas vestes, que haviam tomado como espólio. Assim eram os guarda-costas do Adorado do céu: um grupo de jogadores brutais.

4. *Um trono de honra* foi feito para Ele sobre a árvore ensanguentada; homens rebelados não teriam lugar mais fácil para ceder ao seu Senhor. A cruz era, de fato, a completa expressão do sentimento do mundo a Seu respeito: "Ei," pareciam dizer, "Filho de Deus, essa é a forma pela qual o próprio Deus deveria ser tratado se pudéssemos alcançá-lo".

5. *O título de honra* foi nominalmente: "Rei dos Judeus", mas a nação cega distintamente o repudiou e, na verdade, o chamou de "Rei dos ladrões", preferindo Barrabás e colocando Jesus no lugar da mais alta vergonha, entre dois ladrões. Sua glória foi, em tudo, transformada em vergonha pelos filhos dos homens, mas ainda deve alegrar os olhos dos santos e dos anjos da eternidade.

8 de abril

> *"Porque, se em lenho verde fazem isto,*
> *que será no lenho seco?"*
> LUCAS 23:31

Entre outras interpretações desta sugestiva pergunta, a seguinte é cheia de ensinamentos: "Se o inocente substituto dos pecadores sofre assim, o que será feito quando um pecador — o lenho seco — cair nas mãos de um Deus irado?" Quando Deus viu Jesus no lugar do pecador, Ele não o poupou; e quando encontrar o não regenerado sem Cristo, não o poupará. Pecador, Jesus foi levado por Seus inimigos: então você deverá ser arrastado pelos demônios ao lugar que lhe foi destinado. Jesus foi abandonado por Deus; e se Ele, que era o único sem pecado, foi abandonado, o que será de você? "*Eli, Eli, lamá sabactâni?*", que grito terrível! Mas qual será o seu grito quando disser: "Ó Deus! Ó Deus! por que me desamparaste?" e a resposta vier: "Porque você desprezou todos os Meus conselhos e não aceitou nenhuma das Minhas reprovações: também vou rir da sua calamidade; vou zombar quando sobrevier sobre você o terror." Se Deus não poupou Seu próprio Filho, muito menos poupará você! Que chicotes de fios queimados o atingirão quando a consciência o ferir com todos os seus terrores! Vocês mais ricos, mais alegres, são a maioria dos pecadores hipócritas — quem se levantará em seu lugar quando Deus disser: "Desperta, ó espada, contra o homem que me rejeitou; fere-o e deixa que sinta para sempre o sofrimento"? Jesus foi cuspido: pecador, que vergonha será a sua! Não podemos reunir numa palavra toda a massa de sofrimentos que pesou sobre a cabeça de Cristo, que morreu por nós; então é impossível dizermos a você que rios, que oceanos de dor passarão por cima do seu espírito se você morrer como está agora. Você pode morrer depois, você pode morrer agora. Pelas agonias de Cristo, por Suas feridas e por Seu sangue, não atraia para si a ira que está por vir! Confie no Filho de Deus e você nunca morrerá.

9 de abril

"Seguia-o numerosa multidão de povo, e também mulheres que batiam no peito e o lamentavam." LUCAS 23:27

Em meio ao tumulto da multidão que seguiu o Redentor até Sua desgraça, havia algumas almas graciosas cuja angústia amarga buscou espaço em murmúrios e lamentações — música adequada a acompanhar aquela marcha de sofrimento. Quando a minha alma consegue ver o Salvador levando Sua cruz para o Calvário, ela se junta às mulheres devotas e chora com elas; pois, na verdade, há uma causa real para lamentar — causa mais profunda do que aquelas mulheres enlutadas pensavam. Elas choravam pela inocência maltratada, pela bondade perseguida, pelo amor sangrando, a mansidão prestes a morrer; mas meu coração tem uma causa mais profunda e mais amarga para lamentar. Meus pecados foram os açoites que laceraram aqueles ombros abençoados, e coroaram com espinhos aquela fronte ensanguentada. Meus pecados gritaram: "Crucifica-o! Crucifica-o!" e colocaram a cruz sobre Seus ombros graciosos. Ele ser levado para morrer, é sofrimento bastante para uma eternidade: mas eu ter sido o Seu assassino, é mais, infinitamente mais sofrimento do que uma pobre fonte de lágrimas possa expressar.

A razão daquelas mulheres o amarem e chorarem por Ele não é difícil de imaginar: mas elas não poderiam ter razões maiores para amá-lo e chorar por Ele do que tem meu coração. A viúva de Naim viu seu filho ressuscitado — mas eu fui erguido para uma nova vida. A sogra de Pedro foi curada da febre — mas eu, da grande praga do pecado. Foram sete os demônios expulsos de Madalena — mas uma legião inteira saiu de mim. Maria e Marta foram favorecidas com visitas — mas Ele habita em mim. Sua mãe deu à luz ao Seu corpo — mas Ele é formado em mim, a esperança da glória. Em nada devo mais que as santas mulheres, que eu não fique devendo mais que elas em gratidão ou sofrimento.

Amor e dor dividem meu coração
Com minhas lágrimas Seus pés eu lavo;
Meu coração em quietude incessante
Chora por Aquele que morreu para salvar.

10 de abril

"...ao lugar chamado Calvário..." LUCAS 23:33

O monte do consolo é o monte do Calvário; a casa de consolação é construída com a madeira da cruz; o templo de bênçãos celestes é fundado sobre a rocha fendida — fendida pela lança que perfurou seu lado. Nenhuma cena da história sagrada jamais alegrará tanto a alma como a tragédia do Calvário.

Não é estranho, que a hora mais sombria
Que ocorreu na Terra pecaminosa,
Deveria tocar o coração com poder mais suave,
Para consolar, do que o júbilo de um anjo?
Que os olhos do pranteador deveriam se voltar
Antes para a cruz do que para o brilho da estrela de Belém?

A luz brota do meio-dia à meia-noite do Gólgota, e cada erva do campo floresce docemente à sombra de uma árvore que um dia foi amaldiçoada. Naquele lugar de sede, a graça cavou uma fonte que sempre jorra com águas tão puras quanto o cristal, cada gota é capaz de aliviar as aflições da humanidade. Você que teve seus momentos de conflito, confessará que não foi no monte das Oliveiras que sempre encontrou conforto, nem no monte Sinai, nem no Tabor; mas que o Getsêmani, Gabatá e Gólgota têm sido um meio de consolo para você. As ervas amargas do Getsêmani têm afastado, com frequência, os amargores de sua vida; o flagelo de Gabatá [N.E.: Tribuna onde Jesus se assentou quando foi julgado por Pilatos] tem açoitado suas preocupações e os murmúrios do Calvário nos proporcionam raro e rico consolo. Jamais conheceríamos o amor de Cristo em toda a sua altura e profundidade, se Ele não tivesse morrido; nem poderíamos saber da profunda afeição do Pai, se Ele não tivesse dado Seu Filho para morrer. As misericórdias comuns que desfrutamos, todas cantam sobre o amor, assim como a concha, quando colocada ao ouvido, sussurra o mar profundo de onde vem; mas se desejamos escutar o próprio oceano, precisamos não olhar para as bênçãos do dia a dia, mas para a crucificação. Aquele que quiser conhecer o amor, que se retire para o Calvário e veja o Homem de dores morrer.

11 de abril

"Derramei-me como água, e todos os meus ossos se desconjuntaram..." SALMO 22:14

Será que a Terra ou o céu alguma vez viu espetáculo de sofrimento tão triste? Na alma e no corpo, nosso Senhor sentiu-se fraco como a água derramada no chão. A colocação da cruz em sua base o abalou com tamanha violência que estirou todos os Seus ligamentos, fez doer cada nervo e, de alguma forma, deslocou todos os Seus ossos. Por causa de Seu próprio peso, o augusto sofredor sentiu a tensão crescer a cada momento durante aquelas longas seis horas. Sua sensação de fraqueza e desmaio foi avassaladora; ao mesmo tempo que Sua própria consciência se tornou nada mais do que uma massa de dor e desfalecimento. Quando Daniel teve a grande visão, assim descreveu suas sensações: "E não restou força em mim; o meu rosto mudou de cor e se desfigurou, e não retive força alguma." Que grande fraqueza deve ter sentido nosso maior Profeta quando teve a visão ameaçadora da ira de Deus, e a sentiu em Sua própria alma! O que o nosso Senhor aguentou teria sido insuportável para nós, e um tipo de inconsciência teria vindo em nosso socorro; mas em Seu caso, Ele estava ferido e sentiu a espada; Ele esgotou o cálice e sorveu cada gota.

Ó, Rei do Sofrimento! (título estranho, mas verdadeiro
Atribuído somente a ti, entre todos os reis)
Ó, Rei das Feridas! Como devo sofrer por ti,
Que por causa de todo o Teu sofrimento, me poupaste do meu!

Ao nos ajoelharmos perante o trono de nosso Salvador que ascendeu, lembremo-nos bem do caminho pelo qual Ele preparou o trono da graça para nós; em espírito, bebamos de Sua taça, para que possamos ser fortalecidos em nossa hora de opressão, quando ela vier. Em Seu corpo natural cada membro sofreu, e assim deve ser no espiritual; mas apesar de todos os Seus sofrimentos e feridas, Seu corpo subiu sem máculas para a glória e o poder. Da mesma forma Seu corpo místico sairá da fornalha, com nada além do que o cheiro de fumaça.

12 de abril

> "...meu coração fez-se como cera,
> derreteu-se dentro de mim."
> SALMO 22:14

Nosso bendito Senhor experimentou um terrível abatimento e quebrantamento da alma. "O espírito firme sustenta o homem na sua doença, mas o espírito abatido, quem o pode suportar?" A profunda depressão do espírito é a mais dolorosa de todas as provações; qualquer coisa perto disso é nada. Assim, também o Salvador em sofrimento clamou ao Seu Deus: "Não te distancies de mim", pois mais do que em todos os outros momentos, o homem precisa de seu Deus quando o coração está consumido em seu interior por causa do peso. Cristão, venha para perto da cruz esta manhã, e humildemente adore o Rei da glória, que foi trazido aqui para baixo, em sofrimento mental e angústia interior, do que qualquer outro entre nós; e note Sua aptidão para se tornar um Sumo Sacerdote fiel, que pode ser tocado com o sentimento de nossas fraquezas. Especialmente aqueles de nós cuja tristeza brota diretamente de um afastamento do sentido de presença do amor de nosso Pai, entrem em comunhão íntima com Jesus. Não vamos nos entregar ao desespero, já que o Mestre passou por esse lugar sombrio antes de nós. Algumas vezes nossa alma pode desejar, fraquejar e até ter sede angustiante de manter a luz da face do Senhor: em horas como essas, permaneçamos no doce fato da solidariedade do nosso Sumo Sacerdote. Nossas gotas de aflição poderiam bem ser esquecidas no oceano dos Seus sofrimentos; mas quão alto nosso amor deveria subir! Venha, ó amor forte e profundo de Jesus, como as ondas da maré alta, cubra todos os meus poderes, afogue todos os meus pecados, lave todas as minhas preocupações, levante a minha alma ligada à Terra, e leve-a aos pés do meu Senhor, e lá me deixa ficar, uma pobre concha quebrada, lavada por Seu amor, sem ter virtude ou valor; e apenas me aventurando a sussurrar, se Ele oferecer seu ouvido a mim. Ele escutará o meu fraco coração ecoando as vastas ondas de Seu próprio amor que me trouxe para onde tenho prazer em estar, mesmo aos Seus pés, para sempre.

13 de abril

"O meu amado é para mim um saquitel de mirra..."
CÂNTICO DOS CÂNTICOS 1:13

A mirra pode muito bem ser escolhida como uma alegoria de Jesus, por causa de *sua preciosidade, perfume, amenidade, por suas qualidades terapêuticas, preservação e desinfecção, e por sua conexão com sacrifício*. Mas por que Ele é comparado a "um saquitel de mirra"? Primeiramente, pela *abundância*. Ele não é uma gota, é uma caixa cheia. Ele não é um raminho ou uma flor, é um buquê inteiro. Há o suficiente em Cristo para todas as minhas necessidades; que eu não seja lento em me beneficiar. Nosso bem-Amado é comparado novamente a um "saquitel", por causa da *variedade*: porque há em Cristo não apenas algo que seja necessário, mas "nele, habita, corporalmente, toda a plenitude da divindade", tudo o que é necessário está nele. Observe Jesus em Seus diferentes papéis e você verá uma variedade maravilhosa — Profeta, Sacerdote, Rei, Marido, Amigo, Pastor. Considere Sua vida, morte, ressurreição, ascensão, segunda vinda; veja Sua virtude, gentileza, coragem, autonegação, amor, fidelidade, verdade, justiça — em tudo Ele é um buquê de preciosidade. Ele é um "saquitel de mirra" para *preservação* — não deixe a mirra cair no chão e ser pisada, mas amarre-a bem, a mirra deve ser guardada numa caixa. Devemos valorizá-lo como nosso maior tesouro; precisamos dar muito valor às Suas palavras e decretos; e devemos manter nossos pensamentos e conhecimento sobre Ele como que trancados a chave, a fim de que o diabo nada roube de nós. Além disso, Jesus é um "saquitel de mirra" para *especialidade*. O símbolo sugere a ideia de graça distinta e discriminada. Antes da fundação do mundo, Ele foi separado para Seu povo; e espalha Seu perfume apenas sobre aqueles que entendem como entrar em comunhão com Ele e como ter um relacionamento íntimo com Ele. Ah! Povo bendito que o Senhor admitiu em Sua intimidade e para quem se separou. Ah! Felizardos que podem dizer: "Um saquitel de mirra é meu bem-Amado para mim."

14 de abril

> *"Todos os que me veem zombam de mim;*
> *afrouxam os lábios e meneiam a cabeça."*
> SALMO 22:7

A zombaria foi um ingrediente constante na aflição do nosso Senhor. Judas zombou dele no jardim; o chefe dos sacerdotes e os escribas riram dele com escárnio; Herodes desdenhou dele; os servos e os soldados zombaram dele e o insultaram brutalmente; Pilatos e seus guardas ridicularizaram Sua realeza; e na cruz todos os tipos de piadas horríveis e provocações hediondas foram dirigidas a Ele. A ridicularização é sempre difícil de suportar, mas quando estamos em dor intensa, é tão fria, tão cruel, que nos fere até o âmago. Imagine o Salvador crucificado, atormentado por uma angústia muito além da compreensão mortal, e então visualize aquela multidão heterogênea, todos meneando a cabeça ou mostrando nos lábios um amargo desprezo pela pobre vítima sofredora! Certamente havia algo mais no Crucificado do que podiam ver, ou então a multidão tão grande e diversificada não teria unanimemente desprezado o Senhor. No momento de aparente triunfo, a confissão maligna podia fazer algo além de zombar daquela bondade vitoriosa que estava reinando na cruz? "Ó, Jesus, 'desprezado e o mais rejeitado entre os homens', como pudeste morrer por homens que te trataram tão mal? Eis aqui amor incrível, amor divino, sim, amor além da compreensão. Nós também te desprezamos enquanto erámos degenerados, e mesmo desde o nosso novo nascimento, nós colocamos o mundo em alta conta em nossos corações, e ainda assim, sangraste para curar nossas feridas, e morreste para nos dar vida. Ó, que possamos te colocar num trono glorioso nos corações de todos os homens! Que entoemos louvores a ti na terra e no mar, até que os homens universalmente te adorem da mesma forma que, um dia, eles unanimemente te rejeitaram."

> *Tuas criaturas te ofendem, ó soberano Bem!*
> *Não és amado, porque não és compreendido:*
> *Isso muito me entristece, que a vaidade seduza*
> *Homens ingratos, apesar do Teu sorriso.*

15 de abril

> *"...Deus meu, Deus meu, por que me desamparaste?..."*
> SALMO 22:1

Nós, aqui, contemplamos o Salvador na profundeza de Suas dores. Nenhum outro lugar mostra tão bem os sofrimentos de Cristo como o Calvário; e nenhum outro momento no Calvário é tão cheio de agonia do que aquele em que Seu grito rasga o ar — "Deus meu, Deus meu, por que me desamparaste?" Neste momento, a fraqueza física se uniu à aguda tortura mental da vergonha e da infâmia pelas quais Ele tinha que passar; e para fazer Seu sofrimento culminar com ênfase, Ele sofreu uma agonia espiritual que supera qualquer expressão, resultado da separação da presença de Seu Pai. Isso foi a hora mais escura de Seu horror; foi então que Ele desceu ao abismo do sofrimento. Nenhum homem pode conceber o total significado dessas palavras. Alguns de nós pensamos, às vezes, que podemos gritar: "Deus meu, Deus meu, por que me desamparaste?" Há momentos em que a luz do sorriso de nosso Pai é eclipsada por nuvens e escuridão; mas lembremos de que Deus nunca nos desampara de verdade. Conosco é apenas um aparente desamparo, mas no caso de Cristo, foi real. Sofremos ao menor afastamento do amor de nosso Pai; mas Deus virou o rosto de verdade para Seu Filho; quem poderia calcular quão profunda a agonia que isso lhe causou?

Em nosso caso, o grito normalmente é determinado pela descrença: no caso dele, foi a expressão de um fato terrível, pois Deus realmente havia virado as costas para Ele por um momento. Ó alma pobre e aflita, que um dia viveu no brilho da face de Deus, mas agora está na escuridão, lembre-se de que Ele não a desamparou de verdade. Deus, em meio às nuvens, é tão Deus como nos momentos em que Ele brilha à nossa frente, em toda a Sua fulgurante graça; mas como até a *ideia* de que Ele nos tenha desamparado nos agoniza, que sofrimento não terá sido o do Salvador quando exclamou: "Deus meu, Deus meu, por que me desamparaste?"

16 de abril

> *"...pelo precioso sangue... de Cristo."*
> 1 PEDRO 1:19

Aos pés da cruz vemos as mãos, os pés e o lado de Jesus, todos destilando fluxos vermelhos de sangue precioso. Seu sangue é "precioso" por causa de sua *eficácia redentora e expiatória*. Por ele, os pecados do povo de Cristo são expiados; são redimidos da lei; são reconciliados com Deus, feitos um com Ele. O sangue de Cristo também é "precioso" em seu *poder purificador*; ele "purifica de todo o pecado". "Ainda que os vossos pecados sejam como a escarlata, eles se tornarão brancos como a neve." Por meio do sangue de Jesus, nenhuma mancha é deixada no cristão, nenhuma ruga ou coisa parecida permanece. Ó, sangue precioso que nos purifica, removendo as manchas da iniquidade abundante, e nos permite ser aceitos no Amado, a despeito das muitas formas em que nos rebelamos contra nosso Deus! O sangue de Cristo é também "precioso" em seu *poder de preservação*. Sob o sangue aspergido, estamos salvos do anjo destruidor. Lembre-se de que a verdadeira razão de sermos poupados é o fato de Deus ver o sangue. Eis aqui consolo para nós quando nosso olho da fé está fraco, pois o olhar de Deus permanece o mesmo. O sangue de Cristo é "precioso" também em sua *influência santificadora*. O mesmo sangue que justifica, afastando o pecado, completa a obra, vivificando a nova natureza, levando-a a subjugar o pecado e a seguir os mandamentos de Deus. Não há causa para tão grande santidade como aquela que flui das veias de Jesus. E "precioso", inexplicavelmente precioso, é esse sangue, porque ele tem um *poder de superação*. Está escrito: "Venceram por causa do sangue do Cordeiro." Como poderiam fazer de outra forma? Aquele que luta possuindo o precioso sangue de Jesus, luta com uma arma que não pode conhecer derrota. O sangue de Jesus! O pecado morre em sua presença, a morte deixa de ser morte: os portões do céu se abrem. O sangue de Jesus! Devemos seguir marchando, conquistando e para conquistar, enquanto confiamos em seu poder!

17 de abril

> *"...ao sangue da aspersão que fala*
> *coisas superiores ao que fala o próprio Abel."*
> HEBREUS 12:24

Leitor, você chegou ao sangue da aspersão? A pergunta não é se você chegou ao conhecimento da doutrina, ou a uma observância de cerimônias, ou a certa forma de experiência, mas *você chegou ao sangue de Jesus*? O sangue de Jesus é a vida de toda a santidade. Se você realmente chegou a Cristo, sabemos como veio — o Santo Espírito o trouxe com doçura. Você chegou ao sangue da aspersão, não por seus méritos. Culpado, perdido e desamparado, você chegou para apropriar-se daquele sangue, e só dele, como sua esperança eterna. Você chegou à Cruz de Cristo com um coração trêmulo e dolorido; e que som precioso foi para você ouvir a voz do sangue de Jesus! O gotejar de Seu sangue é como música do céu para os penitentes filhos na Terra. Somos cheios de pecado, mas o Salvador nos convida a elevar os olhos para Ele e, ao olharmos Suas feridas abertas, cada gota de sangue, ao cair, clama: "Está consumado; eu dei fim ao pecado; eu trouxe a justiça eterna." Ó, doce linguagem do sangue precioso de Jesus! Se você chegou àquele sangue uma vez, voltará constantemente a ele. Sua vida será "olhando para Jesus". Toda a sua conduta será sintetizada nisso — "chegando-vos para ele". Não a quem eu *cheguei*, mas a quem eu *sempre chego*. Se você já veio ao sangue da aspersão, sentirá que precisa vir a ele *todos os dias*. Aquele que não deseja se lavar nele todos os dias, jamais se lavou. O cristão sempre sente que é sua alegria e privilégio ainda haver uma fonte aberta. Experiências passadas são comida duvidosa para os cristãos; apenas uma vinda constante a Cristo pode nos dar alegria e conforto. Esta manhã, vamos aspergir com sangue os batentes de nossas portas, e então nos banquetear no Cordeiro, seguros de que o anjo da destruição passará ao longe.

18 de abril

> "...e ela atou o cordão de escarlata à janela."
>
> JOSUÉ 2:21

A preservação de Raabe dependia da promessa dos espiões que ela via como representantes do Deus de Israel. Sua fé era simples e firme, mas muito obediente. Atar o cordão escarlate à janela era um ato muito trivial em si, mas ela não ousou correr o risco de não fazê-lo. Venha, minh'alma, não há uma lição aqui? Você tem observado toda a vontade do Senhor, mesmo aquelas ordens que parecem não ser essenciais? Porventura tem considerado as duas ordenanças para os cristãos, o batismo e a Ceia do Senhor, da forma como Deus deseja? Negligenciar isso indica muita desobediência sem amor em seu coração. A partir de agora, seja fiel em tudo, mesmo que seja atar um cordão, se isso for uma ordem.

Esse ato de Raabe apresenta uma lição ainda mais solene. Eu confio implicitamente no precioso sangue de Jesus? Atei o cordão escarlate com um nó Górdio [N.E.: Relativo ou pertencente a Górdio, rei lendário da Frígia, atual Turquia (Houaiss, 2009). Este nó era difícil de desatar], à minha janela, de modo que minha confiança jamais possa ser removida? Ou posso olhar para o mar Morto dos meus pecados, ou para a Jerusalém das minhas esperanças, sem ver o sangue, ou vendo todas as coisas em conexão com seu poder bendito? O transeunte pode ver uma corda de cor tão evidente se ela estiver pendurada numa janela: será bom para mim se minha vida tornar a eficácia da expiação evidente para todos os expectadores. O que há para se envergonhar? Deixe que os homens ou demônios olhem se quiserem, o sangue é meu orgulho e minha canção. Minh'alma, há Um que verá aquele cordão escarlate, mesmo quando você não conseguir vê-lo por causa da fraqueza de fé; Jeová, o Vingador, o verá e a poupará. As muralhas de Jericó caíram: a casa de Raabe estava sobre a muralha, e ainda assim permaneceu intocada; minha natureza é construída na muralha da humanidade, e, ainda assim, quando a destruição atingir a raça humana, estarei seguro. Minh'alma, amarre o cordão escarlate à janela e fique em paz.

19 de abril

> "Eis que o véu do santuário se rasgou
> em duas partes de alto a baixo..."
> MATEUS 27:51

O rasgar de um véu tão forte e espesso não foi um milagre ruim; a intenção não era uma simples demonstração de poder — há muitas lições aqui para nós. *A antiga lei das ordenanças foi posta de lado* como uma roupa desgastada, rasgada e descartada. Quando Jesus morreu, acabaram todos os sacrifícios, porque todos foram cumpridos nele e, assim sendo, o lugar onde eram apresentados ficou marcado como um símbolo evidente de ruína. O rasgo também *revelou todas as coisas escondidas do antigo decreto*: o altar agora podia ser visto e a glória de Deus brilhava sobre ele. Pela morte de nosso Senhor Jesus temos uma clara revelação de Deus, pois Ele não é "como Moisés, que punha véu sobre a face". A vida e a imortalidade agora foram trazidas à luz, e coisas que estavam escondidas desde a fundação do mundo são manifestadas nele. *A cerimônia anual da expiação estava agora abolida. O sangue da expiação,* que a cada ano era aspergido no véu, foi oferecido definitivamente pelo grande Sumo Sacerdote e, portanto, o lugar do ritual simbólico foi quebrado. Já não é necessário o sangue de novilhos ou cordeiros, pois Jesus entrou no véu com Seu próprio sangue. Por isso, *o acesso a Deus é agora permitido,* e é privilégio de cada crente em Cristo Jesus. Não foi aberto um pequeno buraco por onde possamos espiar o altar, pois o rasgo foi de alto a baixo. Podemos nos achegar com ousadia ao trono da graça celeste. Erraremos ao dizer que aquela abertura do Santo dos Santos, dessa forma maravilhosa, pelo grito de morte de nosso Senhor, foi *a abertura dos portões do paraíso* para todos os santos, por força da Paixão? Nosso ensanguentado Senhor tem a chave do céu; Ele o abriu e ninguém o fechará; vamos entrar com Ele nos lugares celestiais e lá nos assentar com Ele, até que nossos inimigos comuns estejam sob Seus pés.

20 de abril

> "...Por Sua morte, destruísse
> aquele que tem o poder da morte..."
> HEBREUS 2:14

O filho de Deus, a morte perdeu seu ferrão, porque o poder do diabo sobre ela está destruído. Então, pare de ter medo de morrer. Peça graça de Deus ao Espírito Santo, para que por um conhecimento íntimo e fé firme na morte do seu Redentor, você possa ser fortalecido naquela hora temerosa. Vivendo perto da cruz do Calvário, você pode pensar na morte com prazer, e recebê-la bem e com deleite intenso quando o momento chegar. É doce morrer no Senhor: é um pacto abençoado dormir em Jesus. A morte não é mais um banimento, é uma volta do exílio, um retorno para o lar de muitas mansões onde os amados já habitam. A distância entre os espíritos glorificados no céu e os santos militantes na Terra parece enorme; mas não é tão grande. Não estamos longe de casa — um momento nos levará para lá. A vela do barco está esticada pelo vento; a alma é lançada sobre o abismo. Quão longa será sua viagem? Quantos ventos cansativos devem bater sobre a vela até que ela chegue ao porto da paz? Quanto tempo aquela alma deve ser lançada sobre as ondas, antes que chegue ao mar que não conhece tempestades? Ouça a resposta: "Deixar o corpo e habitar com o Senhor." Aquele barco acabou de partir, mas já está no céu. Ele apenas esticou sua vela e chegou lá. Como aquele barco da antiguidade, sobre o mar da Galileia, uma tempestade o afundaria, mas Jesus disse: "Acalma-te, emudece!" e *imediatamente* ele chegou à terra. Não pense que um longo período se interpõe entre o instante da morte e a eternidade de glória. Quando os olhos se fecham na Terra, eles se abrem no céu. Os cavalos de fogo não ficam um instante na estrada. Então, ó filho de Deus, por que você teme morrer, vendo que por meio da morte de seu Senhor, a maldição e o ferrão da morte foram destruídos? E agora não é mais que a escada de Jacó, cuja base está na cova escura, mas o topo alcança a glória eterna.

21 de abril

"Porque eu sei que o meu Redentor vive..."
JÓ 19:25

A essência do consolo de Jó reside naquela pequena palavra "meu" — "meu Redentor", e no fato de que o Redentor vive. Ah, apegar-se ao Cristo vivo! Precisamos nos apropriar dele antes de desfrutarmos dele. De que me adianta o ouro na mina? Homens são mendigos no Peru e imploram seu pão na Califórnia. É o ouro em minha bolsa que irá satisfazer minhas necessidades quando compro o pão de que preciso. Que utilidade teria um Redentor que não redime a *mim*, um vingador que nunca reivindica o *meu* sangue? Não se contente até que, pela fé, possa dizer: "Sim, eu me entrego ao meu Senhor vivo, e Ele é meu." Talvez você o segure com a mão enfraquecida, pois pensa ser presunçoso dizer: "Ele vive como *meu* Redentor", ainda assim, lembre-se de que se você tiver a fé do tamanho de um grão de mostarda, essa pequena fé lhe *permitirá* dizer isso. Mas há outra expressão aqui que demonstra a forte confiança de Jó: *"Eu sei."* Dizer: "Eu espero, eu confio" é confortável; e há milhares no rebanho de Jesus que nunca vão chegar tão longe. Contudo, para alcançar a essência da consolação, você deve dizer: "Eu sei." *Ses, poréns e talvez* são os assassinos seguros da paz e do conforto. Dúvidas são brumas sombrias em momentos de tristeza. Como vespas elas ferroam a alma! Se eu tenho qualquer suspeita de que Cristo não é meu, então há vinagre misturado com o fel da morte; mas, se eu sei que Jesus vive por mim, então a escuridão não é escura: mesmo a noite é luz para mim. Certamente se Jó, naqueles tempos antes da vinda e do advento de Cristo, pôde dizer: "Eu sei", *nós* não devemos falar com menos segurança. Deus proíba nossa positividade se torne presunção. Vejamos se nossas evidências estão certas, para não construir sobre elas uma esperança infundada; e então não vamos nos satisfazer com a mera fundação, pois é dos cômodos de cima que temos uma visão mais ampla. Um Redentor vivo, verdadeiramente meu, é uma alegria indescritível.

22 de abril

"Deus, porém, com a sua destra, o exaltou..."
ATOS 5:31

Jesus, nosso Senhor, foi crucificado, morto e sepultado, e agora está sentado no trono da glória. O lugar mais alto do céu é dele por direito indiscutível. É doce lembrar que a exaltação de Cristo no céu é uma *exaltação representativa*. Ele é exaltado à destra do Pai, e ainda, como Jeová, Ele tem glórias infinitas, que não podem ser compartilhadas pelas criaturas finitas; mas como Mediador, a honra de Jesus no céu é a herança de todos os santos. É prazeroso refletir sobre quão íntima é a união de Cristo com Seu povo. Somos um com Ele realmente; somos membros de Seu corpo; e Sua exaltação é nossa exaltação. Ele nos dará assento em Seu trono, assim como Ele venceu e está sentado com Seu Pai em Seu trono; Ele tem uma coroa e nos dará coroas também; Ele tem um trono, mas não está contente em ter o trono só para si, em Sua mão direita deve estar Sua rainha vestida com o "ouro de Ofir". Ele não pode ser glorificado sem Sua noiva. Olhe para cima, cristão, para Jesus agora; deixe que o olho de sua fé o veja com muitas coroas em Sua cabeça; e lembre-se de que um dia será como Ele, quando o vir como Ele é. Você não será tão grande como Ele, não será divino, mas ainda assim, em certa medida, compartilhará as mesmas honras, e desfrutará da mesma alegria e da mesma dignidade que Ele possui. Contente-se em viver desconhecido por um tempo e a trilhar seu caminho cansado pelos campos da pobreza ou pelos montes da aflição; pois aos poucos você reinará com Cristo, pois Ele "nos constituiu reino, sacerdotes para o Seu Deus e Pai, a Ele a glória e o domínio pelos séculos dos séculos". Ó, que maravilhoso pensamento para os filhos de Deus! Temos Cristo como nosso glorioso representante nas cortes do céu agora, e logo Ele virá e nos receberá para si, para estarmos lá com Ele, para contemplarmos Sua glória e compartilhar Sua alegria.

23 de abril

> *"Em todas estas coisas, porém, somos mais que vencedores, por meio daquele que nos amou."*
> ROMANOS 8:37

Vamos a Cristo por perdão, e então, com muita frequência, olhamos para a lei buscando poder para lutar contra nossos pecados. Paulo nos repreende: "Ó gálatas insensatos! Quem vos fascinou a vós outros, ante cujos olhos foi Jesus Cristo exposto como crucificado? Quero apenas saber isto de vós: recebestes o Espírito pelas obras da lei ou pela pregação da fé? Sois assim insensatos que, tendo começado no Espírito, estejais, agora, vos aperfeiçoando na carne?" Leve seus pecados para a Cruz de Cristo, pois o velho homem só pode ser crucificado lá: somos crucificados *com Ele*. A única arma para lutar contra o pecado é a lança que perfurou o lado de Jesus. Para ilustrar — você quer vencer um temperamento raivoso, como vai trabalhar isso? É bem possível que nunca tenha tentado o caminho certo: submetê-lo a Jesus. Como fui salvo? Eu vim até Jesus como estava e confiei nele para me salvar. Preciso matar meu temperamento raivoso da mesma forma? É a única maneira de fazê-lo. Preciso ir até a cruz com ele e dizer a Jesus: "Senhor, confio em ti para me libertar disso." Esse é o único caminho para desferir um golpe mortal. Você é ambicioso? Sente que o mundo o enreda? Você pode lutar contra esse mal o quanto quiser, mas se o seu pecado for constante, nunca se libertará dele de forma alguma a não ser pelo sangue de Jesus. Leve-o a Cristo. Diga a Ele: "Senhor, eu creio em ti, e Teu nome é Jesus, pois salvaste o Teu povo de seus pecados; Senhor, este é um dos meus pecados; salva-me dele!" As ordenanças não são nada sem Cristo como um meio de mortificação. Suas orações, seus arrependimentos e suas lágrimas — todos juntos — valem nada longe dele. "Ninguém, além de Jesus, pode tornar pecadores desamparados em boas pessoas"; ou mesmo santos desamparados. Você precisa ser vencedor por meio daquele que o amou; ser vencedor em tudo. Nossos galardões devem crescer entre Suas oliveiras no Getsêmani.

24 de abril

> *"Por causa de tudo isso, estabelecemos aliança fiel..."*
> NEEMIAS 9:38

Há muitas ocasiões em nossa existência em que podemos, de forma correta e benéfica, renovar nossa aliança com Deus. Após a *recuperação de uma doença*, quando, como Ezequias, tivermos alguns anos acrescidos a nossa vida, poderemos adequadamente fazer esta renovação. Após qualquer *libertação de problemas*, quando nossas alegrias brotarem mais uma vez, vamos novamente visitar os pés da cruz e renovar nossa consagração. Em especial, façamos isso depois de qualquer *pecado que entristeceu o Espírito Santo*, ou trouxe desonra à causa de Deus; vamos, então, olhar para aquele sangue que nos fez mais alvos que a neve, e novamente oferecer nossa vida ao Senhor. Não devemos apenas deixar que nossos problemas confirmem nossa dedicação a Deus, mas *nossa prosperidade* deve fazer o mesmo. Se alguma vez nos depararmos com ocasiões que mereçam ser chamadas de "misericórdias coroadoras"; então, se Ele nos coroou, devemos coroar nosso Deus; vamos trazer de novo todas as joias da regalia divina que foram guardadas no armário de nosso coração, e vamos deixar que o nosso Deus se assente no trono de nosso amor, vestido em trajes reais. Se quisermos aprender a lucrar com nossa prosperidade, não deveríamos precisar de tanta adversidade. Se queremos, a partir de um beijo, reunir todo o bem que ele pode conferir a nós, não devemos estar com tanta frequência sob a vara. Recebemos nós ultimamente alguma bênção que não esperávamos? Colocou o Senhor os nossos pés numa sala grande? Podemos cantar misericórdias multiplicadas? Então este é o dia de colocar nossas mãos sobre as pontas do altar e dizer: "Prenda-me aqui, meu Deus; amarra-me com cordas para sempre aqui." Visto que precisamos do cumprimento de novas promessas de Deus, vamos oferecer orações renovadas para que nossos primeiros votos não sejam desonrados. Esta manhã, vamos estabelecer com Ele uma aliança fiel, por causa das dores de Jesus, que no último mês estivemos considerando com grande gratidão.

25 de abril

"...Levanta-te, querida minha, formosa minha, e vem."
CÂNTICO DOS CÂNTICOS 2:10

Eis que eu ouço a voz do meu Amado! Ele fala *comigo*! O clima favorável está sorrindo sobre a face da Terra e ele não deverá me encontrar dormindo espiritualmente enquanto, em volta, a natureza está despertando de seu descanso invernal. Ele me ordena: "Levanta-te," e Ele bem pode, pois estive repousando muito tempo entre as cercas do mundanismo. Ele ressurgiu, eu ressurjo nele, por que deveria então me apegar à poeira? Dos amores, desejos, buscas e aspirações mais ínfimos, eu me levantarei em Sua direção. Ele me chama pelo doce título de "meu amor," e me considera justo; esse é um bom argumento para levantar-me. Se Ele me tem assim exaltado e me considera formoso, como posso permanecer nas tendas de Quedar e encontrar companheiros agradáveis entre os filhos dos homens? Ele me chama: "Vem." Para bem longe de tudo o que é egoísta, rastejante, mundano, pecaminoso, Ele me chama; sim, do mundo externo da religião, que não o conhece, e que não tem empatia pelo mistério da vida elevada, Ele me chama. Seu chamado não soa rude ao meu ouvido, pois o que há para me segurar nesse deserto de vaidade e pecado? "Ó meu Senhor, gostaria de ir, mas estou preso entre os espinhos e não posso escapar deles quando quero. Gostaria de, se possível, não ter olhos, ouvidos nem coração para o pecado. Tu me chamaste para ti dizendo: "Vem", e esse é um chamado verdadeiramente melodioso. Ir a ti é sair do exílio e voltar para casa, é ir para uma terra longe da tempestade estrondosa, ir para descansar após um longo trabalho, ir para a meta dos meus anseios e ao topo dos meus desejos. Mas, Senhor, como uma pedra pode se levantar e como pode um pedaço de barro sair do horrível charco? Ó, levanta-me, puxa-me. Tua graça pode fazer isso. Envia Teu Espírito Santo para acender chamas sagradas de amor em meu coração, e continuarei a levantar, até deixar a vida e o tempo para trás, e realmente ir."

26 de abril

"...fazei isto em memória de mim."
1 CORÍNTIOS 11:24

Parece que cristãos podem esquecer de Cristo! Não deveria haver necessidade dessa exortação amorosa se não houvesse uma temerosa suposição de que nossas memórias possam se revelar traiçoeiras. Nem essa é uma suposição vazia: ela é, ai de mim, também confirmada em nossa experiência, não como uma possibilidade, mas como um fato lamentável. Parece quase impossível que aqueles que foram redimidos pelo sangue do Cordeiro morto, e amados com um amor perpétuo pelo eterno Filho de Deus, possam esquecer o gracioso Salvador; mas, se isso é alarmante ao ouvido, é, ai de mim, também aparente aos olhos para nos permitir negar tal crime. Esquecer daquele que nunca se esquece de nós! Esquecer que derramou Seu sangue por nossos pecados! Esquecer que nos amou até a morte! Isso é possível? Sim, não apenas é possível, como a consciência confessa que é um erro muito triste de todos nós, que o tratamos como se Ele fosse um andarilho que se detém por apenas por uma noite. Aquele a quem deveríamos tornar um inquilino permanente de nossas memórias é apenas um visitante lá. A cruz, onde a memória deve permanecer, e o esquecimento seria um intruso desconhecido, é profanada pelos pés do esquecimento. Sua consciência não diz que isso é verdade? Você não se flagra se esquecendo de Jesus? Alguma criatura rouba seu coração e você se descuida daquele em quem sua afeição deveria estar. Algum negócio terreno concentra sua atenção quando você deveria fixar seu olhar firmemente na cruz. Na incessante agitação deste mundo, a atração constante de coisas terrenas afasta a alma de Cristo. Se a memória preservar muito bem uma erva venenosa, ela fará a rosa de Sarom secar. Vamos cobrar de nós mesmos um vínculo de não esquecimento de Jesus, nosso Amado, em nossos corações e que deixemos todo o resto, e nos mantenhamos firmes nele.

27 de abril

"...Deus, o nosso Deus..."
SALMO 67:6

É estranho que desfrutemos pouco das bênçãos espirituais que Deus nos dá, mas é ainda mais estranho que desfrutemos pouco do próprio Deus. Embora Ele seja "o nosso Deus", nos dedicamos pouco a Ele e pedimos pouco dele. Quão raramente pedimos conselhos às mãos do Senhor! Quão frequentemente fazemos nossos negócios sem buscar Sua orientação! Em nossos problemas, quão constantemente nos esforçamos para suportar nossos fardos sozinhos, em vez de lançá-los sobre o Senhor, para que Ele possa nos suster! Isso não é porque não podemos, pois o Senhor parece dizer: "Eu sou Teu, alma, venha e usufrua de mim; você é livre para vir à minha loja e quanto mais vier, mais será bem-vindo." O erro é nosso se não usarmos livremente as riquezas de nosso Deus. Então, já que você tem esse amigo e Ele o convida, obtenha dele aquilo que precisa diariamente. Nunca passe necessidade enquanto tem um Deus a quem se achegar; jamais tema ou fraqueje enquanto tem o Senhor para ajudá-lo; vá ao Seu tesouro e pegue o que precisar — lá há tudo que você necessita. Aprenda a habilidade de fazer de Deus tudo para você. Ele pode supri-lo em tudo ou, melhor ainda, Ele pode ser tudo para você. Deixe-me apressá-lo então a usufruir de seu Deus. Desfrute dele *em oração*. Vá a Ele com frequência, porque Ele é o *seu* Deus. Você deixará de usar tão grande privilégio? Corra para Ele, diga-lhe todas as suas necessidades. Deleite-se constantemente nele, *pela fé*, em todas as ocasiões. Se alguma situação sombria lhe trouxer nuvens, faça de Deus o seu "sol;" se algum inimigo forte o assaltar, encontre em Jeová um "escudo", pois Ele é sol e escudo para o Seu povo. Se perder seu caminho nos labirintos da vida, faça dele o seu "guia", pois Ele lhe dará a direção. O que fizer e onde estiver, lembre-se de que Deus é exatamente *o que* você precisa, e o *lugar que* você precisa, e que Ele pode fazer *tudo* o que você necessita.

28 de abril

> *"Lembra-te da promessa que fizeste ao teu servo,*
> *na qual me tens feito esperar."*
> SALMO 119:49

Seja qual for sua necessidade, você pode encontrar prontamente alguma promessa na Bíblia que se aplique a ela. Você está fraco porque seu caminho é difícil e cansativo? Eis a promessa — "Faz forte ao cansado". Quando você ler tal promessa, leve-a de volta ao Prometedor e peça a Ele que cumpra Sua própria palavra. Está buscando a Cristo, sedento de uma comunhão mais íntima com Ele? Esta promessa brilha como uma estrela sobre você: "Bem-aventurados os que têm fome e sede de justiça, porque serão fartos." Leve essa promessa continuamente ao trono; não pleiteie nada mais, porém vá a Deus todo o tempo com isto — "Senhor, Tu disseste isso, faze-o como disseste". Está angustiado por causa do pecado e carregado com o fardo pesado de suas iniquidades? Ouça estas palavras: "Eu, eu mesmo, sou o que apago as tuas transgressões por amor de mim e dos teus pecados não me lembro." Você não tem mérito próprio para alegar que Ele deveria perdoá-lo, mas pleiteie Seus compromissos escritos e Ele os cumprirá. Você tem medo de não ser capaz de aguentar até o fim; de, após ter pensado ser um filho de Deus, provar ser um rejeitado? Se esse é o seu estado, leve esta palavra ao trono e pleiteie: "Porque os montes se retirarão, e os outeiros serão removidos; mas a minha misericórdia não se apartará de ti." Se você perdeu o doce sentido da presença do Salvador, e o está buscando com um coração entristecido, lembre-se da promessa: "Tornai-vos para mim, e eu me tornarei para vós outros"; "por breve momento te deixei, mas com grandes misericórdias torno a acolher-te". Banqueteie sua fé na palavra do próprio Deus, e sejam quais forem os seus medos ou necessidades, volte ao Banco da Fé com uma nota de seu Pai nas mãos, dizendo: "Lembra-te da promessa que fizeste ao teu servo, na qual me tens feito esperar."

29 de abril

> *"...Meu refúgio és tu no dia do mal."*
> JEREMIAS 17:17

O caminho do cristão nem sempre é iluminado com a luz do sol; ele tem suas temporadas de escuridão e de tempestade. Certamente está escrito na Palavra de Deus: "Os seus caminhos são caminhos deliciosos, e todas as suas veredas, paz"; e é uma grande verdade que a religião é pensada para dar ao homem alegria aqui embaixo, assim como bem-aventurança lá em cima. Porém, a experiência nos diz que se o caminho do justo é "como a luz da aurora, que vai brilhando mais e mais até ser dia perfeito", ainda assim, algumas vezes *essa* luz é eclipsada. Em certos períodos, nuvens encobrem o sol do cristão, e ele anda na escuridão sem ver a luz. Há muitos que se regozijaram na presença de Deus por uma temporada; eles se deleitaram com a luz do sol nos estágios iniciais de sua carreira cristã; andaram pelos "pastos verdejantes" ao lado das "águas tranquilas", mas, de repente, descobriram que o céu glorioso estava nublado; em vez da terra de Gósen, eles tiveram que trilhar pelo deserto arenoso; no lugar de águas doces, encontraram rios turbulentos, amargos ao seu gosto, e disseram: "Certamente, se eu fosse um filho de Deus, isso não aconteceria." Ó! Não diga isso, você que está andando na escuridão. O melhor dos santos de Deus precisa beber o absinto; o mais querido de Seus filhos precisa suportar a cruz. Nenhum cristão desfrutou prosperidade perpétua; nenhum cristão pode manter sempre sua harpa longe dos salgueiros. Talvez o Senhor o tenha colocado primeiro num caminho suave e sem nuvens, porque você era fraco e tímido. Ele ajustou o vento ao cordeiro tosquiado, mas agora que você está mais forte na vida espiritual, precisa entrar nas experiências mais ásperas e difíceis dos filhos mais velhos de Deus. Precisamos de ventos e tempestades para exercitar nossa fé, para arrancar o galho podre da autodependência, e para nos enraizar mais firmemente em Cristo. O dia do mal nos revela o valor da nossa gloriosa esperança.

30 de abril

"Todos os filhos de Israel murmuraram..."
NÚMEROS 14:2

Há murmúrios entre cristãos hoje, como havia no acampamento de Israel na antiguidade. Há aqueles que, quando a vara desce, clamam contra a dispensação aflitiva. Eles perguntam: "Por que sou afligido assim? O que eu fiz para ser castigado desta maneira?" Uma palavra para você, ó murmurador! Por que deveria murmurar contra as dispensações de seu Pai celeste? Ele pode tratá-lo com mais rigor do que você merece? Considere que você um dia foi rebelde, mas Ele o perdoou! Certamente se Ele, em Sua sabedoria, vir que deve castigá-lo agora, você não deveria reclamar. Afinal, você está sendo atingido tanto quanto seus pecados merecem? Considere a corrupção que há em seu peito, e então você acha que precisa de tanta vara para atingi-la? Pese a si mesmo e perceba quanto lixo está misturado com seu ouro; e ainda acha que o fogo é quente demais para limpar tanto lixo que está aí? O seu orgulhoso espírito rebelde não provou que seu coração não é completamente santificado? Não são essas palavras de murmúrio contrárias à santa natureza submissa dos filhos de Deus? A correção não é necessária? Mas se você *vai* murmurar contra a disciplina, tome cuidado, pois ela será mais rígida com os murmuradores. Deus sempre castiga Seus filhos duas vezes se eles não suportarem o primeiro golpe pacientemente. Mas saiba de uma coisa — Ele "não aflige, nem entristece de bom grado os filhos dos homens". Todas as Suas correções são enviadas em amor, para purificá-lo e levá-lo para mais perto dele. Certamente o ajudará a suportar o castigo com resignação, se você for capaz de reconhecer a mão de seu *Pai*. Pois "o Senhor corrige a quem ama e açoita a todo filho a quem recebe. [...] Mas, se estais sem correção, de que todos se têm tornado participantes, logo, sois bastardos e não filhos." "Nem murmureis, como alguns deles murmuraram e foram destruídos pelo exterminador."

1º de maio

> *"As suas faces são como um canteiro de bálsamo,
> como colinas de ervas aromáticas..."*
> CÂNTICO DOS CÂNTICOS 5:13

Eis que chegou o mês florido! Os ventos de março e as chuvas de abril fizeram seu trabalho, e a Terra está toda ornada de beleza. Venha, minh'alma, coloque sua roupa de feriado e saia para reunir buquês de pensamentos celestiais. Você sabe para onde ir, pois o "canteiro de bálsamo" lhe é bem conhecido. Você tem sentido com frequência o perfume "de ervas aromáticas" e quer ir logo ao seu bem-Amado e encontrar toda a beleza e toda a alegria nele. Aquele rosto tão rudemente ferido com uma vara, frequentemente orvalhado com lágrimas de compaixão e, então, profanado com cuspes — aquele rosto, quando sorri com misericórdia, é como fragrância aromática para o meu coração. "Tu não escondeste Tua face da vergonha e da cuspida, ó Senhor Jesus, e por isso será meu maior prazer louvar-te. Aquele rosto foi sulcado pelo arado da dor e ruborizado com linhas do sangue da Tua cabeça coroada com espinhos; tais marcas de amor ilimitado encantam minha alma muito mais que 'colunas de perfume.'" Se eu não puder ver todo o Seu semblante, que eu veja um lado de Sua face, pois o menor vislumbre dele é extremamente refrescante para meu sentido espiritual e proporciona uma variedade de prazeres. Em Jesus encontro não apenas fragrância, mas um canteiro de bálsamo; não uma flor, mas todos os tipos de doces flores. Para mim, Ele é minha rosa e meu lírio, a vontade do meu coração e meu cacho de hena. Quando Ele está comigo, é maio o ano inteiro e minha alma segue em frente para lavar seu rosto alegre no orvalho matinal de Sua graça, e para se consolar com o canto dos pássaros de Suas promessas. "Precioso Senhor Jesus, faz-me conhecer a bem-aventurança que habita na comunhão permanente e ininterrupta contigo. Sou um pobre e inútil, cujo rosto Tu te dignaste a beijar! Ó, permita-me devolver-te o beijo com os meus lábios."

2 de maio

"Não peço que os tires do mundo..."
JOÃO 17:15

A volta para casa, para estar com Jesus, é um evento doce e abençoado que ocorrerá com todos os cristãos no tempo de Deus. Em mais alguns anos os soldados do Senhor, que estão agora lutando "o bom combate da fé" terão terminado o conflito e entrado no júbilo do seu Senhor. Contudo, embora Cristo ore para que Seu povo possa um dia estar com Ele, não pede que sejamos retirados logo deste mundo e levados para o céu. Ele deseja que fiquemos aqui. Ainda assim, frequentemente, o peregrino cansado faz essa oração: "Ó, que eu tivesse asas como uma pomba! Pois então poderia voar para longe e descansar". Mas Cristo não ora assim, Ele nos deixa nas mãos de Seu Pai até que, como fardos de milho totalmente maduro, cada um de nós seja recolhido ao celeiro do Mestre. Jesus não pleiteia nossa remoção imediata pela morte, pois é necessário permanecer na carne por causa dos outros, mesmo que não seja proveitoso para nós. Ele pede que sejamos livres do mal, mas nunca pede que sejamos admitidos na herança em glória antes de atingirmos a idade certa. Cristãos, com frequência, querem morrer quando têm algum problema. Pergunte-lhes o porquê, e eles lhe dirão: "Porque estaríamos com o Senhor." Nós tememos que não seja tanto porque estão ansiosos para estar com o Senhor, mas porque desejam se livrar de seus problemas; de outra forma, sentiriam o mesmo desejo de morrer em outros momentos, quando não estão sob a pressão da provação. Eles querem voltar para casa, não tanto pela companhia do Salvador, mas para ter descanso. Entretanto, é perfeitamente correto desejar partir se pudermos fazê-lo no mesmo espírito de Paulo, porque estar com Cristo é muito melhor. O desejo de escapar dos problemas é egoísmo. Ao contrário, que sua preocupação e desejo sejam glorificar a Deus com sua vida pelo tempo que Ele desejar. Mesmo que seja em meio à labuta, ao conflito e ao sofrimento, que seja Ele quem diga quando for "o bastante".

3 de maio

> *"...No mundo, passais por aflições..."*
> JOÃO 16:33

Cristão, você está se perguntando a razão disto? Levante os olhos para seu Pai celeste e o contemple puro e santo. Não sabe que um dia será como Ele? Deseja ser, facilmente, moldado à Sua imagem? Não será preciso muito refinamento na fornalha da aflição para purificá-lo? Será fácil livrá-lo de suas corrupções e torná-lo perfeito assim como seu Pai que está no céu é perfeito? A seguir, cristão, volte seus olhos para *baixo*. Você sabe que há inimigos debaixo de seus pés? Um dia você foi um servo de Satanás, e nenhum rei perde seus súditos de boa vontade. Você pensa que Satanás o deixará tranquilo? Não, ele estará sempre ao seu redor, pois ele é "como leão que ruge procurando alguém para devorar". Portanto, haverá problemas, cristão, quando olhar para baixo. Então, olhe *em volta*. Onde você está? Está num país do inimigo, como um estrangeiro e um peregrino. O mundo não é seu amigo. Se for, então você não é amigo de Deus, pois aquele que é amigo do mundo é inimigo de Deus. Tenha certeza de que encontrará inimigos em todos os lugares. Quando dormir, pense que está descansando no campo de batalha; quando acordar, suspeite de uma emboscada em cada esquina. Como é costume dizer: os mosquitos picam mais os estrangeiros do que os nativos, assim as provações da Terra serão mais agudas para você. Finalmente, olhe *para seu interior*, para o seu próprio coração e observe o que há lá. O *pecado* e o *ego* ainda estão lá dentro. Ah! Se não tivesse nenhum demônio para tentá-lo, nenhum inimigo contra quem lutar, e nenhum mundo para seduzi-lo, você ainda encontraria dentro de si mal suficiente para ser um doloroso problema, pois "enganoso é o coração, mais do que todas as coisas, e desesperadamente corrupto". Então saiba que os problemas virão, mas não se desespere por causa disso, pois Deus está com você para ajudá-lo e fortalecê-lo. Ele disse: "invoca-me no dia da angústia; eu te livrarei, e tu me glorificarás."

4 de maio

"Acaso, fará o homem para si deuses que, de fato, não são deuses?"
JEREMIAS 16:20

O grande e constante pecado da idolatria acompanhou o antigo Israel, e o Israel espiritual é atormentado por uma tendência à mesma loucura. A estrela de Renfã não brilha mais, e as mulheres não choram mais por Tamuz, mas Mamom ainda impõe seu bezerro de ouro, e os santuários do orgulho não são abandonados. O ego, de várias maneiras, luta para sujeitar os escolhidos ao seu domínio, e a carne prepara seus altares onde encontra espaço. Os filhos prediletos são, frequentemente, a causa de muitos pecados entre os cristãos; o Senhor se entristece quando nos vê bajulando-os além dos limites; eles viverão para ser uma maldição tão grande para nós como Absalão foi para Davi, ou serão tirados de nós, deixando nossos lares desolados. Se os cristãos quiserem cultivar espinhos para acolchoar seus travesseiros insones, então deixemos que mimem seus queridos.

É dito corretamente que eles "não são deuses", pois o objeto de nosso insensato amor é uma bênção duvidosa; a consolação que nos dão agora é perigosa, e a ajuda que poderão nos dar na hora das dificuldades, na verdade, é muito pequena. Por que, então, ficamos tão enfeitiçados por vaidades? Temos pena dos pobres pagãos que adoram um deus de pedra, e ainda assim, adoramos um deus de ouro. Onde está a vasta superioridade entre um deus de carne e um de madeira? O princípio, o pecado, a loucura é a mesma em qualquer dessas situações, só que no nosso caso, o crime é agravado porque temos mais luz e pecamos diante dela. Os pagãos se inclinam perante uma falsa deidade, mas nunca conheceram o verdadeiro Deus; nós cometemos dois males, na medida em que abandonamos o Deus vivo e nos voltamos para os ídolos. Que o Senhor purifique a todos nós desta iniquidade gravíssima!

> *O mais querido ídolo que eu conhecer,*
> *Seja qual for esse ídolo;*
> *Ajude-me a arrancá-lo do Teu trono,*
> *E adorar apenas a ti.*

5 de maio

> *"...serei o seu Deus, e eles serão o meu povo."*
> 2 CORÍNTIOS 6:16

Que título doce: "Meu povo!" Que revelação animadora: "Seu Deus!" Quanto significado está expresso nessas duas palavras: "Meu povo!" Aqui há *especificidade*. O mundo inteiro é de Deus; o céu, mesmo o céu dos céus é do Senhor, e Ele reina entre os filhos dos homens; mas daqueles que Ele escolheu, que Ele comprou para si, Ele diz o que não diz dos outros — "meu povo". Nesta expressão há a ideia de *propriedade*. De uma forma especial "a porção do Senhor é o seu povo; Jacó é a parte da sua herança". Todas as nações sobre a Terra são dele; o mundo inteiro está em Seu poder; ainda assim é o Seu povo, são Seus escolhidos, Sua posse mais especial. Ele tem feito mais por eles do que pelos outros; comprou-os com Seu sangue. Ele os trouxe para perto de si; colocou sobre eles Seu grande coração. Ele os amou com um amor eterno, um amor que "as muitas águas" não podem apagar e cujas revoluções do tempo nunca serão suficientes para diminui-lo de forma alguma. Querido amigo, você pode, pela fé, se ver dentro desse contingente? Pode olhar para o céu e dizer: "Meu Senhor e meu Deus: meu por esse doce *relacionamento* que me permite chamar-te de Pai; meu por aquela *comunhão* sagrada a qual eu tenho prazer em manter contigo quando tens a satisfação de te manifestares a mim como não o fazes ao mundo"? Pode ler o Livro da Inspiração e encontrar ali os registros de sua salvação? Consegue ler seu título escrito com o precioso sangue? Consegue, por meio de humilde fé, segurar as vestes de Jesus e dizer: "Meu Cristo"? Se pode, então Deus diz de você, bem como dos outros: "Meu povo"; pois se Deus for o seu Deus, e Cristo o seu Cristo, o Senhor tem um cuidado especial e peculiar por você; você é o objeto de Sua escolha, aceito em Seu amado Filho.

6 de maio

> *"...permanecemos nele..."*
> 1 JOÃO 4:13

Você quer um lar para sua alma? Você se pergunta: "Qual é o custo?" É algo menor do que a orgulhosa natureza humana gostaria de dar. Não é dinheiro, não tem preço. Ah! Você gostaria de pagar um aluguel respeitável! Você adoraria fazer algo para ganhar Cristo? Então, você não pode ter a casa, pois ela "não tem preço". Você arrendaria a morada do meu Mestre, por toda a eternidade, sem pagar nada por ela, nada além do aluguel terreno de amá-lo e servi-lo para sempre? Você aceitará Jesus e "permanecerá nele"? Veja, esta casa está mobiliada com tudo o que você quer, está cheia de riquezas mais do que você pode gastar em toda a sua vida. Aqui, você pode ter íntima comunhão com Cristo e banquetear-se em Seu amor; aqui há mesas repletas de alimento para você viver para sempre; nela, quando cansado, você encontrará descanso em Jesus, e dela pode olhar e ver o próprio céu. Ficará com a casa? Ah! Se você não tem casa, dirá: "Eu gostaria de ter a casa, mas posso tê-la?" Sim. Aqui está a chave: "Venha para Jesus." "Mas", você diz, "Eu estou maltrapilho demais para uma casa assim." Não se preocupe, lá dentro há vestes. Se você se sente culpado e condenado, venha e, embora a casa seja boa demais, Cristo, aos poucos, o fará sentir-se bom o suficiente para habitar nela. Ele irá lavá-lo e purificá-lo, e você ainda será capaz de cantar: "Nós habitamos nele." Cristão, você é muito feliz por ter um lugar de habitação assim! Você é grandemente privilegiado, pois tem uma "habitação forte" na qual sempre estará seguro. E "habitando nele", não terá apenas uma casa perfeita e segura, mas uma casa eterna. Quando este mundo se dissolver como um sonho, nossa morada permanecerá e se erguerá mais imperialmente do que o mármore, mais sólida do que o granito, autoexistente como Deus, pois ela é o próprio Deus — nós "permanecemos nele".

7 de maio

> *"...Muitos o seguiram, e a todos ele curou."*
> MATEUS 12:15

Que massa de doenças terríveis deve ter passado sob os olhos de Jesus! Ainda assim, não lemos que Ele ficou enojado, mas pacientemente atendeu cada caso. Que variedade singular de males deve ter estado aos Seus pés! Que ulcerações revoltantes e feridas em putrefação! Ainda assim, Ele estava pronto para cada novo tipo de monstro maligno, e foi vitorioso sobre eles de todas as formas. Não importava de onde a flecha viesse, Ele apagaria seu poder de fogo. O calor da febre ou o frio do edema; a letargia da paralisia ou a raiva da loucura; a imundície da lepra ou a escuridão da cegueira — todos conheceram o poder de Sua palavra e fugiram ao Seu comando. Onde quer que seja Ele foi triunfante sobre o maligno e recebeu a homenagem dos prisioneiros libertos. Ele veio, viu e conquistou em todos os lugares. E é assim também esta manhã. Seja qual for o meu caso, o amado Médico pode me curar; e seja qual for o estado dos outros de quem eu possa me lembrar neste momento em oração, posso ter esperança em Jesus de que Ele será capaz de curá-los de seus pecados. Meu filho, meu amigo, meu querido, eu posso ter esperanças por cada um, por todos, quando me lembro do poder de cura do meu Senhor. De minha parte, embora seja severa minha luta contra o pecado e as enfermidades, ainda posso ter bom ânimo. Aquele que na Terra andou entre os doentes, ainda dispensa Sua graça e opera maravilhas entre os filhos dos homens: deixe-me ir a ele logo, em sinceridade.

Que eu o louve esta manhã, enquanto me lembro de como Ele opera Suas curas espirituais, que lhe dão mais notoriedade: Por tomar "sobre si as nossas enfermidades [...] pelas suas pisaduras fomos sarados". A igreja na Terra está cheia de almas curadas por nosso amado Médico; e os habitantes do céu confessam que "a todos Ele curou". Venha, então, minh'alma, divulgue a virtude de Sua graça e deixe que ela seja "para o SENHOR e memorial eterno, que jamais será extinto."

8 de maio

> *"Mas o que fora curado não sabia quem era..."*
> JOÃO 5:13

Os anos são curtos para o feliz e saudável; mas 38 anos de doença devem ter se arrastado muito lentamente na vida do pobre homem debilitado. Portanto, quando Jesus o curou com uma palavra enquanto estava no tanque de Betesda, ele ficou agradavelmente *sensível à essa mudança*. Da mesma forma, o pecador que durante semanas e meses esteve paralisado em desespero e buscou incessantemente por salvação, torna-se muito consciente da mudança quando o Senhor Jesus profere a palavra de poder e dá alegria e paz no crer. O mal removido é grande demais para ser retirado sem nosso discernimento dele; a vida transmitida é notável demais para ser possuída e se manter inoperante; e a mudança realizada é maravilhosa demais para não ser percebida. Ainda assim, o pobre homem *desconhecia o autor* de sua cura; ele não conhecia a santidade de Sua pessoa, o propósito que sustentava ou a missão que o trouxera para o meio dos homens. Muita ignorância sobre Jesus pode perdurar em corações que ainda sentem o poder de Seu sangue. Não podemos condenar os homens precipitadamente por sua falta de conhecimento, mas onde vemos a fé que salva a alma, precisamos acreditar que a salvação foi concedida. O Espírito Santo torna os homens contritos, muito antes de torná-los santificados, e aquele que acredita no que Ele sabe e conhece, logo entenderá com mais clareza aquilo que crê. Entretanto, ignorância é um mal, pois este pobre homem foi muito *atormentado pelos fariseus* e não foi capaz de lidar com eles. É bom poder responder aos opositores, mas não podemos fazer isso se não conhecemos claramente e com entendimento o Senhor Jesus. A cura da sua ignorância, entretanto, logo seguiu a cura de sua enfermidade, pois ele foi *visitado pelo Senhor no templo* após aquela graciosa manifestação, e foi *encontrado testemunhando* "que fora Jesus quem o havia curado". "Senhor, se tu me salvaste, mostra-me tu mesmo, para que eu possa declarar-te aos filhos dos homens."

9 de maio

*"...que nos tem abençoado
com toda sorte de bênção espiritual..."*
EFÉSIOS 1:3

Cristo derrama sobre Seu povo toda a bondade do passado, do presente e do futuro. Nos tempos misteriosos do passado, o Senhor Jesus foi o primeiro eleito de Seu Pai, e em Sua *eleição*, Ele nos deu uma vantagem, pois fomos escolhidos nele antes da fundação do mundo. Ele tinha, por toda a eternidade, as prerrogativas de *Filiação* como Filho unigênito e muito amado de Seu Pai, e Ele, na riqueza de Sua graça, nos elevou também à filiação por adoção e regeneração, para que, então, nos fosse dado o poder de sermos "feitos filhos de Deus." A *aliança eterna*, baseada na fiança e confirmada por juramento, é nossa, para nossa forte consolação e segurança. Nas eternas decisões da sabedoria e do decreto onipotente que nos predestinou, os olhos do Senhor Jesus estiveram sempre fitos em nós, e podemos descansar seguros de que, em todo o desenrolar do destino, não há sequer uma linha que atente contra os interesses de Seus escolhidos. O *grande noivado* do Príncipe da glória é o nosso noivado, pois é a nós que Ele está prometido, à medida que as sagradas núpcias deverão ser declaradas, em breve, a todo o universo. A *maravilhosa encarnação* do Deus do céu, com toda a incrível condescendência e humilhação da qual participou, é nossa. O suor de sangue, o flagelo, a cruz, são nossos para sempre. Sejam quais forem as felizes consequências que fluem da *perfeita obediência, da expiação completa, da ressurreição, da ascensão ou da intercessão*, são todas nossas, pois Ele nos deu de presente. Sobre Sua armadura Ele agora leva nossos nomes; e em Suas alegações de autoridade perante o trono, Ele se lembra de nós e suplica em nosso favor. Ele aplica Seu *domínio* sobre principados e potestades, e aplica Sua absoluta majestade no céu em benefício daqueles que nele creem. Seremos exaltados com Ele, na mesma medida que somos, como Ele, humilhados. Aquele que se entregou por nós nas profundezas da miséria e da morte, não retira Sua garantia agora que está entronizado nos altos céus.

10 de maio

"Mas, de fato, Cristo ressuscitou dentre os mortos..."
1 CORÍNTIOS 15:20

Todo o sistema do cristianismo repousa sobre o fato de que "Cristo ressuscitou dentre os mortos", pois, "Se Cristo não ressuscitou, é vã a vossa fé, e ainda permaneceis nos vossos pecados". A *divindade* de Cristo encontra sua prova indubitável em Sua ressurreição, já que Ele "foi designado Filho de Deus com poder, segundo o espírito de santidade pela ressurreição dos mortos". Não seria irracional duvidar de Sua divindade se Ele não houvesse ressuscitado. Além disso, a *soberania* de Cristo depende de Sua ressurreição: "Foi precisamente para esse fim que Cristo morreu e ressurgiu: para ser Senhor tanto de mortos como de vivos." Novamente, nossa *justificação*, aquela escolha abençoada da aliança, está ligada à triunfante vitória de Cristo sobre a morte e o túmulo; pois Ele "foi entregue por causa das nossas transgressões e ressuscitou por causa da nossa justificação". Mais ainda, nossa *regeneração* está ligada à Sua ressurreição, pois somos regenerados "para uma viva esperança, mediante a ressurreição de Jesus Cristo dentre os mortos". E mais, certamente nossa *ressurreição final* está aqui, pois "se habita em vós o Espírito daquele que ressuscitou a Jesus dentre os mortos, esse mesmo que ressuscitou a Cristo Jesus dentre os mortos vivificará também o vosso corpo mortal, por meio do seu Espírito, que em vós habita". Se Cristo não ressuscitou, nós também não ressuscitaremos, mas se Ele ressuscitou, então aqueles que estão dormindo em Cristo não perecerão, mas em sua carne certamente contemplarão seu Deus. Então, o fio de prata da ressurreição corre, ligando todas as bênçãos do cristão, desde sua regeneração até sua glória eterna, e as mantém unidas. Quão importante, então, será esse glorioso fato na mente de um cristão, e como se alegrará sabendo que, sem dúvida, "Cristo ressuscitou dentre os mortos."

A promessa é cumprida,
A obra da redenção está feita,
Justiça reconciliada com misericórdia,
Pois Deus ressuscitou Seu Filho.

11 de maio

> *"...estou convosco todos os dias..."*
> MATEUS 28:20

É bom que existe Um que é sempre o mesmo e que está sempre conosco. É bom ter uma rocha inabalável em meio às ondas do mar da vida. Ah, minh'alma, não coloque suas afeições em tesouros enferrujados, roídos por traças e decadentes, mas coloque seu coração naquele que permanece para sempre fiel a você. Não construa sua casa nas areias movediças de um mundo traiçoeiro, mas faça as fundações de suas esperanças sobre esta rocha que, em meio à chuva forte e correntes ruidosas, se manterá seguramente imóvel. Minh'alma, eu a ordeno, coloque seu tesouro no único depósito seguro; guarde suas joias onde nunca poderá perdê-las. Coloque tudo que é seu em Cristo; ponha todas as suas afeições em Sua pessoa, toda a sua esperança em Sua virtude, toda a sua confiança em Seu edificante sangue, toda a sua alegria em Sua presença e, então, você poderá rir da perda e desafiar a destruição. Lembre-se de que todas as flores do jardim do mundo murcham alternadamente, e chegará o dia quando nada sobrará além da Terra negra e fria. O extintor mortal logo deve apagar sua vela. Ó! Quão doce é ter a luz do sol quando a vela se apaga! O córrego escuro logo deverá correr entre você e tudo o que possui; então una seu coração a Ele que nunca a deixará; confie-se a Ele que a acompanhará através do fluxo negro e sinuoso da morte, e que a levará em segurança até o porto celestial, e a fará sentar-se com Ele nos lugares celestiais para sempre. Vá, triste filho da aflição, conte seus segredos ao Amigo que é mais próximo do que um irmão. Confie todas as suas preocupações àquele que nunca o deixará, que nunca o abandonará, e que nunca permitirá que você se afaste, pois "Jesus Cristo, ontem e hoje é o mesmo e o será para sempre". O "eis que estou convosco todos os dias," é suficiente para minha alma viver, sem me importar com aqueles que me abandonarão.

12 de maio

"...e me manifestarei a ele".
JOÃO 14:21

O Senhor Jesus se revela de forma especial ao Seu povo. Mesmo que as Escrituras não declarassem isso, há muitos filhos de Deus que poderiam testemunhar esta verdade por sua própria experiência. Eles tiveram manifestações de seu Senhor e Salvador Jesus Cristo de maneiras tão peculiares, que nenhuma mera leitura ou pregação poderia proporcionar. Nas biografias de santos eminentes, você encontrará muitos registros em que Jesus se agradou, de uma forma muito especial, em falar com suas almas e em revelar as maravilhas de Sua pessoa; sim, tendo suas almas mergulhadas em felicidade, eles julgavam estar no céu, mesmo que não estivessem lá de fato, estavam bem próximos deste limiar — pois quando Jesus se manifesta ao Seu povo, é o céu na Terra; é o paraíso embrionário; é a felicidade iniciada. As manifestações especiais de Cristo exercem uma influência santa no coração do cristão. Um efeito será a *humildade*. Se um homem disser: "Eu recebi tais e tais mensagens espirituais, eu sou um grande homem", ele nunca teve nenhuma comunhão com Jesus; pois "o Senhor é excelso, contudo, atenta para os humildes; os soberbos, ele os conhece de *longe*". Ele não precisa se aproximar para conhecê-los e nunca lhes fará nenhuma visita de amor. Outro efeito será a *alegria*; pois na presença de Deus há delícias perpétuas. A *santidade* certamente será consequência. Um homem que não tem santidade jamais terá esta manifestação. Alguns homens professam grandes coisas, mas não devemos acreditar em qualquer um, a menos que vejamos que suas obras correspondem ao que dizem. "Não vos enganeis: de Deus não se zomba." Ele não concederá Seus favores aos ímpios, Ele não rejeitará um homem bom, nem respeitará um malfeitor. Então, haverá três efeitos do estar próximo a Jesus — humildade, alegria e santidade. Que Deus os dê a você, cristão!

13 de maio

> "...Ao anoitecer, pode vir o choro,
> mas a alegria vem pela manhã." SALMO 30:5

Cristão! Se você está numa noite de provação, pense no amanhã; anime seu coração com a ideia da volta do seu Senhor. Seja paciente, pois

Eis que Ele vem descendo em nuvens.

Seja paciente! O Lavrador espera até colher a safra. Seja paciente: pois você sabe quem falou: "E eis que venho sem demora, e comigo está o galardão que tenho para retribuir a cada um segundo as suas obras." Se nunca esteve tão infeliz como agora, lembre-se de que

No máximo mais alguns sóis passarão,
E pousarás na terra de Canaã.

Sua cabeça pode estar coroada com problemas espinhentos agora, mas ela usará uma coroa de estrelas em breve; sua mão pode estar cheia de preocupações — logo ela tocará as cordas das harpas do céu. Suas vestes podem estar sujas de poeira agora, mas elas ficarão brancas aos poucos. Espere um pouco mais. Ah! Quão desprezíveis parecerão nossos problemas e provações quando olharmos para trás! Olhando para eles aqui, nessa perspectiva, parecem imensos, mas quando chegarmos ao céu, iremos então

Com alegria arrebatadora relembrar,
Os labores de nossos pés.

Nossas provações parecerão então aflições leves e momentâneas. Prossigamos com ousadia; porque se a noite nunca foi tão escura, a manhã virá. Isso é mais do que aqueles que estão trancados na escuridão do inferno podem dizer. Você sabe o que é viver no futuro — viver na expectativa — antecipar o céu? Bem-aventurado cristão, por ter uma esperança tão certa e tão consoladora. Pode estar tudo escuro agora, mas logo haverá luz; tudo pode ser provação agora, mas em breve tudo será alegria. O que importa se "ao anoitecer, pode vir o choro", quando "a alegria vem pela manhã"?

14 de maio

> *"...coerdeiros com Cristo..."*
> ROMANOS 8:17

Os reinos ilimitados do universo de Seu Pai são de Cristo por direito prescritivo. Como "herdeiro de todas as coisas", Ele é o único proprietário da vasta criação de Deus, e Ele nos acolheu para reivindicar o todo como nosso, por honra do instrumento de herança compartilhada que o Senhor ratificou com o Seu povo escolhido. As ruas de ouro do paraíso, os portões de pérola, o rio da vida, a alegria transcendente e a glória indescritível, foram feitos para nós, por nosso bendito Senhor, para nossa posse eterna. Tudo isso que Ele tem, compartilha com Seu povo. A coroa real Ele colocou na cabeça de Sua Igreja, designando-lhe um reino e chamando Seus filhos ao sacerdócio real — uma geração de sacerdotes e reis. Ele tirou Sua coroa para que pudéssemos ter uma coroação de glória; Ele não se assentará em Seu próprio trono até que tenha proporcionado lugar nele para todos aqueles que recebeu por Seu sangue. Coroe a cabeça e todo o corpo compartilhará a honra. Contemple aqui o prêmio de cada cristão vitorioso! O trono, a coroa, o cetro, o palácio, as vestes e a herança de Cristo são seus. Jesus considera Sua felicidade completa quando Seu povo compartilha dela, e isso é muito superior à inveja, ao egoísmo e à ganância, que não permite nenhuma participação em suas vantagens. "Eu lhes tenho transmitido a glória que me tens dado." "Tenho-vos dito estas coisas para que o meu gozo esteja em vós, e o vosso gozo seja completo." Os sorrisos de Seu Pai são todos doces para Ele, porque Seu povo os compartilha. As honras de Seu reino são mais agradáveis, porque Seu povo está com Ele em glória. Mais valioso para Ele são Suas conquistas, uma vez que elas ensinaram Seu povo a vencer. Ele se alegra em Seu trono, porque nele há lugar para Seu povo. Regozija-se em Suas vestes reais, porque elas os revestem. Deleita-se mais em Sua alegria, porque os chama a entrar nela.

15 de maio

"...todo o que crê é justificado..."
ATOS 13:39

O crente em Cristo recebe uma justificação *presente*. A fé não produz seus frutos aos poucos, mas *agora*. A justificação é o resultado da fé, e é dada à alma no momento em que se aproxima de Cristo e o aceita como Seu tudo. Aqueles que estão perante o trono de Deus são justificados agora? Nós também estamos tão verdadeira e claramente justificados quanto aqueles que se vestem de branco e cantam louvores melodiosos ao som das harpas celestiais. O ladrão da cruz foi justificado no momento em que voltou os olhos da fé para Jesus; e Paulo, já ancião, após anos de serviço, não era mais justificado do que o ladrão que não ofereceu serviço algum. Somos *hoje* aceitos no Amado, hoje absolvidos do pecado, hoje inocentados no tribunal de Deus. Ah! Pensamento que transporta a alma! Há alguns cachos das vinhas de Escol que não conseguiremos colher até que entremos no céu; mas este é um ramo que corre por cima do muro. Este não é como o milho na terra, que nunca poderemos comer até cruzarmos o Jordão; mas é parte do maná no deserto, uma porção de nosso nutriente diário com o qual Deus nos supre em nossa jornada. Somos *agora* — mesmo *agora* perdoados; mesmo agora nossos pecados são levados embora; mesmo agora somos aceitos aos olhos de Deus como se nunca tivéssemos sido culpados. "*Agora*, pois, já nenhuma condenação há para os que estão em Cristo Jesus." *Agora* não há nem um pecado no Livro de Deus, contra qualquer um de Seu povo. Quem ousa acusá-los de alguma coisa? Não há sujeira, nem mancha, nem ruga, nem qualquer outra coisa dessas permanece, em termos de justificação, sobre qualquer um dos cristãos aos olhos do Juiz de toda a Terra. Que esse privilégio atual nos desperte para o dever presente, e agora, enquanto a vida permanece, vamos nos empenhar e nos deixar desgastar por nosso amado Senhor Jesus.

16 de maio

> *"...que tudo nos proporciona ricamente*
> *para nosso aprazimento."*
> 1 TIMÓTEO 6:17

Nosso Senhor Jesus é sempre abençoador e, jamais, nem por um único momento, retira Sua mão. Enquanto houver um jarro de graça que ainda não esteja cheio até a borda, o óleo não cessará de fluir. Ele é um sol que sempre brilha; é o maná sempre caindo pelo campo; é uma rocha no deserto, sempre enviando fluxos de vida de Seu lado ferido. A chuva de Sua graça está sempre caindo; o rio de Sua generosidade está sempre correndo, e o poço de Seu amor está constantemente transbordando. Como o Rei jamais pode morrer, da mesma forma Sua graça nunca falha. Diariamente colhemos Seu fruto, e Seus galhos se inclinam em direção às nossas mãos com um novo estoque de misericórdia. Há sete banquetes por semana e refeição farta todos os dias do ano e isso acontece em todos anos. Quem, alguma vez, voltou da porta do Senhor sem uma bênção? Quem, alguma vez, se levantou de Sua mesa, insatisfeito, ou de Seu colo, não maravilhado? Suas misericórdias são novas a cada manhã e frescas a cada noite. Quem pode saber a quantidade de Seus benefícios, ou relembrar a lista de sua generosidade? Cada grão de areia que cai da ampulheta do tempo é apenas um seguidor tardio de uma miríade de misericórdias. As asas de nossas horas são cobertas com a prata de Sua bondade e com o ouro de Sua afeição. O rio do tempo leva, desde as montanhas da eternidade, a areia dourada de Seu favor. As incontáveis estrelas não passam de porta-estandartes de uma incontável multidão de bênçãos. Quem pode contar a poeira dos benefícios que Ele concedeu a Jacó, ou relatar a quarta parte das Suas misericórdias para com Israel? De que maneira minha alma exaltará aquele que diariamente me enche de benefícios e que me coroou com benignidade? Ah, que minha oração possa ser tão incessante quanto Sua generosidade! Ah língua miserável, como pode ficar em silêncio? Acorde, ore, para que eu não lhe chame mais de minha glória, mas de minha vergonha. "Despertai, saltério e harpa! Quero acordar a alva."

17 de maio

> *"...deve também andar assim como ele andou."*
> 1 JOÃO 2:6

Por que os cristãos devem imitar a Cristo? Eles devem fazê-lo para *seu próprio bem*. Se desejam um estado saudável de alma — se querem escapar da doença do pecado e desfrutar do vigor da crescente graça, que façam de Jesus o seu modelo. Pelo bem de sua própria alegria, se quiserem beber o vinho envelhecido, bem refinado; se quiserem desfrutar santa e alegre comunhão com Jesus; se quiserem ser elevados acima das preocupações e problemas deste mundo, então que andem como Ele andou. Não há nada que possa auxiliá-los a andar em direção ao céu numa boa velocidade, como revestir-se da imagem de Jesus que está em seu coração para regular todos os seus movimentos. É quando, pelo poder do Espírito Santo, são possibilitados a andar com Jesus em Suas pegadas, que serão mais felizes e mais reconhecidos como sendo filhos de Deus. Pedro, longe dele, é inseguro e inquieto. Em seguida, pelo *bem da fé*, se esforcem para ser como Jesus. Ah! Pobre religião, você tem sido duramente atacada por seus cruéis inimigos, mas não foi ferida tão perigosamente pelos inimigos, como foi por seus amigos. Quem fez essas feridas na mão justa da Santidade? O professo que usou a adaga da hipocrisia. O homem que, com fingimentos, entra na congregação, não sendo nada além de um lobo em pele de cordeiro, assustando o rebanho mais do que o leão que está lá fora. Não há arma tão mortal quanto o beijo de Judas. Discípulos inconsistentes ferem o evangelho mais do que críticos sarcásticos ou infiéis. Mas, em especial, pelo *bem do próprio Cristo*, imitem Seu exemplo. Cristão, você ama seu Salvador? O nome dele é precioso para você? A causa dele lhe importa? Gostaria de ver os reinos do mundo se tornando dele? É seu desejo que Ele seja glorificado? É seu desejo que almas sejam ganhas para Ele? Se for, *imite* Jesus; seja uma "carta de Cristo, conhecida e lida por todos os homens".

18 de maio

"...nele, habita, corporalmente, toda a plenitude da Divindade. Também, nele, estais aperfeiçoados..."
COLOSSENSES 2:9,10

Todos os atributos de Cristo como Deus e homem estão à nossa disposição. Toda a plenitude da Divindade, seja o que for que esse termo maravilhoso possa compreender, é nossa para nos aperfeiçoar. Ele não pode nos dotar com os atributos da Deidade, mas fez tudo o que podia ser feito, pois colocou até Seu divino poder e Divindade a serviço de nossa salvação. Sua onipotência, onisciência, onipresença, imutabilidade e infalibilidade, estão todas unidas para nossa defesa. Levante-se, cristão, e contemple o Senhor Jesus sujeitando toda a Sua Divindade à carruagem da salvação! Quão ampla é Sua graça, firme Sua fidelidade, inabalável Sua imutabilidade, infinito Seu poder e ilimitado Seu conhecimento! Tudo isso forma, por meio do Senhor Jesus, os pilares do templo da salvação; e tudo, sem minimizar sua infinitude, está unido a nós como herança perpétua. Cada gota do amor insondável do coração do Salvador é nossa; cada tendão do braço do poder, cada joia da coroa de majestade, a imensidão do divino conhecimento e o rigor da justiça divina, tudo é nosso, e será usado para nós. A totalidade de Cristo, em Sua adorável pessoa como Filho de Deus, é disponibilizada, por Ele mesmo, para que possamos desfrutar mais ricamente. Sua sabedoria é nossa direção, Seu conhecimento é nossa instrução, Seu poder é nossa proteção, Sua justiça é nossa fiança, Seu amor é nosso conforto, Sua misericórdia é nosso refrigério e Sua imutabilidade, nossa confiança. Ele não faz restrições, mas abre as cavidades do Monte de Deus e nos convida a garimpar tesouros escondidos em suas minas. "Tudo, tudo, tudo é vosso", Ele disse, "Sejais satisfeitos com o favor e a plenitude da benignidade do Senhor." Ah! Como é doce contemplar Jesus e invocá-lo com a plena confiança de que buscando a intervenção de Seu amor ou poder, basta-nos pedir por aquilo que Ele fielmente já prometeu.

19 de maio

> *"Vi servos a cavalo e príncipes andando a pé como servos sobre a terra."* ECLESIASTES 10:7

Os arrogantes com frequência usurpam os lugares mais altos, enquanto que o grande e verdadeiro pinheiro fica na obscuridade. Este é um enigma da providência que um dia alegrará o coração dos justos; mas é um fato tão comum, que nenhum de nós deve reclamar se acontecer conosco. Quando nosso Senhor estava na Terra, embora Ele fosse o Príncipe dos reis do mundo, ainda assim trilhava o caminho do cansaço e do serviço como o Servo dos servos. Não seria maravilhoso se Seus seguidores, que são príncipes do sangue, também fossem vistos como inferiores e desprezíveis? O mundo está de cabeça para baixo e, portanto, os primeiros são os últimos, e os últimos, os primeiros. Veja como os filhos servis de Satanás agem arrogantemente na Terra! Sobre que cavalos altivos eles cavalgam! Como se autopromovem! Hamã está na corte enquanto que Mordecai está sentado ao portão; Davi vagueia pelas montanhas, enquanto Saul reina sobre a nação; Elias está escondido numa cova enquanto Jezabel está se gabando no palácio; ainda assim, quem gostaria de estar no lugar dos rebeldes arrogantes? E quem, por outro lado, pode não invejar os santos desprezados? Quando a roda gira, aqueles que estão mais abaixo, sobem, e os que estão lá em cima, afundam. Paciência então, cristão, a eternidade acertará os males do tempo.

Não vamos cair no erro de deixar nossas paixões e desejos carnais cavalgarem em triunfo, enquanto nossos poderes mais nobres andam na terra batida. A graça deve reinar como um príncipe, e fazer dos membros do corpo, instrumentos de justiça. O Espírito Santo ama a ordem e Ele, portanto, estabelece nossos poderes e capacidades no devido grau e lugar, dando o melhor espaço para as capacidades espirituais que nos ligam ao grande Rei. Não perturbemos essa organização divina, mas peçamos à graça para que possamos controlar nosso corpo e fazê-lo submisso. Não somos novas criaturas para permitir que nossas paixões governem sobre nós, mas para que, como reis, possamos reinar em Cristo Jesus no triplo reino do espírito, da alma e do corpo, para a glória de Deus Pai.

20 de maio

> "...as maravilhas da tua bondade..."
> SALMO 17:7

Quando damos nossas esmolas de coração, fazemos bem, mas às vezes devemos reconhecer que erramos a respeito; porém, o nosso Mestre e Senhor não erra. Seus favores são sempre oferecidos com o amor de Seu coração. Ele não nos envia a carne fria e as sobras da mesa de Sua magnificência, mas molha nossa porção em Seu próprio prato e tempera nossas provisões com as especiarias de Sua afeição aromatizada. Quando Ele coloca as moedas de ouro de Sua graça na palma de nossas mãos, faz o presente ser acompanhado de um toque tão caloroso, que a maneira como Sua doação é oferecida é tão preciosa quanto a própria bênção. Ele entrará em nossa casa com Suas mensagens de bondade e não agirá como um austero visitante na cabana do homem pobre, mas sentará ao nosso lado, não desprezando nossa pobreza, nem culpando nossa fraqueza. Amado, Ele fala com um sorriso! Que frases douradas saem de Seus lábios graciosos! Que abraços de afeto Ele derrama sobre nós! Se Ele nos tivesse dado alguns centavos, seriam como ouro apenas por virem de Suas mãos; mas o que Ele nos tem dado são como dádivas preciosas transportadas em cestas de ouro. É impossível duvidar da sinceridade de Sua compaixão, pois há um coração sangrando estampado na face de todos os Seus benefícios. Ele doa liberalmente e não reclama. Nem um sinal de que o estamos sobrecarregando; nem um frio olhar aos Seus pobres pensionistas; mas Ele se regozija em Sua misericórdia e nos pressiona contra Seu peito enquanto está derramando Sua vida por nós. Há uma fragrância em Seu nardo que apenas Seu coração pode produzir; há uma doçura em Seu favo de mel que não poderia existir a menos que a essência da afeição de Sua alma se misture nele. Ah! Que rara comunhão com tão singular sinceridade! Que possamos provar e conhecer continuamente essa bem-aventurança!

21 de maio

> "Se é que já tendes a experiência
> de que o Senhor é bondoso."
>
> 1 PEDRO 2:3

Se — "então", esta não é uma questão a ser considerada como certa em relação a cada um da raça humana. "Se" — então há uma possibilidade e uma probabilidade de que alguns possam não ter experimentado que o Senhor é bondoso. "Se" — então, isso não é uma misericórdia geral, mas especial; e é preciso questionar se conhecemos a graça de Deus por meio de uma experiência interior. Não há nenhum favor espiritual que possa não ser uma questão para se sondar o coração.

Mas, se por um lado, isso deveria ser um assunto de questionamento fervoroso e de oração, ninguém deveria se contentar enquanto houvesse algo como um "se" em sua experiência da bondade do Senhor. Uma desconfiança zelosa e santa do "eu" pode levantar a questão mesmo no coração do cristão, mas a *continuidade* de tal dúvida seria realmente um mal. Não devemos descansar sem uma luta desesperada para agarrar o Salvador com os braços da fé e dizer: "Sei em quem tenho crido e estou certo de que ele é poderoso para guardar o meu depósito." Não descanse, ó cristão, até que tenha a total segurança de seu interesse por Jesus. Não deixe que nada o satisfaça até que, pelo testemunho infalível do Espírito Santo em seu espírito, você esteja certo de que é um filho de Deus. Ah, não brinque com isso; não deixe que "talvez", "porventura", "se" e "quiçá" satisfaçam sua alma. Construa sobre verdades eternas e, verdadeiramente, edifique sobre elas. Obtenha as misericórdias indubitáveis de Davi e tome posse delas. Que sua âncora seja lançada naquilo que está dentro do véu e assegure-se de que sua alma esteja ligada à âncora por um cabo que não se partirá. Avance para além desses tristes "ses"; não habite mais no deserto das dúvidas e medos; cruze o Jordão da desconfiança e entre na Canaã da paz, onde o canaanita ainda persiste, mas onde da terra não cessa de brotar leite e mel.

22 de maio

> *"Conduziu-os pelo caminho direito..."*
> SALMO 107:7

A experiência inconstante muitas vezes leva o cristão ansioso a questionar: "Por que é assim comigo?" Busquei a luz, mas eis que veio a escuridão; pedi paz, mas contemplei o tormento. Disse em meu coração: minha montanha se mantém firme, nunca serei abalado. "Senhor, escondeste Tua face e estou atribulado." Ontem mesmo eu podia entender claramente minha posição; hoje minhas evidências estão ofuscadas e minhas esperanças nebulosas. Ontem eu podia subir ao cume do monte Pisga e ver toda a paisagem, e me regozijar na confiança de minha herança futura; hoje, meu espírito não tem esperanças, mas muitos temores; nenhuma alegria, mas muita aflição. Isto é parte do plano de Deus para mim? Pode essa ser a forma na qual Deus me levará para o céu? Sim, é assim. O eclipse de sua fé, a escuridão de sua mente, a fraqueza de sua esperança, todas essas coisas fazem parte do método de Deus para fazê-lo colher a grande herança na qual logo entrará. Essas provações são para testar e fortalecer sua fé — elas são ondas que lavam você sobre a rocha — são ventos que sopram seu barco mais rapidamente para o porto desejado. De acordo com as palavras de Davi, o mesmo pode ser dito de você: "E, assim, os levou ao desejado porto." Pela honra e pela desonra, pelos relatos ruins e bons, pela fartura e pela pobreza, pela alegria e pela aflição, pela perseguição e pela paz, por todas essas coisas a vida de sua alma é mantida, e por meio delas, você é ajudado em seu caminho. Ah, não pense, cristão, que suas tristezas estão fora dos planos de Deus; elas são parte necessária dele. "Através de muitas tribulações, nos importa entrar no reino de Deus." Aprenda então, que temos "por motivo de toda alegria o [passarmos] por várias provações".

> *Ah fique calma minh'alma trêmula,*
> *E espere Sua vontade santa e sábia!*
> *Eu não posso, Senhor, ver Teu propósito,*
> *Mas tudo vai bem, quando feito por ti.*

23 de maio

> *"O que a mim me concerne*
> *o Senhor levará a bom termo..."*
> SALMO 138:8

A confiança que o salmista expressa aqui era a *confiança divina*. Ele não diz: "Eu tenho graça suficiente para levar a bom termo o que a mim me concerne — minha fé é tão estável que não vai cambalear — meu amor é tão caloroso que jamais esfriará — minha resolução é tão firme que nada poderá movê-la." Não! Sua dependência estava apenas no Senhor. Se tolerarmos qualquer confiança que não esteja fundamentada na Rocha eterna, nossa confiança será pior que um sonho, ela cairá sobre nós e nos cobrirá com sua ruína, para nossa tristeza e confusão. Tudo o que a natureza tece, o tempo desfaz para a eterna confusão de todos os que estão vestidos com as obras da natureza. O salmista foi sábio, ele descansou sobre nada menos que a obra do *Senhor*. Foi o Senhor quem começou a boa obra em nós; é Ele quem irá continuá-la; e se não terminá-la, nunca estará completa. Se houver uma costura que tenhamos que fazer por nós mesmos na veste celestial de nossa justiça, estaremos perdidos; mas nossa confiança é esta: o Senhor que a começou, a levará a bom termo. Ele *faz, deve fazer e fará* tudo. Nossa confiança precisa estar não no que fazemos, nem no que resolvemos fazer, mas inteiramente no que o *Senhor* fará. A incredulidade insinua — "você nunca será capaz de se levantar. Veja a maldade em seu coração, você nunca vencerá o pecado; lembre-se dos prazeres pecaminosos e as tentações do mundo que assediam você, certamente será seduzido por elas e se deixará desviar". Sim, nós, com certeza, pereceremos se dependermos só de nossa própria força. Se formos navegar sozinhos com nossas frágeis embarcações sobre um mar tão agitado, podemos bem desistir da viagem em desespero; mas, graças a Deus, Ele levará a bom termo o que concerne a nós, e nos levará ao porto desejado. Nunca somos confiantes demais quando confiamos apenas nele, e nunca temos muitas preocupações quando *temos uma confiança dessas*.

24 de maio

"Bendito seja Deus, que não me rejeita a oração..."
SALMO 66:20

Ao olhar para trás, para a natureza de nossas orações, se as fizemos honestamente, devemos estar completamente maravilhados que Deus as tenha respondido. Deve haver algumas pessoas que pensam que suas orações são dignas de aceitação — como fez o fariseu; mas o verdadeiro cristão, num retrospecto mais iluminado, chora sobre suas súplicas, e se ele pudesse refazer seus passos, desejaria orar mais fervorosamente. Lembre-se, cristão, de quão *frias* suas orações têm sido. Quando está em seu retiro, você deveria lutar como lutou Jacó; mas, em vez disso, suas petições têm sido fracas e poucas — muito diferentes daquela fé humilde, fervorosa e perseverante que clama: "Não te deixarei ir se me não abençoares." Ainda assim, é maravilhoso dizer que Deus ouviu estas suas orações frias, e não apenas as ouviu, mas as respondeu. Reflita também, quão *infrequentes* foram suas orações a menos que estivesse em aflição, quando *então* você ia muitas vezes ao trono da graça: mas quando a libertação chegava, onde ficava sua súplica constante? Ainda assim, apesar de você ter cessado de orar como antes fazia, Deus não deixou de abençoá-lo. Quando você negligenciou o altar, Deus não desertou dele, mas a brilhante luz do *Shekinah* sempre esteve visível entre as asas dos querubins. Ah! É maravilhoso que o Senhor considere esses espasmos intermitentes de impertinência que vão e vêm conforme nossas necessidades. Que Deus é esse que escuta as orações daqueles que vêm a Ele quando têm necessidades urgentes, mas o negligenciam quando recebem a misericórdia? Que se aproximam quando são forçados a vir, mas que quase esquecem de se dirigir a Ele quando as bênçãos são muitas e as aflições, poucas? Que Sua graciosa bondade em ouvir tais orações toque o nosso coração, de modo que sejamos encontrados "com toda oração e súplica, orando em todo tempo no Espírito".

25 de maio

> *"Não me desampares, Senhor..."*
> SALMO 38:21

Frequentemente oramos para que Deus não nos desampare na hora da provação e da tentação, mas esquecemos de que precisamos fazer uso dessa oração o tempo todo. Não há momento em nossa vida, embora sejamos santos, em que possamos agir sem Seu apoio constante. Seja na luz ou na escuridão, na comunhão ou na tentação, precisamos orar da mesma forma: "Não me desampares, Senhor. Sustenta-me, e serei salvo." Uma criança pequena, quando está aprendendo a andar, precisa sempre da ajuda dos pais. O barco segue seu curso levado pela condução do piloto. Não podemos seguir sem a ajuda contínua do alto; então, que essa seja a nossa oração hoje: "Não me desampares. Pai, não desampares Teu filho, não deixes que caia pela mão do inimigo. Pastor, não desampares Tua ovelha, não permitas que se afaste da segurança do rebanho. Grande Agricultor, não desampares Tua planta, não a deixes secar e morrer. 'Não me desampares, Senhor', agora, e em qualquer momento de minha vida. Não me desampares nas minhas alegrias, não permitas que elas absorvam meu coração. Não me abandones nas minhas tristezas, não me deixes murmurar contra ti. Não me desampares no dia da minha contrição, não deixes que eu perca a esperança do perdão e caia em desespero; e não me desampares no dia da minha fé mais forte, não permitas que ela se transforme em presunção. Não me desampares, pois sem ti sou fraco, mas contigo sou forte. Não me abandones, pois meu caminho é perigoso e cheio de armadilhas, e não posso trilhar sem Tua direção. A galinha não abandona sua ninhada, Tu, então, mais ainda me cobres com Tuas penas e me permites ficar sob Tuas asas para encontrar meu refúgio. 'Não te distancies de mim, porque a tribulação está próxima, e não há quem me acuda. Não me recuses, nem me desampares, ó Deus da minha salvação!'"

Ah, sempre em nosso peito purificado,
Que Teu Eterno Espírito descanse;
E faça nossa alma secreta ser
Um templo puro e digno de ti.

26 de maio

> *"Confia os teus cuidados ao Senhor,
> e ele te susterá..."*
> SALMO 55:22

O cuidado, mesmo exercitado sobre objetos legítimos, se em excesso, tem em si a natureza do pecado. O preceito de evitar cuidado ansioso é seriamente incutido por nosso Salvador a nós, repetidas vezes, e é reiterado pelos apóstolos. Este é um preceito que não pode ser negligenciado sem envolver transgressão, pois a essência do cuidado ansioso é a ideia de que somos mais sábios do que Deus, e de que confiamos em nós mesmos, em vez de confiarmos nele para realizar o que Ele se encarregou de fazer por nós. Somos tentados a pensar que aquilo de que gostamos, Ele esquecerá; trabalhamos para carregar nosso fardo cansativo, como se Ele fosse incapaz ou não quisesse levá-lo para nós. Então, essa desobediência ao Seu preceito simples, essa incredulidade em Sua Palavra, essa presunção em se intrometer em Sua seara, tudo isso é pecaminoso. E mais do que isso, o cuidado ansioso normalmente leva a atos de pecado. Aquele que não consegue deixar tranquilamente seus problemas nas mãos de Deus, mas leva seu próprio fardo, está muito sujeito à tentação de usar meios errados para ajudar a si próprio. Este pecado nos leva a abandonar Deus como nosso conselheiro e, em vez disso, recorrer à sabedoria humana. Isso é recorrer à "cisterna rota" em vez de recorrer à "fonte"; um pecado que foi imputado a Israel na antiguidade. A ansiedade nos faz duvidar da benignidade de Deus e, por isso, o nosso amor por Ele esfriará; sentimos desconfiança e isso entristece o Espírito de Deus, então nossas orações ficarão prejudicadas, nosso exemplo coerente ficará desfigurado e nossa vida se tornará uma busca por nós mesmos. Portanto, a falta de confiança em Deus nos levará ao afastamento dele, mas, se pela simples fé em Sua promessa lançarmos sobre Ele cada fardo que nos sobrevém e não "nos preocuparmos com nada", porque Ele se encarrega de cuidar dos fardos para nós, nos manteremos próximos dele e fortalecidos contra muitas tentações. "Tu, Senhor, conservarás em perfeita paz aquele cujo propósito é firme; porque ele confia em ti."

27 de maio

"Morava Mefibosete em Jerusalém, porquanto comia sempre à mesa do rei. Ele era coxo de ambos os pés."
2 SAMUEL 9:13

Mefibosete não tinha uma bela aparência para uma mesa real, ainda assim, ele tinha um lugar constante à mesa de Davi, porque o rei podia ver em sua face os traços do amado amigo Jônatas. Como Mefibosete, podemos clamar ao Rei da Glória: "Quem é teu servo, para teres olhado para um cão morto tal como eu?", mas, ainda assim o Senhor nos favorece com uma relação familiar com Ele, porque vê em nosso semblante os traços de Seu ternamente amado Jesus. O povo do Senhor é *querido por causa de outro*. Tal é o amor que o Pai tem por Seu Unigênito, que por causa dele eleva Seus humildes irmãos da pobreza e do banimento, para o companheirismo da corte, à categoria de nobreza e à provisão real. Suas *deformidades não deverão lhes roubar seus privilégios*. Imperfeição não é empecilho para a filiação; o defeituoso é tão herdeiro quanto se ele pudesse correr como Asael. Nosso direito não manqueja, embora nossa força possa cambalear. A mesa de um rei é um lugar nobre para esconder pernas defeituosas, e no banquete do evangelho aprendemos a nos gloriar nas enfermidades, porque o poder de Cristo repousa sobre nós. Entretanto, graves *imperfeições podem danificar o interior dos santos mais amados*. Aqui está uma pessoa aprazível a Davi, mas por ser coxo de ambos os pés, não pôde ir com o rei quando ele fugiu da cidade; e, por isso, foi difamado e maltratado por seu servo Ziba. Os santos cuja fé é fraca e cujo conhecimento é pequeno, são grandes perdedores; eles são expostos a muitos inimigos e não podem seguir o rei para onde quer que ele vá. Essa *doença frequentemente é decorrente de quedas*. Maus cuidados durante a infância espiritual normalmente fazem convertidos caírem num abatimento do qual nunca se recuperam, e o pecado, em outros casos, faz ossos serem quebrados. "Senhor, ajuda o coxo a saltar como um cervo, e satisfaz todo o Teu povo com o pão de Tua mesa!"

28 de maio

> *"...aos que justificou, a esses também glorificou."*
> ROMANOS 8:30

Cristão, esta é uma verdade preciosa. Você pode estar pobre, ou em sofrimento, ou ser desconhecido, mas para seu encorajamento, faça uma revisão de seu "chamado" e das consequências dele e, em especial, desse resultado abençoado que vamos tratar aqui. Tão certo quanto você é hoje filho de Deus, todas as suas tribulações logo terão um fim e você será rico em todos os propósitos de felicidade. Espere um pouco e essa cabeça cansada usará a coroa de glória e essa mão de trabalho deverá segurar os louros da vitória. Não lamente seus problemas, antes, regozije-se porque dentro em breve você estará onde "não haverá luto, nem pranto, nem dor, porque as primeiras coisas passaram". As carruagens de fogo estão à sua porta e um movimento será suficiente para levá-lo ao Glorificado. A canção eterna está quase nos seus lábios. Os portais do céu estão abertos para você. Não pense que não pode entrar no descanso. Se Ele o chamou, nada pode separá-lo do Seu amor. A aflição não pode servir de laço; o fogo da perseguição não pode queimar o elo; o martelo do inferno não pode quebrar a corrente. Você está seguro; aquela voz que primeiro o chamou, o chamará novamente da Terra para o céu, da escuridão da morte para o esplendor indescritível da imortalidade. Descanse seguro de que o coração daquele que o justificou bate com infinito amor por você. Logo você estará com o Glorificado, onde é seu lugar; você está aqui apenas esperando para receber a herança e, feito isso, as asas dos anjos o levarão para longe, para o monte de paz e alegria e bem-aventurança, onde

Longe de um mundo de tristeza e pecado,
Fechado eternamente com Deus,
Você descansará para sempre e sempre.

29 de maio

"...odeias a iniquidade..."
SALMO 45:7

"Irai-vos e não pequeis." Dificilmente pode haver bondade num homem se ele não tiver raiva do pecado; aquele que ama a verdade deve odiar cada falsidade. Como nosso Senhor Jesus odiou o pecado quando lhe sobreveio a tentação! Três vezes ela o assolou em formas diferentes, mas sempre o encontrou dizendo: "Retira-te, Satanás." Ele odiava o pecado nos outros; no entanto, com muita frequência demonstrou Seu ódio em lágrimas de piedade em vez de palavras de repreensão; ainda assim, que linguagem poderia ser mais severa, mais parecida com a de Elias, do que as palavras: "Ai de vós, escribas e fariseus, hipócritas, porque devorais as casas das viúvas e, para o justificar, fazeis longas orações"? Ele odiava a maldade a tal ponto que sangrou para golpeá-la no coração do homem; Ele morreu para que ela pudesse morrer; Ele foi sepultado para que pudesse sepultá-la em Sua tumba; e Ele ressuscitou para que pudesse mantê-la para sempre sob Seus pés. Cristo está no Evangelho, e o Evangelho se opõe à maldade de todas as formas. A maldade se ostenta com roupas justas e imita a linguagem da santidade; mas os preceitos de Jesus, com o Seu famoso "azorrague de cordas", a expulsam do templo e não irão tolerá-la na Igreja. Da mesma forma, no coração onde Jesus reina há guerra entre Cristo e o Maligno! E quando nosso Redentor vier para ser nosso Juiz, aquelas palavras estrondosas: "Apartai-vos de mim, malditos", que são, na verdade, apenas um prolongamento de Sua vida de ensinamentos sobre o pecado, manifestarão Sua aversão à iniquidade. Tão acolhedor quanto é Seu amor pelos pecadores, é Seu ódio pelo pecado; tão perfeita quanto é Sua justiça, será completa a destruição de cada forma de maldade. "Ó glorioso Defensor do que é justo e Destruidor do mal, por essa causa Deus, o Teu Deus, 'te ungiu com o óleo de alegria, como a nenhum dos teus companheiros.'"

30 de maio

> *"Apanhai-me as raposas, as raposinhas,*
> *que devastam os vinhedos..."*
> CÂNTICO DOS CÂNTICOS 2:15

Um pequeno espinho pode causar muita dor. Uma pequena nuvem pode esconder o sol. Raposinhas podem estragar as vinhas; e pequenos pecados fazem mal ao coração terno. Estes pequenos pecados tocam a alma e fazem-na tão cheia daquilo que é detestável para Cristo, que Ele não mais terá um relacionamento e comunhão confortáveis conosco. Um grande pecado pode não destruir um cristão, mas um pequeno pecado pode torná-lo miserável. Jesus não andará com Seu povo a menos que ele se afaste de cada pecado conhecido. Ele diz: "Se guardardes os meus mandamentos, permanecereis no meu amor; assim como também eu tenho guardado os mandamentos de meu Pai e no seu amor permaneço." Alguns cristãos raramente desfrutam a presença de seu Salvador. Por que isso? Certamente deve ser uma aflição para um filho sensível estar separado de seu pai. Você é filho de Deus e, ainda assim, está satisfeito em seguir sem ver a face de seu Pai? O quê?! Você é a esposa de Cristo e, mesmo assim, está contente sem Sua companhia! Certamente você caiu em um triste estado, pois o peito da esposa de Cristo chora como uma pomba sem seu companheiro. Faça, então, a pergunta: O que afastou Cristo de você? Ele esconde Sua face atrás da muralha de seus pecados. Essa muralha pode ser construída muito facilmente com *pequenas* pedras, como com grandes rochas. O mar é feito de gotas; as rochas são feitas de grãos; e o mar que o separa de Cristo pode estar cheio das gotas de seus pequenos pecados; e a rocha que furou seu barco pode ter sido feita pelo trabalho diário dos habitantes dos corais de seus pequenos pecados. Se você quer viver em Cristo, andar com Ele, vê-lo e ter comunhão com Ele, livre-se das "raposinhas, que devastam os vinhedos, porque as nossas vinhas estão em flor". Jesus o convida a ir *com Ele* e apanhá-las. O Senhor certamente irá, como Sansão, apanhar as raposas de uma vez e facilmente. Vá à caçada com Ele.

31 de maio

*"...todo o povo e também o rei
passaram o ribeiro de Cedrom..."*
2 SAMUEL 15:23

Davi atravessou aquele ribeiro sombrio quando estava fugindo de seu filho traidor, com seu povo que lamentava. O homem segundo o coração de Deus não foi eximido de problemas. Não, sua vida era cheia deles. Ele tanto foi ungido pelo Senhor, como oprimido por Ele. Por que, então, devemos esperar escapar? As pessoas mais nobres esperaram diante portões da tristeza, com cinzas sobre suas cabeças. Por que, então, devemos nós reclamar quando alguma coisa estranha acontece conosco?

O próprio Rei dos reis não foi favorecido com uma estrada mais alegre e adequada para um membro da nobreza. Ele passou pelo imundo ribeiro de Cedrom, por onde fluía a imundície de Jerusalém. Deus tem um Filho sem pecado, mas não tem nenhum filho sem a vara. É uma grande alegria crer que Jesus foi tentado de todas as formas como nós o somos. Qual é nosso Cedrom esta manhã? É um amigo infiel, uma triste perda, uma reprovação insultuosa, um pressentimento sombrio? O Rei passou por tudo isso. É dor no corpo, pobreza, perseguição ou desprezo? Sobre cada um desses Cedrons, o Rei passou antes de nós. "Em toda a angústia deles, foi ele angustiado." A ideia de estranheza em nossas provações deve ser banida de uma vez para sempre, pois aquele que é Cabeça de todos os santos, conhece por experiência a dor que achamos ser tão peculiar. Todos os cidadãos de Sião devem estar livres da honorável companhia dos pranteadores, da qual o Príncipe Emanuel é Cabeça e Capitão. Apesar da humilhação de Davi, ele retornou em triunfo para sua cidade, e o Senhor de Davi levantou vitorioso do túmulo; tenhamos bom ânimo, então, pois também venceremos o dia. Devemos ainda, com alegria, tirar água dos poços da salvação, ainda que agora estejamos passando por uma temporada de ribeiros nocivos de pecado e tristeza. Coragem, soldado da Cruz, o próprio Rei triunfou após passar pelo Cedrom, e você também triunfará.

1º de junho

> *"...Houve tarde e manhã, o primeiro dia".*
> GÊNESIS 1:5

Foi assim mesmo no início? A luz e a escuridão dividiram o reino do tempo no primeiro dia? Então, que pequena maravilha seria se eu também obtivesse mudanças nas minhas circunstâncias entre o nascer do sol da prosperidade e a meia-noite da diversidade. Nem sempre será o calor do meio-dia mesmo no que diz respeito às preocupações de minha alma; devo esperar por temporadas de luto pela ausência de minhas alegrias passadas, e buscar meu Amado na noite. Não estou sozinho nisso, pois todos os amados do Senhor precisam cantar a música mista do julgamento e da misericórdia, da provação e da libertação, do luto e do prazer. É uma das designações da providência Divina, que o dia e a noite não devem cessar nem na criação espiritual, nem na natural, até que alcancemos a terra da qual está escrito: "Nela, não haverá noite." O que nosso Pai celeste ordena é sábio e bom.

O que, então, minh'alma, é melhor fazer? Aprenda primeiro a *contentar-se* com essa ordem divina e estar disposta, como Jó, a receber o mal, tanto quanto o bem da mão do Senhor. Em seguida, prepare-se para *alegrar-se com o surgir da manhã e da noite.* Louve ao Senhor pelo sol da alegria quando ele nasce, e pela melancolia da noite quando ela cai. Há beleza tanto no nascer quanto no pôr do sol, cante a respeito disso e glorifique ao Senhor. Como o rouxinol, entoe suas notas *em todos os momentos.* Creia que a noite é tão útil quanto é o dia. O orvalho da graça cai pesadamente na noite de tristeza. As estrelas da promessa brilham gloriosamente em meio à escuridão da dor. *Continue seu serviço* sob todas as mudanças. Se durante o dia sua palavra de ordem é *trabalho*, à noite troque por *vigília.* Cada hora tem sua função; que você continue em seu chamado como servo do Senhor até que Ele, repentinamente, apareça em Sua glória. Minh'alma, sua noite de velhice e morte está se aproximando: não se apavore, pois é parte do dia; e o Senhor disse: "Vou protegê-lo o dia todo."

2 de junho

"...Bom Mestre..."
MARCOS 10:17

Se o jovem no evangelho usou esse título ao falar com nosso Senhor, quão mais apropriadamente eu posso assim tratá-lo! Ele é realmente meu Mestre em ambos os sentidos, um Mestre no poder e um Mestre no ensino. Tenho prazer em cumprir Suas incumbências e sentar-me aos Seus pés. Sou Seu servo e discípulo, e considero minha maior honra ter esse papel duplo. Se Ele me perguntar por que o chamo de "bom", devo ter uma resposta pronta. É verdade que "ninguém é bom senão um, que é Deus", mas, então, Ele é Deus, e toda a bondade da deidade brilha nele. Em minha experiência, tenho descoberto que Ele é bom, tão bom, na verdade, que todo o bem que tenho me veio por meio dele. Ele foi bom para mim quando eu estava morto no pecado, pois me ergueu pelo poder de Seu Espírito; Ele tem sido bom para mim em todas as minhas necessidades, provações, lutas e tristezas. Nunca houve um Mestre melhor, pois Seu serviço é liberdade, Sua regra é amor: gostaria de ser um servo bom que tivesse um milésimo de Sua bondade. Quando Ele me ensina como meu Mestre, é indescritivelmente bom, Sua doutrina é divina, Sua conduta é condescendente, Seu espírito é brando. Nenhum erro se mistura com Sua instrução — pura como a verdade do ouro que Ele traz, e todos os Seus ensinamentos levam à bondade, santificando e edificando o discípulo. Anjos o consideram um bom Mestre e prazerosamente prestam sua homenagem aos Seus pés. Os santos da antiguidade provaram que Ele é um bom Mestre e cada um deles se alegrou em cantar: "Sou Teu servo, ó Senhor!" Meu próprio humilde testemunho, certamente, deverá ter o mesmo efeito. Vou sustentar este testemunho perante meus amigos e vizinhos, pois é possível que sejam levados por meio dele a buscarem meu Senhor Jesus como seu Mestre. Ah, que eles façam isso! Nunca irão se arrepender de atitude tão sábia. Se eles apenas tomassem Seu jugo suave, iriam se encontrar num serviço tão magnífico que se alistariam nele para sempre.

3 de junho

"Estes eram oleiros e habitantes de Netaim e de Gedera; moravam ali com o rei para o servirem."
1 CRÔNICAS 4:23

Os oleiros eram trabalhadores da mais alta categoria. O rei precisava deles e, portanto, estavam em serviço real embora o material com que trabalhassem não passasse de barro. Nós também podemos estar envolvidos na parte mais humilde do serviço ao Senhor, mas é um grande privilégio fazer alguma coisa para o Rei; e assim permaneceremos em nosso chamado, esperando que "embora tenhamos deitado entre os redis, ainda assim seremos como as asas de uma pomba coberta com prata e com as penas douradas". Outra tradução do texto nos fala daqueles que *habitavam nas hortas e nos cerrados* (ARC), tendo que fazer um trabalho duro, rústico, de cercar e de arar. Eles podem ter desejado morar na cidade, em meio à sua vida, sociedade e refinamento, mas eles mantiveram seus lugares designados, pois estavam também fazendo o trabalho do rei. O lugar de nossa habitação é fixo e não devemos mudar por capricho ou teimosia, mas devemos buscar servir ao Senhor nele, sendo uma bênção para aqueles entre os quais residimos. Aqueles oleiros e jardineiros tinham *companhia real*, pois habitavam "com o rei" e, embora entre hortas e cerrados, habitavam com o rei ali. Nenhum lugar lícito ou ofício gracioso, entretanto, pode nos privar da comunhão com nosso divino Senhor. Ao visitar casebres, alojamentos lotados, asilos ou prisões, podemos ir *com o Rei*. Em todos os trabalhos de fé podemos contar com a companhia de Jesus. É quando estamos em Seu trabalho que podemos contar com o Seu sorriso. Sim, trabalhadores desconhecidos que estão sendo usados por seu Senhor em meio à sujeira e miséria do mais baixo escalão, tenham bom ânimo, pois joias são encontradas sobre os estercos de agora, potes de barro estão cheios com tesouros celestiais e ervas daninhas são transformadas em flores preciosas. Habite você com o Rei em Seu trabalho, e quando Ele escrever Suas crônicas, seu nome será registrado.

4 de junho

> *"...A benignidade de Deus, nosso Salvador, e o seu amor..."*
> TITO 3:4

Quão doce é contemplar o Salvador comungando com Seu povo amado! Não pode haver nada mais prazeroso do que, pelo Espírito divino, ser levado a esse campo fértil de júbilo. Deixemos que a mente, por um instante, considere a história do amor do Redentor, e mil atos de carinho surgirão; todos eles concebidos na tessitura do coração em Cristo e entrelaçados com os pensamentos e emoções da alma renovada com o ânimo de Jesus. Quando meditamos sobre esse incrível amor e contemplamos o Todo-glorioso Redentor da Igreja dotando-a com toda a sua antiga riqueza, nossas almas podem desfalecer de alegria. Quem é aquele que pode suportar tal peso de amor? Aquela sensação parcial que o Espírito Santo, às vezes, tem o prazer de conceder, é mais do que a alma pode conter; quão arrebatadora deve ser a visão completa dele! Quando a alma tiver a compreensão para discernir todas as dádivas do Salvador, sabedoria para poder avaliá-las e tempo para meditar sobre elas, tal como o mundo vindouro nos conceder, comungaremos, então, com Jesus de uma forma mais íntima do que hoje. Mas quem pode imaginar a doçura de tal comunhão? Deve ser uma das coisas que não entram no coração do homem, mas que Deus preparou para aqueles que o amam. Ó, abrir a porta dos celeiros do nosso José e ver a plenitude que Ele estocou para nós! Seremos dominados com amor. Pela fé vemos, como num vidro escuro, a imagem refletida de Seus tesouros ilimitados, mas quando realmente virmos as coisas celestiais com nossos próprios olhos, quão profundo será o rio de comunhão no qual nossa alma se banhará! Até lá, nossos mais altos sonetos deverão ser reservados ao nosso amado benfeitor, Jesus Cristo nosso Senhor, cujo amor por nós é maravilhoso, mais que o amor das pessoas ao nosso redor.

5 de junho

> "...o SENHOR *fechou a porta após ele*".
> GÊNESIS 7:16

Noé foi trancado, afastado do mundo pela mão do amor divino. A porta do propósito da eleição se interpõe entre nós e o mundo que jaz no maligno. Não somos do mundo, assim como nosso Senhor Jesus não era do mundo. Não podemos entrar no pecado, nas festas, nas ocupações da multidão; não podemos brincar nas ruas da "Feira das Vaidades" [N.E.: Referente ao livro *O Peregrino* de John Bunyan (Publicações Pão Diário, 2014)] com os filhos das trevas, pois nosso Pai celestial fechou a porta atrás de nós. Noé foi trancado *com seu Deus*. "*Entra* na arca", foi o convite do Senhor, pelo qual mostrou claramente que Ele próprio pretendia habitar na Arca com Seu servo e sua família. Então todos os escolhidos habitam em Deus e Deus neles. Feliz o povo que é incluído no mesmo círculo que está o Deus Triúno: Pai, Filho e Espírito. Que jamais sejamos desatentos àquele gracioso chamado: "Vai, pois, povo meu, entra nos teus quartos e fecha as tuas portas sobre ti; esconde-te só por um momento, até que passe a ira." Noé estava tão protegido que *nenhum mal podia alcançá-lo*. As águas apenas o ergueram em direção ao céu e os ventos não fizeram mais do que soprá-lo em seu caminho. Fora da arca, tudo era ruína, mas dentro, tudo era descanso e paz. Sem Cristo nós perecemos, mas em Cristo Jesus há perfeita segurança. Noé estava tão trancado que *ele nem podia desejar sair*, e aqueles que estão em Cristo Jesus estão nele para sempre. Eles nunca mais devem sair, pois a fidelidade eterna foi guardada dentro deles e a malícia infernal não pode arrastá-los para fora. O Príncipe da casa de Davi fechou e nenhum homem abre; e quando, finalmente, nos últimos dias, como Mestre da casa, Ele se levantar e fechar a porta, em vão meros professores baterão e gritarão: "Senhor, Senhor abra para nós", pois aquela mesma porta que fechou as virgens prudentes, se fechará para a loucura para sempre. "Senhor, guarda-me pela Tua graça."

6 de junho

"Sou indigno..."
JÓ 40:4

Uma palavra de ânimo para você, pobre pecador perdido! Você acha que não pode vir a Deus porque é indigno. Então, não há um santo vivo na Terra que não tenha sido feito para sentir sua indignidade. Se Jó, Isaías e Paulo, todos foram obrigados a dizer "sou indigno", ah, pobre pecador, você terá vergonha de se juntar a eles na mesma confissão? Se a divina graça não erradica todo o pecado do cristão, como você espera fazer isso por si mesmo? E se Deus ama Seu povo embora ainda ele seja indigno, você acha que sua indignidade não permitirá que Ele o ame? Creia em Jesus, ó pária da sociedade do mundo! Cristo o chama, assim como está.

Não os justos, não os justos;
Pecadores, Jesus veio chamar.

Agora mesmo diga: "Morreste pelos pecadores; eu sou um pecador. Senhor Jesus, derrama Teu sangue sobre mim." Se você confessar seu pecado, encontrará perdão. Se, agora, com todo o seu coração, disser: "Sou indigno, lava-me", será lavado agora. Se o Espírito Santo o capacitar a clamar de coração:

Tal qual estou eis-me Senhor,
Pois o Teu sangue remidor
Verteste pelo pecador;
Ó Salvador me achego a Ti!

Você se levantará da leitura desta manhã com todos os seus pecados perdoados. Ainda que tenha acordado com cada pecado que o homem pode cometer sobre sua cabeça, descansará esta noite, aceito no Amado; embora você tenha sido degradado com os farrapos do pecado, será adornado com um manto de justiça e parecerá tão alvo como os anjos. Então, "agora", enfatizo, "*agora* é a hora da aceitação". Se você "crê naquele que justifica o ímpio, está salvo". Ah! Que o Espírito Santo lhe dê fé salvadora naquele que recebe o indigno.

7 de junho

> *"Vós que amais o SENHOR, detestai o mal..."*
> SALMO 97:10

Você tem um bom motivo para "detestar o mal", pois apenas considere o dano que ele já lhe fez. Ó que mundo de pecado maldoso foi trazido ao seu coração! O pecado o cegou para que não pudesse ver a beleza do Salvador; ele o fez surdo para que não pudesse ouvir os carinhosos convites do Redentor. O pecado desviou seus pés para o caminho da morte e derramou veneno na fonte do seu ser; ele contaminou seu coração, e o fez "enganoso [...] mais do que todas as coisas, e desesperadamente corrupto." Ah, que criatura era você quando o mal lhe fazia tudo que podia, antes da graça divina intervir! Você era um herdeiro da ira, e como os outros: "Seguia a multidão para fazer o mal". Assim éramos todos nós, mas Paulo nos lembra: "Mas vós vos lavastes, mas fostes santificados, mas fostes justificados em o nome do Senhor Jesus Cristo e no Espírito do nosso Deus." Temos um bom motivo, na verdade, para detestar o mal quando olhamos para trás e rastreamos suas obras mortais. Tal dano fez o mal a nós, que nossa alma estaria perdida se o amor onipotente não interferisse para nos redimir. Mesmo agora, ele é um inimigo ativo, sempre vigiando para nos ferir e nos arrastar para a perdição. Portanto, "deteste o mal" cristão, a menos que deseje problemas. Se quiser espalhar espinhos em seu caminho e plantar urtigas em seu travesseiro de morte, então negligencie o "detestar o mal". Porém, se quiser viver uma vida alegre e morrer em paz, ande em todos os caminhos da santidade, detestando o mal até o fim. Se você ama verdadeiramente seu Salvador e quer honrá-lo, então "deteste o mal". Conhecemos apenas uma cura para o cristão que ama o mal: é o relacionamento abundante com o Senhor Jesus. Habite com Ele e será impossível você estar em paz com o pecado.

Orienta minhas pegadas pela Tua Palavra,
E faz meu coração sincero;
Não deixes o pecado dominar, Senhor,
Mas mantém a minha consciência limpa.

8 de junho

"Porque muitos caíram feridos à espada, pois de Deus era a peleja..." 1 CRÔNICAS 5:22

Guerreiro, lute sob a bandeira de Jesus, observe esse versículo com alegria, pois como foi na antiguidade, é agora: se a guerra é de Deus, a vitória é certa. Os filhos de Rúben, os gaditas e a meia tribo de Manassés mal conseguiram reunir 45 mil guerreiros, e ainda assim, em sua guerra com os hagarenos (de Hagar, ramificação dos ismaelitas), mataram "cem mil" homens, "porque, na peleja, clamaram a Deus, que lhes ouviu, porquanto confiaram nele". O Senhor não salva por muitos ou poucos; devemos seguir em frente em nome de Jeová, mesmo se formos poucos, pois o Senhor dos Exércitos está conosco como nosso Capitão. Não negligenciaram o escudo, a espada e o arco, mas não colocaram sua fé nas armas; precisamos usar todos os meios de luta, e nossa confiança precisa estar só no Senhor, a espada e o escudo de Seu povo. A razão para seu grande sucesso repousa em que "de Deus era a peleja". Amado, na luta contra o pecado por dentro e por fora, com erro doutrinário ou prático, com maldade espiritual em lugares altos ou baixos, com demônios ou seus aliados, você está travando a guerra de Jeová, e a menos que Ele mesmo pudesse ser vencido, você não precisa temer a derrota. Não trema perante números superiores, não se encolha perante dificuldades ou impossibilidades, não vacile pelas feridas ou morte, golpeie com a espada de dois gumes do Espírito e os mortos cairão aos montes. A peleja é do Senhor e Ele entregará Seus inimigos em suas mãos. Com pé firme, mão forte, coração indômito e zelo inflamado, corra para o conflito e as hostes do mal sairão voando como palha no vendaval.

Levante-se! Levante-se por Jesus!
A luta não será longa;
Hoje o barulho da batalha,
Amanhã, o cântico de vitória:
Ao que vencer,
A coroa da vida há de ser;
E com o Rei da glória
Reinará eternamente.

9 de junho

> *"Com efeito, grandes coisas fez o Senhor por nós; por isso, estamos alegres."*
> SALMO 126:3

Alguns cristãos, infelizmente, são propensos a *olhar* para o lado *escuro* de tudo e a se fixar mais no que têm passado, do que sobre o que Deus tem feito por eles. Pergunte a eles suas impressões sobre a vida cristã, e descreverão seus conflitos contínuos, suas aflições profundas, suas tristes adversidades e o pecado de seu coração, com raras alusões à misericórdia e ao socorro que Deus lhes concedeu. Porém, um cristão cuja alma está num estado *saudável*, se apresentará alegremente e dirá: "Eu falo, não por mim, mas pela honra do meu Deus. Ele me tirou de um terrível fosso e do barro lodoso, e colocou meus pés sobre uma rocha, e firmou meus caminhos: e Ele colocou uma nova canção na minha boca, sempre louvando nosso Deus. O Senhor fez grandes coisas por mim, por isso estou alegre." Tal síntese da experiência é o melhor que qualquer filho de Deus pode apresentar. É verdade que enfrentamos provações, mas é tão verdade também que somos libertos delas. De fato, temos nossas corrupções e sabemos disso pesarosamente, mas é tão verdade que temos um Salvador Todo-Poderoso, que supera essas corrupções e nos liberta do domínio delas. Ao olhar para trás, seria errado negar que estivemos no "Pântano da Desconfiança" [N.E.: Referente ao livro *O Peregrino* de John Bunyan (Publicações Pão Diário, 2014)], e que rastejamos junto ao "Vale da Humilhação", mas será igualmente maldoso esquecer que os *atravessamos* em segurança e proveitosamente; não permanecemos lá, graças ao nosso Ajudante e Líder Todo-Poderoso, que nos levou "para um lugar espaçoso". Quanto mais profundos são nossos problemas, mais elevada é nossa gratidão a Deus, que tem nos conduzido através de tudo e nos preservado até agora. Nossos pesares não podem estragar a melodia de nosso louvor, nós os reconhecemos como as notas graves da música de nossa vida. "Grandes coisas fez o Senhor por nós; por isso, estamos alegres."

10 de junho

"...para o Senhor vivemos..."
ROMANOS 14:8

Se Deus desejasse, cada um de nós poderia ter entrado no céu no momento da conversão. Não era absolutamente necessário à nossa preparação para a imortalidade que ficássemos presos aqui. É possível um homem ser levado ao céu e descobrir ser um participante da herança dos santos na luz, tendo apenas crido em Jesus. É verdade que nossa santificação é um processo longo e contínuo, e que não estaremos aperfeiçoados até abandonarmos nosso corpo e entrarmos além do véu; mas, no entanto, assim quis Deus. Ele podia ter nos transformado da imperfeição para a perfeição e nos levado para o céu imediatamente. Por que então estamos aqui? Será que Deus deixaria Seus filhos fora do paraíso um único momento além do necessário? Por que o exército do Deus vivo está ainda no campo de batalha, quando um comando poderia lhe dar a vitória? Por que Seus filhos ainda estão vagando aqui e ali através do labirinto, quando uma única palavra de Seus lábios os traria para o centro de suas esperanças no céu? A resposta é — eles estão aqui porque precisam "viver para o Senhor", e para levarem outros a conhecer Seu amor. Permanecemos no mundo como semeadores para espalhar a boa semente; como lavradores para arar o terreno árido; como arautos anunciando a salvação. Estamos aqui como o "sal da terra", para ser uma bênção para o mundo. Estamos aqui para glorificar Cristo em nossa vida diária. Estamos aqui como trabalhadores para Ele, e como "trabalhadores com Ele". Cuidemos para que nossa vida corresponda a esse propósito. Vivamos de maneira zelosa, útil e santa "para louvor da glória de Sua graça". Enquanto isso, desejamos estar com Ele e diariamente cantamos —

> *Meu coração está com Ele em Seu trono,*
> *E mal tolero a demora;*
> *Cada momento ouvindo a voz:*
> *"Levanta, e vem embora".*

11 de junho

"Nós amamos porque ele nos amou primeiro."
1 JOÃO 4:19

Não há luz no planeta além daquela que procede do sol; e não há amor verdadeiro por Jesus no coração, além daquele que vem do próprio Senhor Jesus. Dessa fonte transbordante do infinito amor de Deus todo o nosso amor por Ele deve brotar. Isso deve sempre ser uma grande e inquestionável verdade, de que o amamos por nenhuma outra razão, além da que Ele nos amou primeiro. Nosso amor por Ele é o *claro resultado* de Seu amor por nós. Uma fria admiração ao estudar as obras de Deus, qualquer um pode ter, mas o calor do amor pode ser aceso no coração apenas pelo Espírito de Deus. Como é maravilhoso o simples fato de termos sido trazidos ao amor de Jesus! Como é extraordinário que mesmo quando éramos rebeldes, Ele, por uma demonstração de Seu amor imensurável, procurou nos atrair para si. Não! Jamais tivemos um grão de amor por Deus que não tivesse sido semeado em nós pela doce semente do Seu amor para conosco. O amor, então, tem como fonte o amor de Deus derramado no coração; mas após ter nascido divinamente, é necessário que *seja divinamente nutrido*. O amor é raro; não é uma planta que florescerá naturalmente em solo humano, ele deve ser regado pelo céu. O amor a Jesus é a flor de delicada natureza, e se ela não receber alimento além daquele que pode ser tirado da rocha de nossos corações, logo secará. Como o amor vem do céu, precisa ser alimentado com pão celestial. Não pode existir no deserto, a menos que seja alimentado pelo maná que vem lá de cima. O amor precisa ser alimentado com amor. A alma e a vida de nosso amor a Deus é Seu amor por nós.

Eu te amo, Senhor, mas não com o meu amor,
Pois não tenho nenhum a dar;
Eu te amo, Senhor; mas todo o amor é Teu,
Pois pelo Teu amor eu vivo.
Sou como nada, e me alegro em ser
Esvaziado, e perdido, e absorvido por ti.

12 de junho

"Pesado foste na balança e achado em falta."
DANIEL 5:27

É bem frequente nos pesarmos na balança da Palavra de Deus. Você descobrirá que é um santo exercício ler algum Salmo de Davi e, enquanto medita sobre cada versículo, perguntar a si mesmo: "Posso dizer isso? Eu me sinto como Davi se sentia? Meu coração alguma vez já foi partido pelo pecado, como foi o dele, quando escreveu seus salmos penitentes? Minha alma alguma vez exercitou a verdadeira confiança na hora da dificuldade, como a dele quando cantou as misericórdias de Deus na caverna de Adulão, ou nas fortalezas de En-Gedi? Eu tomo o cálice da salvação e clamo pelo nome do Senhor?" Então, volte-se para a vida de Cristo e, enquanto lê as Escrituras, pergunte a si mesmo o quão distante está de ser à Sua semelhança. Empreenda esforços para descobrir se você tem a mansidão, a humildade, o espírito encantador que Ele constantemente recomendou e demonstrou. Analise, então, as epístolas, e veja se você acompanha o apóstolo no que ele relatou sobre sua experiência. Alguma vez bradou como ele — "desventurado homem que sou! Quem me livrará do corpo desta morte?" Alguma vez sentiu sua autodegradação? Você já se viu como o principal dos pecadores e menor do que o último de todos os santos? Conhece algo sobre sua devoção? Pode juntar-se a ele e dizer: "Para mim, o viver é Cristo, e o morrer é lucro"? Se, assim, lermos a Palavra de Deus como um teste à nossa condição espiritual, teremos bons motivos para parar muitas vezes e dizer: "Senhor, sinto que nunca estive aqui, ó traz-me para cá! Dá-me verdadeira penitência, como aquela sobre a qual eu li. Dá-me fé real e zelo mais fervoroso; inflama meu coração com mais amor; concede-me a graça da mansidão; faz-me mais como Jesus. Não me deixes mais ser 'achado em falta', quando pesado na balança do santuário, não permitas que eu seja achado em falta na balança do julgamento." Julgue-se a si mesmo para que não seja julgado.

13 de junho

"...quem quiser receba de graça a água da vida".
APOCALIPSE 22:17

Jesus diz: "Receba de graça." Ele não quer pagamento ou preparação. Ele não busca recomendações de nossas emoções virtuosas. Se você não tem sentimentos bons, se apenas estiver disposto, está convidado; então venha! Você não tem nenhuma crença, nenhum arrependimento, — venha a Ele e Ele os dará a você. Venha como está, e receba "de graça", sem dinheiro e sem preço. Ele se entrega àqueles que necessitam. Os bebedouros nas esquinas de nossas ruas são invenções valiosas e mal podemos imaginar alguém tão tolo a ponto de pegar sua carteira, quando está em frente a um deles, e dizer: "Não posso beber porque não tenho cinco reais no meu bolso." Entretanto, por mais pobre que seja o homem, há o bebedouro e, na situação em que estiver, ele pode beber dele. Transeuntes sedentos, conforme passam, vestidos de fustão ou de casimira, não buscam qualquer autorização para beber; o bebedouro está lá e é seu direito receber aquela água de graça. A liberalidade de alguns bons amigos colocou aquele cristal refrescante lá e nós o recebemos sem fazer perguntas. Talvez as únicas pessoas que precisam ter sede quando estão na rua onde há um bebedouro, são as refinadas senhoras e cavalheiros em suas carruagens. Eles têm muita sede, mas não podem pensar em ser tão vulgares a ponto de descer para beber. Pensam que beber num bebedouro comum iria rebaixá-los, então ficam com os lábios ressecados. Ah, quantos há que são ricos em suas boas obras e, portanto, não podem vir a Cristo! "Não serei salvo", dizem, "da mesma forma como a prostituta ou o blasfemador". O quê?! Ir para o céu do mesmo modo que um limpador de chaminés? Não há outro caminho para a glória, além daquele que levou o ladrão para lá? Não serei salvo dessa forma. Tais presunçosos cheios de orgulho devem permanecer sem a água da vida, mas "quem quiser, receba de graça a água da vida".

14 de junho

"Agrada-te do Senhor..."
SALMO 37:4

O ensinamento dessas palavras deve ser muito surpreendente para aqueles que são estranhos à santidade vital, mas para o cristão sincero, é apenas a manifestação de uma verdade reconhecida. A vida do cristão aqui é descrita como *agradável* em Deus, e estamos, portanto, certos do grande fato de que a verdadeira religião transborda de felicidade e alegria. Pessoas ímpias e meros professos nunca olham para a religião como algo alegre; para eles é serviço, dever ou necessidade, mas nunca prazer ou alegria. Se eles prestarem mesmo atenção à religião, é porque, ou podem obter algum ganho ou, então, porque não ousam fazer o contrário. O pensamento de que há algo agradável na religião é tão estranho para a maioria dos homens, que nenhuma dupla de palavras se mantém tão distantes entre si, em sua linguagem, quanto "santidade" e "prazer". Contudo, cristãos que conhecem a Cristo compreendem que prazer e fé são tão abençoadamente unidos, que os portões do inferno não podem triunfar na tentativa de separá-los. Aqueles que amam a Deus com todo o seu coração, descobrem que Seus caminhos são caminhos de encanto e todas as Suas veredas são de paz. Tais alegrias, tais plenos prazeres, tais bem-aventuranças transbordantes faz os santos descobrirem em seu Senhor que, longe de servi-lo por costume, eles o seguiriam mesmo que todo o mundo reputasse Seu nome como maligno. Não temeremos a Deus por alguma compulsão; nossa fé não é entrave, nossa profissão de fé não é escravidão, não somos arrastados à santidade, nem levados ao dever. Não! Nossa piedade é nosso prazer, nossa esperança é nossa alegria, nosso dever é nosso deleite.

Deleite e religião verdadeira são tão ligados, quanto a raiz à flor; tão indivisíveis quanto a verdade e a certeza; são, de fato, duas joias preciosas brilhando lado a lado numa cama de ouro.

Então, quando provamos Teu amor,
Nossas alegrias crescem divinamente,
Indescritíveis como aquelas acima,
E o paraíso começa aqui em baixo.

15 de junho

*"E disse Sara: Deus me deu motivo de riso;
e todo aquele que ouvir isso vai rir-se juntamente comigo."*
GÊNESIS 21:6

Estava muito acima do poder da natureza e mesmo contrário às suas leis, que a idosa Sara pudesse ser honrada com um filho: e, da mesma forma, está muito além de todas as regras normais que eu, pobre, desamparado e arruinado pecador pudesse encontrar graça para sustentar em minha alma a habitação do Espírito do Senhor Jesus. Eu, antes desesperado, como poderia, pois minha natureza era tão seca, murcha, estéril e amaldiçoada como um imenso deserto; até mesmo eu fui feito para frutificar em santidade. Também minha boca pôde ser preenchida com um riso de alegria por causa da graça singular e surpreendente que recebi do Senhor, pois encontrei Jesus, a semente prometida, e Ele é meu para sempre. Hoje elevarei salmos de triunfo ao Senhor que se lembrou do meu estado de humilhação, pois "meu coração se regozija no S*enhor*, a minha força está exaltada no S*enhor*; a minha boca se ri dos meus inimigos, porquanto me alegro na tua salvação".

Gostaria que rissem de alegria comigo todos aqueles que sabem de minha grande libertação do inferno e da mais abençoada visitação dos céus. Gostaria de surpreender minha família com minha paz abundante; de deleitar meus amigos com minha alegria sempre crescente; de edificar a igreja com minhas confissões de gratidão; e até mesmo de impressionar o mundo com minhas animadas conversas diárias. Bunyan nos diz que a "Misericórdia" [N.E.: Referente ao livro *A Peregrina* de John Bunyan (Ed. Mundo Cristão, 2006)] riu em seu sono, e não admira quando ela sonhou com Jesus; minha alegria não deverá ser menor do que a dela, pois meu Amado é o tema de meus pensamentos diários. O Senhor Jesus é um mar profundo de alegria: minha alma mergulhará nele, será tragada pelas delícias de Sua companhia. Sara olhou para o seu Isaque e com excesso de êxtase riu, e todos os seus amigos riram com ela; e você, minh'alma, olhe para o seu Jesus e convide os céus e a Terra para unirem-se à sua indescritível alegria.

16 de junho

"Eu lhes dou a vida eterna; jamais perecerão..."
JOÃO 10:28

O cristão nunca deveria pensar ou falar levianamente sobre a incredulidade. Pois um filho de Deus desconfiar de Seu amor, de Sua verdade, de Sua fidelidade, deve ser muito desagradável para Ele. Como podemos, vez por outra, entristecê-lo duvidando de Sua encorajadora graça? Cristão! É contrário a cada promessa da preciosa Palavra de Deus que você seja, alguma vez, esquecido ou deixado a perecer. Se assim fosse, como poderia ser verdadeiro aquele que disse: "Acaso, pode uma mulher esquecer-se do filho que ainda mama, de sorte que não se compadeça do filho do seu ventre? Mas ainda que esta viesse a se esquecer dele, eu, todavia, não me esquecerei de ti." Quão valiosa é essa promessa — "Porque os montes se retirarão, e os outeiros serão removidos; mas a minha misericórdia não se apartará de ti, e a aliança da minha paz não será removida, diz o Senhor, que se compadece de ti"! E são verdadeiras as palavras de Cristo: "Eu lhes dou a vida eterna; jamais perecerão, e ninguém as arrebatará da minha mão. Aquilo que meu Pai me deu é maior do que tudo; e da mão do Pai ninguém pode arrebatar." Onde estavam as doutrinas da graça? Todas seriam refutadas se um filho de Deus perecesse. Onde estariam a veracidade de Deus, Sua honra, Seu poder, Sua graça, Sua aliança, Seu juramento, se qualquer um daqueles por quem Cristo morreu, e que nele colocaram sua fé, fosse lançado fora? Expulse esses temores incrédulos que tanto desonram a Deus. Levante, livre-se da poeira e coloque suas belas vestimentas. Lembre-se de que é pecaminoso duvidar de Sua Palavra, na qual Ele prometeu que você nunca pereceria. Deixe que a vida eterna em você se expresse em regozijo confiante.

O evangelho eleva meu espírito:
Um Deus fiel e imutável
É a fundação da minha esperança,
Em juras, promessas e sangue.

17 de junho

"Socorro, Senhor!..."
SALMO 12:1

A oração em si é notável, pois é *curta*, mas *oportuna, lacônica e sugestiva*. Davi lamentou o pequeno número de homens fiéis e, então, elevou seu coração em súplica — quando a criatura falha, ela corre para o Criador. Evidentemente, ele sentiu sua própria fraqueza, ou não teria gritado por socorro; mas, ao mesmo tempo, ele pretendia honestamente se esforçar por causa da verdade, pois a palavra "socorro" é inaplicável na situação em que nós mesmos podemos fazer algo. Há muito de *franqueza*, de *clareza de percepção e de nitidez de expressão* nessa petição de duas palavras; muito mais do que há em longas declarações desconexas de certos professores. O salmista corre para seu Deus com uma oração bem ponderada; ele sabe o que está buscando e onde buscar. "Senhor, ensina-nos a orar da mesma forma abençoada."

As ocasiões para o uso dessa oração são *frequentes*. Em aflições inevitáveis, quão adequada é para os cristãos em provação, que descobrem que todos os seus ajudadores falharam. Alunos em *dificuldades doutrinárias* podem sempre obter ajuda elevando esse clamor: "Socorro Senhor", ao Espírito Santo, o grande Mestre. Guerreiros espirituais em *conflitos internos* podem enviá-lo ao trono pedindo reforços, e esse será um exemplo para seu pedido. Aqueles que *trabalham a serviço do céu* podem assim, obter graça em momentos de necessidade. Pecadores esforçados, que se encontram em *dúvidas e alarmados*, podem oferecer a mesma significativa súplica; em todos esses casos, momentos e lugares, ela servirá para aliviar as almas necessitadas. "Socorro, Senhor", nos será adequado na vida e na morte, no sofrimento ou na labuta, na alegria ou na tristeza. Nele encontraremos nossa ajuda; não deixemos de clamar.

A resposta à oração é certa, se ela for oferecida por intermédio de Jesus. O caráter do Senhor nos assegura de que Ele não deixará Seu povo; Seu relacionamento como Pai e Marido nos garante Sua ajuda; Sua doação de Jesus é um penhor de todos os demais bens; e Sua garantida promessa declara: "Não temas, que eu te ajudo."

18 de junho

> "...teu Redentor..."
> ISAÍAS 54:5

Jesus, o Redentor, é todo nosso e nosso para sempre. Todos os *ofícios* de Cristo são realizados em nosso nome. Para nós Ele é Rei, Sacerdote e Profeta. Sempre que lermos um novo título para o Redentor, vamos nos apropriar daquele nome, tanto quanto de qualquer outro. O cajado do Pastor, a vara do Pai, a espada do Capitão, a mitra do Sacerdote, o cetro do Príncipe, o manto do Profeta são todos nossos. Jesus não tinha dignidade que não empregasse por nossa exaltação, e nenhuma prerrogativa que não exercesse em nossa defesa. Sua plenitude *divina* é nossa casa do tesouro infalível e inesgotável.

Também Sua *humanidade*, que Ele tomou para si por nós, é nossa em toda a Sua perfeição. Para nós, nosso gracioso Senhor comunica a virtude imaculada de um caráter inoxidável; para nós, Ele concede a eficácia meritória de uma vida devota; em nós, Ele outorga a recompensa adquirida pela submissão obediente e pelo serviço incessante. Ele faz da vestimenta imaculada de Sua vida, a beleza que nos cobre; das virtudes resplandecentes de Seu caráter, nossos ornamentos e joias; e da mansidão sobre-humana de Sua morte, nosso orgulho e glória. Ele nos lega Sua manjedoura, de onde aprendemos como Deus desceu ao homem; e Sua Cruz, para nos ensinar como o homem pode subir a Deus. Todos os Seus pensamentos, emoções, ações, declarações, milagres e intercessões foram por nós. Ele trilhou a estrada do sofrimento em nosso nome, e deixou para nós, como Seu legado celestial, a totalidade dos resultados de todos os trabalhos de Sua vida. Ele é tão nosso agora como foi antigamente; e Ele não se envergonha ao reconhecer a si mesmo como "*nosso* Senhor Jesus Cristo", pois Ele é o bendito e único Soberano, o Rei dos reis e Senhor dos senhores. Em qualquer lugar e de qualquer forma, Cristo é nosso Cristo, para sempre e para o apreciarmos mais ricamente para sempre. Ó minh'alma, pelo poder do Santo Espírito, chame-o esta manhã: "Seu Redentor."

19 de junho

"Todos ficaram cheios do Espírito Santo..."
ATOS 2:4

Ricas seriam as bênçãos deste dia se todos nós estivéssemos cheios do Espírito Santo. Seria impossível superestimar as consequências desse enchimento sagrado da alma. Vida, conforto, luz, pureza, poder, paz; e muitas outras bênçãos preciosas são inseparáveis da presença benigna do Espírito. Como *óleo* sagrado, Ele unge a cabeça do cristão, destaca-o para o sacerdócio dos santos e lhe dá graça para executar corretamente seu ofício. Como a única *água* verdadeiramente purificadora, Ele nos limpa do poder do pecado e nos santifica, operando em nós o querer e o realizar conforme Sua boa vontade. Como a *luz*, Ele se manifesta a nós, primeiro em nosso estado de perdição e, agora, revela o Senhor Jesus a nós e em nós, e nos guia pela vereda da justiça. Iluminados por Seu puro brilho celestial, não estamos mais na escuridão, mas na luz do Senhor. Como *fogo*, Ele nos purifica das impurezas e em suas chamas define nossa consagrada natureza. O Espírito Santo é a labareda santificadora pela qual nos tornamos capazes de oferecer nossa alma completamente como um sacrifício vivo a Deus. Como *orvalho* celeste, Ele remove nossa aridez e fertiliza nossa vida. Ah, que Ele possa cair sobre nós nesta hora matinal! Tal orvalho matutino seria um doce começo para o dia. Como a *pomba*, com asas de amor pacífico, Ele paira sobre Sua Igreja e sobre a alma do cristão, e como um Consolador, Ele dissipa as preocupações e dúvidas que perturbam a paz de Seus amados. Ele desce sobre os escolhidos, como sobre o Senhor, no Jordão, e testemunha sua filiação, trabalhando neles um espírito filial pelo qual podem clamar "Aba, Pai". Como o *vento*, Ele traz o sopro de vida aos homens; soprando onde é necessário, Ele executa ações de avivamento, pelas quais a criação espiritual é animada e sustentada. Queira Deus que possamos sentir Sua presença hoje e em todos os dias.

20 de junho

> *"Porque eis que darei ordens e sacudirei a casa de Israel entre todas as nações, assim como se sacode trigo no crivo, sem que caia na terra um só grão."*
> AMÓS 9:9

Toda sacudida vem pelo *comando e permissão de Deus*. Satanás precisou pedir permissão antes de colocar um dedo sobre Jó. Não é só isso. De alguma forma nossas sacudidas são *o trabalho direto do céu*, pois o texto diz: "Sacudirei a casa de Israel." Satanás, como um burro de carga, pode segurar a peneira esperando destruir o trigo; mas a mão soberana do Mestre está realizando a purificação do grão por meio do mesmo processo que o inimigo pretende que seja destrutivo. Seja confortado — trigo precioso, mas muito peneirado no chão do Senhor — pelo bendito fato de que o Senhor comanda tanto o malho quanto a peneira para Sua própria glória e para nosso proveito eterno.

O Senhor Jesus certamente usará o leque que está em Sua mão e *separará o precioso do vil*. Nem todos que são de Israel, são Israel; a pilha no chão do celeiro não é pasto limpo e um processo de seleção precisa ser feito. Na verdadeira peneira, apenas o peso tem poder. Cascas e farelos, sendo desprovidos de substância, voarão com o vento, e apenas o trigo sólido permanecerá.

Observe a *completa segurança do trigo do Senhor*; até o último grão tem uma promessa de preservação. O próprio Deus sacode e, portanto, é um trabalho severo e terrível; Ele os sacode em todos os lugares, "entre todas as nações"; Ele os sacode da maneira mais efetiva, "como se sacode o trigo no crivo"; e, mesmo depois de tudo isso, nem o grão mais leve, nem o menor ou o mais murcho deverá cair no chão. Cada cristão, individualmente, é precioso às vistas do Senhor, um pastor não perderia uma ovelha, nem um joalheiro, um diamante; nem uma mãe, um filho, nem um homem perderia um membro de seu corpo, assim também o Senhor não perderá um de Seus redimidos. Apesar de pequenos como somos, se pertencemos ao Senhor, podemos nos regozijar de que somos preservados em Cristo Jesus.

21 de junho

"Tu és o mais formoso dos filhos dos homens..."
SALMO 45:2

A totalidade da pessoa de Jesus é uma pedra preciosa, e toda Sua vida é uma impressão do selo do "Santo Espírito da promessa". Todo Ele é completo; não apenas Suas diversas partes, mas como um todo gracioso e glorioso. Seu caráter não é uma massa de cores misturadas confusamente, nem uma pilha de pedras preciosas colocadas descuidadamente umas sobre as outras; Ele é um retrato de beleza e um peitoral de glória. Nele, todas as coisas "de boa fama" estão em seu devido lugar e ajudando a adornar umas às outras. Nenhum traço de Sua gloriosa pessoa atrai a atenção às expensas de outros; pois Ele é perfeito e totalmente adorável.

"Ó, Jesus! Teu poder, Tua graça, Tua justiça, Tua mansidão, Tua verdade, Tua majestade e Tua imutabilidade fizeram tal homem, ou melhor, tal Deus-homem, que nem os céus nem a Terra jamais viram. Tua infância, Tua eternidade, Teus sofrimentos, Teus triunfos, Tua morte e Tua imortalidade, são todas tecidas numa maravilhosa tapeçaria, sem costura ou fenda. És a música sem dissonância; és muitos e ainda assim, não dividido; és todas as coisas, e, ainda assim não diversificado. Como todas as cores se misturam num arco-íris resplandecente, assim todas as glórias do céu e da Terra encontram-se em ti, e unem-se tão assombrosamente, que não há nada como tu em todas as coisas. Mais ainda, se todas as virtudes dos mais excelentes fossem unidas num fardo, elas não poderiam rivalizar contigo, pois espelhas toda a perfeição. Foste ungido com o santo óleo de mirra e cássia que o Teu Deus reservou apenas para ti; e quanto à Tua fragrância, és como o perfume santo, daquele que ninguém mais pode um dia fabricar, nem mesmo com a arte do boticário; cada especiaria é perfumada, mas a composição é divina."

Ah, sagrada simetria! Ó, rara conexão
De muitos perfeitos, para fazer uma perfeição!
Ó, música celestial, em que todas as partes se encontram
Num doce acorde, para fazer uma melodia perfeita!

22 de junho

*"Ele mesmo edificará o templo do Senhor
e será revestido de glória..."*
ZACARIAS 6:13

O próprio Cristo é o construtor de Seu templo espiritual, e Ele o construiu sobre as montanhas de Sua afeição imutável, Sua graça onipotente e Sua sinceridade infalível. Mas como foi no tempo de Salomão, assim é neste: os materiais precisam estar prontos. Há os "cedros do Líbano", contudo, eles não estão moldados para a construção; não foram cortados e aparados, e transformados em tábuas de cedro, cuja beleza aromática alegrará os átrios da casa do Senhor no Paraíso. Há também as pedras duras ainda na pedreira, elas devem ser lavradas e moldadas. Tudo isso é o trabalho de Cristo. Cada cristão individualmente está sendo preparado, polido e aparelhado para seu lugar no templo; mas a própria mão de Cristo faz o trabalho de preparação. Aflições não podem santificar, a menos que sejam usadas por Ele para esse fim. Nossas orações e esforços não podem nos tornar prontos para o céu, a não ser pela mão de Jesus, que molda corretamente nosso coração.

Como na construção do templo de Salomão, "nem martelo, nem machado, nem instrumento algum de ferro se ouviu na casa", porque tudo foi trazido perfeitamente pronto para o lugar exato que deveria ocupar — assim é com o templo que Jesus constrói; tudo é preparado na Terra. Quando chegarmos ao céu, não haverá santificação para nós lá, nenhuma poda por aflição, nenhum polimento por sofrimento. Não, o que deve ser feito se encontra aqui — tudo *o que* Cristo fará será com antecedência, e quando estiver feito, seremos transportados por uma mão amorosa através do córrego da morte, e levados para a Jerusalém celestial, para habitarmos como pilares eternos no templo de nosso Senhor.

*Sob Teus olhos e cuidados,
O edifício se erguerá,
Majestoso, forte e justo,
E brilhará acima dos céus.*

23 de junho

"Efraim [...] é um pão que não foi virado."
OSEIAS 7:8

Um pão não virado está *cru de um lado* (N.E.: Referente ao forno a lenha); e assim estava Efraim, em muitos aspectos, intocado pela graça divina: embora houvesse alguma obediência parcial, havia ainda muita rebelião. Minh'alma, eu a desafio, veja se esse é o seu caso. Você é minuciosa nas coisas de Deus? Há graça adentrando o centro de seu ser, de modo a ser sentida em suas atividades sagradas, em todas as suas forças, ações, palavras e pensamentos? Seu objetivo e sua oração devem ser a santificação de seu espírito, alma e corpo; e, embora a santificação possa não ser perfeita em você, ainda assim deve ser total em suas ações; não deve haver aparência de santidade em uma área e domínio do pecado em outra, ou então, você também será um pão não virado.

Um pão não virado logo é *queimado do lado mais próximo ao fogo*, e embora nenhum homem possa ter tanta religiosidade, há alguns que parecem ser queimados com zelo intolerante por aquela parte da verdade que receberam, ou são queimados até às cinzas com uma vangloriosa ostentação farisaica daqueles desempenhos religiosos que se adaptam ao seu temperamento. A atitude de assumir uma aparência de santidade superior, frequentemente é acompanhada por uma total ausência de piedade essencial. O santo em público é um demônio em particular. Ele lida na farinha durante o dia e na fuligem durante a noite. O pão que é queimado de um lado, é massa do outro.

"Se é assim comigo, ó Senhor, vira-me! Vira minha natureza não santificada para o fogo do Teu amor e deixa que eu sinta o fulgor sagrado, e que meu lado queimado esfrie um pouco, enquanto reconheço minhas próprias fraquezas e necessidade de calor, quando sou afastado da Tua chama celestial. Não permitas que eu seja uma pessoa vacilante, mas uma pessoa que esteja inteiramente sob a poderosa influência da graça reinante; pois bem sei que se eu for deixado como um pão não virado, e não for objeto da Tua graça de ambos os lados, deverei ser consumido para sempre entre as chamas eternas."

24 de junho

> "Uma mulher, que estava entre a multidão, exclamou e disse-lhe: Bem-aventurada aquela que te concebeu, e os seios que te amamentaram! Ele, porém, respondeu: Antes, bem-aventurados são os que ouvem a palavra de Deus e a guardam!"
> LUCAS 11:27,28

Alguns imaginam carinhosamente que privilégios muito especiais envolveram a mãe de nosso Senhor, porque supõem que ela teve o benefício de olhar dentro de Seu coração de uma forma que não possamos esperar fazer. Pode haver uma aparência de plausibilidade nessa suposição, embora não muita. Não sabemos se Maria sabia mais do que os outros; o que ela sabia pode bem ter sido guardado em seu coração; mas, de acordo com o que lemos nos evangelhos, ela não parecia ser uma cristã mais instruída do que qualquer outro discípulo de Cristo. Tudo o que ela sabia, nós também podemos descobrir. Você quer saber por que dizemos isto? Eis aqui um texto para provar: "A intimidade do SENHOR é para os que o temem, aos quais ele dará a conhecer a sua aliança." Lembre-se das palavras do Mestre: "Já não vos chamo servos, porque o servo não sabe o que faz o seu senhor; mas tenho-vos chamado amigos, porque tudo quanto ouvi de meu Pai vos tenho dado a conhecer." Tão abençoadamente esse Revelador divino de segredos mostra-nos Seu coração, que Ele não escondeu de nós nada que nos fosse proveitoso; Sua própria garantia é: "Se assim não fora, eu vo-lo teria dito." Porventura, Ele não se manifesta a nós hoje como não o faz ao mundo? Assim é; e, então, não vamos ignorantemente declarar: "Bem-aventurado o ventre que te trouxe." Porém, inteligentemente, agradeceremos a Deus por, depois de ter ouvido e guardado a Palavra, termos a mesma verdadeira comunhão com o Salvador quanto a virgem teve. E também temos uma tão verdadeira familiaridade com os segredos de Seu coração, quanto o que pode ser suposto que ela teve. Feliz a alma por ser tão privilegiada!

25 de junho

> *"...sobe a um monte alto..."*
> ISAÍAS 40:9

Nosso conhecimento de Cristo é uma experiência semelhante a subir em uma de nossas montanhas da Galícia. Quando estamos na base, vemos apenas um pouco: a montanha parece ter a metade da altura que realmente tem. Confinados em um pequeno vale, não descobrimos quase nada além de pequenos córregos que descem em riachos ao pé da montanha. Subamos a primeira parte e o vale se alongará e crescerá aos nossos pés. Subamos mais alto, e veremos o campo estender-se por seis a sete quilômetros ao redor, e nos deliciaremos com a perspectiva ampliada. Continuemos a subir e o cenário aumentará; finalmente, quando chegarmos ao cume e olharmos para leste, oeste, norte e sul, veremos quase toda a Inglaterra estender-se abaixo de nós. Para além há uma floresta em algum país longínquo, talvez uns trezentos quilômetros de distância, e ali o mar, e um rio brilhante e as chaminés fumegantes de uma cidade industrial, ou os mastros dos navios num porto agitado. Todas essas visões nos agradam e nos deliciam, e dizemos: "Eu não podia imaginar o quanto podia ser visto daqui de cima." A vida cristã é da mesma forma. Quando começamos a crer em Cristo, vemos apenas um pouco dele. Quanto mais alto subimos, mais descobrimos a respeito de Suas belezas. Mas quem, alguma vez, chegou ao cume desta montanha? Quem experimentou todas as alturas e profundezas do amor de Cristo que supera todo o conhecimento? Paulo, já um ancião grisalho, tremendo numa masmorra em Roma, podia dizer com mais ênfase do que nós: "Eu sei em quem tenho crido", pois cada experiência foi como a escalada de uma montanha, cada provação foi como ascender a outro cume, e sua morte foi como alcançar o topo da montanha, do qual ele pôde ver o todo da fidelidade e seu amor por aquele com quem havia comprometido sua alma. Suba, caro amigo, a este alto monte.

26 de junho

> *"...E és semelhante a nós?"*
> ISAÍAS 14:10

Qual deverá ser a condenação do professo apóstata quando sua alma desnuda aparecer perante Deus? Como ele suportará aquela voz: "Aparte-se, amaldiçoado. Você me rejeitou e eu o rejeito, se prostituiu e se afastou de mim; eu também o bani para sempre da minha presença e não terei misericórdia de você." Qual será a vergonha desse miserável no último grande dia quando, perante a multidão reunida, o apóstata for desmascarado? Veja o profano e os pecadores que nunca professaram religião levantando-se de suas camas de fogo e apontando para ele. "Lá está ele", diz um deles e "pregará o evangelho no inferno?" "Lá está ele", diz outro, "repreendeu-me por xingar e era um hipócrita?" "Aha!", diz outro mais, "lá vem o cantor de salmos — aquele que sempre estava em suas reuniões; ele é o homem que se gabava de estar seguro da vida eterna e está aqui!" Avidez maior jamais será vista entre os algozes satânicos do que naquele dia em que os demônios arrastarem a alma do hipócrita para a perdição. Bunyan retrata isso com enorme, porém terrível grandeza poética, quando fala do caminho de volta para o inferno. Sete demônios amarram o desgraçado com nove cordas e o tiram da estrada para o céu na qual professou andar, e o levam pela porta dos fundos para o inferno. Cuidado com aquele caminho para o inferno, professos! "Examinai-vos a vós mesmos se realmente estais na fé." Olhe bem para o seu estado; veja se está em Cristo ou não. A coisa mais fácil do mundo é dar-se um veredito suave quando se julga a si mesmo; mas, ó, seja justo e verdadeiro nessa questão. Seja justo em tudo, mas seja rigoroso consigo mesmo. Lembre-se de que, se não construir sobre uma rocha, quando a casa cair, grande será a sua queda. Ó, que o Senhor dê a você sinceridade, constância e firmeza; e que, em nenhuma situação, ainda que adversa, você jamais possa ser levado a desviar-se.

27 de junho

"...somente que, saindo, não vades muito longe..."
ÊXODO 8:28

Esta é uma fala astuta dos lábios do grande tirano do Egito — Faraó. Se os pobres escravos israelitas tinham necessidade de sair do Egito, então ele barganhava para que não fossem muito longe; e também para que não escapassem do terror de seus braços e do olhar de seus espiões. Seguindo o mesmo padrão, o mundo não ama a não conformidade do inconformismo, ou a dissidência do dissidente; ele gostaria que fôssemos mais complacentes e não levássemos essas questões tão a sério. A morte para o mundo e o morrer com Cristo são experiências que mentes carnais consideram ridículas e, por esse motivo, os mandamentos estabelecidos para tais experiências são negligenciados por quase todos e até mesmo condenados. A sabedoria mundana recomenda o caminho da transigência e fala de "moderação". De acordo com esta política carnal, a pureza é admitida como sendo muito desejada, mas somos alertados a não sermos precisos demais; a verdade deve ser seguida, é claro, mas o erro não deve ser denunciado severamente. "Sim", diz o mundo, "faça o possível para ser espiritual, mas não negue a si mesmo um pouco de diversão social, um baile ocasional e uma visita de Natal a um teatro. Que bem traz desprezar algo que está tão na moda e que todo mundo faz?" Multidões de professos cedem a esse ardiloso conselho para sua própria ruína eterna. Se quisermos seguir integralmente ao Senhor, precisaremos entrar imediatamente no deserto da separação e deixar o Egito do mundo carnal para trás. Devemos deixar suas máximas, seus prazeres e sua religião também, e nos distanciarmos para o lugar onde o Senhor chama Seus santificados. Quando a cidade está pegando fogo, nossa casa não pode estar muito longe das chamas. Quando a praga está lá fora, um homem não pode estar muito longe de sua assombração. Quanto mais longe de uma víbora, melhor, e quanto mais longe da conformidade mundana, melhor. A todos os verdadeiros cristãos, que soe o chamado da trombeta: "Retirai-vos do meio deles, separai-vos."

28 de junho

> *"...olhando firmemente para o Autor e Consumador da fé, Jesus..."*
> HEBREUS 12:2

É sempre trabalho do Espírito Santo afastar nosso olhar de nós mesmos e direcioná-lo para Jesus; mas o trabalho de Satanás é exatamente o oposto, pois ele está constantemente tentando nos fazer considerar a nós mesmos em vez de considerarmos a Cristo. Ele insinua: "Seus pecados são grandes demais para serem perdoados; você não tem fé; não está arrependido o bastante; nunca será capaz de seguir até o final; não tem a alegria dos filhos dele; você tem uma posse vacilante de Jesus." Todos estes são pensamentos sobre o próprio eu, e jamais encontraremos conforto ou segurança olhando para nosso interior. Mas o Espírito Santo afasta completamente o nosso olhar do "eu": Ele nos diz que não somos nada, mas que "Cristo é tudo em todos". Lembre-se, portanto, de que não é a sua posse de Cristo que o salva — é Cristo; não é a *sua alegria* em Cristo que o salva — é Cristo; não é nem mesmo a fé, embora ela seja o instrumento — é o sangue e o mérito de Cristo; portanto, não olhe tanto para a mão com a qual está segurando Cristo, mas olhe para Cristo; não olhe para sua esperança, mas para Jesus, a fonte de sua esperança; não olhe para sua fé, mas para Jesus, "o Autor e Consumador" da sua fé. Nunca encontraremos alegria olhando para nossas orações, nossas ações ou nossos sentimentos; é o que *Jesus* é, não o que nós somos, que dá descanso à alma. Se quisermos vencer Satanás de uma vez e ter paz com Deus, deve ser "olhando firmemente para Jesus". Simplesmente mantenha seu olhar nele; deixe que Sua morte, Seus sofrimentos, Seus méritos, Suas glórias, Sua intercessão estejam frescos em sua mente; quando levantar de manhã e for deitar à noite, olhe para Ele. Ah! Não permita que suas esperanças ou temores se coloquem entre você e Jesus; siga firmemente com o Senhor, e Ele nunca o deixará.

Minha esperança é construída em nada menos
Que o sangue e a justiça de Jesus:
Não ouso confiar na mais doce estrutura,
Mas me amparo totalmente no nome de Jesus.

29 de junho

> *"...assim também Deus, mediante Jesus,*
> *trará, em sua companhia, os que dormem."*
>
> 1 TESSALONICENSES 4:14

Não vamos imaginar que a alma dorme na insensibilidade. "Hoje estarás comigo no paraíso" é o sussurro de Cristo para cada santo que morre. Eles "dormem em Jesus", mas sua alma está perante o trono de Deus, louvando-o dia e noite em Seu templo, cantando aleluias àquele que as lavou de seus pecados com Seu sangue. O corpo dorme em sua cama solitária na Terra, sob o cobertor de grama. Mas o que é este sono? A ideia ligada ao sono é "descanso" e este é o pensamento que o Espírito de Deus irá nos transmitir. Dormir faz de cada noite um sábado para o dia. Dormir fecha rapidamente a porta da alma e convida todos os intrusos a esperar um pouco, para que a vida interior possa entrar em seu sossegado jardim de verão. O cristão desgastado pela labuta dorme tranquilamente, como faz a criança cansada quando dormita no peito da mãe. Ah! Feliz daqueles que morrem no Senhor; descansam de suas labutas e suas obras os seguem. Seu repouso tranquilo não deve ser perturbado até que Deus os ressuscite para lhes dar sua completa recompensa. Guardados pelos vigias angelicais, envoltos pelos mistérios eternos, os herdeiros da glória dormem, até que a plenitude do tempo lhes traga a plenitude da redenção. Que despertar será o deles! Foram colocados em seu último lugar de descanso, cansados e desgastados, mas assim não se levantarão. Foram para seu descanso com a face enrugada e as feições desgastadas, mas acordarão em beleza e glória. A semente murcha tão destituída de forma e beleza, mas surge do pó uma bela flor. O inverno do túmulo dá lugar à primavera da redenção e ao verão da glória. Bendita seja a morte, pois ela, pelo divino poder, nos desnuda destas roupas de trabalho, para nos vestir com as roupas da incorruptibilidade das bodas. Benditos são aqueles que "dormem em Jesus".

30 de junho

"Eu lhes tenho transmitido a glória que me tens dado..."
JOÃO 17:22

Contemple a excessiva liberalidade do Senhor Jesus, pois Ele nos deu Seu todo. Embora um dízimo de Suas posses tivesse feito um universo de ricos anjos além da imaginação, ainda assim, Ele não ficou contente até que tivesse nos dado tudo o que possuía. Seria uma surpreendente graça se Ele tivesse nos permitido comer as migalhas de Sua generosidade sob a mesa de Sua misericórdia. Porém, Ele não fará nada pela metade, Ele nos faz assentar com Ele e participar do banquete. Se tivesse nos dado uma pequena pensão de Seus cofres reais, deveríamos amá-lo eternamente; mas não, Sua noiva será tão rica quanto Ele, e Ele não terá uma glória ou uma graça da qual ela não possa compartilhar. Ele não se contentou com menos do que fazer de nós coerdeiros com Ele, para que possamos ter bens na mesma medida. Ele transferiu todas as Suas propriedades para os cofres de Sua Igreja e tem todas as coisas em comum com Seus redimidos. Não há um aposento em Sua casa cuja chave Ele esconda de Seu povo. Ele lhes dá total liberdade para ter acesso a tudo que tem, como se deles fosse; Ele os ama, deixando-os livres com Seu tesouro e permite que se apropriem do quanto puderem levar. A plenitude ilimitada de Sua total suficiência é tão gratuita para o cristão como o ar que ele respira. Cristo colocou o frasco de Seu amor e graça nos lábios do cristão, e o convida a beber dele para sempre; pois se ele puder drená-lo, é bem-vindo a fazê-lo, e como não pode esgotá-lo, é convidado a beber abundantemente, pois é todo seu. Que prova mais verdadeira de comunhão pode o céu ou a Terra nos fornecer?

Quando estou perante o trono
Vestido numa beleza que não é minha;
Quando te vejo como és,
Amo-te com um coração sem pecado;
Então, Senhor, saberei plenamente —
Não antes disso — quanto eu devo.

1º de julho

> *"...no verão e no inverno, sucederá isto."*
> ZACARIAS 14:8

As torrentes de águas vivas que fluem de Jerusalém não se esgotam devido ao ressecante calor do solstício de verão, assim como não são congeladas pelos frios ventos do tempestuoso inverno. Alegre-se, ó minh'alma, na desobrigação de comprovar a fidelidade do Senhor. As estações mudam e você muda, mas o seu Senhor permanece eternamente o mesmo e as torrentes de Seu amor são tão profundas, tão amplas e tão plenas como sempre foram. Os rigores das preocupações de trabalho e provações mordazes me fazem necessitar das refrescantes influências do rio de Sua graça; posso ir subitamente e beber da fonte inesgotável até que me sacie, pois emana abundantemente no verão e no inverno. As fontes superiores nunca são escassas e, louvado seja o nome do Senhor, as fontes inferiores também não falham. Elias encontrou Querite seca, mas Jeová ainda era o mesmo Deus de providência. Jó disse que seus irmãos eram como ribeiros enganosos, mas encontrou em seu Deus um transbordante rio de consolo. O Nilo é a grande segurança do Egito, mas suas cheias são variáveis; nosso Senhor é eternamente o mesmo. Ao desviar o Eufrates, Ciro tomou a cidade da Babilônia, mas nenhum poder, humano ou infernal, pode desviar o fluxo da graça divina. As rotas de rios antigos foram todas encontradas secas e assoladas, mas as torrentes que surgem nas montanhas da soberania e amor infinito de Deus estarão sempre cheias até a margem. Gerações dissolvem-se, mas o curso da graça é inalterado. O rio de Deus pode cantar mais verdadeiramente do que o ribeiro no poema —

> *Homens vêm, homens vão,*
> *mas eu fluo para sempre.*

Como é feliz a minha alma por ser guiada junto de tais águas tranquilas! Nunca vagueie por outras torrentes a fim de que não ouça a repreensão do Senhor: "Agora, pois, que lucro terás indo ao Egito para beberes as águas do Nilo?"

2 de julho

"Nele, o nosso coração se alegra..."
SALMO 33:21

Bendito é o fato que cristãos podem alegrar-se mesmo na mais profunda agonia; ainda que a dificuldade os cerque, eles cantam; e, como muitos pássaros, cantam melhor dentro de suas gaiolas. As ondas podem cobri-los, mas suas almas logo surgem na superfície e veem a luz do semblante de Deus; eles possuem certa leveza que mantém suas cabeças sempre acima do nível da água e que os ajuda a cantar em meio à tempestade: "Deus continua comigo". A quem deve ser dada a glória? Ó! A Jesus — tudo é por Jesus. A dificuldade não necessariamente traz consigo consolação ao cristão, mas a presença do Filho de Deus na fornalha ardente com ele, enche seu coração de alegria. Ele está doente, sofrendo, mas Jesus o visita e prepara sua cama. Ele está morrendo e as frias águas do Jordão sobem até seu pescoço, mas Jesus o envolve em Seus braços e proclama: "Não tema, meu amado; morrer é ser abençoado. As fontes principais da água da morte estão no céu; não são amargas, são doces como néctar, pois fluem do trono de Deus." Conforme o santo parte vadeando pela corrente, e as vagas o envolvem e o coração e a carne mínguam, a mesma voz soa em seu ouvido: "Não temas, Eu sou contigo; não te assombres, porque Eu sou o Teu Deus." Ao aproximar-se das fronteiras do infinito desconhecido, quase com medo de entrar no reino das sombras, Jesus diz: "Não temais, porque vosso Pai se agradou em dar-vos o seu reino." O cristão, então fortalecido e consolado, não teme morrer. Não! Ele está inclusive disposto a partir, pois dado que viu Jesus como a Estrela da Manhã, ele anseia olhá-lo fixamente como para o sol em sua força. Verdadeiramente, a presença de Jesus é todo o céu que desejamos. Ele é ao mesmo tempo "a glória de nossos dias mais reluzentes; o consolo de nossas noites".

3 de julho

"As vacas feias à vista e magras comiam as sete formosas à vista e gordas..."
GÊNESIS 41:4

O sonho do Faraó, muito frequentemente, tem sido minha experiência de alerta. Meus dias de preguiça destruíram nocivamente tudo o que alcancei em momentos de esforço zeloso; minhas épocas de frieza congelaram todo o brilho genial de meus períodos de ardor e entusiasmo; e meus ataques de mundanismo me fizeram retroceder em meus avanços na vida divina. Preciso ter cautela com orações magras, louvores magros, deveres magros e experiências magras, pois queimarão a gordura de meu conforto e minha paz. Se negligencio a oração reduzindo-a a períodos tão curtos, perco toda a espiritualidade que havia obtido; se não colho provisões frescas do céu, o milho já velho em meu celeiro é logo consumido pela escassez enfurecida em minha alma. Quando as lagartas da indiferença e os gafanhotos do mundanismo e da autoindulgência deixam meu coração completamente desolado e fazem minha alma definhar, já não tiro proveito algum de todo o meu frutificar e crescimento anteriores. Como deveria estar ansioso por dias em que não há carnes magras ou horas doentias! Se me aventurar todos os dias em direção aos objetivos de meus desejos, muito breve os alcançarei; mas retroceder me deixa todavia distante do prêmio de meu elevado chamado e rouba-me dos avanços que tão laboriosamente alcancei. A única maneira de meus dias serem dias de "vacas gordas" é alimentá-los no campo certo, gastando-os com o Senhor, em Seu serviço, em Sua companhia, em Seu temor e em Seu caminho. Por que não deveriam ser todos os anos mais ricos do que os anteriores? Mais ricos em amor, proveito e alegria? — Estou mais próximo das Colinas celestiais, tenho mais conhecimento de meu Senhor e deveria ser mais como Ele. "Ó Senhor, mantém-me longe do curso em que minha alma se torna esguia, não me deixes ter que clamar: 'Definho, definho, ai de mim!' Mas que eu possa ser bem alimentado e nutrido em Tua casa, que possa louvar o Teu nome."

4 de julho

> *"Santifica-os na verdade..."*
> JOÃO 17:17

A santificação começa na regeneração. O Espírito de Deus verte no homem este novo princípio de vida pelo qual ele se torna "uma nova criatura" em Cristo Jesus. Esta obra, que começa no novo nascimento, é exercida de duas maneiras — mortificação, pela qual os desejos da carne são subjugados e mantidos assim, e vivificação, pela qual a vida que Deus colocou em nós torna-se uma fonte de águas jorrando para a vida eterna. Isto é exercido todos os dias no que é chamado de "perseverança", por meio da qual o cristão é preservado e mantido em um estado gracioso de modo a abundar em boas obras para o louvor e a glória de Deus; e culmina ou chega à perfeição, em "glória", quando a alma, sendo inteiramente expiada, é tomada para habitar com seres santos à destra da Majestade, nas alturas. Mas mesmo que o Espírito de Deus seja o autor da santificação, há, no entanto, uma intervenção que não deve ser esquecida. "Santifica-os", disse Jesus, "na *verdade*; a tua palavra é a verdade". As passagens das Escrituras que provam que o instrumento de nossa santificação é a Palavra de Deus são muitas. O Espírito de Deus traz às nossas mentes os preceitos e as doutrinas da verdade e os aplica com poder. Estes chegam aos ouvidos e são recebidos no coração; trabalham em nós o querer e o efetuar segundo a boa vontade de Deus. A verdade é o santificador e se não ouvirmos ou lermos a verdade, não cresceremos em santificação. Só progredimos no viver conforme progredimos na compreensão sã. "Lâmpada para os meus pés é a tua palavra e, luz para os meus caminhos." Com relação a um erro, não diga: "é simplesmente uma questão de opinião." Nenhum homem que tolera um erro de opinião escapa de, cedo ou tarde, tolerar um erro na prática. Apegue-se firmemente à verdade, pois em fazê-lo você será santificado pelo Espírito de Deus.

5 de julho

> "...chamados para serdes santos..."
> ROMANOS 1:7

Podemos convenientemente considerar os santos apóstolos como "santos" de uma maneira mais especial do que os outros filhos de Deus. Todos a quem Deus chamou por Sua graça e santificou por Seu Espírito são "santos"; mas podemos olhar para os *apóstolos* como seres extraordinários, raramente sujeitos às mesma fraquezas e tentações a que nós estamos. Entretanto, ao fazê-lo, nos esquecemos da seguinte verdade: quanto mais próximo de Deus um homem vive, mais intensamente ele se lamenta por seu coração perverso; e quanto mais seu Mestre o honra por seu serviço, mais o mal da carne o atormenta e zomba dele dia após dia. O fato é que se tivéssemos visto o apóstolo Paulo o consideraríamos notavelmente como todos os demais da família eleita: e se tivéssemos conversado com ele teríamos dito: "achamos que sua experiência e a nossa são muito semelhantes. Ele é mais fiel, mais santo e mais profundamente instruído que nós, mas ele tem provas idênticas para suportar." Não, em certos pontos ele é mais violentamente provado que nós. Então, não olhe para os antigos santos como isentos de fragilidades ou pecados; e não os considere com uma reverência mística que fará de nós quase idólatras. A santidade deles é alcançável por nós. Somos "chamados para ser santos" pela mesma voz que os compeliu à sua alta vocação. É dever de um cristão forçar sua entrada no círculo íntimo da santidade; e se estes santos foram superiores a nós em suas realizações, como certamente foram, vamos segui-los; imitemos seu fervor e sua santidade. Temos a mesma luz que eles tiveram, portanto, a mesma graça nos é acessível. Como poderíamos nos sentir satisfeitos até que nos igualemos a eles em caráter celestial? Eles viveram *com* Jesus, eles viveram *por* Jesus, portanto cresceram à *semelhança de* Jesus. Vivamos pelo mesmo Espírito que eles viveram, "olhando para Jesus", e nossa santidade em breve será evidente.

6 de julho

> *"Mas o que me der ouvidos habitará seguro, tranquilo e sem temor do mal."*
> PROVÉRBIOS 1:33

O amor divino é declarado evidente quando brilha em meio a condenações. Oportuna é a estrela solitária que sorri através das fendas das nuvens estrondeantes; radiante é o oásis que floresce no deserto de areia; tão oportuno e tão radiante é o amor em meio à ira. Quando os israelitas provocaram o Altíssimo com sua idolatria contínua, Ele os puniu impedindo o orvalho e a chuva, de modo que sua terra fosse visitada por uma violenta inanição; mas ainda que assim tenha feito, teve o cuidado de garantir que Seus escolhidos estivessem protegidos. Se todos os outros ribeiros estiverem secos, ainda haverá um reservado para Elias; e quando isto falhar, Deus ainda preserva para ele um lugar de sustento. Deus não tinha apenas um "Elias," mas tinha um remanescente conforme a eleição da graça, que estava escondido em grupos de cinquenta em uma caverna, e ainda que toda a nação estivesse sujeita à fome, estes grupos na caverna eram alimentados, e alimentados também com o que vinha da mesa de Acabe por Obadias, fiel mordomo de Deus temente a Ele. Extraiamos disto a conclusão: independentemente do que aconteça, o povo de Deus está seguro. Ainda que tremores balancem a Terra sólida, os céus se partam em dois, e o cristão esteja no meio da ruína dos mundos, ele estará tão seguro como na mais calma hora de descanso. Se Deus não pode salvar Seu povo *debaixo* do céu, os salvará *no* céu. Se o mundo se tornar quente demais para mantê-los, o céu, então, será o lugar de seu acolhimento e sua segurança. Tenha confiança quando ouvir sobre guerras e rumores de guerras. Não deixe que a agitação o aflija, mas reserve-se do medo do mal. O que quer que venha sobre a Terra, você estará seguro debaixo das amplas asas de Jeová. Permaneça na promessa dele; descanse em Sua fidelidade e desafie o futuro mais obscuro, pois não há nada nele tão temível para você. A sua única preocupação deveria ser demonstrar ao mundo a bem-aventurança de escutar atentamente a voz de sabedoria.

7 de julho

"Irmãos, orai por nós."
1 TESSALONICENSES 5:25

Reservamos esta manhã do ano para refrescar a memória do leitor em relação ao assunto: oração por ministérios. E suplicamos seriamente que todo lar cristão atenda ao pedido fervoroso do texto primeiramente mencionado por um apóstolo e agora repetido por nós. Irmãos, nosso trabalho é solenemente momentâneo, envolvendo o bem-estar ou a angústia de milhares; lidamos com almas para Deus em uma tarefa eterna, e nossa palavra pode ser aroma de vida para vida, ou de morte para morte. Uma responsabilidade muito pesada está sobre nós e não será misericórdia menor se, no fim das contas, formos encontrados limpos do sangue de todos os homens. Como oficiais no exército de Cristo, somos a marca especial da inimizade de homens e demônios; eles esperam por nossa hesitação e trabalham para nos tomar pelos calcanhares. Nosso chamado sagrado nos envolve em tentações das quais você é isento, acima de tudo, muito frequentemente, nos afasta de desfrutar pessoalmente da verdade para que a consideremos no aspecto ministerial ou oficial. Deparamo-nos com muitos casos complicados e nosso entendimento fica confuso; observamos tristes apostasias e nosso coração se fere; vemos milhões perecerem e nossos espíritos se abatem. Desejamos ganhá-lo por nossa pregação, desejamos ser bênçãos para seus filhos; ansiamos ser úteis tanto para santos quanto para pecadores. Portanto, queridos amigos, intercedam por nós junto ao nosso Deus. Que homens miseráveis seremos se perdermos o apoio de suas orações, mas como seremos felizes se permanecermos em suas súplicas. Não busque em nós suas bênçãos espirituais, mas em nosso Mestre. No entanto, quantas vezes Ele dá estas bênçãos por meio de Seus ministros; peça então, vez após outra, que possamos ser vasos de barro nos quais o Senhor possa colocar o tesouro do evangelho. Nós, todo o grupo e missionário, ministros, missionários urbanos e estudantes, lhe suplicamos: "Irmãos, orai por nós."

8 de julho

*"Declara-me, peço-te,
em que consiste a tua grande força."*
JUÍZES 16:6

Onde está a força secreta da fé? Está no alimento que a nutre; pois a fé estuda o que é a promessa — uma emanação da graça divina, um transbordar do grande coração de Deus; e a fé diz: "Meu Deus, não poderias ter feito tal promessa, a não ser que partisse do amor e da graça; portanto é evidente que Tua Palavra se cumprirá." E a fé então pensa: "*Quem fez* esta promessa?" Não considera tanto a grandiosidade da promessa quanto "Quem é o autor?" Ela se lembra de que é Deus que não pode mentir — Deus onipotente, Deus imutável; e portanto conclui que a promessa deve ser cumprida; e ela vai adiante nesta firme convicção. Ela se lembra do *porquê a promessa foi feita*, — a saber, para a glória de Deus e sente-se perfeitamente segura de que a glória de Deus é certa; de que Ele nunca mancharia Seu brasão, nem desfiguraria o esplendor de Sua coroa; e portanto a promessa precisa permanecer e permanecerá. A fé, então, também considera a incrível *obra de Cristo* como prova clara da intenção do Pai de cumprir Sua palavra. "Aquele que não poupou o seu próprio Filho, antes, por todos nós o entregou, porventura, não nos dará graciosamente com ele todas as coisas?" Além disso, a fé olha para o *passado*, pois suas batalhas a fortaleceram e suas vitórias lhe concederam coragem. Ela se lembra de que Deus nunca falhou; não, Ele não falhou nem uma vez com Seus filhos. Ela se lembra dos momentos de grande perigo, quando a libertação veio; horas de tremenda necessidade, quando encontrou sua força em sua batalha, e ela clama: "Não, eu jamais serei levada a pensar que Ele pode mudar e abandonar Seu servo agora. Até aqui o Senhor me ajudou e Ele continuará me ajudando." Assim, a fé vê cada promessa em sua conexão com Aquele que faz a promessa e por assim proceder, pode dizer com certeza: "Bondade e misericórdia certamente me seguirão todos os dias da minha vida"!

9 de julho

> *"...não te esqueças de nem um só de seus benefícios."*
> SALMO 103:2

É uma ocupação agradável e proveitosa distinguir a mão de Deus na vida dos antigos santos e observar Sua bondade em libertá-los, Sua misericórdia em perdoá-los e Sua fidelidade em manter Sua aliança com eles. Mas não seria ainda mais interessante e proveitoso para nós se notássemos a mão de Deus em nossa vida? Não deveríamos olhar para nossa história como sendo, pelo menos, tão cheia de Deus, tão cheia de Sua bondade e verdade, de Sua fidelidade e veracidade, como foi a vida de qualquer um dos santos? Fazemos injustiça ao nosso Senhor quando presumimos que Ele executou todos os Seus atos poderosos e mostrou-se forte por aqueles nos tempos primevos, mas não executa maravilhas ou simplesmente estende Seu braço para os santos que estão agora no mundo. Examinemos nossa vida. Certamente poderemos descobrir alguns felizes incidentes restauradores para nós e que dão glória ao nosso Deus. Não houve *libertações*? Você não passou por rios em que foi amparado pela presença divina? Não saiu ileso de caminhadas pelo fogo? Não houve *manifestações*? Você não teve *favores privilegiados*? O Deus que concedeu a Salomão o que o coração deste rei desejava, nunca lhe ouviu e respondeu os seus pedidos? O Deus que esbanja generosidade, de quem Davi cantou: "quem farta de bens a tua velhice" nunca saciou *você* com abundância? Você nunca se deitou em pastos verdejantes? Você nunca foi guiado por águas tranquilas? Certamente a bondade de Deus tem sido a mesma conosco como foi com os santos da antiguidade. Reunamos, então, Suas misericórdias em uma canção. Tomemos o ouro puro da gratidão e as joias do louvor e façamos outra coroa para a cabeça de Jesus. Que nossa alma produza música tão doce e tão alegre quanto a que fluiu da harpa de Davi enquanto louvamos o Senhor, cuja misericórdia dura para sempre.

10 de julho

"...concidadãos dos santos".
EFÉSIOS 2:19

O que significa sermos cidadãos do Céu? Significa que estamos *sob o governo do Céu*. Cristo, o Rei do Céu, reina em nossos corações; nossa oração diária é: "faça-se a tua vontade, assim na terra como no céu." As proclamações emitidas do trono de glória são recebidas de bom grado por nós: obedecemos alegremente aos decretos do Grande Rei. E como cidadãos da Nova Jerusalém *compartilhamos das honras do céu*. A glória que pertence aos santos beatificados pertence a nós, pois já somos filhos de Deus, já somos príncipes de sangue imperial; já vestimos o manto imaculado da justiça de Jesus; já temos anjos como nossos serventes, santos como companheiros, Cristo como nosso Irmão, Deus como nosso Pai e uma coroa de imortalidade como nossa recompensa. Compartilhamos das honras da cidadania, pois viemos à assembleia geral e Igreja do Primogênito cujos nomes estão escritos no céu. Como cidadãos, temos direitos comuns a toda a propriedade do céu. Nossos são os portões de pérolas e muros de crisólito; nossa é a luz azulada da cidade que não precisa de velas ou da luz do sol; nosso é o rio da água da vida e nossos são os doze frutos que crescem nas árvores plantadas às margens do rio; não há nada no céu que não pertença a nós. "Sejam as coisas presentes, sejam as futuras", tudo é nosso. Também como cidadãos do céu nós *desfrutamos de seus encantos*. No céu há alegria por pecadores que se arrependem — filhos pródigos que retornam? Nós também nos alegramos. No céu canta-se as glórias da graça triunfante? Fazemos o mesmo. Eles lançam suas coroas aos pés de Jesus? As honras que temos, lançamos também aos Seus pés. Encantam-se com Seu sorriso? Para nós que habitamos aqui embaixo esse sorriso não é menos doce. Eles esperam ansiosos por Sua segunda vinda? Nós também esperamos e ansiamos por Sua aparição. Se somos então *cidadãos do céu*, que nossa caminhada e nossas ações estejam de acordo com nossa elevada dignidade.

11 de julho

"...depois de terdes sofrido por um pouco, ele mesmo vos há de aperfeiçoar, firmar, fortificar e fundamentar."
1 PEDRO 5:10

Veja o arco do horizonte que se estende sobre a campina: gloriosas são suas cores e raros seus matizes. É belo, mas infelizmente desaparece e deixa de existir. As belas cores dão lugar para as velosas nuvens e o firmamento deixa de brilhar com os matizes do céu. Não é algo *estabelecido*. Como pode ser? Um show glorioso feito de raios de sol transitórios e gotas de chuva passageiras, como pode subsistir? As graças do caráter cristão não devem assemelhar-se ao arco-íris em sua beleza efêmera, mas ao contrário, devem ser estabelecidas, determinadas, duradouras. Busque, ó cristão, que tudo de bom que tenha possa ser algo duradouro. Que seu caráter não seja algo escrito na areia, mas uma inscrição na rocha! Que sua fé não seja a "infundada estrutura de uma visão," mas que possa ser construída de material qualificado para suportar o terrível fogo que consumirá a madeira, o feno e a palha daquele que é hipócrita. Que você esteja enraizado e fundamentado no amor. Que suas convicções sejam profundas, seu amor real, seus desejos fervorosos. Que toda a sua vida seja tão firme e estabelecida que todas as rajadas do inferno e todas as tempestades da Terra nunca sejam capazes de eliminá-lo. Mas perceba como esta bênção de ser "firmado na fé" é conquistada. As palavras do apóstolo nos apontam para o *sofrimento* como sendo o meio empregado — "*depois de terdes sofrido por um pouco*". É desnecessário esperar que estejamos bem enraizados se ventos fortes não passarem por nós. Esses antigos nós retorcidos na raiz do carvalho, e essas sinuosidades dos galhos, todos falam das muitas tempestades que o assolaram, e são também indicadores da profundeza em que as raízes se arraigaram. Então o cristão é fortificado e firmemente enraizado por todas as provas e tempestades da vida. Não recue, então, diante dos tempestuosos ventos da tribulação, mas encoraje-se crendo que pela dura disciplina desses ventos, Deus está cumprindo essa graça para você.

12 de julho

"...amados em Deus Pai..." JUDAS 1
"...santificados em Cristo... Jesus." 1 CORÍNTIOS 1:2
"...em santificação do Espírito..." 1 PEDRO 1:2

Observe a união das Três Pessoas da Divindade em todos os Seus atos graciosos. Como falam sem sabedoria os cristãos que dão primazia a uma das Pessoas da Trindade; que pensam em Jesus como se Ele fosse a personificação de tudo o que é amável e gracioso, enquanto que o Pai, eles consideram severamente justo, mas destituído de amabilidade. Igualmente errados estão aqueles que magnificam a lei do Pai e a propiciação do Filho, de modo a depreciar a obra do Espírito. Em feitos da graça nenhuma das Pessoas da Trindade age separadamente do restante. São tão unidos em Seus feitos como em Sua essência. Em Seu amor pelos escolhidos são um, e nas ações, que partem desta grande fonte central, permanecem indivisos. Note isso especificamente na questão da santificação. Embora possamos sem equívoco algum falar da santificação como obra do Espírito, precisamos, entretanto, ter cautela para não considerarmos que o Pai e o Filho não estão nisso. É correto falar de santificação como obra do Pai, do Filho e do Espírito. E ainda Jeová diz: "*Façamos* o homem à nossa imagem, conforme a nossa semelhança" e portanto nós somos "feitura *dele*, criados em Cristo Jesus para boas obras, as quais Deus de antemão preparou para que andássemos nelas." Veja o valor que Deus coloca na santidade verdadeira, considerando que as Três Pessoas da Trindade são representadas como cooperadoras para produzir uma igreja "sem mácula, nem ruga, nem coisa semelhante". E você, cristão, como seguidor de Cristo, deve também estabelecer um alto valor para a santidade — na pureza de vida e conversas piedosas. Valorize o sangue de Cristo como o fundamento de sua esperança, mas nunca fale injuriosamente da obra do Espírito que é Seu penhor para a herança dos santos na luz. No dia de hoje, vivamos para manifestar a obra do Deus Trino em nós.

13 de julho

"...perguntou Deus a Jonas: É razoável essa tua ira...?"
JONAS 4:9

A ira não é necessariamente, sempre, algo pecaminoso, mas tem a tendência de crescer desenfreadamente, de modo que quando se manifesta deveríamos rapidamente questionar seu caráter, com a seguinte pergunta: "Faz bem a você irar-se?" Pode ser que respondamos: "SIM." Muito frequentemente a ira é o agitador do homem louco, mas algumas vezes é o fogo de Elias vindo do céu. Fazemos bem em nos zangar com o pecado por causa da injúria contra nosso bom e gracioso Deus; ou conosco por permanecermos tão tolos mesmo tendo tantos ensinos divinos; ou com outros quando a única razão da ira é o mal que causam. Aquele que não se ira com a transgressão passa a ter parte nela. O pecado é algo asqueroso e detestável e não há coração renovado que o tolere. O próprio Deus se ira com o perverso todos os dias, e está em Sua Palavra: "Vós que amais o Senhor, detestai o mal." Entretanto, muito mais frequentemente devemos temer que nossa ira não seja apreciável ou até mesmo justificável e então devemos responder: "NÃO." Por que deveríamos ser irascíveis com crianças, enérgicos com empregados e coléricos com colegas? Tal ira é honrável à nossa profissão de fé cristã ou glorifica a Deus? Não seria o antigo perverso coração procurando ganhar domínio? Não deveríamos resisti-lo com toda a força de nossa natureza que agora é nascida de novo? Muitos dos que professam uma fé cristã se entregam ao mau-humor como se fosse impossível tentar resisti-lo; mas o cristão deve se lembrar que precisa ser um conquistador em todas as situações, ou não poderá ser coroado. Se não conseguimos controlar nosso humor, o que faz a graça por nós? Alguém disse ao reverendo Jay [N.E.: William Jay (1769-1853) pregador inglês que exerceu grande influência sobre Spurgeon] que a graça muitas vezes é enxertada em um toco de árvore seco. "Sim", ele disse, "mas o fruto não pode ser seco." Não devemos usar a enfermidade natural como desculpa para o pecado, mas devemos voar para a cruz e orar ao Senhor pedindo que crucifique nosso mau-humor e nos renove em gentileza e mansidão, conforme Sua imagem.

14 de julho

"...se sobre ele manejares a tua ferramenta, profaná-lo-ás."
ÊXODO 20:25

O altar de Deus deveria ser construído com rochas não desbastadas, de modo que nelas nenhum traço de habilidade ou trabalho humano fosse visto. A sabedoria humana se deleita em ordenar e harmonizar as doutrinas da cruz em um sistema mais artificial e mais adequado aos gostos depravados da natureza caída; entretanto, em vez de aperfeiçoar o evangelho, a sabedoria carnal o polui até que se torne outro evangelho e, de modo algum, seja a verdade de Deus. Todas as alterações e melhorias na Palavra de Deus são profanações e contaminações. O coração orgulhoso do homem anseia profundamente ter parte na justificação da alma diante de Deus; sonhamos com restaurações por Cristo, confiamos em comportamentos humildes e arrependidos, exaltamos as boas obras, a habilidade natural é alardeada em excesso e com toda certeza tentamos manejar ferramentas humanas sobre o altar divino. Seria bom se pecadores se lembrassem de que suas certezas carnais, com as quais tentam aperfeiçoar a obra do Salvador, apenas a poluem e desonram. Apenas o Senhor deve ser exaltado na obra de expiação e nenhuma marca de martelo ou talhadeira de homem deverá substituí-lo. Há uma blasfêmia inerente em buscar acrescentar algo no que Cristo Jesus, em Seus momentos finais, declarou estar consumado, ou aperfeiçoar aquilo em que o Senhor Jeová encontra total satisfação. Pecador trêmulo, abandone todas as ferramentas e caia de joelhos em humilde súplica; aceite o Senhor Jesus como o altar de sua expiação e descanse apenas nele.

Muitos mestres podem extrair um alerta do texto desta manhã com relação às doutrinas em que acreditam. Há entre os cristãos uma grande propensão a adaptar e ajustar as verdades da revelação; isso é uma forma de irreverência e incredulidade; lutemos contra esta tendência e recebamos a verdade como a encontramos; alegrando-nos no fato de que as doutrinas da Palavra são rochas não desbastadas e com o melhor encaixe para a construção de um altar para o Senhor.

15 de julho

> *"O fogo arderá continuamente sobre o altar;*
> *não se apagará."*
> LEVÍTICO 6:13

Mantenha o altar da *oração em secreto* ardendo continuamente. Isto é a essência de toda a devoção. O santuário e os altares familiares emprestam seu fogo dele, portanto deixe-o arder. A devoção em secreto é a essência, a prova, o barômetro da religião vital e experimental.

Queime nesse altar a gordura de seus sacrifícios. Que as suas temporadas em seu quarto sejam, se possível, regulares, frequentes e serenas. "Muito pode, por sua eficácia, a súplica". Você não tem motivo algum pelo qual orar? Sugeriremos então que ore pela igreja, pelo ministério, por sua própria alma, seus filhos, seus relacionamentos, seus vizinhos, seu país, pela causa de Deus e pela verdade por todo o mundo. Examinemos a nós mesmos nessa questão tão importante. Quando nos entregamos às nossas devoções pessoais, o fazemos mornamente? O fogo da devoção está queimando fraco em nosso coração? As rodas da carruagem arrastam-se pesadamente? Se sim, prestemos atenção a este sinal de declínio. Continuemos pranteando e pedindo pelo Espírito de graça e súplicas. Separemos momentos especiais de oração extraordinária. Pois se esse fogo diminuir sob as cinzas da conformidade mundana, diminuirá o fogo no altar da família e reduzirá nossa influência na igreja e no mundo.

O texto também se aplicará *ao altar do coração*. E é realmente um altar de ouro. Deus ama ver os corações do Seu povo ardendo por Ele. Ofertemos nosso coração a Deus, todos inflamados de amor, e busquemos Sua graça, de modo que o fogo não seja jamais extinto; pois não arderá se o Senhor não o mantiver ardendo. Muitos adversários tentarão extingui-lo; mas se a mão invisível detrás do muro verter óleo sagrado, o fogo queimará mais e mais alto. Usemos textos das Escrituras como combustível para o fogo de nosso coração que é como brasa viva; ouçamos sermões, mas, acima de tudo, estejamos por muitas vezes sozinhos com Jesus.

16 de julho

"Colhiam-no, pois, manhã após manhã..."
ÊXODO 16:21

Trabalhe para manter o senso de toda a sua dependência da boa vontade e do prazer do Senhor para que seus mais ricos deleites persistam. Nunca tente viver do maná envelhecido, nem busque encontrar ajuda no Egito. Tudo deve vir de Jesus, ou você estará arruinado para sempre. Unções antigas não bastarão para conceder unção ao seu espírito; sua cabeça precisa que óleo fresco seja derramado sobre ela, vindo da trombeta de ouro do santuário ou sua glória cessará. Hoje você pode estar no cume do monte de Deus, mas aquele que o colocou lá precisa mantê-lo lá ou você despencará muito mais rápido do que pode imaginar. Sua montanha só permanece firme quando Ele a coloca em seu lugar; se Ele esconder Sua face, você muito em breve se inquietará. Se o Salvador julgar apropriado, não há uma só janela por meio da qual você vê a luz do céu que Ele não poderia escurecer em um instante. Josué creu que o sol pararia, mas Jesus pode envolvê-lo em total escuridão. Ele pode retirar a alegria de seu coração, a luz de seus olhos e a força de sua vida; na mão dele está o seu consolo e de acordo com Sua vontade, tudo pode apartar-se de você. Esta nossa dependência constante de nosso Senhor é determinada para que o sintamos e o reconheçamos, pois Ele permite apenas que oremos por nosso "pão de cada dia", e promete apenas que "como os teus dias, durará a tua paz". Não é melhor para nós que seja assim: que possamos frequentemente dirigir-nos a Seu trono e constantemente sejamos lembrados de Seu amor? Ó! Quão rica é a graça que nos supre tão continuamente e não se detém por causa de nossa ingratidão! A chuva áurea nunca cessa, a nuvem de bênção permanece eternamente sobre nossa habitação. "Ó Senhor Jesus, nos curvaríamos aos Teus pés, conscientes de nossa completa inabilidade de fazer algo sem ti, e, em todo favor que tivemos o privilégio de receber, adoraríamos Teu nome bendito e reconheceríamos Teu amor inesgotável."

17 de julho

> *"...reconhecendo, irmãos,*
> *amados de Deus, a vossa eleição."*
> 1 TESSALONICENSES 1:4

Muitas pessoas querem reconhecer sua eleição antes de olharem para Cristo, mas não podem, consequentemente, aprender como fazê-lo; só há como descobrir "olhando para Jesus". Se você deseja averiguar sua eleição — conforme o modo a seguir, você deverá confiar seu coração a Deus. Você se sente como um pecador perdido e culpado? Vá imediatamente à cruz de Cristo e conte para Jesus; conte para Ele que você leu na Bíblia que: "O que vem a mim, de modo nenhum o lançarei fora." Diga-lhe que Ele mesmo disse: "Fiel é a palavra e digna de toda aceitação: que Cristo Jesus veio ao mundo para salvar os pecadores." Olhe para Jesus, creia nele e terá prova direta de sua eleição; pois tão certamente quanto você crê, assim é eleito. Se você se entregar por completo a Cristo e confiar nele, então você é um dos escolhidos de Deus, mas se você parar e disser: "Quero primeiro saber se sou eleito ou não", você não entende o que pede. Vá para Jesus, ainda que se sinta mais culpado do que nunca. Deixe de lado toda indagação curiosa sobre a eleição. Vá diretamente a Cristo e esconda-se em Suas feridas, e você reconhecerá sua eleição. A certeza do Espírito Santo será dada a você de modo que possa dizer: "Sei em quem tenho crido e estou certo de que ele é poderoso para guardar o meu depósito." Cristo estava no conselho eterno: Ele pode dizer se você foi escolhido ou não; mas você não pode descobrir de nenhuma outra forma. Vá e coloque sua confiança nele, e Sua resposta será — "Com amor eterno eu te amei; por isso, com benignidade te atraí." Não haverá dúvida sobre Ele ter escolhido você quando você o tiver escolhido.

Aquele que em Jesus crer
Filho pela eleição de Deus pode ser.

18 de julho

> "...estes marcharão no último lugar, s
> egundo os seus estandartes."
> NÚMEROS 2:31

O arraial de Dã estruturou a retaguarda quando os exércitos de Israel marchavam. Os danitas ocuparam o *lugar mais ao fundo*. Mas de que importava a posição considerando que eram tão parte da multidão quanto as tribos na linha de frente? Eles seguiram a mesma coluna de nuvem e de fogo, comeram do mesmo maná, beberam da mesma rocha espiritual e viajaram em busca da mesma herança. Alegre-se, meu coração, ainda que último e de menor importância; é seu privilégio estar no exército e participar como participam os da dianteira. Alguém deve estar na retaguarda por questão de honra e estima, alguém deve fazer o trabalho servil por Jesus, e por que não deveria ser eu? Em um pobre vilarejo, entre camponeses ignorantes, ou em uma rua dos fundos entre pecadores infames, eu trabalharei e "marcharei em último lugar, segundo os meus estandartes".

Os danitas ocupavam *um lugar muito útil*. Os soldados desorientados precisavam ser recolhidos durante a marcha e os bens perdidos precisavam ser recolhidos do campo. Espíritos impetuosos podem correr para caminhos não trilhados e ganhar mais almas para Jesus; mas alguns espíritos mais conservadores podem dedicar-se a lembrar a igreja sobre sua antiga fé e restaurar seus filhos abatidos. Toda posição tem suas tarefas e os filhos de Deus mais vagarosos encontrarão sua posição singular em que podem ser notáveis bênçãos para toda a multidão.

A retaguarda é *um lugar de perigo*. Há inimigos atrás, tanto quanto há adiante de nós. Ataques podem vir de qualquer quadrante. Lemos que Amaleque caiu sobre Israel e matou alguns da retaguarda. O cristão experiente encontrará muito uso para suas armas ao ajudar essas pobres almas duvidosas, desanimadas, vacilantes, que estão na retaguarda da fé, do conhecimento e da alegria. Esses não devem ser deixados desamparados e, portanto, deve haver a ocupação de santos bem preparados para carregar seus estandartes entre a retaguarda. Minh'alma, procure hoje ajudar ternamente aqueles na retaguarda.

19 de julho

> *"...Eis aqui o Senhor, nosso Deus, nos fez ver a sua glória..."*
> DEUTERONÔMIO 5:24

O grande projeto de Deus em todas as Suas obras é a manifestação de Sua glória. Qualquer alvo inferior a este seria indigno dele. Mas como se manifestará a glória de Deus a tais criaturas caídas como nós? Os olhos do homem têm sempre um alvo a mais, sempre espiando sua própria honra, estimam demais seus próprios poderes e, portanto, não são qualificados para observar a glória do Senhor. Fica, então, claro que o "eu" precisa sair do caminho, para que haja espaço para Deus ser exaltado; e essa é a razão porque Ele, muitas vezes, leva Seu povo a apuros e dificuldades, de modo que fazendo-os ter consciência de sua insensatez e fraqueza, possam ter condições de observar a majestade de Deus quando Ele surgir para operar sua libertação. Aquele cuja vida é um caminho plano e sereno, verá pouquíssimo da glória do Senhor, pois tem poucos momentos de autoesvaziamento e, consequentemente, terá pouca condição de ser cheio com a revelação de Deus. Aqueles que navegam pequenas correntes e córregos rasos, conhecem pouco das tempestades de Deus; mas aqueles que "trafegam na imensidão das águas," esses veem Suas "maravilhas nas profundezas do abismo". Entre as enormes ondas do Atlântico, ondas em que perdemos para a morte, em que há pobreza, tentação e opróbrio, conhecemos o poder de Jeová, porque sentimos a pequenez do homem. Agradeça a Deus se você tem sido guiado por uma estrada acidentada: é exatamente isto que tem dado a você experiência da grandeza e da bondade de Deus. Suas dificuldades o enriqueceram com uma riqueza de conhecimento que jamais seria ganha de outra forma: suas provas têm sido a fenda na rocha em que Jeová colocou você, como fez com Seu servo Moisés, para que possa contemplar Sua glória que passou por você. Louve a Deus por não ter sido deixado nas trevas e na ignorância que a prosperidade contínua pode acarretar, mas que na grande luta de calamidade, você tenha sido capacitado pelos grandes brilhos de Sua glória em Sua maravilhosa maneira de proceder com você.

20 de julho

"...o penhor da nossa herança..."
EFÉSIOS 1:14

Ó! Que esclarecimento, que alegrias, que consolação, que deleite no coração experimenta o homem que aprendeu a alimentar-se de Jesus e apenas dele. Entretanto, a compreensão que temos da preciosidade de Cristo é, nesta vida, no mínimo imperfeita. Como um antigo escrito diz: "Não passa de uma amostra!" Experimentamos que "benigno é o Senhor", mas não sabemos *quão* benigno e misericordioso Ele é, ainda que aquilo que já conhecemos de Sua doçura nos faz ansiar por mais. Desfrutamos dos primeiros frutos do Espírito que nos deixaram com fome e sede da plenitude da vindima celestial. Gememos interiormente, esperando pela adoção. *Aqui* somos como Israel no deserto, que não tinha nada além de um cacho de uvas de Escol, *lá*, estaremos no vinhedo. Aqui vemos o maná caindo, pequeno como semente de coentro; lá, comeremos o pão do céu e o antigo cereal do reino. Agora, não passamos de iniciantes em nossa educação espiritual; pois ainda que tenhamos aprendido as primeiras letras do alfabeto, ainda não conseguimos ler, muito menos estruturar sentenças; mas como dizem: "Aquele que esteve no céu por cinco minutos, sabe mais do que a assembleia geral de clérigos na Terra." Agora temos muitos desejos insatisfeitos, mas em breve todos serão satisfeitos; e todos os nossos poderes encontrarão a mais doce ocupação nesse mundo eterno de alegria. Ó cristão, prenuncie o céu por alguns anos. Dentro de muito pouco tempo você estará livre de todas as suas provações e lutas. Seus olhos que agora se enchem de lágrimas não mais chorarão. Você contemplará, em inefável êxtase, o esplendor daquele que se assenta sobre o trono. Mais ainda, sobre esse trono você se assentará. O triunfo de Sua glória será compartilhado por você, Sua coroa, Sua alegria, Seu paraíso, tudo será seu e você será coerdeiro com Ele que é herdeiro de todas as coisas.

21 de julho

"...a filha de Jerusalém meneia a cabeça por detrás de ti."
ISAÍAS 37:22

Cheios de confiança pela Palavra do Senhor, os pobres e trêmulos cidadãos de Sião ganharam ousadia e menearam suas cabeças para as presunçosas ameaças de Senaqueribe. A fé firme capacita os servos de Deus a olhar com sereno desdém para seus inimigos mais soberbos. *Sabemos que nossos inimigos tentam o impossível.* Procuram destruir a vida eterna, que não pode morrer enquanto Jesus vive; procuram destruir a fortaleza contra a qual as portas do inferno não prevalecerão. Eles chutam os aguilhões e machucam-se a si mesmos, e se apressam contra os chefes dos escudeiros de Jeová para o seu próprio prejuízo.

Sabemos qual é sua fraqueza. O que são eles se não homens? E o que é um homem se não um verme? Eles rugem e crescem como ondas do mar, espumando sua vergonha. Quando o Senhor se levantar, eles voarão como palhiço ao vento e serão consumidos como espinho seco. Sua total impotência em prejudicar a causa de Deus e Sua verdade, fará o soldado mais fraco de Sião rir deles, escarnecendo.

Acima de tudo, *sabemos que o Altíssimo está conosco*, e quando Ele se veste de brasões e armas, para onde vão Seus inimigos? Se Ele sair de onde está, os fragmentos de barro da Terra já não mais contenderão com seu Criador. Sua vara de ferro os quebrará em pedaços como um vaso de oleiro e sua lembrança desaparecerá da Terra. Sumam, então, todos os medos, o reino está seguro nas mãos do Rei. Gritemos de alegria, pois o Senhor reina e Seus inimigos serão como palha no monturo.

Certo como certa é a Palavra de Deus;
Nem Terra, nem inferno e todo seu bando,
Contra nós prevalecerão.
Zombando eles se formaram
Mas Deus conosco está, somos dele
Nossa vitória jamais falhará.

22 de julho

"...eu sou o vosso esposo..."
JEREMIAS 3:14

Cristo Jesus se uniu ao Seu povo por meio do casamento. Em amor Ele desposou Sua Igreja como uma virgem virtuosa, muito antes que ela caísse sob o jugo da escravidão. Repleto de amor ardente, Ele trabalhou como Jacó por Raquel, até que todo o seu dote fosse pago e, agora, tendo-a buscado por Seu Espírito e a levado a conhecê-lo e amá-lo, Ele espera pela gloriosa hora em que sua alegria mútua será consumada na ceia das bodas do Cordeiro. O glorioso noivo ainda não apresentou Sua noiva aperfeiçoada e completa diante da Majestade do céu. Ela ainda não entrou por completo no deleite de suas dignidades como Sua esposa e rainha: ela ainda é uma viajante em um mundo de aflição, moradora das tendas de Quedar. Mas, mesmo agora, ela é a noiva, a esposa de Jesus, cara para Seu coração, preciosa aos Seus olhos, escrita em Suas mãos e unida com Sua pessoa. No mundo, Ele exerce todos os ofícios afetuosos de um Marido. Ele provê ricamente suas necessidades, paga todas as suas dívidas, permite que faça uso de Seu nome e compartilhe de toda Sua riqueza. E Ele jamais agirá de outra maneira com ela. A palavra divórcio nunca será mencionada por Ele, pois "o SENHOR, Deus de Israel, diz que odeia o repúdio". A morte deve separar o laço conjugal entre mortais que se amam, mas não pode dividir os laços deste casamento imortal. No céu ninguém se casa, mas são como os anjos de Deus; entretanto, há essa maravilhosa exceção à regra, pois no céu, Cristo e Sua Igreja celebrarão suas jubilosas núpcias. Essa relação, por ser mais duradoura, é também mais próxima que o matrimônio terreno. O amor de marido que não seja tão puro e zeloso não passará de imagem lânguida da chama que queima no coração de Jesus. Muito além de qualquer união humana está a fidelidade misteriosa à Igreja, pela qual Cristo deixou Seu Pai e com quem tornou-se uma só carne.

27 de julho

> "...tu mesmo eras um deles."
>
> OBADIAS 1:11

A benevolência fraternal era algo que Edom devia a Israel em tempos de necessidade, mas em vez de benevolência os homens de Esaú aliaram-se aos inimigos de Israel. Uma ênfase especial deve ser colocada na palavra *tu* nesta sentença acima; como quando César clamou a Brutus: "Até *tu*, Brutus"; uma má ação pode se tornar ainda pior, dependendo das pessoas que a executam. Quando pecamos, nós que somos os favoritos escolhidos do céu, pecamos com uma ênfase; nosso pranto é de ofensa, porque somos tão particularmente favorecidos. Se um anjo deitar sua mão sobre nós quando estamos praticando o mal, não precisará de nenhuma outra repreensão além da pergunta: "O que você está fazendo aqui?" Muito perdoado, muito liberto, muito instruído, muito enriquecido, muito abençoado, ousaremos então usar nossas mãos para o mal? Deus nos livre!

Alguns minutos de confissão podem ser benéficos para você, caro leitor, nesta manhã. Você nunca foi como o perverso? Em uma festa certos homens riram da impureza e aquela piada não foi totalmente ofensiva para seus ouvidos, *você se igualou a eles*. Quando coisas desagradáveis foram ditas sobre os caminhos de Deus, você ficou timidamente calado; assim, para os espectadores, *você era um deles*. Quando mundanos negociavam no mercado, tirando vantagens, você não estava entre eles? Quando buscavam vaidade com passos rápidos de caçador, você não foi tão ganancioso quanto eles? Seria possível discernir alguma diferença entre você e eles? *Há alguma diferença?* Aqui chegamos a um ponto crítico. Seja honesto com sua alma e certifique-se de que é uma nova criatura em Cristo Jesus; mas quando estiver certo disto, caminhe com zelo, de modo que ninguém possa novamente dizer: "tu mesmo eras um deles." Você não desejaria compartilhar a mesma condenação eterna desses homens, por que, então, ser como eles aqui no mundo? Não participe de seu recôndito e, menos ainda, de sua ruína. Coloque-se junto ao aflito povo de Deus e não ao lado do mundo.

24 de julho

> *"...aquietai-vos e vede o livramento do* Senhor*".*
> ÊXODO 14:13

Estas palavras contêm o mandamento de Deus ao cristão quando está submetido a grandes dilemas e quando é levado a circunstâncias extraordinárias. Ele não pode recuar; não pode ir adiante, está com ambas as mãos presas, o que deve fazer então? A palavra do Mestre para ele é: "aquietai-vos". Será aconselhável que em tais momentos ele ouça apenas a palavra de seu Mestre, pois outros maus conselheiros virão com suas sugestões. O *desespero* sussurra: "Deite-se e morra; desista de tudo." Mas Deus nos enche de coragem animadora e, mesmo em nossos piores momentos, nos regozijamos em Seu amor e fidelidade. A *covardia* diz: "Recue; volte para os caminhos mundanos, você não pode exercer o papel de cristão, é difícil demais. Renuncie a seus princípios." Contudo, por mais que Satanás possa incitar esta trajetória em sua vida, você não pode segui-la se for filho de Deus. O decreto divino ordena que você vá de força em força, e assim você fará; e nem a morte nem o inferno o desviarão de seu percurso. E se por algum tempo você for chamado para aquietar-se, isso será para renovar suas forças para algum progresso maior, no tempo devido. A *precipitação* clama: "Faça algo. Mexa-se; aquietar-se e esperar é ócio absoluto." *Precisamos* fazer algo — assim *nós* pensamos — em vez de olharmos para o Senhor, que não apenas fará alguma coisa, mas fará todas as coisas. A *presunção* se vangloria: "Se o mar se levantar diante de você, marche até ele e aguarde o milagre." Mas a fé não ouve a presunção, nem o desespero, nem a covardia, nem a precipitação, mas ouve Deus dizer: "*Aquietai-vos*", e ficar ali, imóvel como uma rocha. "Aquietai-vos;" — mantenha a postura de um homem justo, pronto para agir, aguardando ordens posteriores, alegre e pacientemente esperando a voz diretiva; e não demorará, em breve Deus dirá a você, tão claramente como Moisés disse ao povo de Israel: "Marchem."

25 de julho

"...deixando as vestes nas mãos dela, saiu, fugindo para fora."
GÊNESIS 39:12

A fuga é a melhor maneira de vencer a guerra contra certos pecados. Os antigos naturalistas escreveram muito sobre o basilisco — lagarto ou serpente fabulosa, cujos olhos fascinam suas vítimas; de modo que o simples olhar de perversidade do mal nos coloca em grave perigo. Aquele que deseja estar protegido de atos do mal deve afastar-se depressa de ocasiões que favoreçam tal prática. Uma aliança deve ser feita com nossos olhos para que nem mesmo olhem para a origem da tentação, pois tais pecados precisam apenas de uma faísca inicial e as labaredas surgem em um instante. Quem entraria atrevidamente no cárcere do leproso e dormiria próximo à sua terrível deterioração? Apenas aquele que deseja tornar-se leproso procuraria o contágio. Se o marinheiro soubesse como evitar a tempestade, ele faria qualquer coisa para não precisar correr o risco de enfrentá-la. Pilotos cautelosos não desejam descobrir quão perto de bancos de areia conseguem navegar, ou quantas vezes conseguem tocar uma rocha sem criar uma fenda no casco; seu alvo é manter-se seguro o máximo possível no meio de um estreito.

No dia de hoje posso ser exposto a grande perigo, que eu tenha a sabedoria da serpente para me manter longe e evitá-lo. As asas de uma pomba podem hoje ser mais úteis para mim do que a mandíbula de um leão. É verdade, eu posso aparentemente ter sido vencido ao rejeitar uma má companhia, mas é melhor deixar minha túnica do que perder meu caráter; não é necessário que eu seja rico, mas é imperativo que eu seja puro. Nenhum laço de amizade, nem a corrente de beleza, nem lampejo de talento, ou seta de escárnio deve me afastar da sábia determinação de fugir do pecado. Devo resistir ao diabo e ele fugirá de mim, mas das luxúrias da carne eu devo fugir, ou elas definitivamente me vencerão. "Ó Deus de santidade preserva os Teus Josés, que a Madame Bolha [N.E.: Personagem do livro *A Peregrina* de John Bunyan (Ed. Mundo Cristão, 2006)] não os encante com suas propostas desprezíveis. Que a terrível trindade composta pelo mundo, a carne e o diabo jamais nos vença!"

26 de julho

> *"...reunindo toda a vossa diligência, associai com a vossa fé a virtude; com a virtude, o conhecimento..."*
> 2 PEDRO 1:5-7

Se você deseja desfrutar da graça eminente que há na certeza completa da fé sob a influência e o auxílio do bendito Espírito, faça o que as Escrituras dizem: *"Reúna toda a vossa diligência."* Tenha cuidado para que sua fé seja do tipo certo — que não seja uma mera crença em doutrinas, mas uma fé simples, dependente de Cristo, e somente dele. Dê atenção diligente à sua *virtude*. Suplique a Deus que lhe dê o rosto de um leão, que você possa, com consciência de direito, ir adiante com ousadia. Estude bem as Escrituras e adquira conhecimento; pois um conhecimento da doutrina tenderá a confirmar a fé. Tente entender a Palavra de Deus; permita que ela habite ricamente em seu coração.

Quando tiver feito isto acrescente ao "*conhecimento*, o domínio próprio". Dê atenção ao seu corpo: tenha domínio próprio no exterior. Dê atenção à sua alma: tenha domínio próprio no interior. Tenha domínio próprio nos lábios, no coração e no pensamento. Acrescente a isto, pelo Espírito Santo de Deus, a *perseverança*; peça a Ele que dê a você a perseverança que resiste à aflição, pois ela, quando provada, resultará em ouro. Revista-se com a perseverança para não murmurar ou ficar deprimido em suas aflições. Quando essa graça for adquirida, busque a *piedade*. A piedade é algo mais que religião. Faça da glória de Deus seu propósito de vida; viva segundo o ponto de vista dele; habite próximo a Ele; busque comunhão com Ele; e você terá "piedade"; e a isto associe a *fraternidade*. Tenha amor por todos os santos e acrescente a isto o *amor*, que abre seus braços para todos os homens e ama suas almas. Quando você estiver adornado com estas joias, e na mesma proporção em que praticar estas virtudes celestiais, você passará a conhecer com indícios mais claros "seu chamado e eleição". "Reúna toda a vossa diligência" para que tenha convicção, pois a mornidão e a dúvida muito naturalmente andam de mãos dadas.

27 de julho

> *"...preciosas e mui grandes promessas..."*
> 2 PEDRO 1:4

Se você deseja conhecer, experimentar a preciosidade das promessas e desfrutá-las em seu coração, *medite profundamente nelas*. Há promessas que são como uvas no lagar; se você as espremer, obterá suco. Meditar nas palavras sagradas será geralmente o prelúdio ao seu cumprimento. Enquanto você reflete nestas palavras, o benefício que busca virá a você de modo imperceptível. Muitos cristãos, sedentos da promessa, têm descoberto o favor garantido que é suavemente destilado para dentro da sua alma, justamente quando estão meditando no livro divino; e se regozijam no fato de serem dirigidos a guardar a promessa em seu coração.

Mas, além de *meditar* nas promessas, *busque em sua alma recebê-las como as próprias palavras de Deus*. Fale da seguinte maneira à sua alma: "Se eu estivesse lidando com a promessa de um homem, deveria considerar com cuidado a habilidade e o caráter do homem que comprometeu-se comigo. Então, com relação à promessa de Deus, meus olhos não devem se fixar tanto na grandeza da misericórdia — de modo que me confunda — quanto na grandeza daquele que fez a promessa, pois isso me alegrará. Minh'alma, quem fala com você é o seu Deus — o Deus que não pode mentir. A palavra dele que agora você considera, é tão verdadeira quanto Sua existência. Ele é um Deus imutável. Ele não alterou aquilo que saiu de Sua boca, nem retirou nenhuma afirmação sequer de consolo. Ele não tem falta alguma de poder; é, portanto, o Deus que fez os céus e a Terra, quem fala. Ele também não pode falhar em sabedoria com relação ao momento em que concederá Seu favor, pois Ele sabe quando é melhor dar e quando é melhor reter. Portanto, vendo que se trata da palavra do Deus tão verdadeiro, tão imutável, tão poderoso, tão sábio, devo acreditar e acreditarei na promessa." Se, então, meditarmos nas promessas e considerarmos Aquele que as fez, experimentaremos a sua doçura e receberemos o cumprimento delas.

28 de julho

> *"...eu estava embrutecido e ignorante; era como um irracional à tua presença."* SALMO 73:22

Lembre-se de que esta é a confissão do homem segundo o coração de Deus; e em contar-nos sobre sua vida interior, ele escreve: "Eu estava embrutecido e ignorante." A palavra *embrutecido* aqui, significa mais do que seu sentido na linguagem comum. Asafe, em um versículo anterior deste salmo escreve: "Eu invejava os *arrogantes*, ao ver a prosperidade dos perversos", o que mostra que sua atitude insensata ou embrutecida era pecaminosa. Ele se rebaixa, colocando-se como "embrutecido" e acrescenta uma palavra para dar intensidade à afirmação: "Tão embrutecido eu estava." Quão *embrutecido* ele não pôde descrever. Foi um embrutecimento pecaminoso, um embrutecimento que poderia ser justificado pela frieza, mas que deveria ser condenado devido à sua perversidade e ignorância obstinada, pois ele havia invejado a prosperidade dos impiedosos, havia esquecido o terrível fim que espera tais pessoas. E somos nós melhores que Asafe a ponto de nos chamarmos sábios? Declaramos ter atingido a perfeição, ou termos sido tão disciplinados a ponto de a vara ter retirado de nós toda a obstinação? Isto definitivamente é orgulho! Se *Asafe* agiu com embrutecimento, quão brutos seríamos nós em nossas considerações se pudéssemos apenas olhar para nossas atitudes? Olhe para trás, cristão: pense em você duvidando de Deus quando Ele tem sido tão fiel a você — pense em seu tolo protesto dizendo: "Assim não, meu Pai" quando Suas mãos foram transpassadas em aflição para que você recebesse a bênção maior; pense nas muitas vezes em que você descobriu Suas providências na escuridão, interpretou mal Seus desígnios e lamuriou: "Tudo isto está contra mim," quando tudo estava, na realidade, cooperando para o seu bem! Pense em quão frequentemente você escolheu o pecado pelo prazer que proporciona, quando, na verdade, esse prazer era uma raiz de amargura para você! Certamente, se conhecemos nosso coração devemos nos declarar culpados da acusação de insensatez pecaminosa; e conscientes deste "embrutecimento," devemos tomar para nós a resolução consequente de Asafe — *"Tu me guias com o teu conselho"*.

29 de julho

"Todavia, estou sempre contigo..."
SALMO 73:23

Todavia — como se, apesar de toda a insensatez e ignorância que Asafe estava confessando a Deus, nem uma partícula seria alterada da verdade e da certeza de que Asafe era salvo e aceito, e de que a bênção de estar constantemente na presença de Deus era indubitavelmente dele. Ainda que plenamente consciente de seu estado de perdição e da falsidade e mesquinhez de sua natureza, por uma gloriosa irrupção de fé, ele canta: "Todavia, estou sempre contigo". Cristão, você é compelido a entrar na confissão e no reconhecimento de Asafe; empenhe-se nisso em espírito, para declarar: "Todavia, visto que pertenço a Cristo, estou continuamente com Deus!" Isto significa estar continuamente em Sua *mente*, Ele está sempre pensando em mim para o meu bem. Estou continuamente diante de Seus *olhos*; os olhos do Senhor nunca dormem, mas estão perpetuamente zelando pelo meu bem-estar. Continuamente em Suas *mãos*, de modo que ninguém dali poderá me arrancar. Continuamente em Seu *coração*, colocado ali como um memorial, assim como o sumo sacerdote carregava os nomes das doze tribos em seu coração sempre. "Tu sempre pensas em mim, ó Deus. As entranhas de Teu amor continuamente anelam por mim. Tu estás sempre operando para o meu bem, colocaste-me como selo sobre Teu braço; Teu amor é tão forte quanto a morte, as muitas águas não poderiam apagá-lo; nem os rios afogá-lo. Graça surpreendente! Tu me vês em Cristo, e embora em mim só haja aversão, tu me enxergas trajando as vestes de Cristo e lavado em Teu sangue e, portanto, em Tua presença me coloco aceito. Estou continuamente sob Teu favor — sempre contigo." Aqui está o consolo para a alma provada e aflita; atormentada pela tempestade interior — olhe para a calmaria exterior. *Todavia* — ó diga isso em seu coração e receba a paz que esta palavra traz. "Todavia, estou sempre contigo."

30 de julho

> *"E, caindo em si, desatou a chorar."*
> MARCOS 14:72

Alguns pensam que Pedro, enquanto viveu, chorou todas as vezes em que lembrou ter negado o Senhor. É provável que tenha sido assim, pois seu pecado foi grande demais, e, posteriormente, a graça operou nele perfeitamente. Esta mesma experiência é comum a toda família redimida, conforme o grau em que o Espírito de Deus removeu o coração natural de pedra. Nós, como Pedro, lembramos *nossa promessa jactanciosa*: "Ainda que venhas a ser um tropeço para todos, nunca o serás para mim." Engolimos nossas palavras com as amargas ervas do arrependimento. Quando pensamos no que prometemos que seríamos, e no que temos sido, podemos chorar torrentes de tristeza. Pedro pensou em quando *negou o Senhor*. O lugar em que o fez, a pequena causa que o levou a abominável pecado, os juramentos e blasfêmias com os quais procurou sancionar seu erro e a terrível dureza de coração que o levou a fazê-lo novamente e ainda mais uma vez. Podemos nós, quando somos lembrados de nossos pecados e sua excessiva iniquidade, permanecer impassíveis e obstinados? Não chamaremos nossa casa de Boquim [N.E.: Juízes 2:1-5, do hebraico: "pranteadores"] e clamaremos ao Senhor por garantias renovadas de amor perdoador? Que nunca olhemos para o pecado sem prànteá-lo, para que não tenhamos muito em breve a língua tostada nas chamas do inferno. Pedro também pensou no *olhar de amor de seu Mestre*. O Senhor acompanhou a voz alarmante do galo com um olhar repreensivo de tristeza, piedade e amor. Esse olhar jamais deixou a mente de Pedro enquanto ele viveu. Foi muito mais eficaz que dez mil sermões seriam, sem o Espírito.

O apóstolo arrependido certamente choraria ao recobrar o *perdão pleno do Salvador*, que o recolocou em seu antigo lugar. Pensar que ofendemos um Senhor tão amável e bondoso é razão mais que suficiente para prantearmos constantemente. "Senhor, quebranta nosso coração de pedra e faz as águas fluírem."

31 de julho

"...eu neles..."
JOÃO 17:23

Se tal é a união que subsiste entre nossa alma e a pessoa de nosso Senhor, quão profundo e amplo é o canal de nossa comunhão! Não se trata de um cano estreito através do qual uma corrente filamentar possa correr. É um canal de incrível profundidade e amplitude, do qual, ao longo de sua gloriosa extensão, fluem as torrentes de um enorme volume de água viva. Olhem, Ele coloca diante de nós uma porta aberta, não tardemos em entrar. Esta cidade de comunhão tem muitos portões de pérola, cada um deles de uma só pérola, e cada portão abre-se ao máximo para que entremos, certos de recebermos as boas-vindas. Se houvesse uma pequena fenda pela qual pudéssemos falar com Jesus, seria um elevado privilégio forçar uma palavra de comunhão através de uma porta estreita; como somos abençoados por ter tão larga entrada! Estivesse o Senhor Jesus distante de nós, com um mar tempestuoso entre nós e Ele, ansiaríamos por enviar um mensageiro a Ele, levando nossos amores e nos trazendo notícias da casa de Seu Pai; mas, veja Sua bondade, Ele construiu Sua casa ao lado da nossa, mais ainda, Ele hospeda-se conosco e mora em pobres e humildes corações, de modo que tenha comunicação perpétua conosco. Quão tolos seremos se não vivermos em comunhão rotineira com Ele. Quando a estrada é longa, perigosa e difícil, não precisamos nos surpreender com o fato de que amigos raramente se encontram, mas quando moram juntos, poderá Jônatas esquecer seu Davi? Uma esposa pode, quando seu marido está em uma jornada, permanecer muitos dias sem manter uma conversa com ele, mas nunca suportaria estar separada dele se soubesse que ele está em um dos cômodos de sua casa. Por que, cristão, não assentar-se à mesa de Seu banquete de vinho? Busque seu Senhor, pois Ele está próximo, receba-o, pois Ele é seu Irmão. Apegue-se a Ele, pois Ele é seu marido; e pressione-o contra seu coração, pois Ele é sua carne.

1º de agosto

"...Deixa-me ir ao campo, e apanharei espigas..."
RUTE 2:2

Cristão abatido e perturbado, venha e colha hoje no vasto campo de promessa. Nele há abundância de promessas preciosas, que satisfazem precisamente seus desejos. Receba esta promessa: "Não esmagará a cana quebrada, nem apagará a torcida que fumega". Isso não serve para você? A cana, abandonada, insignificante e fraca, uma cana quebrada, da qual nenhuma música emana; mais fraca que a própria fraqueza; uma cana quebrada. Ele, contudo, não esmagará você, mas, ao contrário, o restaurará e fortalecerá. Você é como torcida que fumega: nem luz, nem calor emanam de você; mas Ele não o apagará; Ele soprará com Seu doce fôlego de misericórdia até que sua chama se acenda. Você colheria outra espiga? "Vinde a mim, todos os que estais cansados e sobrecarregados, e eu vos aliviarei." Que palavras afáveis! Seu coração é delicado e o Mestre sabe disso e por isso fala tão gentilmente com você. Você deixará de obedecer-lhe e vir até Ele depois destas palavras? Tome outra espiga de milho: "Não temas, ó vermezinho de Jacó, povozinho de Israel; eu te ajudo, diz o SENHOR, e o teu Redentor é o Santo de Israel." Como sentir temor se tem uma certeza tão maravilhosa como essa? Você pode colher dez mil espigas como estas! "Desfaço as tuas transgressões como a névoa e os teus pecados, como a nuvem", ou esta: "ainda que os vossos pecados sejam como a escarlata, eles se tornarão brancos como a neve; ainda que sejam vermelhos como o carmesim, se tornarão como a lã." Ou ainda: "O Espírito e a noiva dizem: Vem! Aquele que ouve, diga: Vem! Aquele que tem sede venha, e quem quiser receba de graça a água da vida." O campo de nosso Mestre é muito rico; veja os feixes. Olhe, ali estão diante de você, pobre e medroso cristão! Ajunte-as, serão suas, pois Jesus o convida a colher as espigas. Não tenha medo, apenas creia! Agarre essas doces promessas, debulhe-as pela meditação e alimente-se delas com alegria.

2 de agosto

"...daquele que faz todas as coisas conforme o conselho da sua vontade".

EFÉSIOS 1:11

Nossa crença na sabedoria de Deus presume que Ele tem um propósito e que necessita de um plano estabelecido na obra da salvação. O que seria a *criação* sem Seu *design*? Há um peixe no mar, ou uma ave no ar que foi abandonado à sua própria sorte durante a formação? Não, em cada osso, junta e músculo, tendão, glândula e vaso sanguíneo notamos a presença de um Deus operando tudo de acordo com o projeto da sabedoria infinita. E estaria Deus presente na criação, governando sobre tudo, sem a *graça*? Deveria a nova criação ter a volúvel índole do livre-arbítrio para presidir-se quando o conselho divino governa a antiga criação? Olhe para a *Providência*! Quem não sabe que nenhum pardal cai no chão sem que o Pai permita? Mesmo os cabelos de sua cabeça estão todos contados. Deus pesa as montanhas de nossa tristeza e as colinas de nossa tribulação em balanças. E haverá um Deus de providência e não de graça? Teria sido a casca do fruto determinada por sabedoria e o caroço deixado às escuras? Não! Ele conhece o fim desde o começo. Ele vê em seu lugar determinado, não simplesmente a pedra angular que Ele assentou com argamassa colorida, no sangue de Seu amado Filho, mas observa em sua posição determinada cada uma das pedras escolhidas, retiradas da pedreira da natureza e polidas por Sua graça. Ele vê o todo, dos cantos à cornija, da base ao telhado, da fundação ao pináculo. Ele tem em Sua mente um conhecimento claro de todas as pedras que serão assentadas no espaço preparado e de quão vasto será o edifício e quando a pedra mais alta deverá ser trazida com gritos de "Graça! Graça!" Por fim, será claramente visto que em todo vaso de misericórdia escolhido, Jeová fez com os Seus como determinou; e que em todas as partes da obra da graça Ele cumpriu Seu propósito e glorificou Seu nome.

3 de agosto

> *"...o Cordeiro é a sua lâmpada"*
> APOCALIPSE 21:23

Contemple silenciosamente o Cordeiro como luz do céu. Luz nas Escrituras é símbolo de *alegria*. A alegria dos santos no céu engloba isto: Jesus nos escolheu, amou, comprou, lavou, vestiu, sustentou, glorificou. Estamos aqui inteiramente por meio do Senhor Jesus. Cada um destes pensamentos será para eles como um cacho de uvas de Escol. A luz também gera a *beleza*. Nada sobra da beleza quando a luz se vai. Sem a luz a safira não irradia seu esplendor, nenhum raio suave emana da pérola; e, portanto, toda a beleza dos santos no céu vem de Jesus. Assim como os planetas, os salvos refletem a luz do Sol da Justiça; eles vivem como raios partindo da órbita central. Se Ele se recolhesse, eles morreriam; se Sua glória fosse encoberta, a glória deles acabaria. A luz é também o símbolo do *conhecimento*. No céu, nosso conhecimento será perfeito, mas o próprio Senhor Jesus será a fonte desse conhecimento. Providências obscuras, nunca antes compreendidas, serão então vistas claramente e tudo o que nos confunde agora se tornará evidente para nós, à luz do Cordeiro. Ó! Quantas revelações haverá e como será glorificado o Deus de amor! Luz também significa *manifestação*. A luz manifesta. Neste mundo ainda não vemos como seremos. O povo de Deus é um povo escondido, mas quando Cristo receber Seu povo no céu, Ele os tocará com a vara de Seu amor e os transformará à imagem de Sua glória manifesta. Eram pobres e desprezíveis, mas serão totalmente transformados! Estavam manchados com o pecado, mas com um toque de Seu dedo eles ficarão mais claros que o sol e transparentes como cristal. Ó! Que manifestação! Tudo isso vem do Cordeiro exaltado. O que houver de esplendor radiante, terá seu centro e sua alma em Jesus. Ó, estar presente e vê-lo em Sua própria luz, o Rei dos reis e Senhor dos senhores!

4 de agosto

*"...mas o povo que conhece ao seu Deus
se tornará forte e ativo".*
DANIEL 11:32

Todo cristão entende que conhecer a Deus é a mais elevada e melhor forma de conhecimento; e esse conhecimento espiritual é uma fonte de força para o cristão. Fortalece sua *fé*. Os cristãos são constantemente mencionados nas Escrituras como pessoas iluminadas e instruídas pelo Senhor; diz-se que eles possuem "...unção que vem do Santo..." e é ocupação característica do Espírito guiá-los a toda verdade, e tudo isso para o aumento e promoção de sua fé. O conhecimento fortalece o *amor*, assim como a fé. O conhecimento abre a porta e por esta porta vemos nosso Salvador. Ou, para utilizar outra comparação, o conhecimento pinta o retrato de Jesus e quando vemos esse retrato, nós, então, o amamos, não podemos amar um Cristo que não conhecemos, pelo menos em algum grau. Se conhecemos pouco das qualidades de Jesus, do que Ele fez por nós e do que Ele está fazendo agora, não poderemos amá-lo muito; mas quanto mais o conhecermos, mais o amaremos. O conhecimento também fortalece a *esperança*. Como podemos esperar por algo se não sabemos que existe? A esperança pode ser o telescópio, mas até recebermos instrução, nossa ignorância se coloca diante da lente e não conseguimos ver nada; o conhecimento remove esse objeto interposto, e quando olhamos pela brilhante lente ótica, discernimos a glória a ser revelada e a antevemos com confiança jubilosa. O conhecimento nos fornece razões para a *paciência*. Como teremos paciência a não ser que conheçamos algo da empatia de Cristo e entendamos o bem que virá da correção que nosso Pai celestial nos envia? Não há também uma virtude sequer do cristão que, submetida a Deus, não venha a ser nutrida e levada à perfeição pelo conhecimento santo. Quão importante é, então, que cresçamos não apenas em graça, mas em "conhecimento" de nosso Senhor e Salvador Jesus Cristo.

5 de agosto

"Sabemos que todas as coisas cooperam para o bem daqueles que amam a Deus..." ROMANOS 8:28

No que diz respeito a alguns assuntos, o cristão possui sobre eles certezas absolutas. Ele sabe, por exemplo, que Deus se assenta na popa do navio quando esse muito se agita. Ele acredita que a invisível mão está sempre no leme do mundo e que, independentemente de para onde a providência possa ser levada, Jeová é quem guia. Esse conhecimento tranquilizador prepara o cristão para tudo. Ele olha para as águas tempestuosas e vê o espírito de Jesus caminhando pelos vagalhões e ouve uma voz dizendo: "Sou eu. Não temais!" Ele sabe também que Deus é sempre sábio, e, sabendo disso, tem confiança que não haverá acidentes, nem erros; que nada acontecerá que não esteja programado para acontecer. Ele pode dizer: "Se devo perder tudo o que tenho, é melhor que perca do que tenha, se assim Deus quiser. A pior calamidade é a coisa mais sábia e complacente que poderia acontecer comigo se Deus assim determinar." "Sabemos que todas as coisas cooperam para o bem daqueles que amam a Deus". O cristão não considera isso uma simples teoria, mas o *conhece* como fato. Tudo até agora cooperou para o bem; as drogas venenosas misturadas em proporções adequadas cooperaram para a cura; os cortes afiados da lanceta limparam a carne esponjosa facilitando a cura. Todos os acontecimentos até agora cooperaram para os resultados mais divinamente abençoados; então, acreditar que Deus governa tudo, que Ele governa sabiamente, que do mal Ele traz o bem, faz o coração do cristão ter convicção e ser capacitado calmamente a enfrentar cada prova conforme elas surgem. O cristão pode orar no espírito com verdadeira resignação: "Envia a mim o que tu quiseres, meu Deus, contanto que venha de ti; nunca veio de Tua mesa uma porção maléfica para nenhum de Teus filhos."

Não diga minh'alma "de onde virá a ajuda de Deus para mim?"
Lembre-se de que a Onipotência tem servos em todos os lugares.
Seu método é sublime, Seu coração profundamente dócil,
Deus nunca chega antes de Seu tempo e nunca chega depois.

6 de agosto

"...Guarda, a que hora estamos da noite?..."
ISAÍAS 21:11

Que inimigos estão adiante? Erros são uma multidão numerosa, e novos erros aparecem todas as horas: contra qual heresia devo montar guarda? Pecados rastejam de suas emboscadas quando a escuridão reina; eu preciso subir a torre de vigia e vigiar em oração. Nosso Protetor celestial antevê todos os ataques que estão prestes a ocorrer contra nós e quando o mal intentado ainda não passa de um desejo de Satanás, Ele ora por nós para que nossa fé não falhe quando formos peneirados como trigo. "Continua, ó gracioso Vigia, a nos prevenir de nossos inimigos, e pelo bem de Sião não retenhas Tua paz."

"Guarda, a que hora estamos da noite?" *Que clima se aproxima da Igreja?* As nuvens estão baixas, ou o céu limpo e claro? Precisamos nos preocupar com a Igreja do Senhor com amor inquieto; e agora que a falsa religião e a infidelidade ameaçam, observemos os sinais dos tempos e preparemo-nos para o combate.

"Guarda, a que hora estamos da noite?" *Que estrelas estão visíveis?* Que preciosas promessas são convenientes para nosso caso atual? Soe o alarme e nos dê consolação. Cristo, a estrela da manhã, está constantemente estabelecida em Seu lugar e todas as estrelas estão seguras na destra de seu Senhor.

Mas guarda, *quando vem o amanhecer?* O Noivo tarda. Não há sinais de Sua vinda como o Sol da Justiça? A estrela da manhã não surgiu como garantia do dia? Quando o dia alvorecerá e as sombras desaparecerão? "Ó Jesus, se tu não vieres pessoalmente à Tua Igreja que o aguarda neste dia, vem então em Espírito ao meu coração que suspira e faze-o cantar de alegria."

Agora toda Terra reluz de alegria
Com a recente manhã;
Mas meu coração está frio, escuro e triste:
Sol da alma, deixa-me observar Teu alvorecer!
Vem, Jesus, Senhor,
Prontamente vem, conforme Tua palavra.

7 de agosto

> *"...não é sem razão que te amam."*
> CÂNTICO DOS CÂNTICOS 1:4

Os cristãos amam Jesus com uma afeição mais profunda do que ousam dar a qualquer outro ser. Eles prefeririam perder pai e mãe a se separarem de Cristo. Não se agarram firmemente ao conforto terreno, mas carregam seu Senhor bem preso ao seu coração. Negam-se voluntariamente por amor a Ele, mas não são levados a *negá-lo*. Apenas o amor insuficiente pode ser extinto pelo fogo da perseguição; o amor do verdadeiro cristão é um córrego mais profundo que este. Homens trabalharam para separar os fiéis de Seu Mestre, porém, através dos séculos, seus esforços foram inúteis. Nem coroas de honra, nem olhares de ira desatariam este nó Górdio [N.E.: Veja nota no dia 18 de abril]. Esta não é uma ligação rotineira que o poder do mundo poderia finalmente dissolver. Nem o homem nem o demônio encontraram uma chave para abrir essa fechadura. Jamais a destreza de Satanás foi mais falha do que quando a exercitou buscando rasgar em pedaços esta união de dois corações divinamente unidos. Está escrito e nada pode apagar a frase: *"não é sem razão que te amam."* A intensidade do amor do justo, entretanto, não deve ser julgada pelo que aparenta, mas pelo que é o seu anseio. Nosso lamento diário é que não conseguimos amar o suficiente. Que nosso coração seja capaz de reter mais e ir além. Como Samuel Rutherford, suspiramos e clamamos: "Ó se todo o amor pudesse percorrer a Terra e chegasse até o céu — sim, o céu dos céus e dez mil mundos — eu o lançaria sobre o belo, o único e belo Cristo." Ai de nós! Por mais longe que possamos chegar, isso não passa de um palmo de amor, e nossa afeição não passa de uma gota em um balde comparada com Seus desertos. Meçamos nosso amor por nossas intenções e certamente será elevado; e é assim que cremos que nosso Senhor o julgará. Ó, que possamos entregar todo o amor de nosso coração Àquele que é totalmente amável!

8 de agosto

"...tecem teias de aranha..."
ISAÍAS 59:5

Veja a teia da aranha e a observe como uma imagem muito sugestiva da religião do hipócrita. *A teia é feita para apanhar sua presa*: a aranha engorda alimentando-se de moscas, e o fariseu tem seu reconhecimento.

Pessoas tolas são facilmente enlaçadas pelas altas declarações de embusteiros e até mesmo os mais criteriosos nem sempre escapam. Filipe batizou Simão, o mago, cuja declaração de fé fraudulenta logo foi destruída pela severa repreensão de Pedro. Tradição, reputação, elogio, promoção e outras moscas são as pequenas caças que hipócritas apanham em suas teias. Uma teia de aranha é um *prodígio de habilidade*: olhe e admire a habilidosa astúcia do caçador. A religião de um impostor não é igualmente maravilhosa? Como ele faz de uma mentira tão descarada algo que aparenta ser verdade? Como consegue que sua resposta de ouropel se pareça tanto com ouro? Uma teia de aranha *vem completamente das entranhas da criatura*. A abelha ajunta sua cera das flores, a aranha não suga flores e ainda assim fia seu material em qualquer extensão. Da mesma forma, hipócritas encontram sua confiança e esperança dentro de si; sua âncora foi forjada em sua própria bigorna e o cabo é torcido por suas próprias mãos. Lançam seus próprios alicerces e constroem os pilares de sua própria casa, escarnecendo do fato de serem devedores da graça soberana de Deus. Mas a teia de aranha é algo *muito frágil*. É curiosamente feita, mas não é feita para durar. Jamais resiste à vassoura de um servo, ou ao cajado do viajante. O hipócrita não precisa de uma bateria de alta tensão para que sua esperança se destrua em pedaços, um mero sopro do vento já basta. As teias de aranha da hipocrisia em breve cairão, quando a vassoura da destruição começar sua obra purificadora. Isto nos traz à mente mais uma consideração: tais teias *não serão toleradas na casa do Senhor*. Ele garantirá que as teias e aqueles que as teceram sejam destruídos para sempre. Ó minh'alma, descanse em algo melhor que uma teia de aranha. Seja o Senhor Jesus seu eterno lugar de refúgio.

9 de agosto

*"A cidade não precisa nem do sol,
nem da lua, para lhe darem claridade..."*
APOCALIPSE 21:23

Lá no mundo melhor, os habitantes são independentes do conforto que cerca todas as criaturas. Não têm necessidade de vestuário; seus mantos brancos nunca se gastam e nunca se deterioram. Não precisam de medicamento para curar doenças, pois: "Nenhum morador de Jerusalém dirá: Estou doente". Não precisam dormir para repor as energias de seus corpos — não descansam durante o dia nem à noite, mas incansavelmente o louvam em Seu templo. Não precisam de relacionamentos sociais para terem consolo, e qualquer felicidade que possa ser fruto da união com seus companheiros não é essencial para seu êxtase, pois a comunhão com seu Senhor é suficiente para suprir seus maiores desejos. Lá não precisam de mestres, eles comungam inquestionavelmente uns com os outros a respeito dos assuntos de Deus, mas não precisam disso como forma de instrução; todos são ensinados pelo Senhor. Nossas são as esmolas no portão do rei, mas eles podem banquetear-se na própria mesa. Aqui nos recostamos em um ombro amigo, mas lá eles se recostam em seu Amado e somente nele. Aqui precisamos da ajuda de nossos companheiros, mas lá eles encontram tudo o que desejam em Cristo Jesus. Aqui olhamos para a carne que perece, e para o vestuário que se deteriora pela traça, mas lá eles têm tudo em Deus. Utilizamos o balde para conseguirmos água do poço, mas lá eles bebem da fonte principal, e encostam seus lábios na água viva. Aqui os anjos nos trazem bênção, mas lá não desejaremos mensageiros do céu. Eles não precisam de Gabriel para lhes trazer bilhetes de amor de Deus, pois lá veem *Jesus* face a face. Ó, que tempo abençoado será quando estivermos acima de qualquer causa secundária e pudermos descansar no braço de Deus! Que hora gloriosa quando Deus, e não Suas criaturas, o Senhor, e não Suas obras, forem nossa alegria diária! Nossa alma terá então atingido a perfeição da felicidade.

10 de agosto

"...Cristo, que é a nossa vida..."
COLOSSENSES 3:4

A expressão de Paulo, maravilhosamente rica, indica que Cristo é a *fonte* de nossa vida. "Ele vos deu vida, estando vós mortos nos vossos delitos e pecados." Essa mesma voz que trouxe Lázaro para fora do túmulo nos ressuscitou para a novidade de vida. Ele é agora a *essência* de nossa vida espiritual. É pela vida dele que vivemos; Ele é em nós a esperança da glória, a fonte de nossas ações, o pensamento central que move todos os outros pensamentos. *Cristo é o alimento de nossa vida*. De que o cristão pode se alimentar se não da carne e do sangue de Jesus? "Este é o pão que desce do céu, para que todo o que dele comer não pereça." Ó peregrinos exaustos neste deserto de pecado, vocês nunca recebem um bocado para satisfazer a fome de seus espíritos, a não ser que o encontrem nele! *Cristo é o conforto de nossa vida*. Todas as nossas verdadeiras alegrias vêm dele; e em momentos de luta, Sua presença é nossa consolação. Não há nada pelo que valha a pena viver exceto por Ele; e Sua bondade é melhor que a vida! *Cristo é o propósito*. Conforme o navio se apressa em direção ao porto, também apressa-se o cristão em direção ao ancoradouro, o amplexo de seu Salvador. Como a flecha que voa para seu alvo, assim também o cristão voa rumo ao aperfeiçoamento de sua comunhão com Cristo Jesus. Como o soldado que luta por seu capitão e é coroado na vitória de seu capitão, também o cristão luta por Cristo e recebe seu triunfo como parte dos triunfos de seu Mestre. Para ele "o viver é Cristo". *Cristo é o modelo de nossa vida*. Onde há a mesma vida interior, haverá e deve haver, em grande amplitude, a mesma vida exterior; e se vivermos em comunhão íntima com o Senhor Jesus, cresceremos como Ele. Nós o colocaremos como nosso exemplo divino e procuraremos caminhar em Seus passos, até que Ele se torne *a coroa de nossa vida em glória*. Ó, como é seguro, honrado e feliz o cristão, visto que Cristo é nossa vida!

11 de agosto

> *"Ah! Quem me dera ser
> como fui nos meses passados..."*
> JÓ 29:2

Muitos cristãos olham para o passado com satisfação, mas consideram o presente com descontentamento; olham para trás, para os dias que passaram em comunhão com o Senhor como sendo os dias mais doces e melhores que já experimentaram, mas o presente está coberto com uma roupagem negra de melancolia e lugubridade. Antes viviam próximos a Jesus, mas agora sentem ter se apartado dele e dizem: "Ah! Quem me dera ser como fui nos meses passados." Reclamam por ter perdido seus testemunhos, ou por não terem paz de espírito, ou por não terem gozo nas ações da graça, ou porque a consciência não é tão afável, ou por não terem tanto zelo pela glória de Deus. As causas deste estado pesaroso são muitas. Podem surgir, em termos comparativos, por meio da *negligência da oração*, pois um lugar de oração não frequentado é o começo de todo declínio espiritual. Ou podem ser resultado da *idolatria*. O coração foi ocupado com algo mais, algo além de Deus; as afeições foram direcionadas para os bens da Terra, em lugar dos tesouros do céu. Um Deus zeloso não ficará satisfeito com um coração dividido; Ele deve ser amado antes de tudo o mais e melhor do que tudo o mais. Ele retirará Sua presença que é como a luz solar de um coração frio e errante. A causa pode também ser encontrada na *autoconfiança* e no farisaísmo. O orgulho se ocupa do coração e o ser é exaltado em lugar de prostrar-se aos pés da cruz. Cristão, se você agora não é como foi "nos meses passados" não descanse satisfeito por *desejar* um retorno à antiga felicidade, mas vá imediatamente buscar seu Mestre e conte a Ele sobre seu triste estado. Peça que Sua graça e força o ajudem a caminhar mais perto dele; humilhe-se diante dele e Ele o exaltará, e dará a você novamente a alegria de desfrutar da luz de Seu semblante. Não se assente para suspirar e lamentar; enquanto o amado Médico vive, há esperança, há certeza de recuperação para os piores casos.

12 de agosto

"Reina o Senhor. Regozije-se a terra..." SALMO 97:1

Enquanto esta bendita sentença for verdadeira não há uma só causa para desassossego. No mundo o poder do Senhor controla prontamente a ira dos perversos, assim como a ira do mar; Seu amor revigora facilmente os pobres com misericórdia, como a Terra com chuvas. A majestade lampeja em clarões de fogo em meio a tempestades horripilantes, e a glória do Senhor é vista em sua majestade na queda dos impérios e na destruição dos tronos. Em todos os nossos conflitos e tribulações, podemos observar a mão do Rei divino.

Deus é Deus; Ele vê e ouve / Nossos problemas e lágrimas.
Não esqueça minh'alma, em meio a suas dores,
Para sempre, Deus reina sobre tudo.

No inferno, maus espíritos reconhecem, com penúria, Sua supremacia incontestável. Quando têm permissão para perambular, o fazem com uma corrente em seu calcanhar; o freio está na boca de beemote [n.e.: Jó 40:15-24 ARC], e o anzol na mandíbula do leviatã. Os dardos da morte estão sob o bloqueio do Senhor, e as prisões dos sepulcros têm o poder divino como sua sentinela. A terrível vingança do Juiz de toda a Terra faz os inimigos se esconderem e tremerem, assim como cães no canil temem o chicote do caçador.

Não temas a morte, nem os ataques de Satanás,
Deus defende quem nele confia;
Alma, lembre-se de que em suas dores,
Para sempre, Deus reina sobre tudo.

No céu ninguém duvida da soberania do Rei eterno, mas todos prostram o seu rosto para prestar-lhe honra. Os anjos são a corte de Deus; os redimidos são Seus favoritos; e todos se deleitam em servi-lo, noite e dia. Ó! Que logo cheguemos à cidade do grande Rei!

Pela longa noite de tristeza desta vida / Ele nos dará paz e alegria.
Alma, lembre-se de que em suas dores,
Para sempre, Deus reina sobre tudo.

13 de agosto

> *"Avigoram-se as árvores do Senhor
> e os cedros do Líbano que ele plantou."*
> SALMO 104:16

Os cedros do Líbano são símbolos do cristão, no sentido de que *eles devem seu plantio inteiramente ao Senhor*. Isto é totalmente verdadeiro para todo filho de Deus. Ele não é plantado pelo homem nem por si mesmo, mas plantado por Deus. A misteriosa mão do Espírito divino coloca a semente viva em um coração que Ele mesmo preparou para recebê-la. Todo verdadeiro herdeiro do céu reconhece o grande Noivo como seu agricultor. Além disso, os cedros do Líbano *não dependem de homens para irrigação*; eles ficam nas rochas elevadas, sem que nenhum homem os irrigue, contudo nosso Pai celestial os abastece. Assim o é com o cristão que aprendeu a viver pela fé. Ele não depende do homem, mesmo nas questões temporais; para seu contínuo sustento ele olha para o Senhor seu Deus, e somente para Ele. O orvalho do céu é sua porção e o Deus do céu é sua fonte. Novamente, os cedros do Líbano *não são protegidos por nenhum poder mortal*. Eles não devem nada ao homem por serem preservados em ventos tempestuosos e temporais. São árvores de Deus, mantidas e preservadas por Ele e somente por Ele. Precisamente o mesmo acontece com o cristão. Ele não é uma planta de estufa, abrigada da tentação; ele está na posição mais exposta, não tem abrigo, nem proteção, exceto por isso: as amplas asas do Deus eterno sempre cobrem os cedros que Ele mesmo plantou. Como os cedros, os cristãos são *cheios de seiva*, têm vitalidade suficiente para permanecer sempre verdes, mesmo em meio às neves do inverno. Por fim, a condição viçosa e grandiosa do cedro *deve ser motivo de louvor a Deus apenas*. O Senhor, e apenas Ele, é tudo para os cedros, e, portanto, Davi muito docemente coloca esse fato em um dos salmos: "Louvem ao Senhor árvores frutíferas e todos os cedros." No cristão não há nada que possa magnificar o homem; ele é plantado, nutrido e protegido pela mão do Senhor e a Ele seja imputada toda a glória.

14 de agosto

> *"Pois me alegraste, Senhor, com os teus feitos..."*
> SALMO 92:4

Você crê que seus pecados foram perdoados e que Cristo cumpriu a expiação completa por eles? Que cristão alegre *você será*! Você viverá acima das provas e sofrimentos comuns do mundo! Considerando que o pecado está perdoado, importa o que acontecerá com você agora? Lutero disse: "Castiga-me, Senhor, castiga-me, desde que meu pecado esteja perdoado; se me perdoaste, castiga-me o quanto quiseres"; e em espírito semelhante você pode dizer: "Envia doença, pobreza, perdas, cruzes, perseguição, o que o Senhor quiser; o *Senhor me perdoou*, e minha alma se alegra." Cristão, se você é salvo, além de contente, *seja grato e amável*. Apegue-se a essa cruz que levou o pecado; sirva Aquele que serviu você. "Rogo-vos, pois, irmãos, pelas misericórdias de Deus, que apresenteis o vosso corpo por sacrifício vivo, santo e agradável a Deus, que é o vosso culto racional." Não deixe que seu zelo evapore em alguma agitação desproposital. Demonstre seu amor com indícios significativos. Ame os irmãos daquele que o amou. Se, em algum lugar, houver um Mefibosete que é manco ou coxo, ajude-o por amor a Jônatas. Se houver um pobre cristão sendo provado, chore com ele e carregue sua cruz por amor Àquele que chorou por você e carregou seus pecados. Uma vez que você é livremente perdoado, vá, por amor a Cristo, e conte a outros as alegres boas-novas da misericórdia perdoadora. Não se contente com essa inefável bênção somente para você, mas divulgue a história da cruz amplamente. A santa alegria e a santa ousadia farão de você um bom pregador, e todo o mundo será o púlpito em que você pregará. A santidade contente é o sermão mais impetuoso, mas o Senhor deve concedê-la a você. Busque-a nesta manhã antes de lançar-se ao mundo. Quando nos alegramos na obra do Senhor, não precisamos temer estar demasiadamente alegres.

15 de agosto

"Saíra Isaque a meditar no campo, ao cair da tarde..."
GÊNESIS 24:63

Muito admirável era sua ocupação. Se aqueles que gastam tantas horas em companhia ociosa, leituras leves e passatempos inúteis pudessem aprender a sabedoria, encontrariam companhia mais proveitosa e compromissos mais interessantes na meditação do que nas vaidades que agora os fascinam tanto. Todos nós saberíamos mais, viveríamos mais próximos de Deus e cresceríamos em graça, se ficássemos mais tempo sozinhos. A meditação rumina e extrai a real nutrição do alimento mental colhido em outro lugar. Quando Jesus é o tópico, a meditação é realmente doce. Isaque encontrou Rebeca enquanto se ocupava de reflexões em secreto; muitos outros encontraram seu mais Amado neste mesmo lugar.

Muito admirável foi a escolha do local. No campo temos objetos de estudo à mostra rodeados de motivos para reflexão. Do cedro ao hissopo, da águia que plana ao grilo que cricrila, da extensão azul do céu ao cair do orvalho, todas as coisas estão repletas de ensinamentos, e quando os olhos estão divinamente abertos, esse ensinamento lampeja na mente muito mais vividamente que livros escritos. Nossos quartos pequenos não são salubres tampouco tão inspiradores, tão aprazíveis ou tão estimulantes como os campos. Não estimemos nada como comum ou impuro, mas tenhamos consciência de que todas as coisas criadas apontam para o Criador e o campo será imediatamente consagrado.

Muito admirável foi o momento. A hora do cair da tarde, que estende um véu sobre o dia, condiz com a tranquilidade da alma quando as preocupações deste mundo rendem-se às alegrias da comunhão celestial. A glória do sol que se põe desperta nossa admiração e a solenidade da noite que se aproxima reaviva nossa reverência. Se a ocupação deste dia permitir, será bom, caro leitor, se você reservar uma hora para caminhar no campo ao anoitecer, mas não sendo possível, o Senhor também está na cidade e encontrará você em seu quarto ou na rua movimentada. Deixe que seu coração vá e o encontre.

16 de agosto

"Tributai ao Senhor a glória devida ao seu nome..."
SALMO 29:2

A glória de Deus é o resultado de Sua natureza e de Seus atos. Ele é glorioso em Seu caráter, pois há tanta riqueza de tudo o que é santo, bom e amável em Deus, que é imprescindível que Ele seja glorioso. As ações que fluem de Seu caráter também são gloriosas; porém, embora Ele intente que elas manifestem a Suas criaturas Sua bondade, misericórdia e justiça, Ele se preocupa, igualmente, que a glória associada a elas seja dada apenas a Ele. Não há também coisa alguma em nós de que possamos nos gloriar; pois o que nos faz diferir uns dos outros? E o que temos que não tenhamos recebido do Deus de toda a graça? Então, quão cuidadosos devemos ser para *caminhar humildemente diante do Senhor*! No momento em que glorificamos a nós mesmos, nos colocamos como rivais do Altíssimo, visto que há espaço apenas para uma glória no universo. Deveria o inseto tão ínfimo glorificar-se diante do sol que o aquece por toda a vida? Deveria o objeto de barro exaltar-se acima do homem que o modelou na roda? Deveria a poeira do deserto contender com o vendaval? Ou as gotas do oceano lutar contra a tempestade? "Tributai ao Senhor, filhos de Deus, tributai ao Senhor glória e força. Tributai ao Senhor a glória devida ao seu nome." Contudo, aprender essa sentença é talvez uma das lutas mais duras da vida cristã. "Não a nós, Senhor, não a nós, mas ao teu nome dá glória." É uma lição que Deus nos ensina continuamente e, algumas vezes, pela disciplina mais dolorosa. Assim que o cristão começar a gloriar-se, "tudo posso" sem acrescentar "naquele que me fortalece", muito em breve ele terá que gemer: "Não posso nada" e lamentar-se no pó. Quando fizermos algo para o Senhor e Ele se agradar com nossos feitos, lancemos nossas coroas aos Seus pés e exclamemos: "Não eu, mas a graça de Deus comigo."

17 de agosto

> *"...a misericórdia de Deus..."*
> SALMO 52:8

Medite um pouco nessa misericórdia do Senhor. É *misericórdia afável*. Com toque gentil e amável Ele cura o quebrantado de coração e limpa suas feridas. Ele é gracioso em Sua conduta assim como o é na matéria de Sua misericórdia. É *grande misericórdia*. Não há nada pequeno em Deus; Sua misericórdia é como Ele — infinita. Não se pode medi-la. Sua misericórdia é tão grande que perdoa grandes pecados a grandes pecadores, após grandes períodos de tempo, e, então, concede grandes favores e grandes privilégios e nos eleva a grandes alegrias no grande céu do grande Deus. É *misericórdia imerecida*, como, de fato, toda misericórdia verdadeira deve ser, pois misericórdia merecida é apenas uma designação errônea para justiça. Não havia, da parte do pecador, direito à bondosa consideração do Altíssimo; o rebelde teria ricos méritos em sua condenação caso tivesse sido sentenciado imediatamente ao fogo eterno; e, se liberto da ira, o pleito seria exclusivamente do amor soberano, pois no pecador não há pleito algum. É *rica misericórdia*. Algumas coisas são grandes, mas têm em si pouca eficácia, mas esta misericórdia é alimento para nosso espírito abatido; um unguento áureo para nossas feridas ensanguentadas; uma bandagem celestial para nossos ossos quebrados; uma carruagem real para nossos pés cansados; um abraço de amor para nosso coração trêmulo. É *misericórdia múltipla*. Como Bunyan diz: "Todas as flores no jardim de Deus são duplicadas." Não há misericórdia que não seja duplicada. Você pode pensar que tem uma única misericórdia, mas descobrirá que o que tem é um conjunto de misericórdia. É *misericórdia abundante*. Milhões a receberam, contudo, longe de estar extenuada, é tão nova, tão plena e tão livre como nunca. É *misericórdia infalível*. Nunca o deixará. Se a misericórdia for sua amiga, ela estará com você na tentação para impedir que ceda; com você no sofrimento para impedir que afunde; vivendo com você para ser a luz e a vida do seu semblante; e morrendo com você para ser a alegria da sua alma quando o consolo terreno rapidamente se esgotar.

18 de agosto

"...vieram estrangeiros e entraram
nos santuários da Casa do Senhor."
JEREMIAS 51:51

Neste relato, os rostos do povo do Senhor estavam cobertos de vergonha, pois era algo terrível que homens invadissem o Lugar Santo reservado apenas aos sacerdotes. Em toda parte ao nosso redor vemos motivo semelhante para tristeza. Quantos homens incrédulos estão agora estudando com intenções de entrar no ministério! Que pecado evidente é esta solene mentira pela qual toda a nossa população é nominalmente envolvida em uma Igreja Nacional! [N.E.: Relacionado ao anglicanismo como religião oficial da Inglaterra. Permanece até os dias atuais.] Quão temível é que ordenanças sejam impostas a não-cristãos e que entre as igrejas mais esclarecidas de nossa nação haja tal lassidão de disciplina. Se todos os milhares que lerão este trecho colocarem esta questão diante do Senhor Jesus, Ele interferirá e impedirá que o mal venha sobre Sua Igreja. Adulterar a Igreja é como poluir um poço, derramar água sobre fogo, semear um campo fértil com pedras. Tenhamos todos graça para manter, de modo distinto, a pureza da Igreja, como uma assembleia de cristãos e não como uma nação, uma comunidade não salva, de homens não convertidos.

Nosso zelo deve, entretanto, começar em casa. Examinemos a *nós mesmos* em nosso direito de comer à mesa do Senhor. Tenhamos o cuidado de vestir nossas vestes de bodas, a fim de que não sejamos intrusos nos santuários do Senhor. "Muitos são chamados, mas poucos escolhidos; apertado é o caminho e a porta é estreita." Ah! Que tenhamos a graça de chegar a Jesus de maneira reta, com a fé do eleito de Deus. Ele, que atingiu Uzá por tocar a arca, é muito zeloso de Suas duas ordenanças; como verdadeiro cristão posso acessá-las livremente, como estrangeiro não devo tocá-las a fim de que não morra. A sondagem de coração é o dever de todos os que são batizados ou vêm à mesa do Senhor. *Sonda-me, ó Deus, e conhece o meu coração, prova-me e conhece os meus pensamentos.*

19 de agosto

> *"Ele se manterá firme e apascentará
> o povo na força do SENHOR..."*
> MIQUEIAS 5:4

O reinado de Cristo em Sua Igreja é o reinado de *pastor-rei*. Ele tem supremacia, mas Sua superioridade é a de um pastor sábio e afável com seu rebanho carente e afetuoso; Ele ordena e recebe obediência, mas é a obediência deliberada de ovelhas bem cuidadas, rendidas com alegria ao seu amado Pastor, cuja voz elas conhecem tão bem. Ele governa pela força do amor e pelo vigor da bondade.

Seu reinado é *prático em seu caráter*. A Palavra diz: "Ele se *manterá firme e apascentará o povo...*". O grande Cabeça da Igreja está comprometido ativamente com a provisão para Seu povo. Ele não se assenta no trono vaidosamente nem segura um cetro sem exercer domínio no governo. Não, Ele se mantém firme e apascenta. A expressão "apascentar", no original, é como uma analogia no grego, que significa pastorear, fazer tudo o que é esperado de um pastor: guiar, zelar, preservar, restaurar, cuidar e alimentar.

Seu reinado é *contínuo em duração*. Lemos: "*Ele se manterá firme e apascentará o povo*"; e não "Ele apascentará de vez em quando e abandonará Seu cargo"; ou então: "Um dia Ele concederá grande avivamento e no dia seguinte deixará Sua Igreja à mercê da aridez." Seus olhos jamais dormem e Suas mãos jamais descansam; Seu coração nunca deixa de pulsar com amor e Seus ombros jamais se cansam de carregar os fardos de Seu povo.

Seu reinado é *eficazmente poderoso em suas ações*: "Ele apascentará na força do Senhor." Onde estiver Cristo, ali está Deus; e o que Cristo faz é ação do Altíssimo. Ó! Que verdade jubilosa é considerar que Aquele que hoje está firme representando os interesses de Seu povo é o Deus dos deuses, a quem todo joelho se dobrará. Felizes somos nós que pertencemos a tal Pastor, cuja humanidade comunga conosco e cuja divindade nos protege. Adoremos a Ele e nos curvemos diante dele, como ovelhas de Seu pasto.

20 de agosto

"...o mavioso salmista de Israel."
2 SAMUEL 23:1

Entre todos os santos cuja vida está registrada nos Escritos Sagrados, Davi possui uma experiência de caráter extremamente notável, diversa e instrutiva. Em sua história nos deparamos com provas e tentações que não são dadas a conhecer, como um todo, na vida de outros santos dos tempos antigos, e, portanto, tudo indica que ele seja uma representação de nosso Senhor. Davi conhecia lutas de todas as ordens e condições dos homens. Reis têm suas lutas e Davi usou uma coroa; o camponês tem suas preocupações e Davi manuseou um cajado de pastor; o viajante passa por muitas provações e Davi permaneceu nas cavernas de En-Gedi, o capitão tem suas dificuldades e para Davi os filhos de Zeruia foram grandes dificuldades. O salmista também foi tentado em suas amizades, seu conselheiro Aitofel o abandonou: "Aquele que come do meu pão levantou contra mim seu calcanhar." Seus piores inimigos vieram de sua própria casa: seus filhos foram sua maior desgraça. As tentações de pobreza e riqueza, de honra e reprovação, de saúde e doença; todas forçaram seu poder contra ele. Ele teve tentações exteriores para perturbar sua paz e interiores para arruinar sua alegria. Davi mal escapava de uma prova e já caía em outra; mal saía de uma temporada de desânimo e temor e já era novamente levado às mais baixas profundidades e as ondas e vagalhões de Deus passavam sobre ele. É provavelmente por este motivo que os salmos de Davi são, sem exceção, o deleite de cristãos maduros. Seja qual for nossa constituição mental, êxtase ou depressão, Davi conseguiu descrever nossas emoções com exatidão. Ele foi um hábil mestre do coração humano, porque havia sido instruído na melhor das escolas — a escola da experiência pessoal sincera. Conforme somos instruídos na mesma escola, conforme amadurecemos em graça e em anos, cada vez mais apreciamos os salmos de Davi e percebemos que são como "verdes pastos". Ó, minh'alma, que a experiência de Davi a alegre e console neste dia.

21 de agosto

"...quem dá a beber será dessedentado."
PROVÉRBIOS 11:25

Aqui aprendemos a grande lição: para receber precisamos dar; para acumular, precisamos espalhar; para ser feliz, precisamos fazer outros felizes; e para nos tornar espiritualmente vigorosos precisamos buscar o bem espiritual de outros. Ao dar de beber a outros somos dessedentados. Como? Nossos esforços para sermos úteis *trazem à tona nosso poder de utilidade*. Temos talentos latentes e aptidões dormentes que são trazidos à luz pelo exercício. Nossa força de trabalho fica escondida até mesmo de nós a não ser que nos aventuremos a lutar as batalhas do Senhor ou que escalemos as montanhas da dificuldade. Não sabemos que compaixões afáveis possuímos até que tentemos secar as lágrimas da viúva e aliviar a dor do órfão. Geralmente, na tentativa de ensinar outros, percebemos que *nós mesmos somos instruídos*. Ó, que lições graciosas alguns de nós aprenderam em leitos de enfermidade! Fomos ensinar as Escrituras e saímos envergonhados por sabermos tão pouco sobre elas. Em nossas conversas com santos abatidos, mais aprendemos sobre o caminho de Deus de modo primorosamente adequado para nós e chegamos a uma compreensão profunda da verdade divina. De modo que dar de beber *nos torna humildes*. Descobrimos quanta graça há onde não iríamos procurá-la; e quanto o santo abatido pode nos sobrepujar em conhecimento. Nosso *consolo aumenta* ao trabalharmos por outros. Nós nos empenhamos em alegrá-los e a consolação alegra nosso coração. Como dois homens na neve: um aqueceu os membros do outro para que não morresse e ao fazê-lo, cada um manteve seu sangue circulando e salvou sua própria vida. A pobre viúva de Sarepta deu de seu escasso suprimento, uma provisão para o profeta necessitado e a partir daquele dia ela nunca mais experimentou a miséria. "Dai, e dar-se-vos-á; boa medida, recalcada, sacudida, transbordante."

22 de agosto

"Conjuro-vos, ó filhas de Jerusalém, se encontrardes o meu amado, que lhe direis? Que desfaleço de amor."
CÂNTICO DOS CÂNTICOS 5:8

Tal é a linguagem do cristão que, arquejante após comungar com Jesus, *desfalece pelo Senhor*. Almas graciosas jamais estão perfeitamente descansadas a não ser que estejam em um estado de proximidade com Cristo; pois quando estão longe dele perdem sua paz. Quanto mais perto dele, mais perto da perfeita calma do céu; quanto mais perto dele, mais pleno fica o coração, não apenas de paz, mas de vida, vigor e alegria, pois todos estes dependem do relacionamento constante com Jesus. O que o Sol é para o dia, o que a Lua é para a noite, o que o orvalho é para a flor, é Jesus para nós. O que o pão é para a fome, a roupa para o nu, a sombra de uma grande rocha para o viajante em terras exaustivas, é Jesus Cristo para nós; e, portanto, se não somos um com Ele intencionalmente, é pouco admirar-se, se nosso espírito clamar nas palavras do cântico: "Conjuro-vos, ó filhas de Jerusalém, se encontrardes o meu amado, que lhe direis? Que desfaleço de amor." Este anseio intenso por Jesus tem consigo uma bênção: "Bem-aventurados os que têm fome e sede de justiça"; e, portanto, extremamente abençoados são aqueles que têm sede do Justo. Bendita é esta fome, considerando que vem de Deus: se eu não tiver a bem-aventurança totalmente desabrochada de ser cheio, buscarei a mesma bem-aventurança em seu doce botão de flor, no vazio e na avidez, até que seja pleno de Cristo. Se não conseguir me alimentar de Jesus, eu me colocarei à vizinhança do céu para ter fome e sede dele. Há algo de sagrado nesta fome, considerando que cintila entre as beatitudes de nosso Senhor. Mas a bênção envolve uma promessa. Estes que têm fome "serão fartos" daquilo que desejam. Se o próprio Cristo então nos faz ansiar por Ele, Ele certamente satisfará esses anseios; e quando Ele vier a nós, porque certamente virá, ó, que doce será!

23 de agosto

> "...nunca mais se ouvirá nela
> nem voz de choro nem de clamor."
>
> ISAÍAS 65:19

Os glorificados não choram mais, pois *todas as causas externas de tristeza se foram*. Não há amizades destruídas ou perspectivas malignas no céu. Pobreza, fome, perigo, perseguição e difamação são desconhecidos lá. Não há pesar da dor, nem pensamentos de morte ou abatimento por perda. Não choram mais, pois *estão perfeitamente santificados*. Nenhum "perverso coração de incredulidade" os instiga a apartar-se do Deus vivo; estão diante de Seu trono, sem culpa e plenamente conformados à Sua imagem. Deixarão de prantear aqueles que deixaram de pecar. Não choram mais *porque todo o medo da mudança é findo*. Sabem que estão eternamente seguros. O pecado está excluído e os santos incluídos. Habitam em uma cidade que jamais será atacada; se aquecem ao sol — sol que nunca se porá; bebem de um rio que jamais secará; colhem frutos de uma árvore que nunca murchará. Ciclos incontáveis revolverão, mas a eternidade não se consumirá, e, enquanto a eternidade durar, sua imortalidade e bem-aventurança coexistirão com ela. Eles estão para sempre com o Senhor. Não choram mais porque *todos os desejos estão realizados*. Não há o que desejar que já não tenham. Olhos e ouvidos, coração e mãos, sentença, imaginação, esperança, desejo, vontade, todas as faculdades estão completamente satisfeitas; e por mais imperfeitas que sejam nossas ideias presentes daquilo que Deus preparou para aqueles que o amam, ainda assim sabemos o suficiente; pela revelação do Espírito que os santos no céu são extremamente abençoados. A alegria de Cristo, que é uma plenitude infinita de deleite, está neles. Eles se banham no mar sem fundo e sem costa da beatitude infinita. Esse mesmo descanso jubiloso perdura para nós. Pode não estar tão distante. Em breve o salgueiro-chorão será trocado pela palmeira da vitória, e as gotas de orvalho da tristeza serão transformadas em pérolas de felicidade eterna. "Consolai-vos, pois, uns aos outros com estas palavras."

24 de agosto

"Subirá diante deles o que abre caminho..."
MIQUEIAS 2:13

Visto que Jesus foi à nossa frente, as coisas não permanecem como seriam se Ele não tivesse passado por esse caminho. Ele *venceu todo inimigo* que obstruía o caminho. Alegre-se agora, guerreiro medroso. Não apenas Cristo transitou pela estrada, mas Ele acabou com seus inimigos. Você teme o pecado? Ele o pregou à Sua cruz. Você teme a morte? Ele foi a morte da morte. Você tem medo do inferno? Ele o trancou impedindo a entrada de qualquer um de Seus filhos; eles jamais verão o golfo da perdição. Qualquer inimigo que esteja diante do cristão já foi vencido. Há leões, mas seus dentes foram quebrados; há serpentes, mas suas presas foram retiradas; há rios, mas há pontes pelas quais se pode atravessá-los; há chamas, mas usamos a vestimenta incomparável que nos torna invulneráveis ao fogo. A espada que foi forjada contra nós já está cega; os instrumentos de guerra que o inimigo está preparando já não têm objetivo. Deus, na pessoa de Cristo, retirou todo o poder que qualquer coisa possa ter de nos ferir. Muito bem, então o exército pode marchar em segurança e você pode ir adiante, alegre em sua jornada, pois todos os seus inimigos foram vencidos de antemão. O que você pode fazer a não ser marchar para capturar a presa? Estão vencidos, subjugados; tudo o que precisa fazer é dividir os despojos. É verdade que frequentemente você entrará em combate; mas sua luta será contra um inimigo derrotado. A cabeça dele está quebrada; ele pode tentar feri-lo, mas não terá força suficiente para cumprir o plano malicioso. Sua vitória será fácil e seu tesouro será maior do que se pode contar.

Proclame em alta voz a fama do Salvador,
Que carrega o maravilhoso nome de Avassalador;
Doce nome; que muito lhe convém,
Que avassala a Terra, o pecado, a morte e o inferno.

25 de agosto

> *"...o seu fruto é doce ao meu paladar."*
> CÂNTICO DOS CÂNTICOS 2:3

A fé, nas Escrituras, é mencionada sob o símbolo de todos os sentidos. É *visão*: "Olhai para mim e sede salvos. É *audição*: "Ouvi, e a vossa alma viverá." A fé é *olfato*: "Todas as tuas vestes recendem a mirra, aloés e cássia"; "Como unguento derramado é o teu nome." A fé é *tato* espiritual. Por esta fé a mulher veio por trás e tocou a orla do manto de Cristo e por meio desta fé nossas mãos apalpam o que diz respeito ao Verbo da vida. A fé é, do mesmo modo, *paladar* do espírito: "Quão doces são as tuas palavras ao meu paladar! Mais que o mel à minha boca." "Se não comerdes a carne do Filho do Homem...", disse Cristo, "...*e não beberdes o [meu] sangue, não tendes vida em vós mesmos.*"

Este "paladar" é fé *em uma de suas ações mais elevadas*. Uma das primeiras ações da fé é a "audição". Ouvimos a voz de Deus, não apenas com o ouvido externo, mas com o ouvido interno; ouvimos como sendo a Palavra de Deus e cremos que o é; esse é o "ouvir" da fé. Então, nossa mente "olha" para a verdade como nos é apresentada; ou seja, nós a entendemos, percebemos seu significado; esse é o "ver" da fé. Depois descobrimos sua preciosidade; começamos a admirá-la e descobrimos o quão aromática é; esse é o "olfato" da fé. Depois nos apropriamos das misericórdias que são preparadas para nós em Cristo; isso é a fé em seu "tato". Vêm então os prazeres, a paz, o deleite, a comunhão; que são a fé em seu "paladar". Qualquer um destes atos de fé é redentor. Ouvir a voz de Cristo, como a voz firme de Deus na alma, nos salvará; mas aquilo que concede verdadeiro gozo é o aspecto da fé em que Cristo, pelo santo paladar, é recebido em nós e torna-se o alimento de nossa alma pela apreensão interior e espiritual de Sua doçura e preciosidade. É aí que "desejo muito a sua sombra e debaixo dela me assento" e percebo que seu fruto é doce ao meu paladar.

26 de agosto

"...estabeleceu para sempre a sua aliança..."
SALMO 111:9

O povo do Senhor se deleita na própria aliança. Ela é uma fonte infalível de consolação para eles, tantas vezes quantas o Espírito Santo os levar até a casa de banquetes e agitar sua bandeira de amor. Eles se deleitam em contemplar a *antiguidade* dessa aliança, lembrando-se de que antes que a estrela da alva soubesse seu lugar ou que os planetas percorressem sua órbita, os interesses dos santos foram garantidos em Cristo Jesus. É particularmente aprazível a eles lembrar a *garantia* da aliança ao meditar "nas fiéis misericórdias prometidas a Davi". Deleitam-se em celebrar a aliança como "assinada, selada, ratificada, em todas as coisas ordenada satisfatoriamente". O coração deles frequentemente se dilata de alegria ao pensar na *imutabilidade* da aliança, como uma aliança que nem tempo ou eternidade, vida ou morte, jamais será capaz de violar — uma aliança tão antiga quanto a eternidade e tão duradoura como a Rocha eterna. Alegram-se também em festejar a *plenitude* desta aliança, pois veem nela toda a sua provisão. Deus é sua porção, Cristo seu companheiro, o Espírito seu Consolador, a Terra sua residência temporária e o céu seu lar. Eles veem na aliança uma herança inalienável e reservada a toda alma que possui interesse em sua antiga e eterna obra desta dádiva. Seus olhos cintilaram quando viram a aliança na Bíblia como um tesouro encontrado que não tinha dono; mas ó, como se alegrou sua alma quando viram no testamento o último desejo de seu parente divino que lhes foi transmitido! Mais especial é o prazer do povo de Deus em contemplar a *graciosidade* desta aliança. Eles veem que a lei foi anulada por ser uma aliança baseada em obras e dependência de mérito, mas percebem que esta nova aliança é duradoura porque a graça é sua base, sua condição e seu caráter. A graça é o baluarte, o fundamento, o pavimento. Esta aliança é um tesouro de riquezas, um silo de alimento, uma fonte de vida, um armazém de salvação, uma escritura de paz e abrigo de alegria.

27 de agosto

"Até quando... não crerá em mim...?"
NÚMEROS 14:11

Lute com toda diligência para manter longe esse monstro da incredulidade. Ela desonra a Cristo de tal forma que Ele retirará Sua presença visível se o insultarmos por tolerar a incredulidade. É verdade, é uma erva daninha cujas sementes não podemos retirar por completo do solo, mas precisamos mirar sua raiz com zelo e perseverança. Entre as coisas detestáveis, esta é a mais repugnante. Sua natureza ofensiva é tão peçonhenta que aquele que a pratica e aquele contra quem é exercitada são ambos feridos por ela. Em seu caso, ó cristão, é ainda mais perniciosa, pois as misericórdias de seu Senhor no passado aumentam sua culpa ao duvidar dele agora. Quando você duvidar do Senhor Jesus, Ele poderá bradar: "Eis que farei oscilar a terra debaixo de vós, como oscila um carro carregado de feixes." Isto é coroar Sua cabeça com espinhos dos mais cortantes. É cruel demais que a amada esposa suspeite de um marido amável e fiel. O pecado é desnecessário, tolo e injustificado. Jesus jamais abriu espaço para suspeitas e é difícil que aqueles por quem nossa conduta é invariavelmente afável e verdadeira sejam aqueles que duvidem de nós. Jesus é o Filho do Altíssimo e possui riquezas ilimitadas; é vergonhoso duvidar da Onipotência e desconfiar da plena suficiência. O gado em mil montanhas será suficiente para nossa maior fome e os silos do céu não se esvaziarão por nosso consumo. Se Cristo fosse apenas uma cisterna, poderíamos em pouco tempo esgotar Sua abundância, mas quem pode esgotar uma fonte? Miríades de pessoas retiraram dele suas provisões e nenhuma destas reclamou da escassez de Seus recursos. Fora incredulidade traidora e mentirosa, pois sua única incumbência é cortar os elos da comunhão e nos fazer lamentar um Salvador ausente! Bunyan nos diz que a incredulidade tem "tantas vidas quanto um gato". Se esse é o caso, acabemos com uma dessas vidas agora e continuemos o trabalho até que todas as sete se vão. Abaixo traidora, meu coração a abomina!

28 de agosto

"...azeite para a luz..."
ÊXODO 25:6

Minh'alma, como você precisa deste azeite, pois sua lâmpada não continuará queimando sem ele. Seu pavio fumegará e se tornará uma afronta se a luz se for. E realmente desaparecerá se não houver azeite. Você não tem uma fonte de azeite jorrando em sua natureza humana e, portanto, precisa ir a quem vende e comprá-lo para si, ou como as virgens néscias, terá que clamar: "Minha lâmpada está se apagando."

Mesmo as lâmpadas consagradas não poderiam fornecer luz sem o azeite; ainda que luzissem no tabernáculo, precisavam ser abastecidas; ainda que nenhum vento forte soprasse, era necessário atiçar as candeias; e sua necessidade é igualmente grande. Sob as circunstâncias mais felizes você, ainda assim, não poderá fornecer luz por nem uma hora a mais, a não ser que o azeite fresco da graça seja concedido a você.

Não era qualquer azeite que poderia ser usado no serviço do Senhor; nem o petróleo que brota tão copiosamente do solo, nem o óleo de peixes, nem o que é extraído de nozes; nenhum desses seria aceito; apenas um azeite foi selecionado — o melhor azeite de oliva. A graça simulada da bondade natural, a graça fantasiosa de mãos sacerdotais ou a graça imaginária de cerimônias exteriores jamais servirão o verdadeiro santo de Deus; ele sabe que o Senhor não se satisfaria com rios de tal azeite. Ele vai até a prensa do Getsêmani e tira sua provisão de Jesus, que ali foi moído. O azeite da graça do evangelho é puro, livre de borra e resíduos e, por isso, a luz que dele se alimenta é clara e reluzente. Nossas igrejas são o candelabro áureo do Salvador, e, se serão luz para este mundo escuro, precisam de muito azeite santo. Oremos por nós, por nossos ministros e nossas igrejas para que nunca tenham falta de azeite para a luz. Verdade, santidade, alegria, conhecimento e amor; estes são todos feixes da luz sagrada, mas não podemos oferecê-los a não ser que recebamos individualmente o azeite do Deus Espírito Santo.

29 de agosto

"Compadece-te de mim, ó Deus..." SALMO 51:1

Quando William Carey [N.E.: Missionário inglês conhecido como pai das missões modernas] estava sofrendo de uma perigosa doença, a seguinte pergunta lhe foi feita: "Se essa doença provar ser fatal, que passagem você selecionaria como texto para o sermão de seu funeral?" Ele respondeu: "Ó, sinto que uma criatura tão pobre e pecadora não merece que algo seja dito sobre ela; mas se deve haver um sermão no funeral, que seja a partir das palavras: 'Compadece-te de mim, ó Deus, segundo a tua benignidade; e, segundo a multidão das tuas misericórdias, apaga as minhas transgressões.'" No mesmo espírito de humildade ele deixou em seu testamento a recomendação de que a seguinte inscrição e nada mais fosse gravada em sua lápide:

> William Carey, nascido em 17 de agosto de 1761
> e morto em _____.

Sou ignóbil, pobre e fraco verme, / E em Teus bondosos braços caio.

Apenas na base da graça livre o mais experiente e honrado dos santos pode aproximar-se de seu Deus. O melhor dos homens é o mais interessado de todos em ser homem que dá o seu melhor. Barcos vazios flutuam elevados, mas embarcações com grandes cargas ficam mais imersas na água; quem simplesmente se declara cristão pode gloriar-se, mas os verdadeiros filhos de Deus clamam por misericórdia devido a sua inutilidade. Temos necessidade de que o Senhor tenha misericórdia de nossas boas obras, nossas orações, nossas pregações, nossos donativos e o que temos de mais santo. O sangue não foi somente aspergido sobre os batentes das portas das casas em Israel, mas também no santuário, no trono de misericórdia e no altar, porque conforme o pecado adentra no que temos de mais santo, o sangue de Jesus se torna necessário para purificar estas coisas da corrupção. Se for necessário exercitar a misericórdia em nossas obrigações, o que diremos então de nossos pecados? Que doce lembrança é a misericórdia esperando para ser graciosa conosco, para nos restaurar de nossos desvios e fazer nossos ossos quebrados se alegrarem!

30 de agosto

*"Espera pelo S*ENHOR*..."*
SALMO 27:14

Esperar pode parecer algo fácil, mas é uma das posturas que um soldado cristão aprende com anos de ensino. Marchar e marchar rapidamente é muito mais fácil para os guerreiros de Deus do que permanecer parado. Há horas de perplexidade quando o espírito mais disposto, ansiosamente desejoso de servir ao Senhor, não sabe que papel exercer. O que fazer então? Atormentar-se pelo desespero? Recuar com covardia, virar à direita com medo ou precipitar-se na presunção? Não. Simplesmente esperar. Espere, no entanto, *em oração*. Clame a Deus e desdobre o caso diante dele; diga-lhe qual é sua dificuldade e suplique por Sua promessa de auxílio. Em dilemas entre um dever ou outro, é doce ser humilde como uma criança *e esperar pelo Senhor com simplicidade de alma*. Certamente é melhor para nós quando sentimos e conhecemos nossa insensatez e estamos profundamente dispostos a ser guiados pela vontade de Deus. Porém, *espere em fé*. Expresse sua firme confiança nele, pois a espera infiel e sem confiança não passa de insulto ao Senhor. Acredite que se Ele o mantiver parado mesmo que até meia-noite, ainda assim, Ele virá no momento certo; a visão virá e não tardará. Espere com *paciência apaziguada*, sem rebelar-se por estar sob aflição, mas bendizendo o Senhor por isso. Jamais murmure como os filhos de Israel fizeram com Moisés; nunca deseje poder voltar ao mundo novamente, mas aceite a situação como ela é, e coloque-a da maneira como se apresenta, com simplicidade e com todo o seu coração, sem nenhuma obstinação, nas mãos do seu Deus da aliança dizendo: "Agora Senhor, não a minha, mas a Tua vontade seja feita. Eu não sei o que fazer; sou levado a extremos, mas esperarei até que o Senhor libere o rio, ou faça meus inimigos recuarem. Esperarei, mesmo que o Senhor me faça esperar por muitos dias, pois meu coração está fixado somente no Senhor, ó Deus, e meu espírito espera pelo Senhor na convicção plena de que serão minha alegria e minha salvação, meu refúgio, minha fortaleza."

31 de agosto

"...no meu braço esperam."
ISAÍAS 51:5

Em épocas de provas severas, o cristão não tem nada na Terra em que possa confiar e é, portanto, compelido a lançar-se somente sobre seu Deus. Quando sua embarcação já afundou quase por completo, e nenhuma libertação humana pôde ser útil, ele deve simples e plenamente entregar-se à providência e ao cuidado de Deus. Bem-aventurada tempestade que soçobra o homem em uma rocha como esta! Bendito furacão que leva a alma a Deus e somente a Ele! Algumas vezes não há como chegar até Deus devido à multidão de amigos; mas quando um homem é tão pobre, tão desamparado que não tem mais para onde voltar-se, ele corre para os braços de seu Pai onde é tão abençoadamente envolvido! Quando está sobrecarregado com problemas tão prementes e peculiares, a ponto de não conseguir falar deles a ninguém, senão a seu Deus, ele deve agradecer por eles; pois ele aprenderá mais do seu Senhor nesta situação do que em qualquer outro momento. Ó, cristão arremessado por tempestades, favorável é a prova que o conduz ao Pai! Agora que você só tem seu Deus como alvo de sua confiança, tenha certeza de colocar toda a sua confiança nele. Não desonre o seu Senhor e Mestre com dúvidas e medos indignos; mas seja forte na fé, dando glória a Deus. Mostre ao mundo que o seu Deus tem o valor de dez mil mundos para você. Mostre aos homens ricos o quão rico você é em sua pobreza, quando o Senhor Deus é seu ajudador. Mostre ao homem forte o quão forte você é em sua fraqueza, quando sob você estão os braços eternos. Agora é o momento para feitos de fé e proezas destemidas. Seja forte e mui corajoso, e o Senhor seu Deus certamente, tão certo como Ele fez os céus e a Terra, glorificará a si mesmo em sua fraqueza e magnificará Seu poder em meio à sua angústia. A majestade da abóbada do céu seria corrompida se o seu céu fosse sustentado por uma única coluna visível; e sua fé perderia a glória se estivesse em algo discernível pelo olho carnal. Que o Espírito Santo conceda a você o descanso em Jesus, neste último dia do mês.

1º de setembro

> *"Tu me guias com o teu conselho e depois me recebes na glória."*
> SALMO 73:24

O salmista sentiu necessidade de orientação divina. Ele acabara de descobrir a insensatez de seu coração, e para que não fosse constantemente desviado por ela, decidiu que o conselho de Deus doravante deveria guiá-lo. Um senso de nossa própria insensatez é um grande passo em direção à sabedoria quando isso nos leva a nos apoiarmos na sabedoria do Senhor. O homem cego apoia-se no braço de seu amigo e chega à casa em segurança. Assim, também nós deveríamos nos entregar tacitamente à orientação divina, em nada duvidando; certos de que ainda que não vejamos é sempre seguro confiar no Deus que tudo vê. *"Tu me guias"* é uma bendita expressão de confiança. Ele tinha certeza de que o Senhor não rejeitaria esta tarefa transigente. Há uma palavra para você, ó cristão; descanse nela. Tenha certeza de que o seu Deus será seu conselheiro e amigo, Ele o guiará, direcionará seus caminhos. Em Sua Palavra escrita você tem esta garantia já, em parte, consumada, pois as Santas Escrituras são o conselho dele para você. Felizes somos nós por sempre ter a Palavra de Deus para nos guiar! O que seria do marinheiro sem sua bússola? E o que seria do cristão sem a Bíblia? Este é o mapa infalível em que todo banco de areia está descrito e todos os desvios da areia movediça de destruição para o ancoradouro da salvação estão traçados e sinalizados por Aquele que conhece todo o caminho. "Bendito sejas, ó Deus, e que possamos confiar em ti para nos guiar agora e até o fim!" O salmista prevê, após esta orientação por toda a vida, uma recepção divina — *"e depois me recebes na glória"*. Que maravilhoso pensamento para você, cristão! O próprio Deus o receberá na glória! Errante, falho, desviado; e, ainda assim, Ele finalmente o levará seguro à glória! Essa é a sua porção; viva nela neste dia, e se perturbações o cercarem, vá na força desta mensagem diretamente ao trono.

2 de setembro

"A sogra de Simão achava-se acamada, com febre; e logo lhe falaram a respeito dela."
MARCOS 1:30

É muito interessante este vislumbre que temos da casa do pescador apostólico. Vemos de imediato que as alegrias e preocupações do lar não são, de modo algum, impedimentos para o exercício pleno do ministério, já que proveem uma oportunidade para testemunhar pessoalmente a obra graciosa do Senhor naqueles que são sangue de nosso sangue. Elas podem, inclusive, instruir melhor que qualquer outra disciplina terrena. Religiosos liberais e outros sectários podem depreciar o casamento, mas o verdadeiro cristianismo caminha muito bem com a vida em família no lar. A casa de Pedro era provavelmente uma cabana de um pobre pescador, mas o Senhor da glória ali entrou, habitou e ali operou um milagre. Se esta nossa meditação for lida nesta manhã em um chalé muito modesto, que este fato encoraje os moradores a buscarem a companhia do Rei Jesus. Deus está mais frequentemente em pequenas cabanas do que em ricos palácios. Jesus está olhando ao redor de seu cômodo agora e está esperando para ser gracioso com você. A doença havia entrado na casa de Simão, a febre em forma mortal havia abatido sua sogra, e, assim que Jesus chegou, falaram-lhe da triste desgraça e Ele apressou-se à cama da paciente. Você tem alguma doença em casa hoje? Você descobrirá que Jesus é, sem dúvida, o melhor médico. Vá até Ele imediatamente e conte-lhe sobre a questão. Coloque o caso diante dele. É algo que diz respeito a um dos Seus e, portanto, não será insignificante para Ele. Observe que o Salvador restaurou a mulher doente de imediato; ninguém pode curar como Ele. Não podemos garantir que o Senhor removerá toda a doença daqueles que amamos, mas sabemos que a oração confiante pelo doente é, muito provavelmente, seguida de restauração; diferente de qualquer outra coisa no mundo. E quando isto não acontece, devemos humildemente nos curvar à Sua vontade pela qual a vida e a morte são determinadas. O coração afável de Jesus aguarda ouvir nossas aflições. Despejemo-las então em Seu paciente ouvido.

3 de setembro

"...ó amado de minha alma..."
CÂNTICO DOS CÂNTICOS 1:7

Como é bom poder dizer, sem nenhum "se" ou "mas", que o Senhor Jesus é o *"amado de minha alma"*. Muitos só conseguem dizer que *esperam* amar Jesus, eles *acreditam* que o amam; mas somente quem tiver uma experiência pobre e superficial se contentará em permanecer nesse ponto. Ninguém deve dar descanso a seu espírito até que tenha total certeza em tal questão de importância vital. Não devemos nos satisfazer com uma *esperança* superficial de que Jesus nos ama e com uma confiança vazia de que o amamos. Os antigos santos geralmente não falavam com "mas", "se", "espero" e "acredito que", mas falavam positiva e claramente. Paulo disse: "Sei em quem tenho crido." "Porque eu sei que o meu Redentor vive", disse Jó. Obtenha conhecimento positivo de seu amor por Jesus e não se satisfaça até que possa falar de seu interesse por Ele como uma realidade, o que lhe será garantido ao receber o testemunho do Espírito Santo e Seu selo em sua alma, pela fé.

O verdadeiro amor a Cristo é, em todos os casos, obra do Espírito Santo e deve ser por Ele executada no coração. Ele é a *causa ativa* desse amor. Porém, a razão lógica do porquê amamos Jesus está *nele mesmo. Por que* amamos Jesus? *Porque Ele nos amou primeiro. Por que* amamos Jesus? Porque Ele *"a si mesmo se deu por nós"*. Temos vida por meio de Sua morte; temos paz por meio de Seu sangue. Ainda que fosse rico, *por amor a nós* tornou-se pobre. *Por que* amamos Jesus? Por causa da *excelência de Sua pessoa*. Somos cheios de uma compreensão de Sua beleza, admiração de Seus encantos e consciência de Sua perfeição infinita! Sua grandiosidade, bondade e amabilidade são um raio resplandecente, combinadas entre si para encantar a alma até que esteja tão arrebatada que exclame: "Sim, Ele é totalmente desejável." Bendito é este amor — um amor que prende o coração com correntes mais brandas do que a seda e, ainda assim, mais tenazes do que o diamante!

4 de setembro

> *"...Quero, fica limpo!"*
> MARCOS 1:41

As primeiras trevas ouviram o Todo-Poderoso ordenar: "Haja luz" e imediatamente houve luz; e a palavra do Senhor Jesus é igual, em majestade, a essa antiga palavra de poder. A redenção, assim como a criação, tem sua palavra de poder. Jesus fala e assim é feito. A lepra não cedeu a medicamentos humanos, mas desapareceu imediatamente diante do "quero" proferido pelo Senhor. A doença não exibia sinais esperançosos ou indícios de recuperação, a natureza não contribuía em nada para a sua cura, mas aquela palavra única efetuou todo o trabalho para sempre. O pecador está em uma condição mais miserável do que a do leproso; que ele, então, imite o exemplo do leproso e vá a Jesus, "rogando-lhe, de joelhos". Que ele exercite a pequena fé que tem, ainda que não vá além de: "Se quiseres, podes purificar-me"; e não haverá dúvida quanto ao resultado do tratamento. Jesus cura todos que vêm a Ele e a nenhum lança fora. Ao ler a narrativa de que trata nosso texto desta manhã, vale a pena observar com dedicação que Jesus tocou o leproso. Essa pessoa impura havia infringido as regras da lei cerimonial e forçado sua entrada na casa, mas Jesus, longe de repreendê-lo, Ele próprio infringiu a lei ao ir ao encontro do leproso. Ele fez uma troca com o leproso, pois ao curá-lo, Ele contraiu, por meio daquele toque, uma profanação levítica. Da mesma forma, Jesus Cristo tornou-se pecado por nós, ainda que não conhecesse pecado algum, para que pudéssemos nos tornar nele, justiça de Deus. Ah, se os pobres pecadores fossem a Jesus crendo no poder de Sua obra bendita e substitutiva, em breve conheceriam o poder de Seu toque gracioso. Essa mão que multiplicou os pães, que salvou Pedro ao afundar, que sustenta santos angustiados, que coroa cristãos, essa mesma mão tocará todo e qualquer pecador que o busque e, em um instante, o purificará. O amor de Jesus é a fonte da salvação. Ele ama, Ele olha, Ele nos toca e nós passamos a viver.

5 de setembro

> *"Ai de mim, que peregrino em Meseque
> e habito nas tendas de Quedar."*
> SALMO 120:5

Como cristão você tem que viver em meio a um mundo impiedoso e pouco uso pode fazer de um clamor como: "Ai de mim." Jesus não orou para que você fosse tirado do mundo, e aquilo pelo que Ele não orou é algo que você não precisa desejar. É muito melhor encontrar a dificuldade na força do Senhor e glorificá-lo nela. O inimigo está sempre à espreita para detectar inconsistência em sua conduta; seja, portanto, extremamente *santo*. Lembre-se de que os olhos de todos estão sobre você e que mais se espera de você do que de outros. Lute para não dar ocasião à culpa. Deixe que sua bondade seja a única falha a ser encontrada em você. Como Daniel, incite-os a dizer sobre você: "Nunca acharemos ocasião alguma para acusar a este Daniel, se não a procurarmos contra ele na lei do seu Deus." Procure ser *útil* e consistente. Talvez você pense: "Se eu estivesse em uma posição mais favorável poderia servir à causa do Senhor, mas na posição em que estou agora não há possibilidade de fazer algo bom." Porém, quanto piores forem as pessoas entre as quais você vive, mais necessidade elas têm de seu empenho; se forem tortas, mais necessário é que você as endireite; e se forem perversas, mais você precisa voltar o coração orgulhoso à verdade. Onde deveria estar o médico senão onde há muitos doentes? Onde o soldado ganhará honra senão no fogo da batalha? E quando exausto da luta e do pecado com que se defronta em todas as ocasiões, reflita no fato de que todos os santos passaram pela mesma provação. Não foram levados ao céu carregados em camas e você não deve esperar uma jornada mais cômoda do que a deles. Eles precisaram se aventurar até a morte, em lugares elevados do campo de batalha, e você não será coroado até que tenha suportado a dificuldade, como um bom soldado de Jesus Cristo. Portanto, "permanecei firmes na fé, portai-vos varonilmente, fortalecei-vos".

6 de setembro

> "...no meio de uma geração pervertida e corrupta, na qual resplandeceis como luzeiros no mundo." FILIPENSES 2:15

Usamos luzes para *revelar algo*. Um cristão deveria brilhar de tal forma em sua vida, que uma pessoa não poderia viver com ele por uma semana sem conhecer o evangelho. Sua conversa deveria ser tal, que todos ao seu redor deveriam perceber claramente a quem ele pertence e a quem ele serve; e deveriam ver a imagem de Jesus refletida em suas ações diárias. A luz serve para *orientar*. Devemos ajudar aqueles ao nosso redor que estão na escuridão. Devemos entregar a eles a Palavra da Vida. Devemos conduzir pecadores ao Salvador e os fracos ao refúgio divino. As pessoas, algumas vezes, leem suas Bíblias e não conseguem entendê-las; deveríamos estar prontos, como Filipe, para instruir aquele que tem dúvida no significado da Palavra de Deus, no caminho da salvação e na vida de piedade. A luz também é utilizada para *alertar*. Em nossas rochas e bancos de areia certamente será erigido um farol. Os cristãos deveriam saber que há muitas falsas luzes em todo o mundo, e, portanto, a luz verdadeira é necessária. Os saqueadores de Satanás estão sempre circulando, tentando o ímpio a pecar com a desculpa do prazer e projetam a luz falsa. Seja o seu trabalho, então, projetar a luz verdadeira sobre toda rocha perigosa, apontar todo pecado e dizer a que ele leva, de modo que possamos ter as mãos limpas do sangue de todas as pessoas, brilhando como luzes no mundo. Luzes também têm uma influência muito *animadora* e assim também são os cristãos. Um cristão deve ser consolador, com palavras gentis em sua boca e empatia em seu coração; deveria levar consigo a luz do sol onde quer que fosse e difundir alegria ao seu redor.

Espírito gracioso, habita em mim;
Eu tão agraciado seria
E com palavras que auxiliam e curam,
Revelaria Tua vida em mim.
E com ações ousadas e mansas
Falaria por Cristo meu Salvador.

7 de setembro

> "E, não podendo aproximar-se dele, por causa da multidão, descobriram o eirado no ponto correspondente ao em que ele estava e, fazendo uma abertura, baixaram o leito em que jazia o doente."
>
> MARCOS 2:4

A fé é repleta de imaginação. A casa estava cheia, uma multidão bloqueava a porta, mas a fé encontrou um meio de chegar até o Senhor e colocar o homem paralítico diante dele. Se não podemos levar pecadores até Jesus por métodos comuns, precisamos fazer uso de meios extraordinários. Parece, conforme Lucas 5:19, que uma telha precisou ser removida, o que produziria poeira, além de causar certo perigo àqueles que estavam embaixo, mas onde o caso é extremamente urgente não devemos nos preocupar com o fato de correr alguns riscos e abalar algumas propriedades. Jesus estava ali para curar, e, portanto, a fé arriscou tudo para que o pobre paralítico tivesse seus pecados perdoados. Ah, se tivéssemos mais fé audaz entre nós! Não podemos, caro leitor, buscá-la nesta manhã para nós e para nossos colegas? Não podemos tentar hoje executar algum ato heroico por amor das pessoas e para a glória do Senhor?

O mundo está constantemente inovando; o talento serve a todos os propósitos do desejo humano. Não pode a fé também inovar e alcançar, por novos meios, os párias que perecem ao nosso redor? Foi a presença de Jesus que despertou coragem vitoriosa nos quatro condutores do homem paralítico. E agora? Não está o Senhor entre nós? Nesta manhã vimos Sua face? Sentimos Seu poder curador em nossa alma? Se sim, então seja pela porta, pela janela ou pelo telhado, rompendo com todos os impedimentos, trabalhemos para trazer pobres almas a Jesus. Todos os meios são bons e apropriados quando a fé e o amor estão verdadeiramente determinados a ganhar almas. Se a fome de pão pode romper muralhas, certamente a fome por almas não deve ter seus esforços obstruídos. "Ó Senhor, dá-nos agilidade para sugerir métodos de alcançar aqueles pobres pecadores doentes e ousadia para carregá-los, apesar de todos os riscos."

8 de setembro

> "...de mim procede o teu fruto."
> OSEIAS 14:8

Nosso fruto provém de nosso Deus quando se trata de *união*. O fruto do ramo tem sua origem na raiz. Rompe-se a conexão e o ramo morre e nenhum fruto é produzido. Pela virtude de nossa união com Cristo produzimos fruto. Todo cacho de uvas esteve primeiro na raiz, passou pelo tronco e fluiu pelos vasos de seiva e se formou externamente em fruto, mas esteve primeiro no tronco. Assim também, toda boa obra esteve primeiro em Cristo e, então, é produzida em nós. Ó cristão, aprecie a preciosa união com Cristo; pois ela deve ser a fonte de toda fertilidade que você possa esperar conhecer. Se você não estivesse ligado a Jesus Cristo, seria verdadeiramente um ramo infrutífero.

Nosso fruto provém de Deus quando se trata de *providência espiritual*. Quando as gotas de orvalho caem do céu, quando a nuvem olha de cima e está prestes a destilar seu tesouro líquido, quando o sol radiante avoluma os frutos dos cachos, cada bênção celestial pode sussurrar à árvore e dizer: "De mim procede o teu fruto." O fruto muito deve à raiz — que é essencial à frutificação — mas também muito deve a influências externas. Quanto devemos à providência graciosa de Deus: Ele provê constantemente, com rapidez, ensino, consolação, força ou qualquer outra coisa que queiramos! A isto devemos todo o nosso valor ou virtude.

Nosso fruto provém de Deus quando se trata de *jardinagem sábia*. A faca afiada do jardineiro promove frutificação à árvore, afinando os cachos e podando os brotos desnecessários. Assim é, cristão, a poda do Senhor em você. "Todo ramo que, estando em mim, não der fruto, ele o corta; e todo o que dá fruto limpa, para que produza mais fruto ainda." Considerando que nosso Deus é o autor de nossas virtudes espirituais, concedamos a Ele toda a glória de nossa salvação.

9 de setembro

"Invoca-me, e te responderei;
anunciar-te-ei coisas grandes e ocultas, que não sabes."
JEREMIAS 33:3

Há diferentes traduções para estas palavras. Uma versão traduz como: "Anunciar-te-ei coisas grandes e firmes." Outra diz: "Coisas grandes e insondáveis." Há coisas insondáveis e especiais na experiência cristã: todo crescimento na vida espiritual não é facilmente obtido. Há uma estrutura comum e sentimentos comuns de arrependimento, fé, alegria e esperança que são desfrutados por toda a família; mas há um domínio elevado de êxtase, comunhão e consciente união com Cristo, que está longe de ser o lugar comum em que os cristãos se colocam. Não temos todo o elevado privilégio de João de nos encostar no peito de Jesus; nem o de Paulo, de ser arrebatado ao terceiro céu. Há alturas no conhecimento experimental das coisas de Deus que os olhos de águia do discernimento e do pensamento filosófico nunca viram: Somente Deus pode nos levar até lá; mas a carruagem na qual Ele nos leva, e os cavalos de fogo que puxam essa carruagem são as orações prevalecentes. Esse tipo de oração vence o Deus de misericórdia: "...lutou com o anjo e prevaleceu; chorou e lhe pediu mercê; em Betel, achou a Deus, e ali falou Deus conosco." A oração prevalecente leva o cristão ao Carmelo e o capacita a revestir o céu com nuvens de bênção e a Terra com enchentes de misericórdia. Também leva o cristão ao cume do Pisga e mostra-lhe a herança reservada; nos eleva ao Tabor e nos transfigura até à semelhança de nosso Senhor — como Ele é, assim somos neste mundo. Se você busca algo mais elevado do que a experiência comum, fixe seu olhar na Rocha que é mais alta do que você, olhe firmemente com os olhos da fé pela janela da oração insistente. Quando você abrir o seu lado da janela o outro lado não permanecerá trancado.

10 de setembro

> *"Depois, subiu ao monte e chamou os que ele mesmo quis, e vieram para junto dele."*
> MARCOS 3:13

Aqui houve soberania. Espíritos impacientes podem se lamuriar e irritar-se por não serem chamados aos lugares mais altos no ministério, mas, leitor, que em seu espírito haja alegria pelo fato de que Jesus chama quem Ele quer. Se Ele me colocar como porteiro em Sua casa, eu alegremente o bendirei por Sua graça permitir que eu faça algo em Seu serviço. O chamado dos servos de Cristo vem do alto. Jesus se coloca no monte, eternamente acima do mundo, em santidade, seriedade, amor e poder. Aqueles a quem Ele chama devem subir a montanha até Ele, devem procurar elevar-se ao Seu nível por meio de uma vida de comunhão constante com Ele. Podem não ser capazes de ascender a honras clássicas ou obter eminência escolástica, mas devem, como Moisés, subir ao monte do Senhor e ter um relacionamento familiar com o Deus invisível, ou jamais estarão aptos a proclamar o evangelho da paz. Jesus afastou-se para ter comunhão elevada com o Pai, e nós devemos entrar no mesmo companheirismo, se desejamos abençoar nossos companheiros deste mundo. Não é de surpreender que os apóstolos tenham sido revestidos de poder quando desceram da montanha onde Jesus estava. Nesta manhã, devemos nos empenhar para subir à montanha da comunhão, para que ali possamos ser ordenados à obra de vida para a qual fomos separados. Que não vejamos o rosto de outra pessoa hoje antes que tenhamos visto Jesus. O tempo investido com Ele é um interesse bendito. Nós também expulsaremos demônios e operaremos maravilhas se descermos ao mundo cingidos com esse poder divino que somente Cristo pode conceder. Não é nada útil ir à batalha do Senhor até que estejamos armados com armas celestiais. *Precisamos* ver Jesus, isto é essencial. Permaneceremos no trono de misericórdia até que Ele se manifeste a nós, como não o faria ao mundo, até que possamos verdadeiramente dizer: "Estávamos com ele no monte santo."

11 de setembro

"...separai-vos..." 2 CORÍNTIOS 6:17

O cristão, enquanto vive no mundo, não deve ser do mundo. Ele deveria se distinguir do mundo em termos *do propósito de sua vida*. Para ele o "viver" deveria ser "Cristo". Seja comendo ou bebendo, ele deveria fazer tudo para a glória de Deus. Você pode acumular tesouros, mas acumule-os no céu "onde nem traça nem ferrugem corroem, onde ladrões não escavam e não roubam". Você pode lutar para ser rico, mas faça-o na ambição de ser "rico em fé" e em boas obras. Pode ter prazer; mas quando estiver alegre, cante salmos e crie melodias para o Senhor. Em seu *espírito*, você deveria diferir do mundo. Se esperar humildemente diante de Deus, sempre consciente de Sua presença, deleitando-se na comunhão com Ele e buscando conhecer Sua vontade, você provará ser da estirpe celestial. Você deveria ser separado do mundo em suas ações. Se algo for correto, ainda que haja perda, você deve executá-lo; se for errado, ainda que haja ganho, deve rejeitar o pecado por amor a seu Mestre. Não deve ter comunhão com as infrutíferas obras das trevas, antes, deve reprová-las. Ande de modo digno de seu elevado chamado e dignidade. Lembre-se, de que é um filho do Rei dos reis. Mantenha-se imaculado do mundo. Não manche os dedos que, em breve, tocarão acordes no céu; não deixe que estes olhos tornem-se janelas de luxúria, olhos que em breve verão o Rei em Sua beleza. Não deixe que os pés que em breve andarão sobre as ruas de ouro, sejam poluídos em lugares lodosos. Não deixe que esse coração, que logo será cheio do céu e transbordará de alegria extática, seja cheio de orgulho e amargura.

Levante-se minh'alma! E plane
Acima da multidão imprudente;
Acima dos prazeres festivos,
E dos esplendores do orgulhoso;
Acima onde belezas eternas florescem,
E os prazeres são divinos;
Onde a riqueza nunca se esgota,
E glórias perpétuas resplandecem.

12 de setembro

"O Senhor é Deus zeloso..."
NAUM 1:2

Seu Senhor tem muito zelo por seu amor, ó cristão. Ele o escolheu? Ele não pode suportar o fato de que você escolha outro. Ele o comprou com Seu próprio sangue? Ele não consegue tolerar que você acredite ser dono de si mesmo ou que pertença a este mundo. Ele o amou com tal amor que não ficaria no céu sem você; Ele morreria antes que você perecesse e Ele não pode aceitar que algo esteja entre Ele e o amor de seu coração. *Ele tem muito zelo por sua confiança.* Não permitirá que você confie em um braço humano. Ele não pode suportar que você cave cisternas rotas quando a fonte transbordante está sempre aberta para você. Quando nos recostamos nele, Ele se alegra, mas quando transferimos nossa dependência para outra coisa, quando nos apoiamos em nossa sabedoria, ou na sabedoria de um amigo — pior de tudo, quando confiamos em qualquer de nossas obras — se desagrada e nos disciplinará para que possa nos atrair a Ele. *Ele também tem muito zelo por nossa companhia.* Não deveria haver ninguém com quem conversemos tanto quanto com Jesus. Permanecer somente nele, este é o verdadeiro amor; mas ter comunhão com o mundo, encontrar consolo adequado em nossos prazeres carnais, preferir até mesmo o grupo de nossos irmãos cristãos à relação secreta com Ele, é sofrido para nosso zeloso Senhor. Ele se satisfaria em nos manter permanecendo nele, e desfrutaria da constante comunhão; e muitas das provações que Ele nos envia têm o propósito de desapegar nosso coração da criatura e fixá-lo mais próximo dele. Que este zelo que nos mantém próximos de Cristo *seja também consolo* para nós, pois se Ele nos ama tanto a ponto de se preocupar com o *nosso* amor, podemos ter certeza de que Ele não irá tolerar que nada nos prejudique e nos protegerá de todos os nossos inimigos. Ó, que possamos ter graça neste dia para manter nosso coração em sagrada pureza somente para nosso Amado, com zelo sagrado fechando nossos olhos para toda a fascinação do mundo!

13 de setembro

"O qual, passando pelo vale árido, faz dele um manancial; de bênçãos o cobre a primeira chuva."
SALMO 84:6

Isto nos ensina que o *consolo* obtido por uma pessoa, pode geralmente revelar-se útil para outra; assim como os poços seriam utilizados pela comitiva que passasse por ali depois. Lemos algum livro repleto de consolação, que é como a vara de Jônatas, escorrendo mel [N.E.: 1 Samuel 14:27]. Ah! Pensamos que nosso irmão passou por esse caminho anteriormente e abriu este poço para nós assim como para si mesmo. Muitas "Noites de Choro", "Harmonias da Meia-noite", um "Dia Eterno", "Uma virada na sorte", um "Consolo para sofredores" [N.E.: Referente a músicas e livros escritos por vários autores anteriores a Spurgeon]. Todos foram bem cavados, por peregrinos, para si mesmos, mas provaram ser muito úteis para outros. Notamos isto especialmente nos Salmos, como nesse começo: "Por que estás abatida, ó minha alma?" Viajantes deleitaram-se ao ver pegadas de homens na costa desolada, e nós amamos ver as marcas da caminhada de peregrinos enquanto passamos pelo vale de lágrimas.

Os peregrinos cavam o poço, mas, muito estranhamente, o poço se enche partindo de cima e não do fundo. Utilizamos os meios, mas a bênção não emerge dos meios. Cavamos um poço, mas o céu o enche com chuva. O cavalo é preparado para o dia da batalha, mas a segurança vem do Senhor. Os meios estão ligados ao fim, mas não o produzem de si mesmos. Veja que a chuva enche os reservatórios para que os poços tornem-se úteis depósitos de água; o trabalho não é perdido, mas ainda assim não suplanta o auxílio divino.

A graça pode ser comparada à chuva por sua pureza, por sua influência refrescante e vivificante, por vir somente do alto e pela soberania com que é dada ou contida. Que nossos leitores tenham chuvas de bênção e que os poços que cavaram sejam cheios com água! Ó, o que são meios e ordenanças sem o sorriso do céu? São como nuvens sem chuva e reservatórios sem água. "Ó Deus de amor, abre as janelas do céu e derrama sobre nós uma bênção!"

14 de setembro

> *"...e outros barcos o seguiam."*
> MARCOS 4:36

Jesus era o Senhor Alto Almirante do mar e Sua presença preservou toda as embarcações naquela noite. É bom que naveguemos com Jesus ainda que em um pequeno barco. Mesmo quando navegamos na companhia de Cristo, não há como ter certeza de condições meteorológicas favoráveis, pois grandes tempestades podem sacudir a embarcação que carrega o próprio Senhor e não devemos esperar encontrar o mar menos impetuoso ao redor de nosso pequeno barco. Se nos dispomos a ir com Jesus devemos nos contentar em viajar como Ele viaja; e quando as ondas forem difíceis para Ele, não serão mais fáceis para nós. Como foi com Ele, será com tempestade e turbulência que chegaremos em terra firme.

Quando a tempestade acometeu o mar da Galileia todos os rostos empalideceram e todo coração temia o naufrágio. Quando a ajuda de qualquer criatura era inútil, o Salvador que dormia, levantou-se e, com uma palavra, transformou a agitação da tempestade em profunda calmaria; então as pequenas embarcações descansaram com aquela que transportava o Senhor. Jesus é a estrela do mar; e ainda que haja tristeza, quando Jesus ali está, há também alegria. Que nosso coração faça de Jesus sua âncora, leme, farol, barco salva-vidas, seu ancoradouro. Sua Igreja é o porta-estandarte do Almirante; vamos observar Seus movimentos e encorajar Seus oficiais com nossa presença. Ele é a grande atração; estejamos sempre em seu encalço, observando Seus sinais, guiados por Seus mapas e nunca temendo enquanto Ele estiver ao alcance de nossa voz. Nenhum navio desta frota naufragará; o grande Comodoro guiará todos os barcos em segurança ao ancoradouro desejado. Por fé soltaremos o cabo para navegar mais um dia e velejar adiante com Jesus no mar da tribulação. Ventos e ondas não nos pouparão, mas obedecerão a Ele; e, portanto, qualquer tempestade que possa acontecer, a fé sentirá uma abençoada calma interior. Ele está sempre no centro da tripulação. Regozijemo-nos nele. Sua embarcação chegou ao ancoradouro e assim será conosco.

15 de setembro

"Não se atemoriza de más notícias..."
SALMO 112:7

Cristão, você não deve temer a chegada de más notícias; porque se você se angustia com elas, *qual é a diferença entre você e outros?* Outras pessoas não têm o seu Deus em quem se refugiar; nunca provaram Sua fidelidade como você provou e não é de admirar que se curvem de susto e se apavorem de medo, mas você professa ser de outro espírito: foi gerado novamente para uma esperança viva e seu coração vive no céu e não nas coisas terrenas. Porém, se você é visto distraído como os outros, qual é o valor dessa graça que professa ter recebido? Onde está a dignidade dessa nova natureza que você alega possuir?

Novamente, se você se encher de temor, como acontece com outros, *você, sem dúvida, será levado aos pecados mais comuns como ocorre com eles sob circunstâncias árduas*. Os incrédulos, quando surpreendidos por notícias más, rebelam-se contra Deus; murmuram e pensam que o Senhor lida severamente com eles. Você vai cair no mesmo pecado? Provocará o Senhor como eles?

Além disso, homens não convertidos geralmente recorrem aos meios errados para escapar das dificuldades, e você certamente fará o mesmo se sua mente ceder à pressão vigente. Confie no Senhor e espere pacientemente por Ele. Sua conduta mais sábia será fazer como fez Moisés às margens do mar Vermelho: "Aquietai-vos e vede o livramento do Senhor." Pois, se você abrir caminho para o medo quando ouvir más notícias, será incapaz de enfrentar a dificuldade com a serenidade que encoraja o trabalho e sustenta na adversidade. Como você pode glorificar a Deus se procede com covardia? Os santos, muitas vezes, cantaram os altos louvores de Deus em meio ao fogo, mas como sua dúvida e seu desespero, caso ajam como se não houvesse alguém para ajudá-los, magnificarão o Altíssimo? Tenha então coragem e confie com segurança garantida, na fidelidade do seu Deus da aliança: "Não se turbe o vosso coração, nem se atemorize."

16 de setembro

"...coparticipantes da natureza divina..."
2 PEDRO 1:4

Ser participante da natureza divina não é, logicamente, tornar-se Deus. Isso não pode acontecer. A essência da deidade não deve ser compartilhada pela criatura. Entre a criatura e o Criador deve sempre haver um abismo por respeito à essência; mas, assim como o primeiro homem, Adão, foi feito à imagem de Deus, também nós, pela renovação do Espírito Santo, somos, em um sentido ainda mais divino, feitos à imagem do Altíssimo e coparticipantes da natureza divina. Somos, pela graça, criados à semelhança de Deus. "Deus é amor"; nós nos tornamos amor — "todo aquele que ama é nascido de Deus". Deus é verdade; nós nos tornamos verdade, e amamos aquilo que é verdadeiro; Deus é bom e nos faz bons por Sua graça, para que nos tornemos os puros de coração que verão a Deus. Além disso, nos tornamos coparticipantes da natureza divina em um sentido ainda mais elevado que este — na verdade, no sentido mais grandioso que se pode conceber, sendo quase que completamente divinos. Não nos tornamos membros do corpo da divina pessoa de Cristo? Sim, o mesmo sangue que flui na cabeça, flui nas mãos; e a mesma vida que aviva Cristo, aviva Seu povo, pois "porque morrestes, e a vossa vida está oculta juntamente com Cristo". E se isto não fosse suficiente, nos unimos a Ele em matrimônio. Ele nos recebeu no matrimônio em justiça e fidelidade e aquele que é unido ao Senhor é um espírito com Ele. Ó, maravilhoso mistério! Analisamos este mistério, mas conseguiremos entendê-lo? Um com Jesus — tão unido com Ele como o galho, que é um com a videira; assim somos parte do Senhor, nosso Salvador e nosso Redentor! Enquanto nos regozijamos nisto, lembremo-nos de que aqueles que são coparticipantes da natureza divina manifestarão seu elevado e santo relacionamento na interação com outros, e deixarão evidente em sua caminhada e conversa diária que escaparam à corrupção que há no mundo por meio da luxúria. Que haja mais santidade divina em nossa vida!

17 de setembro

"...Trazei-mo."
MARCOS 9:19

Desesperadamente, o pobre pai frustrado afastou-se dos discípulos e voltou-se para o seu Mestre. Seu filho estava na pior condição possível e todos os meios haviam falhado, mas a pobre criança foi, em pouco tempo, liberta do maligno quando o pai, em fé, obedeceu à palavra do Senhor Jesus: "Trazei-mo." Os filhos são um dom precioso de Deus, mas com eles vem muita preocupação. Eles podem ser uma grande alegria ou uma grande amargura para os pais; podem ser cheios com o Espírito de Deus, ou possuídos pelo espírito maligno. Em todos os casos, a Palavra de Deus nos dá uma receita para a cura de todas as suas doenças: "Trazei-mo." Ah! Que haja mais orações desesperadas por eles enquanto ainda são bebês! O pecado está presente, que nossas orações comecem a atacá-lo. Nossos clamores por nossa descendência devem preceder os clamores por sua chegada neste mundo de pecado. Nos dias de sua juventude veremos tristes indícios desse espírito que os emudece e ensurdece, de modo que nem vão orar corretamente ou ouvirão a voz de Deus na alma, porém Jesus ainda assim ordena: "Trazei-mo." Quando forem adultos poderão chafurdar-se no pecado e, de modo imprudente, voltar-se contra Deus. Nesta hora, quando nosso coração estiver despedaçado devemos nos lembrar das palavras do grande Médico: "Trazei-mo." Jamais devemos deixar de orar até que deixem de respirar. Nenhum caso está perdido enquanto Jesus estiver vivo.

O Senhor, algumas vezes, permite que Seu povo seja colocado em uma situação difícil para que possa saber por experiência o quanto precisa dele. Filhos incrédulos, quando nos mostram nossa impotência em relação a depravação de seu coração, nos levam a correr para o Forte em busca de força, e isso é uma grande bênção para nós. Quaisquer que sejam nossas necessidades nesta manhã, deixemos que se tornem a forte corrente que nos carregará até o oceano de amor divino. Jesus pode rapidamente remover nossa tristeza; Ele se deleita em nos consolar. Aproximemo-nos dele, enquanto Ele aguarda nos encontrar.

18 de setembro

"Se vivemos no Espírito, andemos também no Espírito."
GÁLATAS 5:25

As duas coisas mais importantes em nossa santa religião são a *vida de fé* e a *caminhada de fé*. Aquele que entende acertadamente estas duas não está distante de ser mestre em teologia experimental, pois são pontos vitais para um cristão. Você nunca encontrará a verdadeira fé desacompanhada da verdadeira piedade; por outro lado, você nunca descobrirá uma vida verdadeiramente santa que não tenha como raiz uma fé viva na justiça de Cristo. Ai daqueles que buscam um sem o outro! Há alguns que cultivam a fé e esquecem a santidade; esses podem ser muito ilustres na ortodoxia, mas cairão profundamente em condenação, pois guardam a verdade em iniquidade; e há outros que se esforçam por uma vida de santidade, mas negam a fé, como os antigos fariseus, a quem o Mestre chamou de "sepulcros caiados". Precisamos ter fé, pois essa é a fundação; precisamos ter vida de santidade, pois esta é a superestrutura. Para que serve a simples fundação de um edifício para um homem, em dia de tempestade? Pode ele se refugiar nela? Ele quer uma casa que o cubra, assim como uma fundação para essa casa. Da mesma forma, nós precisamos da superestrutura da vida espiritual se desejamos o conforto no dia da dúvida. Mas não busque uma vida santa sem fé, pois isso seria como construir uma casa que não pode sustentar abrigo permanente, pois não tem fundação em uma rocha. Deixe que a fé e a vida estejam juntas e, como as duas colunas de um arco, farão nossa piedade duradoura. Como luz e calor fluindo do mesmo sol, elas são igualmente repletas de bênção. Como os dois pilares do templo, elas são para glória e para beleza. São duas correntes da fonte de graça; duas lâmpadas acesas com fogo santo; duas oliveiras regadas com o cuidado celestial. "Ó Senhor, concede-nos hoje a vida interior e ela se revelará exteriormente, para Tua glória."

19 de setembro

> *"Para a liberdade foi que Cristo nos libertou..."*
> GÁLATAS 5:1

Esta "liberdade" nos liberta para a carta de concessão do céu — *a Bíblia*. Aqui uma passagem de minha preferência cristã: "Quando passares pelas águas, eu serei contigo." Você é livre para isso. Cito aqui mais uma: "Porque os montes se retirarão, e os outeiros serão removidos; mas a minha misericórdia não se apartará de ti"; você é livre para isso. Você é um convidado bem-vindo à mesa das promessas. A Escritura é um tesouro que nunca falha, repleto de suprimento ilimitado de graça. É o banco do céu; você pode sacar o quanto quiser, sem impedimento ou obstáculo. Vá em fé e será recebido em *todas as bênçãos da aliança*. Não há uma promessa na Palavra que seja retida. Nas profundezas das tribulações, deixe que essa liberdade o console; em meio a ondas de aflição, deixe que o anime; quando tristezas o cercarem, deixe que seja seu conforto. Este é o símbolo de amor de seu Pai; você é livre para isso em todo o tempo. Você também é *livre para o trono da graça*. É privilégio do cristão ter acesso, em todos os momentos, a seu Pai celestial. Quaisquer que sejam nossos desejos, nossas dificuldades, nossas necessidades, estamos livres para expor tudo diante dele. Não importa o quanto tenhamos pecado, podemos pedir e esperar o perdão. O fato de sermos tão pobres nada significa, podemos apelar à Sua promessa de que Ele proverá tudo o que nos for necessário. Temos permissão para nos aproximar de Seu trono em todos os momentos — na hora mais escura ou no calor do meio-dia. Exercite seu direito, ó cristão, e viva este privilégio. Você é livre para tudo que está entesourado *em* Cristo — sabedoria, justiça, santificação e redenção. Não importa qual seja sua necessidade, pois há plenitude de provisão em Cristo, e esta provisão está disponível *para você*. Ó que "liberdade" é a sua! Liberdade da condenação, liberdade para as promessas, liberdade para o trono da graça e, finalmente, liberdade para entrar no céu!

20 de setembro

> "...*Espada pelo Senhor e por Gideão!*"
> JUÍZES 7:20

Gideão ordenou que seus homens fizessem duas coisas: cobrissem uma tocha com um cântaro vazio e, ao sinal designado, quebrassem o cântaro e deixassem a luz brilhar e, então, fizessem soar a trombeta bradando: "Espada pelo Senhor e por Gideão!" Isso é exatamente o que todos os cristãos devem fazer. Primeiro, *você deve brilhar*; quebre o cântaro que oculta sua luz; jogue fora o recipiente que esconde sua tocha e brilhe. Permita que sua luz resplandeça diante dos homens; que suas boas obras sejam tais que, quando as pessoas olharem para você, saibam que esteve com Jesus. Depois *deve haver o som*, o soar da trombeta. Deve haver o esforço ativo para a reunião de pecadores, para a proclamação do Cristo crucificado. Leve o evangelho a eles; leve-o até suas portas; coloque-o em seu caminho; não permita que eles escapem dele; faça soar a trombeta diretamente em seus ouvidos. Lembre-se de que o verdadeiro clamor de Guerra da Igreja é o lema de Gideão: "*Espada pelo Senhor e por Gideão!*" Deus deve executar, é obra dele. Mas não devemos ser negligentes; meios devem ser utilizados: "Espada pelo Senhor e *por Gideão!*" Se nós apenas exclamarmos: "Espada pelo Senhor!", seremos culpados de presunção negligente; e se exclamarmos somente: "Espada por Gideão!", manifestaremos confiança idólatra em um braço humano. Devemos combinar ambos em harmonia prática: "Espada pelo Senhor e por Gideão!" Não podemos fazer nada de nós mesmos, mas podemos fazer tudo com a ajuda de nosso Deus; estejamos determinados, portanto, no nome dele, a irmos pessoalmente e servir com nossa tocha flamejante, como exemplo santo, e com os tons de nossa trombeta como declaração fervorosa e testemunho. Deus será conosco e Midiã será confundida e o Senhor dos senhores reinará para todo o sempre.

21 de setembro

> *"Alegrar-me-ei por causa deles e lhes farei bem..."*
> JEREMIAS 32:41

Como alegra o coração do cristão o deleite que Deus tem em Seus santos! Não vemos em nós mesmos razão para que o Senhor se alegre conosco; não nos deleitamos em nós mesmos, pois frequentemente sofremos sobrecarregados; conscientes de nossa pecaminosidade e lamentando nossa infidelidade. Tememos que o povo de Deus não possa se deleitar em nós, pois devem perceber tantas imperfeições e leviandades em nós que, ao contrário, lamentam nossas debilidades em vez de admirar nossas virtudes. Porém, amamos permanecer nesta verdade transcendente, neste mistério glorioso: Assim como o noivo se alegra com a noiva, assim o Senhor se alegra conosco. Não lemos em lugar nenhum que Deus se deleita nas montanhas cobertas pelas nuvens, ou nas estrelas brilhantes, mas lemos que Ele se regozija no Seu mundo habitável e que Suas delícias estão com os filhos dos homens. Não achamos registro de que nem mesmo os anjos concedem deleite à Sua alma; nem diz Ele, acerca de querubins e serafins: "chamar-te-ão Minha-Delícia; porque o Senhor se delicia em ti"; mas Ele diz tudo isso a pobres criaturas caídas como nós, aviltadas e corrompidas pelo pecado, mas salvas, exaltadas e glorificadas por Sua graça. Como é forte o linguajar em que Ele expressa Seu deleite em Seu povo! Quem iria imaginar que o Eterno irromperia em canção? Entretanto está escrito: "Ele se deleitará em ti com alegria; renovar-te-á no seu amor, regozijar-se-á em ti com júbilo." Ao olhar para o mundo que criou, Ele disse: "É muito bom"; mas quando observou aqueles que foram comprados pelos sangue de Jesus, Seus escolhidos, a impressão é que o grande coração do Deus infinito já não pôde se conter, mas transbordou em divinas exclamações de alegria. Não deveríamos exprimir nossa resposta de gratidão a essa declaração tão maravilhosa de Seu amor e cantar: "Eu me alegro no Senhor, exulto no Deus da minha salvação"?

22 de setembro

"Regozije-se Israel no seu Criador..."
SALMO 149:2

Tenha um coração alegre, ó cristão, mas tenha cuidado para que sua alegria tenha sua fonte *no Senhor*. Você tem muitos motivos para alegrar-se no seu Deus, pois pode cantar com Davi: "Deus, que é a minha grande alegria." Alegre-se porque o Senhor reina, porque Jeová é Rei! Regozije-se porque Ele se assenta no trono e governa todas as coisas! Todos os atributos de Deus deveriam tornar-se um novo raio na luz solar de sua alegria. O fato de Ele ser sábio deveria nos alegrar por conhecermos nossa insensatez. O fato de Ele ser *poderoso* deveria nos fazer regozijar, nós que trememos de fraqueza. Ele ser eterno deveria sempre ser motivo de alegria quando sabemos que secamos como a relva. Ele ser *imutável* deveria perpetuamente nos render uma canção, considerando que *nós* mudamos a cada hora. Ele ser cheio de graça, transbordante dela e o fato de Sua graça nos ser dada em aliança que nos limpa, nos mantém, santifica, aperfeiçoa, nos leva à glória — tudo isto deveria nos fazer regozijar nele. Esta alegria em Deus é um rio profundo; até agora tocamos apenas a margem, conhecemos pouco de suas torrentes claras, doces e celestiais, mas a profundidade é maior e o fluxo mais impetuoso, em sua alegria. O cristão sente que pode deleitar-se não apenas no que Deus é, mas também em tudo o que Ele *fez* no passado. Os salmos nos mostram que o povo de Deus, em tempos antigos, tinha o costume de muito refletir nas ações de Deus e de compor canções acerca de cada uma dessas ações. Então, que o povo de Deus agora recite os feitos do Senhor! Que contem Seus atos poderosos e cantem "ao Senhor, porque gloriosamente triunfou". E que não deixem jamais de cantar, pois conforme novas misericórdias fluem até eles todos os dias, sua alegria pelos atos amorosos de providência e graça do Senhor, também deveria ser demonstrada em contínua ação de graça. "Alegrai-vos, pois, filhos de Sião, regozijai-vos no Senhor, vosso Deus."

23 de setembro

"...que ele nos concedeu gratuitamente no Amado."
EFÉSIOS 1:6

Que estado de privilégio! Inclui *justificação* diante de Deus, mas o termo "aceitação", no grego, significa mais do que isso. Significa que somos objetos da *complacência divina*, mais ainda, do *deleite divino*. Como é maravilhoso que nós, vermes, mortais, pecadores, sejamos objetos do amor divino! Mas é somente "*no Amado*". Alguns cristãos parecem ser aceitos por sua própria experiência, pelo menos é assim que compreendem. Quando seu espírito está vívido e sua esperança resplandece, acreditam que Deus os aceita, pois sentem-se tão elevados, com a mentalidade celestial, tão atraídos para um nível acima da Terra! Mas quando sua alma se quebra a ponto de tornar-se poeira, são vítimas do medo de já não mais serem aceitos. Se pudessem, pelo menos, ver que todas as suas altas alegrias não os elevam e que todos os seus baixos desalentos não os humilham aos olhos do Pai; mas permanecem aceitos naquele que nunca se altera, que é, sempre o Amado de Deus, sempre perfeito, sem mancha ou mácula ou qualquer coisa semelhante. Como seriam mais felizes e quanto mais honrariam o Salvador! Regozije-se nisto, cristão: você é aceito "no Amado". Você olha para dentro e diz: "Não há nada aceitável *em mim*!" Mas olhe para Cristo e veja se não há nada aceitável *nele*. Seus pecados o perturbam, mas Deus lançou seus pecados sobre Suas costas e você é aceito no Justo. Você precisa lutar contra a corrupção e contender com a tentação, mas você já é aceito nele que venceu os poderes do mal. Se o inimigo o tenta, tenha bom ânimo, ele não pode destruí-lo, pois você é aceito em Cristo, que pisou a cabeça de Satanás. Tenha total certeza de sua posição gloriosa. Mesmo a alma glorificada não é mais aceita do que você. Ela só é aceita no Céu "no Amado", e você é aceito agora em Cristo da mesma forma.

24 de setembro

*"Porque tive vergonha de pedir ao rei exército e cavaleiros
para nos defenderem do inimigo no caminho,
porquanto já lhe havíamos dito: A boa mão do nosso Deus
é sobre todos os que o buscam, para o bem deles;
mas a sua força e a sua ira, contra todos os que o abandonam."*

ESDRAS 8:22

Um comboio teria sido proveitoso por muitas razões para o bando de peregrinos, mas uma vergonha santa não permitiu que Esdras fosse em busca de tal auxílio. Ele temia que o rei bárbaro pensasse que sua profissão de fé em Deus fosse mera hipocrisia, ou imaginasse que o Deus de Israel não era capaz de preservar Seus adoradores. Ele não conseguia convencer sua mente a apoiar-se em um exército de carne em uma questão tão evidentemente relacionada ao Senhor e, portanto, a caravana saiu sem proteção visível, guardada por Aquele que é a espada e o escudo de Seu povo. Devemos nos preocupar com o fato de que poucos cristãos sentem esse santo zelo por Deus; mesmo aqueles que em certa medida caminham por fé, ocasionalmente arruínam o brilho de sua vida ao almejar a ajuda de homens. É muito abençoador não ter acessórios ou esteios, mas colocar-se em pé na Rocha Eterna, sustentado somente pelo Senhor. Algum cristão buscaria doações para sua igreja, caso se lembrasse de que o Senhor é desonrado quando buscam o auxílio de César? Como se o Senhor não pudesse suprir as necessidades de Sua própria causa! Deveríamos correr tão apressadamente a amigos e relacionamentos pedindo ajuda, se nos lembrássemos de que o Senhor é magnificado por nossa confiança tácita em Seu braço solitário? Minh'alma, espere apenas no seu Deus. "Mas", alguém dirá: "não devo fazer uso de algum recurso?" Seguramente sim; mas nosso erro raramente está em negligenciar recursos; muito mais frequentemente erramos por tolamente acreditar nos recursos, em vez de crer em Deus. Poucos são os que negligenciam exageradamente o braço da criatura; mas muitos são os que pecam grandemente ao conceder-lhe grande importância. Aprenda, caro leitor, a glorificar o Senhor deixando recursos inutilizados se, ao utilizá-los, você desonrar o nome de Deus.

25 de setembro

"...justo e o justificador daquele que tem fé em Jesus."
ROMANOS 3:26

Sendo justificados pela fé, temos paz com Deus. A consciência já não mais nos acusa. O julgamento agora é a favor do pecador e não contra ele. A memória olha para os pecados passados com profunda tristeza, mas, ainda assim, sem medo de receber alguma punição. Pois Cristo pagou a dívida de Seu povo até a última moeda, e obteve o recibo divino; e a menos que Deus seja tão injusto a ponto de exigir pagamento duplo para uma única dívida, nenhuma alma pela qual Jesus morreu como substituto, pode jamais ser lançada no inferno. Parece ser um dos princípios de nossa natureza iluminada acreditar que Deus é justo; sentimos que assim deve ser e isto à primeira vista, nos aterroriza; mas não é maravilhoso que a primeira crença de todas, a de que Deus é justo, se torne posteriormente o pilar de nossa confiança e paz? Se Deus é justo, eu, um pecador, sozinho e sem substituto, devo ser punido; mas Jesus se coloca em meu lugar e é punido por mim; e, se Deus é justo, eu, um pecador, firmado em Cristo, não posso jamais ser punido. Deus precisaria mudar Sua natureza antes que uma alma, da qual Jesus foi substituto, pudesse, por qualquer motivo, sofrer com o chicote da lei. Portanto, Jesus tomou o lugar do cristão — submetendo um equivalente pleno à ira divina, por tudo o que Seu povo deveria sofrer como resultado do pecado. O cristão pode exclamar com glorioso triunfo: "Quem intentará acusação contra os eleitos de Deus?" O Senhor não, pois Ele justificou; Cristo não, pois Ele morreu, "ou antes quem ressuscitou dentre os mortos". Minha esperança vive não porque não sou pecador, mas porque sou um pecador por quem Cristo morreu; minha confiança não está no fato de eu ser santo, mas no fato de que sendo profano, *Ele* é minha justiça. Minha fé não repousa sobre o que eu sou, ou serei, ou sinto, ou sei, mas sobre o que Cristo é, sobre o que Ele fez e sobre o que Ele está fazendo agora, por mim. No Leão da justiça, a bela donzela da esperança cavalga como rainha.

26 de setembro

"...as murteiras que havia num vale profundo..."
ZACARIAS 1:8

A visão neste capítulo descreve a condição de Israel nos dias de Zacarias; mas sendo interpretada em seus aspectos concernentes a nós, ela descreve a Igreja do Senhor como a vemos hoje no mundo. A Igreja é comparada a um pomar de murteiras florescendo em um vale. Está *escondida*, despercebida, em secreto; não concedendo honra alguma e não atraindo atenção alguma do observador descuidado. A Igreja, assim como Seu Cabeça, tem uma glória, mas é ocultada de olhos carnais, pois o momento de seu surgimento em todo o seu esplendor ainda não chegou. A ideia de *segurança plácida* também nos é sugerida: pois o pomar de murteiras no vale está sereno e apaziguado, enquanto a tempestade varre os picos das montanhas. As tempestades gastam suas forças nos picos íngremes dos alpes, mas lá embaixo onde flui a corrente que alegra a cidade de nosso Deus, as murteiras florescem próximas às águas tranquilas, todas firmes sem serem atingidas pelo vento impetuoso. Quão grande é a tranquilidade interior da Igreja do Senhor! Mesmo quando sofre resistência ou perseguição, ela tem uma paz que o mundo não concede e que, portanto, não pode retirar: a paz do Senhor que excede todo o entendimento guarda o coração e a mente do povo de Deus. A metáfora não retrata, forçosamente, o pacífico e *perpétuo crescimento* dos santos? A murteira deixa cair suas folhas, está sempre verde; e a Igreja em seu pior momento ainda tem um viço bendito de graça; mais ainda, ela algumas vezes exibe mais verdor quando o inverno é mais rigoroso. Ela prosperou mais quando seus adversários foram os mais severos. Consequentemente, o texto *sugere vitória*. A murteira é o emblema da paz e um símbolo importante de *triunfo*. As frontes de conquistadores eram ornadas com murta e louro; e não é a Igreja sempre vitoriosa? Não é todo cristão mais do que vencedor por meio daquele que o amou? Vivendo em paz, não conseguem os santos adormecer nos braços da vitória?

27 de setembro

"Feliz és tu, ó Israel!
Quem é como tu? Povo salvo pelo Senhor..."
DEUTERONÔMIO 33:29

Aquele que afirma que o cristianismo torna os homens miseráveis, é completo inexperiente na questão. De fato, seria estranho se nos tornasse homens vis, pois veja a *que posição nos exalta*! Ele nos torna filhos de Deus. Você diria que Deus daria toda a felicidade a Seus inimigos e reservaria todo lamento para Sua própria família? Deveriam Seus inimigos ter jovialidade e alegria e os filhos de Sua casa herdar tristeza e miséria? Deveria o pecador, que não tem participação com Cristo, chamar-se rico em alegrias e nós deveríamos prantear como se fôssemos pedintes paupérrimos? Não, nós nos alegraremos sempre no Senhor e nos gloriaremos em nossa herança, pois não recebemos "o espírito de escravidão, para [vivermos], outra vez, atemorizados, mas [recebemos] o espírito de adoção, baseados no qual clamamos: Aba, Pai." A vara da disciplina deve estar sobre nós quando necessário, mas ela produz para nós frutos de justiça; e portanto, pela ajuda do divino Consolador, nós, "povo salvo pelo Senhor", nos uniremos ao Deus de nossa salvação. Nós nos unimos em matrimônio a Cristo; e nosso grande Noivo permitiria que Sua esposa permanecesse em constante pesar? Nosso coração está entrelaçado com Ele: somos Seus membros e, ainda que por certo tempo soframos como nosso Cabeça sofreu, ainda assim, somos abençoados agora com bênçãos celestiais nele. Temos o mais importante de nossa herança no consolo do Espírito, que não é pouco nem pequeno. Para sempre herdeiros de alegria, temos antegozos de nossa porção. Há vestígios da luz de alegria para anunciar nosso eterno nascer do sol. Nossas riquezas estão além mar; nossa cidade, com firmes fundações, está do outro lado do rio; centelhas de glória do mundo espiritual alegram nosso coração e nos impulsionam adiante. Verdadeiramente diz-se de nós: "Feliz és tu, ó Israel! Quem é como tu? Povo salvo pelo Senhor?"

28 de setembro

"O Senhor olha dos céus; vê todos os filhos dos homens."
SALMO 33:13

Talvez nenhuma figura de linguagem represente Deus de modo mais gracioso do que a imagem dele se curvando do alto de Seu trono e descendo do céu, para atender às necessidades da humanidade e para observar seus ais. Nós o amamos. Aquele que, quando Sodoma e Gomorra estavam repletas de iniquidade, optou por não destruir as cidades até que as visitasse pessoalmente. Não conseguimos não derramar nosso coração em amor por nosso Senhor, que inclina Seu ouvido da mais alta glória e o coloca próximo aos lábios do pecador moribundo, cujo coração enfraquecido anseia por reconciliação. Como podemos não amá-lo quando sabemos que Ele conta os cabelos de nossa cabeça, corrige nossos passos e orienta nosso caminho? Especialmente nesta grande verdade trazida ao nosso coração, quando consideramos o quão atencioso Ele é, não simplesmente com os interesses seculares de Suas criaturas, mas com suas questões espirituais. Ainda que léguas de distância estejam entre a criatura finita e o Criador infinito, há laços unindo ambos. Quando você derrama uma lágrima, não pense que Deus não o observa, pois: "Como um pai se compadece de seus filhos, assim o Senhor se compadece dos que o temem." O seu suspiro é capaz de mover o coração de Jeová; seu sussurro pode inclinar Seu ouvido a você; sua oração pode pausar Sua mão; sua fé pode mover Seu braço. Não pense que Deus se assenta no alto e não se importa com você. Lembre-se de que por mais pobre e carente que você seja, ainda assim, o Senhor o considera. "Pois os olhos do Senhor correm por toda a terra para que Ele se mostre forte por aqueles cujo coração é puro diante dele."

Ó! Repita a verdade que nunca se esgota;
Nenhum Deus é como o Deus que a minha alma deseja;
Aquele cujo som da voz sacode os céus,
Grandioso como é, sabe como se curvar até mim.

29 de setembro

"...então, este o examinará. Se a lepra cobriu toda a sua carne, declarará limpo o que tem a mancha..." LEVÍTICO 13:13

Por mais estranha que esta regra pareça, havia sabedoria nela, pois o manifestar da doença prova que o corpo estava são. Nesta manhã, pode nos ser edificante analisar esse ensino característico com regra tão singular. Nós também somos leprosos e podemos ler a lei do leproso aplicável a nós. Quando um homem se vê completamente perdido e arruinado, coberto por inteiro pela corrupção do pecado, e em parte alguma livre da contaminação; quando renuncia a toda justiça que poderia ter e se declara culpado diante de Deus; neste momento ele é limpo pelo sangue de Jesus e pela graça de Deus. A iniquidade escondida, inexorável e não confessada é a verdadeira lepra, mas quando o pecado é visto e percebe que recebeu o golpe mortal, o Senhor olha com olhos de misericórdia para a alma afligida por tal pecado. Nada é mais mortal do que a justiça própria, ou mais auspicioso do que a contrição. Devemos confessar que nada somos além de pecado, pois nenhuma confissão diferente desta, será completamente verdadeira e se o Espírito Santo opera em nós, convencendo-nos do pecado, não haverá dificuldade de reconhecer esse fato — fluirá espontaneamente de nossos lábios. Que consolo o texto concede àqueles sob profundo senso de pecado! A iniquidade lamentada e confessada, ainda que sombria e infame, jamais privará um homem de seu Senhor Jesus. Aquele que vem a Ele, de modo nenhum será lançado fora. Ainda que desonesto como ladrão, lascivo como a mulher que era pecadora, feroz como Saulo de Tarso, cruel como Manassés, rebelde como o filho pródigo, o grande coração de amor olhará para o homem que não sente ter integridade em si, e o declarará limpo assim que ele confiar em Jesus crucificado. Venha a Ele, pobre pecador sobrecarregado,

Venham necessitados, culpados, repugnantes e despidos;
Venham como estão — nunca será imundície demais.

30 de setembro

> *"Salmodiai a glória do seu nome,*
> *dai glória ao seu louvor."*
> SALMO 66:2

Não temos a opção de louvar ou não a Deus. Louvar a Deus é mais do que devido, e todo cristão, como recebedor de Sua graça, é compelido a louvá-lo diariamente. É verdade que não temos nenhuma regra ditatorial para o louvor diário; não temos um mandamento determinando certas horas de cânticos e ações de graça. Porém, a lei escrita no coração nos ensina que é correto louvar a Deus; e a ordem que não está escrita vem até nós com tanta força, como se tivesse sido gravada nas tábuas da lei ou nos dada do topo do trovejante Sinai. Sim, é *dever* do cristão louvar a Deus. Não é apenas um exercício agradável, mas é a obrigação maior de sua vida. Não pense você que está sempre lamentando ser inocente nesta questão, nem imagine poder livrar-se do seu dever para com seu Deus sem canções de louvor. Você está preso pelas cordas do Seu amor e deve bendizer Seu nome enquanto estiver vivo, e o Seu louvor deveria estar continuamente em seus lábios, pois você é abençoado para que possa bendizê-lo; "ao povo que formei para mim, para celebrar o meu louvor". Se você não louvar a Deus, não estará trazendo o fruto que Ele, como o divino Lavrador, tem direito de esperar que esteja em suas mãos. Que sua harpa não fique pendurada nos salgueiros, mas tome-a e lute, com coração grato, para produzir a música mais alta. Levante-se, cante Seus louvores. Com a alvorada de todas as manhãs, surjam os seus acordes de gratidão e que todo sol poente seja seguido de sua canção. Cinja a Terra com seus louvores; envolva-a com uma atmosfera de melodia e o próprio Deus ouvirá, atentamente, do céu e aceitará sua música.

Amo o Senhor, e amarei,
E em louvor a ti cantarei,
Porque és meu Deus de amor,
E meu Rei redentor.

1º de outubro

"...excelentes frutos, novos e velhos;
eu tos reservei, ó meu amado."
CÂNTICO DOS CÂNTICOS 7:13

A esposa deseja dar a Jesus tudo o que produz. Nosso coração tem "toda sorte de excelentes frutos", sejam "novos e velhos", e são armazenados para o nosso Amado. Examinemos os nossos estoques. Nós temos frutos *novos*. Desejamos sentir nova vida, alegria, gratidão; desejamos tomar novas decisões e executá-las em novas tarefas; nosso coração floresce com novas orações e nossa alma se compromete com novos esforços. Mas temos também alguns frutos *velhos*. Há nosso primeiro amor: um fruto seleto! E Jesus se deleita nele. Há nossa primeira fé: aquela fé simples pela qual, nada tendo, nos tornamos proprietários de todas as coisas. Há nossa primeira alegria do momento em que conhecemos o Senhor: que a revivamos. Temos nossas velhas lembranças das promessas. Como Deus tem sido fiel! Na doença, Ele afofou nossa cama! Em águas profundas, quão serenamente Ele nos manteve flutuando! Na fornalha ardente, como Ele nos livrou graciosamente. Realmente frutos velhos! Temos muitos deles, pois Suas misericórdias têm sido mais numerosas do que os cabelos de nossa cabeça. Precisamos nos arrepender de pecados velhos, mas tivemos arrependimentos que Ele colocou em nós, pelos quais choramos até chegarmos à cruz, e descobrimos o mérito de Seu sangue. Temos frutos, nesta manhã, velhos e novos; mas a questão é a seguinte: *estão todos reservados para Jesus*. Verdadeiramente, estes são os melhores cultos em que Jesus é o único alvo da alma, e Sua glória, sem qualquer mescla que seja, o fim de todos os nossos esforços. Que nossos muitos frutos sejam reservados apenas para nosso Amado; que os exponhamos quando Ele estiver conosco e não os levantemos diante dos olhos dos homens. "Jesus, passaremos a chave na porta de nosso jardim e ninguém entrará para roubar nenhum fruto bom do solo que tu regaste com o Teu suor ensanguentado. Nosso fruto será Teu, somente Teu, ó Jesus, nosso Amado!"

2 de outubro

> *"Esperança que vos está preservada nos céus."*
> COLOSSENSES 1:5

Nossa esperança em Cristo com relação ao futuro é o motivo e o suporte principal de nossa alegria aqui. Ela motivará nosso coração a pensar, com frequência, no céu, pois tudo o que podemos desejar está prometido para lá. Aqui estamos cansados e sobrecarregados, mas lá é a terra de *descanso*, onde o suor do trabalho não mais orvalhará a testa do trabalhador e a fadiga será para sempre banida. Àqueles que estão cansados e esgotados, a palavra "descanso" é repleta de céu. Estamos sempre no campo de batalha; somos tão tentados interiormente e tão perturbados por inimigos externos, a ponto de termos pouca ou nenhuma paz; mas no céu, desfrutaremos da *vitória*, quando a bandeira será agitada no alto em triunfo, a espada será embainhada, e nós ouviremos nosso Capitão dizer: "Muito bem, servo bom e fiel." Sofremos privações após privações, mas estamos indo para a terra dos *imortais* onde não há sepulturas. Aqui o pecado é uma constante aflição para nós, mas lá seremos perfeitamente *santos*, pois não haverá como entrar nesse reino algo corruptível. A cicuta não brota dos sulcos dos campos celestiais. Ó! Não é uma alegria não estar banido eternamente, não habitar para sempre neste deserto, mas em breve herdar Canaã? Todavia, que jamais seja dito que sonhamos com o *futuro* e nos esquecemos do *presente*; que o futuro santifique o presente para usos mais elevados. Por meio do Espírito de Deus, a esperança do céu é a força mais potente para a produção de virtude; é uma fonte de empenho jubiloso, é a pedra angular da alegre santidade. O homem que tem essa esperança em si faz seu trabalho com vigor, pois a alegria do Senhor é a sua força. Ele luta fervorosamente contra a tentação, pois a esperança do mundo vindouro rechaça os dardos inflamados do adversário. Ele pode trabalhar sem recompensa presente, pois contempla uma recompensa no mundo que está por vir.

3 de outubro

"Não são todos eles espíritos ministradores, enviados para serviço a favor dos que hão de herdar a salvação?" HEBREUS 1:14

Anjos são os servos invisíveis dos santos de Deus; eles nos carregam em suas mãos, para que não tropecemos numa pedra. A lealdade a seu Senhor os leva a interessar-se profundamente pelos filhos do Seu amor; eles se alegram com o retorno do filho pródigo à casa do pai, na terra, e dão as boas-vindas ao cristão que chega ao palácio do Rei, no céu. Em tempos antigos, os filhos de Deus eram favorecidos com a aparição visível de anjos; e, nos dias de hoje, ainda que invisível para nós, o céu está aberto e os anjos de Deus sobem e descem por intermédio do Filho do homem, para visitar os herdeiros da salvação. Os serafins ainda voam com brasas vivas do altar para tocar os lábios de pessoas muito amadas. Se nossos olhos pudessem ser abertos, veríamos cavalos e carruagens de fogo por todos os lados dos servos do Senhor; pois há um grupo incontável de anjos, todos protetores e vigias da semente real. O verso de Spencer [N.E.: Poeta inglês, 1552–99] não é ficção poética quando ele canta:

> *Muitas vezes, com asas áureas eles fendem*
> *Este céu efêmero como arautos voadores*
> *Para ajudar-nos na luta contra os espíritos imundos!*

A que dignidade são elevados os escolhidos, quando os resplandecentes cortesãos do céu tornam-se seus servos! A que comunhão somos elevados, considerando que nos relacionamos com seres celestiais imaculados! Como somos bem defendidos, visto que todas as 20 mil carruagens de Deus estão a postos para a nossa libertação! A quem devemos tudo isso? Que o Senhor Jesus seja para sempre estimado por nós, pois por meio dele podemos nos assentar em lugares celestiais muito acima de principados e potestades. "O anjo do SENHOR acampa-se ao redor dos que o temem"; Ele é o verdadeiro Miguel cujo pé está sobre o dragão. Aclamem todos a Jesus! Anjo da presença de Jeová, ao Senhor esta família oferece os votos desta manhã.

4 de outubro

> *"...haverá luz à tarde."*
> ZACARIAS 14:7

Muitas vezes olhamos para os *dias da velhice* com agouro, esquecendo-nos de que à tarde haverá luz. Para muitos santos, a velhice é a época preferida em sua vida. Um ar perfumado sopra no rosto do marinheiro enquanto ele se aproxima da costa da imortalidade, menos ondas agitam o mar, a calmaria prevalece, intensa, serena e solene. Do altar da idade os lampejos de fogo da juventude se vão, mas a chama mais real de sentimento zeloso permanece. Os peregrinos chegaram à terra de Beulá [N.E.: Quer dizer "desposada". O termo é usado em Isaías 62:4], a terra feliz, cujos dias são os dias do céu no mundo. Anjos a visitam, ventos celestiais sopram sobre ela, flores do paraíso crescem ali e o ar é repleto de música seráfica. Alguns habitam nela por anos e outros chegam até ela poucas horas antes de sua partida, mas é um Éden na Terra. Podemos também ansiar pela hora em que nos reclinaremos em seu pomar sombreado e seremos satisfeitos com esperança, até que o momento de realização chegue. O sol poente parece maior do que quando elevado no céu e um esplendor de glória colore todas as nuvens que o cercam. A dor não interrompe a serenidade do doce crepúsculo da idade, pois a força aperfeiçoada na fraqueza permanece com paciência submetida a tudo. Frutos maduros de seletas experiências são coletados como o raro banquete da tarde da vida, e a alma se prepara para o descanso.

O povo do Senhor também desfrutará da luz na *hora da morte*. Lamentos de incredulidade; as sombras caem, a noite vem, a existência se finda. Ah, não, clama a fé, a noite há tempos se esgotou, o verdadeiro dia está próximo. A luz surgiu, a luz da imortalidade, a luz do semblante do Pai. Junte seus pés na cama, veja as multidões de santos aguardando! Anjos o elevam. Adeus, amado, você se foi acenando. Ah, agora há luz. Os portões perolados estão abertos, as ruas áureas reluzem ao brilho do jaspe. Cobrimos nossos olhos, mas você olha para o que não podemos ver; adeus, irmão você tem a luz do entardecer, a luz que ainda não temos.

5 de outubro

> "Levantou-se, pois, comeu e bebeu; e, com a força daquela comida, caminhou quarenta dias e quarenta noites."
> 1 REIS 19:8

Toda a força suprida a nós por nosso Deus gracioso deve ser usada para o serviço, não para a libertinagem ou jactância. Quando o profeta Elias encontrou o pão cozido sobre pedras e a botija de água, ao lado de sua cabeça, quando deitado sob um zimbro, ele não era nenhum cavalheiro a quem se gratifica com iguarias finas e que espreguiça-se tranquilamente; muito longe disso; ele foi incumbido de seguir por quarenta dias e quarenta noites na força daquele alimento, em uma jornada até Horebe, o monte de Deus. Quando o Mestre convidou os discípulos para "vir e comer" com Ele, após o banquete ter acabado, Ele disse a Pedro: "Pastoreia as minhas ovelhas"; acrescentando depois: "Segue-me." Assim é conosco; comemos o pão do céu para podermos investir nossa força no serviço do Mestre. Chegamos à páscoa e comemos do Cordeiro pascal com lombos cingidos e com a vara na mão, para começarmos o trabalho assim que satisfizermos nossa fome. Alguns cristãos são a favor de alimentar-se de Cristo, mas não tem tanto desejo de viver para Cristo. O mundo deveria ser uma preparação para o céu; e este é o lugar onde os santos mais banqueteiam e mais trabalham. Eles assentam-se à mesa de nosso Senhor e o servem dia e noite em Seu templo. Comem o alimento celestial e realizam o serviço perfeitamente. Cristão, trabalhe para Cristo na força que você ganha diariamente. Alguns de nós ainda têm muito a aprender a respeito do projeto de Deus em nos dar Sua graça. Não devemos reter os preciosos grãos de verdade, como a múmia egípcia fica com o trigo por gerações, sem lhe dar chance de crescer. Devemos semeá-la e regá--la. Por que o Senhor envia chuva sobre a Terra sedenta e concede a cordial luz solar? Não é para que possam ajudar a Terra a produzir frutos que alimentem o homem? Assim, o Senhor alimenta e revigora nossa alma para que, posteriormente, utilizemos nossa força renovada na promoção de Sua glória.

6 de outubro

---

*"Aquele, porém, que beber da água
que eu lhe der nunca mais terá sede."*

JOÃO 4:14

Aquele que crê em Jesus encontra o suficiente em seu Senhor para satisfazê-lo agora e contentá-lo eternamente. O cristão não é o homem cujos dias se debilitam pela necessidade de consolo e cujas noites são longas pela ausência do pensamento que alegra o coração, pois ele encontra na religião tal fonte de alegria, tal fonte de consolação, que se satisfaz e se alegra. Coloque-o em um calabouço e ele encontrará boa companhia; coloque-o em um deserto estéril e ele comerá o pão do céu; distancie-o da amizade e ele encontrará o "amigo mais chegado que um irmão". Destrua todas as suas aboboreiras e ele encontrará sombra na Rocha Eterna; mine a fundação de suas esperanças terrenas, mas seu coração ainda estará fixo, confiando no Senhor. O coração é tão insaciável como a sepultura, até que Jesus entre e, então, torna-se um cálice cheio e transbordante. Há tal plenitude em Cristo que somente Ele é a completude do cristão. O verdadeiro santo fica tão completamente satisfeito com a suficiência universal de Jesus que já não mais tem sede — exceto pelas profundas correntes da fonte viva. Deste modo doce, cristão, você sentirá sede; não será sede de dor, mas um amável desejo; será doce anelar por um deleite mais pleno do amor de Jesus. Alguém há tempos disse: "Tenho colocado o balde no poço com frequência, mas agora minha sede por Jesus tornou-se tão insaciável que anseio colocar o próprio poço em meus lábios e beber diretamente dele." Cristão, é este o sentimento de seu coração? Você sente que todos os seus desejos são satisfeitos em Jesus e que já não há outro desejo se não conhecê-lo mais e ter comunhão íntima com Ele? Então, vá continuamente à fonte e beba livremente da água da vida. Jesus nunca achará que você está bebendo demais, mas sempre o receberá dizendo: "Bebei fartamente, ó amados."

7 de outubro

"...Por que fizeste mal a teu servo...?"
NÚMEROS 11:11

Nosso Pai celestial nos envia provações frequentes *para testar nossa fé*. Se nossa fé vale alguma coisa, passará na prova. Aquilo que é folheado a ouro teme o fogo, o ouro, em si, não. A *falsa* gema teme ser tocada pelo diamante, mas a joia verdadeira não teme teste algum. Pobre é a fé que só confia em Deus quando os amigos são verdadeiros, o corpo está pleno em saúde e os negócios estão lucrativos; mas a fé verdadeira é a que se apega à fidelidade do Senhor quando os amigos se vão, quando o corpo adoece, quando a alma se deprime e a luz do semblante de nosso Pai fica oculta. Uma fé que, na provação mais terrível, diz: "Eis que me matará, contudo, defenderei o meu procedimento", é fé nascida no céu. O Senhor aflige Seus servos *para ser glorificado*, pois Ele é grandemente glorificado nas virtudes que Seu povo recebe, que são obras de Suas mãos. Quando "a tribulação produz perseverança; e a perseverança, experiência; e a experiência, esperança", o Senhor é honrado por essas virtudes em desenvolvimento. Nunca conheceríamos o som da harpa se suas cordas não fossem tangidas; nem desfrutaríamos do suco da uva, se não fosse pisoteada no lagar; nem descobriríamos o doce perfume da canela, se não fosse prensada e batida; não sentiríamos o calor do fogo, se as brasas não fossem completamente consumidas. A sabedoria e o poder do grande Artífice são descobertos nas provas pelas quais seus vasos de misericórdia têm a permissão de passar. Aflições momentâneas *também tendem a intensificar a alegria futura*. Devem haver sombras na pintura para que a beleza das luzes seja realçada. Poderíamos ser tão altamente abençoados no céu se não tivéssemos conhecido a maldição do pecado e a tristeza da Terra? A paz não será mais doce após o conflito, e o descanso mais bem-vindo após o trabalho pesado? A lembrança de sofrimentos passados não realçará a bem-aventurança do glorificado? Há muitas outras respostas consoladoras à pergunta com que começamos nossa breve meditação; meditemos nela durante todo o dia.

8 de outubro

"...Faze-te ao largo,
e lançai as vossas redes para pescar."
LUCAS 5:4

Aprendemos com esta narrativa a *necessidade da ação humana*. A redada de peixes foi miraculosa, entretanto, nem os pescados, nem o barco, nem o equipamento de pesca foram ignorados; todos foram utilizados para apanhar os peixes. O mesmo ocorre na salvação de almas. Deus opera com recursos e, ainda que a matemática da graça prevaleça, Ele se agradará da tolice de pregar para salvar aqueles que crerem. Quando Deus age sem equipamentos, Ele é, indubitavelmente, glorificado; mas Ele mesmo selecionou o plano de instrumentalização pelo qual Ele é mais magnificado na Terra. *Recursos, por si só, são completamente infrutíferos.* "Mestre, havendo trabalhado toda a noite, nada apanhamos." Qual era a razão para isto? Não eram eles pescadores exercendo seu chamado especial? Realmente, não eram mãos inexperientes; eles entendiam do trabalho. Haviam trabalhado de modo inábil? Não. Faltou esforço? Não, trabalharam arduamente. Faltou perseverança? Não, eles haviam *trabalhado toda a noite.* Havia falta de peixes no mar? Certamente não, pois assim que o Mestre surgiu, eles nadaram até a rede em cardumes. Qual, então, é a razão? Seria porque não há poder nos recursos, em si, à parte da presença de Jesus? "Sem Ele nada podemos fazer." Mas com Cristo tudo podemos fazer. *A presença de Cristo outorga sucesso.* Jesus sentou-se no barco de Pedro, e Sua vontade, por influência misteriosa, atraiu os peixes à rede. Quando Jesus é exaltado em Sua Igreja, Sua presença é o poder da Igreja — o clamor de um rei está no seu meio. "E eu, quando for levantado da terra, atrairei todos a mim mesmo." Saiamos nesta manhã para nosso trabalho de pesca de almas, olhando para o alto em fé e ao nosso redor em solene anseio. Trabalhemos até que venha a noite e não trabalharemos em vão, pois Ele, que nos convida a lançar a rede, a encherá com os peixes.

9 de outubro

"...poderoso para vos guardar de tropeços..." JUDAS 24

Em um certo sentido, o caminho que leva ao céu é muito seguro, mas em outros aspectos não há *estrada mais perigosa*. Ela é cercada por dificuldades. Um passo em falso (e como é fácil dar esse passo, se a graça não estiver presente) e a queda é nosso destino. Que caminho escorregadio é esse que alguns de nós temos que seguir! Quantas vezes precisamos exclamar com o salmista: "Quase me resvalaram os pés; pouco faltou para que se desviassem os meus passos." Se fôssemos alpinistas fortes e de andar seguro, isto não faria tanta diferença; porém, em nós mesmos, *como somos fracos*! Mesmo nas melhores estradas, nós *logo vacilamos*, nos caminhos mais regulares nós rapidamente tropeçamos. Estes nossos joelhos débeis mal conseguem suportar nosso peso cambaleante. A palha pode nos derrubar e um seixo pode nos ferir; somos meras crianças trêmulas dando os primeiros passos na caminhada da fé, e nosso Pai celestial nos segura pelos braços para que não caiamos. Ó, se fomos livrados de cair, quanto devemos bendizer o poder paciente que olha por nós dia após dia! Pense no quão propensos somos a pecar, quão aptos a escolher o perigo, quão forte é nossa tendência de nos abater e estas reflexões nos farão cantar mais docemente do que jamais o fizemos: "Àquele que é poderoso para vos guardar de tropeços, glória." Temos muitos adversários que tentam nos derrubar. A estrada é acidentada e nós somos fracos, mas, além disso, os inimigos nos espreitam e armam emboscadas quando menos esperamos e trabalham para que tropecemos, ou para nos lançar no precipício mais próximo. Apenas com um braço o Todo-Poderoso pode nos preservar dos inimigos invisíveis, que procuram nos destruir. Tal braço está empenhado em nossa defesa. Ele é fiel àquilo que prometeu e é capaz de impedir que caiamos, para que, com profundo senso de nossa total fraqueza, possamos criar uma firme convicção em nossa segurança perfeita, e dizer, com confiança jubilosa:

> *Contra mim Terra e inferno se unem,*
> *Mas ao meu lado está o poder divino;*
> *Jesus é tudo e Ele é meu!*

10 de outubro

> *"...imaculados diante da sua glória."*
> JUDAS 24

Revolva em sua mente a palavra "*imaculados!*" Agora estamos muito distantes dela; mas como nosso Senhor nunca interrompe Seu trabalho antes de atingir a perfeição, nós a alcançaremos um dia. O Salvador, que manterá Seu povo até o fim, também o apresentará a Ele finalmente como "igreja gloriosa, sem mácula, nem ruga, nem coisa semelhante, porém santa e sem defeito". Todas as joias na coroa do Salvador são preciosíssimas e sem uma única falha. Todas as damas de honra que acompanham a esposa do Cordeiro são virgens puras, sem mácula nem ruga. Mas como Jesus nos tornará imaculados? Ele nos lavará de nossos pecados em Seu próprio sangue até ficarmos limpos e formosos como o anjo mais puro de Deus; e seremos vestidos com Sua justiça, a justiça que faz do santo que a veste positivamente imaculado; sim, perfeito aos olhos de Deus. Seremos inculpáveis e irrepreensíveis aos Seus olhos. Sua lei não apenas não terá acusação contra nós, mas será magnificada em nós. Além disso, a obra do Espírito Santo em nós será inteiramente completa. Ele nos tornará tão perfeitamente santos, que não teremos tendências duradouras para o pecado. A crítica, a memória, a vontade — todo poder e paixão será emancipado da servidão ao mal. Seremos santos como Deus é santo e em Sua presença habitaremos para sempre. Os santos não serão inconvenientes no céu; sua beleza será tão grande como a do lugar para eles preparado. Ó, êxtase dessa hora em que as portas eternas serão abertas e nós, tendo sido transformados para receber a herança, habitaremos com os santos na luz. O pecado exterminado, Satanás trancafiado, a tentação finda para sempre, e nós, "imaculados" diante de Deus; isto de fato será o céu! Alegremo-nos agora, ao ensaiarmos prontamente a canção de louvor eterno para ressoar com um coral completo de toda a multidão lavada pelo sangue; imitemos os júbilos de Davi diante da arca como prelúdio de nossos êxtases diante do trono.

11 de outubro

> *"Levantemos o coração,*
> *juntamente com as mãos, para Deus nos céus."*
> LAMENTAÇÕES 3:41

O ato da oração *nos ensina sobre nossa indignidade*, e é uma lição muito saudável para seres tão orgulhosos como nós. Se Deus nos concedesse favores sem nos constranger a orar por eles, nunca saberíamos quão pobres somos; mas a verdadeira oração é um catálogo de necessidades, uma revelação da pobreza oculta. Ainda que seja uma petição dirigida às riquezas divinas, é uma confissão do vazio humano. O estado mais saudável de um cristão é estar sempre vazio em si e constantemente dependendo do Senhor para a provisão; ser sempre pobre em si mesmo e rico em Jesus; pessoalmente fraco como água, mas vigoroso em Deus para executar grandes feitos. Consequentemente, a oração, como é adoração a Deus, também coloca a criatura em seu devido lugar: no pó. A oração em si mesma é, independentemente da resposta que traz, um grande benefício ao cristão. Como o corredor ganha força para a competição por meio do exercício diário, assim, para a grande corrida da vida, adquirimos vigor pelo sagrado trabalho da oração. A oração empluma as asas das jovens águias de Deus, para que aprendam a voar acima das nuvens. A oração cinge os lombos dos guerreiros de Deus e os envia avante para combater com tendões reforçados e músculos firmes. Enquanto o sol no leste se levanta de sua recâmara, um suplicante fervoroso sai de seu quarto regozijando-se como um homem forte para fazer sua corrida. A oração é a mão erguida de Moisés que aniquila os amalequitas mais eficazmente do que a espada de Josué; é a flecha lançada do quarto do profeta predizendo a derrota dos sírios. A oração cinge a fraqueza humana com força divina, transforma a insensatez humana em sabedoria e dá a paz de Deus aos aflitos mortais. Não sabemos o que a oração pode fazer! "Agradecemos-te, grande Deus, pelo trono de misericórdia, uma prova seleta de Tua maravilhosa bondade. Ajuda-nos para que nos aproximemos desse trono corretamente durante este dia!"

12 de outubro

"Meditarei nos teus preceitos..."
SALMO 119:15

Há momentos em que a solidão é melhor do que a comunidade e o silêncio é mais sábio do que a conversa. Seríamos cristãos melhores se ficássemos mais tempo sozinhos, esperando em Deus e reunindo forças espirituais, pela meditação em Sua Palavra, para o trabalho em Seu serviço. Devemos *meditar nas coisas de Deus, porque delas recebemos o verdadeiro alimento*. A verdade é algo como o cacho da videira: se desejamos vinho, devemos moê-lo, pressioná-lo e comprimir muitas vezes. O pé de quem espreme deve pisar os cachos alegremente, ou o suco não fluirá; e devem esmagar as uvas, ou muito do líquido precioso será desperdiçado. Devemos então, pela meditação, esmagar os cachos da verdade, se desejamos o vinho da consolação que neles há. Nossos corpos não são sustentados meramente ao levarmos o alimento à boca, mas o processo que leva suprimento aos músculos, aos nervos, aos tendões e aos ossos é a digestão. É pela digestão que o alimento exterior é assimilado à vida interior. Nossa alma não é nutrida simplesmente ao ouvir aleatoriamente partes específicas da verdade divina. Ouvir, ler, observar e aprender, todos esses atos exigem digestão interior para completar sua utilidade; e a digestão interior da verdade está, em grande parte, no meditar nessa verdade. Por que alguns cristãos, ainda que ouçam muitos sermões, avançam lentamente na vida espiritual? Porque negligenciam seus momentos de solidão e não meditam atenciosamente na Palavra de Deus. Amam o trigo, mas não o moem; adorariam ter milho, mas não vão aos campos para colhê-lo; o fruto está pendurado na árvore, mas eles não o arrancam; a água flui sob seus pés, mas não se inclinam para bebê-la. "Liberta-nos, ó Senhor, de tal insensatez e que esta seja nossa determinação nesta manhã: 'Meditarei nos teus preceitos.'"

13 de outubro

"Porque a tristeza segundo Deus produz arrependimento..."
2 CORÍNTIOS 7:10

A genuína tristeza espiritual pelo pecado é *obra do Espírito de Deus*. O arrependimento é também uma seleta flor a se plantar no jardim da natureza. Pérolas se desenvolvem em ostras, mas a penitência nunca se mostra em pecadores, a menos que a graça divina aja neles. Se você tem uma partícula que seja de verdadeiro ódio pelo pecado, foi Deus quem a colocou em você. "O que é nascido da carne é carne."

O verdadeiro arrependimento *tem uma relação distinta com o Salvador*. Quando nos arrependemos do pecado, precisamos ter um olho no pecado e outro na cruz, ou será ainda melhor se fixarmos ambos os olhos em Cristo e enxergarmos nossas transgressões somente à luz de Seu amor.

A verdadeira tristeza pelo pecado é *prática*. Nenhum homem pode dizer que odeia o pecado se vive no pecado. O arrependimento nos faz ver a maldade do pecado, não como teoria, mas como experiência — como uma criança com queimaduras teme o fogo. Assim, devemos temer o pecado, como um homem que, tarde da noite é detido e roubado, tem medo do ladrão na estrada; e devemos evitá-lo em tudo, não apenas nas grandes questões, mas nas pequenas também, como homens que evitam pequenas víboras do mesmo modo que o fazem com grandes serpentes. A verdadeira tristeza pelo pecado nos tornará muito zelosos com nossa língua, a fim de que ela não pronuncie palavras erradas; seremos muito vigilantes em nossas ações diárias, a fim de que em nada tropecemos. Todas as noites devemos concluir o dia com dolorosas confissões de falhas, e todas as manhãs acordar com orações anelantes para que neste dia Deus nos guarde e não pequemos contra Ele.

O arrependimento sincero é *contínuo*. Cristãos se arrependem até o dia de Sua morte. Este poço gotejante não é intermitente. Qualquer outra tristeza se rende ao tempo, mas esta tristeza, que cresce conforme crescemos, é tão amarga e, ao mesmo tempo tão doce, que agradecemos a Deus por termos permissão de desfrutar e de sofrer com ela, até que entremos em nosso descanso eterno.

14 de outubro

> *"Sim, deveras considero tudo como perda, por causa da sublimidade do conhecimento de Cristo Jesus, meu Senhor..."*
> FILIPENSES 3:8

O conhecimento espiritual que temos de Cristo deve ser um conhecimento *pessoal*. Não posso conhecer Jesus pelo conhecimento que outra pessoa tem dele. Não, eu preciso conhecê-lo por iniciativa própria. Será um conhecimento *inteligente* — preciso conhecê-*lo*, não como em sonhos visionários, mas como a Palavra o revela. Preciso conhecer Sua natureza — divina e humana. Preciso conhecer Suas ocupações; Seus atributos, Suas obras, Sua vergonha, Sua glória. Preciso meditar nele a fim de "compreender, com todos os santos, qual é a largura, e o comprimento, e a altura, e a profundidade e conhecer o amor de Cristo, que excede todo entendimento". Será um conhecimento *afetuoso*; de fato se eu realmente o conheço, devo amá-lo. Alguns gramas de conhecimento no coração valem uma tonelada de aprendizado intelectual. Nosso conhecimento dele será um conhecimento *satisfatório*. Quando eu conhecer meu Salvador, minha mente se encherá até a borda — sentirei que tenho aquilo que meu coração almeja. "Eu sou o pão da vida; o que vem a mim jamais terá fome." Ao mesmo tempo será um conhecimento *empolgante*; quanto mais conheço meu Amado, mais desejarei conhecê-lo. Quanto mais alto escalo, mais elevados serão os cumes que convidam meus passos impetuosos. Quanto mais receber, mais desejarei. Como o tesouro do avarento, meu ouro me fará cobiçar mais. Para concluir: este conhecimento de Cristo Jesus será muitíssimo *feliz*; na verdade, será de tal enlevação que, algumas vezes, me carregará acima de minhas provações, dúvidas e tristezas; e enquanto desfruto dele fará de mim mais do que "[um] homem, nascido de mulher, [que] vive breve tempo, cheio de inquietação"; pois a imortalidade do Salvador eterno será lançada impetuosamente sobre mim e me cingirá com o cinto de ouro de Sua eterna alegria. Venha minh'alma, sente-se aos pés de Jesus e aprenda dele durante todo este dia.

15 de outubro

> *"Mas quem poderá suportar o dia da sua vinda?..."*
> MALAQUIAS 3:2

Em Sua primeira vinda não houve ostentação externa ou demonstração de poder e, ainda assim, a realidade é que houve poucos que puderam tolerar este teste de autoridade. Herodes e toda a Jerusalém agitaram-se com a notícia do extraordinário nascimento. Aqueles que supostamente o esperavam, revelaram a falácia de suas declarações de fé, ao rejeitá-lo quando Ele veio. Sua vida na Terra foi como uma peneira que testou a grande colheita de profissão religiosa e poucos resistiram ao processo. Mas como será Sua segunda vinda? Que pecador pode suportar até mesmo pensar nisso? "Ferirá a terra com a vara de sua boca e com o sopro dos seus lábios matará o perverso." Quando, em Sua humilhação, Ele simplesmente disse aos soldados: "Sou eu," eles caíram para trás; qual não será o terror de Seus inimigos quando Ele se revelar mais plenamente como o *"Eu sou?"* Sua morte abalou o mundo e escureceu o céu, qual não será o temeroso esplendor desse dia em que, como o Salvador vivo, Ele invocará vivos e mortos diante de si? Ó, que os terrores do Senhor persuadam homens a abandonar seus pecados e a beijar o Filho, a fim de que Ele não se ire! Ele é o Cordeiro, mas é também o Leão da tribo de Judá que rasga a presa em pedaços; e ainda que não esmague a cana quebrada, esmagará Seus inimigos com a vara de ferro e os destruirá em pedaços como um vaso de oleiro. Nenhum de Seus inimigos se manterá diante da tempestade de Sua ira ou se esconderá do granizo impetuoso de Sua indignação; mas Seu amado sangue lavará aqueles que aguardaram com alegria por Sua aparição e esperaram nela sem temor. A eles, Ele serve de refinador até agora e, quando os provar, surgirão como ouro. Sondemo-nos nesta manhã e tenhamos firmeza em nosso chamado e em nossa eleição, para que a vinda do Senhor não seja motivo de prognósticos obscuros em nossa mente. Que a graça expulse toda hipocrisia, para que sejamos encontrados nele sinceros e irrepreensíveis no dia do Seu retorno.

16 de outubro

> *"Disse-lhes Jesus: Vinde, comei..."*
> JOÃO 21:12

Nestas palavras o cristão é convidado a uma proximidade santa com Jesus. "Vinde, comei," infere a mesma mesa, o mesmo alimento e, algumas vezes, significa sentar lado a lado e recostar sua cabeça no peito do Salvador. Significa ser levado à casa de banquete, onde a bandeira do amor redentor agita-se. "Vinde, comei" nos dá uma visão de *união com Jesus*, porque o único alimento no qual podemos nos deleitar quando comemos com Jesus é *Ele mesmo*. Ó, que união é esta! O fato de nos alimentarmos de Jesus é de uma profundidade que não podemos compreender ou sondar. "Quem comer a minha carne e beber o meu sangue permanece em mim, e eu, nele." É também um convite para desfrutar da *comunhão com os santos*. Os cristãos podem diferir em vários aspectos, mas todos têm um apetite espiritual; e se não podemos todos *nos sentir* da mesma forma em questões variadas, podemos todos *nos alimentar* da mesma forma com relação ao pão vivo que desceu do céu. À mesa de comunhão com Jesus temos um pão e um cálice. Conforme o terno cálice passa, brindamos uns aos outros sinceramente. Aproxime-se de Jesus e você, mais e mais, se ligará em espírito a todos que são como você, sustentados pelo mesmo maná celestial. Se estamos mais próximos de Jesus, devemos estar mais próximos uns dos outros. Vemos também nestas palavras a *fonte de força* para todo cristão. Olhar para Cristo é viver, mas para ter força para servi-lo, o "Vinde, comei" deve acontecer. Trabalhamos sob demasiada e desnecessária fraqueza pelo fato de negligenciarmos esta observação do Mestre. Nenhum de nós precisa aderir a uma dieta pobre; pelo contrário, deveríamos nos nutrir do tutano e da gordura do evangelho para que deles acumulemos força e, assim, servir ao Mestre com todo vigor. Portanto, se você deseja compreender a *proximidade* com Jesus, o amor ao Seu povo e a *força* de Jesus, "Vinde, comei" com Ele, pela fé.

17 de outubro

"Disse, porém, Davi consigo mesmo: Pode ser que algum dia venha eu a perecer nas mãos de Saul..." 1 SAMUEL 27:1

O pensamento do coração de Davi neste momento foi *falso*, porque ele certamente não tinha fundamento para acreditar que a unção que Deus lhe concedera por meio de Samuel teria sido, no fim das contas, um ato vazio e sem significado. Em ocasião alguma o Senhor havia abandonado Seu servo; ele havia sido colocado, muito frequentemente, em posições arriscadas, mas nenhum fato ocorreu sem que a intervenção divina não o tenha livrado. As provações às quais ele havia sido exposto foram variadas; não tiveram uma única forma, mas muitas — ainda assim, Ele, que enviou a prova, também determinou graciosamente um modo de escape. Davi não podia escolher aleatoriamente uma passagem de seu diário pessoal da qual pudesse dizer: "Aqui está uma prova de que o Senhor me abandonará", pois a tendência geral de sua vida havia provado exatamente o contrário. Ele deveria ter considerado o que Deus *havia* feito por Ele para saber que o Senhor ainda seria seu defensor. Porém, *nós* não duvidamos da ajuda de Deus, exatamente da mesma maneira? Não se trata de *desconfiança sem motivo*? Alguma vez tivemos alguma pequena razão para duvidar da bondade do Pai? Sua bondade não tem sido admirável? Ele falhou sequer *uma vez*, para que tenhamos justificativa para nossa crença sem fundamento? Ah, não! Nosso Deus, em momento algum, nos abandonou. Tivemos noites difíceis e escuras, mas a estrela do amor brilhou em meio à escuridão; passamos por conflitos severos, mas sobre nossas cabeças Ele segura o escudo que nos defende. Passamos por muitas provas, mas nunca em nosso detrimento, sempre para nossa vantagem; e a conclusão de nossa experiência passada é que aquele que esteve conosco em seis provações, não nos abandonará na sétima. O que sabemos sobre nosso Deus fiel prova que Ele nos sustentará até o fim. Não concluamos, então, o contrário ao indício. Como podemos ser tão mesquinhos a ponto de *duvidar* de nosso Deus? "Senhor, derruba a Jezabel de nossa incredulidade e deixa que cães a devorem."

18 de outubro

"...as tuas veredas destilam gordura."
SALMO 65:11 ARC

Muitas são "as veredas do Senhor" que "destilam gordura," mas uma é especial: a *vereda da oração*. Nenhum cristão que passa muito tempo em seu quarto terá necessidade de lamentar: "Definho, definho, ai de mim!" Almas famintas vivem à distância do trono de misericórdia e se tornam como campos ressecados em tempos de seca. Prevalecer com Deus na oração combatente certamente tornará o cristão forte — se não feliz. O lugar mais próximo ao portão do céu é o trono da graça celestial. Muito tempo sozinho e você terá muita confiança; pouco tempo sozinho com Jesus e sua fé será superficial, poluída com muitas dúvidas e temores e sem o brilho da alegria do Senhor. Considerando que o caminho da oração que enriquece a alma está aberto ao santo mais fraco, considerando que não há exigência de grandes feitos, e que você não é convidado a vir por ser um santo desenvolvido, mas convidado livre e simplesmente por ser santo; preocupe-se, caro leitor, em estar frequentemente no caminho da devoção pessoal. Ajoelhe-se muitas vezes, pois dessa forma Elias atraiu a chuva para os campos esfaimados de Israel.

Há outra vereda especial que destila fartura àqueles que nela andam: é a caminhada secreta da comunhão. Ó, os encantos da comunhão com Jesus! O mundo não tem palavras que possam trazer a santa quietude de uma alma inclinando-se no peito do Senhor. Poucos cristãos a entendem, pois vivem nas planícies e raramente escalam até o topo do Nebo. Vivem no pátio externo, não entram no lugar santo, não apropriam-se do privilégio do sacerdócio. À distância veem o sacrifício, mas não se assentam com o sacerdote para comer o sacrifício e desfrutar da gordura da oferta queimada. Mas, leitor, assente-se sempre à sombra de Jesus; venha até a palmeira e pegue seus ramos; que o seu amado seja para você como a macieira entre as árvores da floresta e você será satisfeito como com tutano e gordura. "Ó Jesus, visita-nos com Tua salvação!"

19 de outubro

"...crianças em Cristo..."
1 CORÍNTIOS 3:1

Cristão, você está lamentando por ser tão fraco na vida espiritual, por sua fé ser tão pequena e seu amor tão frágil? Alegre-se, pois você tem motivo para gratidão. Lembre-se de que *em algumas coisas você se iguala ao cristão mais maduro*. Você foi tão comprado com o sangue quanto ele. Você é um filho de Deus adotado como qualquer outro cristão. Um bebê é tão verdadeiramente filho de seus pais como o homem crescido. Você é completamente justificado, pois a sua justificação não se trata de níveis: sua pequena fé o purificou por completo. Você tem tanto direito às coisas preciosas da aliança como os cristãos mais desenvolvidos, pois o seu direito às misericórdias da aliança não está em seu crescimento, mas na aliança em si; e sua fé em Jesus não é a medida, mas o indício de sua herança nele. Você é tão rico como o mais rico, se não na alegria, contudo, em posse verdadeira. A menor estrela que cintila está no céu, o raio de luz mais débil tem afinidade com a grande esfera do dia. No registro familiar da glória, o pequeno e o grande têm seus nomes escritos com a mesma caneta. Você é tão precioso para o coração de seu Pai como o maior da família. Jesus é tão compassivo! Você é como um pavio que fumega. Alguém mais áspero diria: "Apague este pavio fumegante, pois enche o ambiente com um odor ofensivo!", mas *Ele* não apagará o pavio que fumega. Você é como uma cana quebrada e qualquer outra mão menos gentil do que a mão do Músico-chefe se lançaria sobre você e o jogaria fora, mas Ele nunca esmagará a cana quebrada. Em lugar de se abater por aquilo que você é, triunfe em Cristo. Não sou insignificante em Israel? Contudo, em Cristo fui feito para assentar-me em lugares celestiais. Sou pobre na fé? Entretanto, em Jesus sou herdeiro de todas as coisas. Ainda que "em nada possa gloriar-me e confesse minha vaidade", se a raiz de toda a questão estiver em mim, me alegrarei no Senhor e me gloriarei no Deus da minha salvação.

20 de outubro

"...cresçamos em tudo naquele que é a cabeça..."
EFÉSIOS 4:15

Muitos cristãos permanecem impedidos e tolhidos em questões espirituais, de modo a apresentar o mesmo aspecto ano após ano. Não há manifestação de um brotar de sentimento superior e aperfeiçoado neles. Eles existem, mas não *"crescem em tudo naquele que é o cabeça"*. Mas, deveríamos descansar contentes em ser "a erva" quando poderíamos nos desenvolver em "espiga" e eventualmente no "grão cheio na espiga?" Deveríamos nos satisfazer por acreditar em Cristo, e dizer: "Estou seguro," sem desejar que em nossa experiência conheçamos mais da plenitude que se pode encontrar nele? Não deveria ser assim. Nós deveríamos, como bons comerciantes no mercado do céu, cobiçar e enriquecer no conhecimento de Jesus. Não há mal em manter os vinhedos de outros homens, mas não devemos negligenciar nosso próprio crescimento e amadurecimento espiritual. Por que deveria ser sempre inverno em nosso coração? Precisamos ter nossa época de semear, é verdade, mas que a primavera — sim, e o verão nos tragam a promessa de colheita antecipada. Se desejamos amadurecer em graça, precisamos viver próximos a Jesus — em Sua presença — amadurecidos pela luz solar de Seus sorrisos. Precisamos manter a doce comunhão com Ele. Devemos abandonar a visão distante de Seu rosto e nos aproximar, como João o fez, e recostar nossa cabeça em Seu peito. Só então avançaremos em santidade, em amor, em fé, em esperança — sim, em cada um dos preciosos dons. Assim como o sol surge primeiro nos topos das montanhas e as cinge com sua luz exibindo uma das visões mais charmosas aos olhos do viajante; da mesma forma uma das mais encantadoras considerações a se observar é o brilho da luz do Espírito sobre a cabeça de um santo. Aquele que cresceu em estatura espiritual, como Saul, acima de seus companheiros, até que, como um vigoroso Alpe coberto pela neve, ele reflita primeiro os feixes de luz do Sol da Justiça entre os escolhidos, e carregue o esplendor de Seu brilho para as alturas de modo que todos vejam. E ao verem, glorifiquem seu Pai que está no céu.

21 de outubro

"...o amor de Cristo nos constrange..."
2 CORÍNTIOS 5:14

Quanto você deve a seu Senhor? Ele, alguma vez, fez algo por você? Ele perdoou seus pecados? Ele o cobriu com um manto de justiça? Firmou seus pés sobre uma rocha? Estabeleceu seu curso de vida? Ele preparou-lhe o céu? Ele o preparou para o céu? Escreveu seu nome em Seu livro da vida? Concedeu-lhe bênçãos incontáveis? Ele separou para você um estoque de misericórdias que olhos não viram, nem ouvidos ouviram? Então, faça algo para Jesus digno de Seu amor. Não dê uma simples oferta verbal a um Redentor agonizante. Como você se sentirá quando seu Mestre vier, se precisar confessar que não *fez* nada por Ele, mas manteve seu amor calado, como água parada que não flui nem para Seus pobres, nem para a Sua obra? Que vergonhoso amor é este! O que pensam os homens sobre um amor que nunca se manifesta em ação? Ora, eles dizem: "Melhor é a repreensão franca do que o amor encoberto." Quem aceitará um amor tão fraco que não o incita a um ato sequer de autonegação, generosidade, heroísmo ou zelo? Pense em como *Ele* o amou e se entregou em seu lugar! Você conhece o poder desse amor? Então, deixe que ele seja para sua alma como um vento impetuoso e forte que afasta as nuvens de seu mundanismo e acaba com as névoas de pecado. "Por amor a Cristo" seja esta a língua de fogo a vir sobre você, "por amor a Cristo" seja este o arrebatamento divino, a inspiração celestial a conduzi-lo às alturas, o espírito divino que o fará ousado como o leão e veloz como a águia em seu serviço para o Senhor. O amor deveria dar asas aos pés que servem, e força aos braços que trabalham. Fixos em Deus, com uma constância que não é abalada, decididos a honrá-lo com uma determinação da qual não devemos nos desviar, e pressionados com ardor que nunca se fatiga, manifestemos nossos limites no amor a Jesus. Que o imã divino nos atraia para o céu.

22 de outubro

> *"...eu de mim mesmo os amarei..."*
> OSEIAS 14:4

Esta frase é o corpo da divindade em miniatura. Aquele que entende seu significado pode ser considerado um teólogo, e aquele que consegue mergulhar em sua plenitude pode ser considerado um verdadeiro mestre em Israel. É uma condensação da gloriosa mensagem de salvação que nos foi entregue em Cristo Jesus, nosso Redentor. O sentido se encaixa no fato de que Ele amará de si mesmo e voluntariamente. Esta é a forma gloriosa, adequada e divina pela qual o amor flui do céu para a Terra; um amor espontâneo fluindo para aqueles que não o merecem, não o compraram, nem o buscaram. É, de fato, o único modo de Deus nos amar como somos. O texto é um golpe mortal em toda espécie de dignidade humana: "Eu de *mim mesmo* os amarei." Agora, se houvesse necessidade de qualquer tipo de dignidade em nós, Ele não nos amaria dele mesmo; seria, pelo menos, uma mitigação e um abatimento na voluntariedade deste amor. Mas permanece: "Eu de *mim mesmo* os amarei." Nós reclamamos: "Senhor, meu coração é tão duro." "Eu de mim mesmo amarei você." "Mas não sinto a minha necessidade de Cristo como desejaria sentir." "Eu não o amarei porque você sente sua necessidade, eu de mim mesmo o amarei." "Mas eu não sinto a comoção de espírito que desejo." Lembre-se que a comoção de espírito não é uma condição, pois não há condições.

A aliança da graça não tem condicionalidade alguma, para que nós, sem dignidade alguma, possamos nos aventurar na promessa de Deus que foi feita a nós em Cristo Jesus, quando Ele disse: "Quem nele crê não é julgado." É abençoador saber que a graça de Deus é ilimitada para nós em todos os momentos, sem preparação, sem dignidade, sem dinheiro e sem preço! "Eu de mim mesmo os amarei."

Estas palavras *convidam apóstatas a retornar*. De fato, o texto foi escrito especialmente para eles: "Curarei a sua infidelidade, eu de mim mesmo os amarei." Apóstata! Certamente a generosidade da promessa tocará seu coração e você retornará e buscará a face ferida de seu Pai.

23 de outubro

"...Porventura, quereis também vós outros retirar-vos?"
JOÃO 6:67

Muitos abandonaram Cristo e não mais caminharam com Ele; mas que motivo tem você para *uma mudança*? Houve alguma razão para isso no *passado*? Jesus não provou ser completamente capaz? Ele o questiona nesta manhã: "Fui como deserto para você?" Quando sua alma simplesmente confiou em Jesus, você alguma vez foi confundido? Até agora não descobriu que seu Senhor é um amigo compassivo e generoso para você? E a simples fé nele não lhe concedeu toda a paz de espírito que poderia desejar? Consegue sonhar com um amigo melhor do que Ele tem sido para você? Então, não troque o conhecido e já experimentado pelo novo e falso. Com relação ao *presente*, há algo que o possa compelir a deixar Cristo? Quando estamos profundamente perturbados com este mundo ou com os infortúnios mais severos dentro da igreja, percebemos que a coisa mais bendita é recostar nossa cabeça no peito de nosso Salvador. Esta é a alegria que temos hoje: somos salvos nele. E se esta alegria é satisfatória, por que motivo pensaríamos em mudanças? Quem troca ouro por refugo? Não renegaremos o sol até que encontremos uma luz melhor, nem abandonaremos nosso Senhor até que tenhamos um amado mais reluzente; e como isso jamais acontecerá, nos apegaremos a Ele com força imortal e amarraremos Seu nome como selo sobre nosso braço. Com relação *ao futuro*, você pode sugerir alguma coisa que possa surgir e que crie a necessidade de rebelião ou de desertar a antiga bandeira para servir a outro capitão? Acreditamos que não. Mesmo que a vida seja longa, Ele não muda. Se formos pobres, o que há de melhor do que ter Cristo, que pode nos tornar ricos? Quando estamos doentes, o que mais podemos desejar além de Jesus para afofar nossa cama em nossa doença? Ao morrermos, sabemos que está escrito que "nem a morte, nem a vida, nem coisas do presente, nem do porvir poderão separar-nos do amor de Deus, que está em Jesus Cristo, nosso Senhor!" Assim, diremos como Pedro: "Senhor, para quem iremos?"

24 de outubro

"Avigoram-se as árvores do Senhor..."
SALMO 104:16

Sem a seiva a árvore não pode florescer, nem mesmo existir. A *vitalidade* é essencial a um cristão. Deve haver *vida* — um princípio vital introduzido em nós pelo Deus Espírito Santo, ou não podemos ser árvores do Senhor. O mero nome — cristão — não passa de algo morto, nós precisamos ser cheios do Espírito de vida divina. Esta vida é *misteriosa*. Não entendemos a circulação da seiva, por qual força sobe e por qual poder desce novamente. Assim, a vida dentro de nós é um mistério sagrado. A regeneração é forjada pelo Espírito Santo ao habitar na pessoa e se tornar sua vida; e esta vida divina em um cristão, se alimenta da carne e do sangue de Cristo e é, portanto, sustentada pelo alimento divino. Mas quem nos explicará de onde vem e para onde vai? Que coisa *secreta* é a seiva! As raízes procuram pelo solo com seus espongíolos, mas não podemos vê-los sugar os vários gases ou transmitir os minerais ao vegetal; este trabalho é feito subterraneamente, no escuro. Nossa raiz é Cristo e nossa vida está escondida nele; este é o segredo do Senhor. As raízes da vida cristã são tão secretas como a própria vida. Como a seiva no cedro é *permanentemente ativa*! No cristão a vida divina é sempre repleta de força — nem sempre no frutificar, mas em ações interiores. As virtudes do cristão não estão todas em movimento constante? Sua vida nunca deixa de pulsar no seu íntimo. Ele não está sempre trabalhando para Deus, mas o coração de Deus está sempre vivo nele. Como a seiva *se manifesta produzindo a folhagem e o fruto da árvore*, assim é com um cristão verdadeiramente saudável. Sua virtude é manifesta exteriormente em sua caminhada e suas conversas. Se você conversa com ele não há como não ouvi-lo falar sobre Jesus. Se prestar atenção em suas ações perceberá que ele esteve com Jesus. Ele tem tanta seiva dentro de si que preenche sua conduta e suas palavras com vida.

25 de outubro

"Por causa da verdade que permanece em nós e conosco estará para sempre." 2 JOÃO 2

Uma vez que a verdade de Deus entra no coração humano e submete todo o homem a si, nenhum poder, humano ou infernal, pode expulsá-la. Não a acolhemos como convidada, mas como mestre da casa — esta é uma *necessidade do cristão*. Não é cristão aquele que assim não crê. Aqueles que sentem o poder do evangelho e conhecem a força do Espírito Santo ao abrir, aplicar e determinar a Palavra do Senhor, poderiam ser rasgados em pedaços, mas jamais afastados do evangelho de sua salvação. Quantas misericórdias estão envolvidas pela certeza de que a verdade estará conosco para sempre, de que será nosso auxílio durante a vida, nosso consolo na morte, nossa canção de ressurreição, nossa glória eterna. Isso é *privilégio do cristão*, sem isso sua fé pouco vale. Superamos algumas verdades e as deixamos para trás, pois não passam de noções primárias e de lições para iniciantes, mas não podemos lidar com a verdade divina da mesma forma, pois ainda que ela seja doce nutrição para bebês, é no mais elevado sentido, carne consistente para homens. A verdade do fato de sermos pecadores permanece conosco de modo doloroso para nos humilhar e nos tornar vigilantes. A verdade mais bendita é a seguinte: todo aquele que crer no Senhor Jesus será salvo. E esta verdade permanece conosco como nossa esperança e alegria. A experiência não afrouxa nossa capacidade de manter as doutrinas da graça, antes nos une a elas mais firmemente; nossos fundamentos e razões para crer são agora mais fortes, e temos motivo para esperar que assim o seja, até que na morte envolvamos o Salvador em nossos braços.

Onde quer que este amor à verdade possa ser revelado, estamos obrigados a exercitar nosso amor. Nenhum círculo limitado pode conter nossa solidariedade graciosa. Nossa comunhão de coração deve ser ampla como a eleição da graça. Muito erro pode ser matizado à verdade que recebemos. Lutemos contra o erro, mas ainda amemos nosso irmão pela medida de verdade que nele vemos; acima de tudo, que nós mesmos amemos e espalhemos a verdade.

26 de outubro

"Esperastes o muito, e eis que veio a ser pouco, e esse pouco, quando o trouxestes para casa, eu com um assopro o dissipei. Por quê? — diz o S<small>ENHOR</small> dos Exércitos; por causa da minha casa, que permanece em ruínas, ao passo que cada um de vós corre por causa de sua própria casa." AGEU 1:9

Almas avarentas limitam suas contribuições ao ministério e obras missionárias e chamam tal atitude de poupar com parcimônia, mas nem imaginam que estão, na verdade, empobrecendo. Sua desculpa é que precisam se preocupar com suas famílias e esquecem que negligenciar a casa de Deus é o caminho certo para que a ruína venha sobre suas casas. Nosso Deus tem um método, em Sua providência, pelo qual Ele pode nos tornar bem-sucedidos em nossos esforços muito além de nossa expectativa ou pode acabar com nossos planos, gerando, assim, confusão e desânimo. Ao mover a Sua mão, Ele pode direcionar nosso barco para um leito ou encalhá-lo até a pobreza e a bancarrota. É um ensino da Escritura que o Senhor enriquece o generoso e deixa o avarento descobrir que a retenção tende à pobreza. Em uma esfera muito ampla de observação, notei que os cristãos mais generosos que conheço são sempre mais felizes e quase que invariavelmente mais prósperos. Vi o doador generoso elevar-se a riquezas com as quais nunca sonhou, e vi, com igual frequência, o avarento egoísta e mesquinho cair em pobreza exatamente pela mesma parcimônia que adotou, acreditando que isso o ajudaria. Homens confiam a bons administradores quantias exorbitantes e assim o é com o Senhor. Ele concede dádivas em grandes quantidades àqueles que dão em alqueires. Onde a riqueza não é concedida, o Senhor, do pouco, faz muito, pelo contentamento que o coração santificado sente, em uma porção da qual o dízimo é dedicado ao Senhor. O egoísmo olha primeiro para casa, mas a piedade busca em primeiro lugar o reino de Deus e Sua justiça. Além do mais, a longo prazo, o egoísmo é perda e a piedade é grande ganho. É necessário ter fé para agir para com Deus com mãos abertas, mas Ele certamente merece isso de nós; e tudo o que pudermos fazer ainda é reconhecimento muito pobre de nossa incrível dívida e de Sua bondade.

27 de outubro

"Fiel é esta palavra..."
2 TIMÓTEO 2:11

Paulo tem quatro dessas *"palavras fiéis"*. A primeira está em 1 Timóteo 1:15: "Fiel é a palavra e digna de toda aceitação: que Cristo Jesus veio ao mundo para salvar os pecadores." A próxima está em 1 Timóteo 4:8,9 — "A piedade para tudo é proveitosa, porque tem a promessa da vida que agora é e da que há de ser. Fiel é esta palavra e digna de inteira aceitação." A terceira está em 2 Timóteo 2:11: "Fiel é esta palavra: Se já morremos com ele, também viveremos com ele." E a quarta está em Tito 3:8: "Fiel é esta palavra para que os que têm crido em Deus sejam solícitos na prática de boas obras." Podemos encontrar uma relação entre estas palavras fiéis. A primeira estabelece a fundação de nossa salvação eterna na generosa graça de Deus, como demonstrado a nós na missão do grande Redentor. A seguinte afirma a dupla bem-aventurança que obtemos por meio de Sua salvação — as bênçãos das fontes superiores e inferiores — bem-aventuranças do tempo e da eternidade. A terceira mostra um dos deveres aos quais o povo escolhido é chamado. É-nos ordenado sofrer por Cristo com a promessa de que: "Se já morremos com ele, também viveremos com ele." A última, lança a forma ativa do serviço cristão, convida-nos a realizar boas obras diligentemente. Portanto, temos as raízes da salvação na graça generosa. Em seguida, os privilégios dessa salvação na vida presente e na que virá; e temos também os dois grandes ramos, de sofrimento com Cristo e de serviço com Ele, repletos do fruto do Espírito. Guarde estas palavras fiéis. Que sejam guias para nossa vida, nosso consolo e nossa instrução. O apóstolo dos gentios provou que estas palavras eram fiéis e ainda o são. Nenhuma delas cairá ao chão; são dignas de toda aceitação. Vamos aceitá-las agora e provar de sua fidelidade. Que estas quatro palavras fiéis sejam escritas nos quatro cantos de nossa casa.

28 de outubro

"...não sois do mundo, dele vos escolhi..."
JOÃO 15:19

Aqui está a graça distintiva e a consideração discriminatória; pois alguns são objetos especiais da afeição divina. Não tenha medo de habitar nesta elevada doutrina de eleição. Quando sua mente está mais pesada e deprimida, perceberá que esta doutrina é uma garrafa da mais rica bebida. Aqueles que duvidam das doutrinas da graça ou que as respeitam, perdem os cachos, os mais abastados cachos de Escol; perdem os vinhos bem maturados, a gordura cheia de tutano. Não há bálsamo em Gileade comparado a elas. Se o mel fez *os olhos* de Jônatas tornarem a brilhar, essas doutrinas são mel que iluminarão *seu coração* para amar e aprender os mistérios do reino de Deus. Coma e não tema o excesso; viva desta iguaria seleta e não tema, pois não se trata de uma dieta demasiadamente frágil. A carne da mesa do rei não prejudicará nenhum de seus cortesãos. Deseje que sua mente se amplie, que você compreenda mais e mais o amor eterno, perpétuo e distintivo de Deus. Quando tiver subido às alturas da eleição, demore-se na montanha-irmã, a montanha da aliança da graça. As promessas da aliança são as munições da estupenda rocha atrás da qual nos entrincheiramos. Essas promessas com a segurança, que é Cristo Jesus, são os calmos abrigos para espíritos temerosos.

Seu juramento, Sua aliança, Seu sangue,
Sustentam-me no dilúvio intenso;
Quando todo amparo terreno recua,
Esta é ainda toda minha força e esteio.

Se Jesus encarregou-se de levar-me à glória, e se o Pai prometeu que me daria ao Filho, para ser parte da recompensa infinita do trabalho árduo de Sua alma, então, minh'alma, até que o próprio Deus seja infiel e até que Jesus deixe de ser a verdade, você está segura. Quando Davi dançou diante da arca, ele disse a Mical que a eleição o fez agir assim. Venha, minh'alma, exulte diante do Deus da graça e entregue-se de coração à alegria.

29 de outubro

> *"Portanto, vós orareis assim:*
> *Pai nosso, que estás nos céus..."*
> MATEUS 6:9

Esta oração começa como toda oração verdadeira deve começar, com o espírito de *adoção*: "Pai nosso." Não há oração aceitável até que possamos dizer: "Levantar-me-ei, e irei ter com o meu pai." Este espírito de criança logo percebe a grandiosidade do Pai "no céu", e eleva-se à *adoração devota*: "Santificado seja o teu nome." A criança que ceceia: "Abba, Pai", cresce e passa a clamar como os anjos: "Santo, Santo, Santo." Há apenas um passo entre a adoração extasiante e o *espírito missionário ardente*, que é proveniente do amor filial e da adoração reverente: "Venha o teu reino; faça-se a tua vontade, assim na terra como no céu." O que vem a seguir é a sincera *expressão de dependência* de Deus: "O pão nosso de cada dia dá-nos hoje." Sendo mais iluminado pelo Espírito, ele descobre não ser apenas dependente, mas pecador, consequentemente, ele *roga por misericórdia*: "Perdoa-nos as nossas dívidas, assim como nós temos perdoado aos nossos devedores." E sendo perdoado, tendo a justiça de Cristo a ele imputada e sabendo de sua aceitação por Deus, ele humildemente *suplica por perseverança santa*: "Não nos deixes cair em tentação." O homem que realmente é perdoado se preocupa em não ofender novamente; a posse da justificação leva a um ansioso desejo de santificação. "Perdoa-nos as nossas dívidas." Isso é justificação. "Não nos deixes cair em tentação; mas livra-nos do mal." Isso é santificação em suas formas negativa e positiva. Como resultado disso tudo, segue, então, uma *triunfante atribuição de louvor*: "Teu é o reino, o poder e a glória para sempre. Amém." Nós nos regozijamos porque *nosso* Rei reina em providência e reinará em graça, do rio até os confins da Terra e não haverá fim para o Seu domínio. Assim, de um senso de adoção elevado à comunhão com nosso Senhor que reina, este curto modelo de oração conduz a alma. "Senhor, ensina-nos a orar."

30 de outubro

"Louvar-te-ei, Senhor..."
SALMO 9:1

O louvor deveria sempre seguir uma oração respondida, como a névoa da gratidão da Terra ergue-se quando o sol do amor celestial aquece o solo. O Senhor tem sido gracioso com você e inclinado Seu ouvido à voz de sua súplica? Então, louve-o enquanto viver. Que o fruto maduro caia sobre o solo fértil de onde extraiu sua vida. Não negue nenhuma canção a Ele que respondeu sua súplica e lhe concedeu o desejo do seu coração. Silenciar-se em relação às misericórdias de Deus é incorrer na culpa de ingratidão; é basicamente agir como os nove leprosos, que após serem curados de sua lepra, não retornaram para dar graças ao Senhor que cura. Esquecer-se de louvar a Deus é recusar-se a se beneficiar, pois o louvor, como a oração, é um grande meio de promover o crescimento da vida espiritual. Ajuda a remover nossos fardos, estimula nossa esperança e aumenta nossa fé. É um exercício saudável e revigorante que vivifica o pulso do cristão e o encoraja a iniciativas novas no serviço de seu Mestre. Bendizer a Deus por misericórdias recebidas é também o modo de favorecer nossos companheiros; "os humildes o ouvirão e se alegrarão". Outros que passaram por circunstâncias semelhantes obterão consolo, se pudermos dizer: "Ó! Magnifique o Senhor comigo e exaltemos Seu nome juntos. Este pobre homem clamou e o Senhor o ouviu." Corações fracos serão fortalecidos e santos abatidos serão avivados ao ouvirem as suas "canções de libertação". Suas dúvidas e seus medos serão censurados, conforme ensinamos e admoestamos uns aos outros com salmos, hinos e canções espirituais. Eles também "cantarão os caminhos do Senhor", quando nos ouvirem magnificar Seu santo nome. O louvor é, dos deveres do cristão, o mais celestial. Os anjos não oram, mas não deixam de louvar dia e noite; e os redimidos, vestidos em mantos brancos, com folhas de palmeiras em suas mãos, nunca se cansam de cantar a nova canção: "Digno é o cordeiro."

31 de outubro

"...renova dentro de mim um espírito inabalável."
SALMO 51:10

Se houver em um apóstata uma faísca de vida restante, ela certamente gemerá por restauração. Neste renovo, é necessário o mesmo exercício de graça empregado em nossa conversão. Precisamos, então, de arrependimento; certamente precisamos agora. Precisamos da fé para ir à Cristo imediatamente; somente a mesma graça pode nos levar a Jesus agora. Queríamos uma palavra do Altíssimo, uma palavra dos lábios do Amado para acabar com nossos medos; em breve descobriremos, quando sob um senso de pecado existente, que precisamos dessa palavra imediatamente. Nenhuma pessoa pode ser renovada sem uma manifestação tão real e verdadeira do poder do Espírito Santo, como a que sentiu no início, porque a obra é grande e a carne e o sangue estão se interpondo agora, como o estiveram antes. Deixe que sua fraqueza pessoal, ó cristão, seja um argumento para fazê-lo orar sinceramente, pedindo ajuda ao seu Deus. Lembre-se de que, quando Davi se sentiu impotente, ele não cruzou os braços ou fechou sua boca, mas apressou-se a ir ao trono de misericórdia, pedindo: "Renova dentro de mim um espírito inabalável." Não deixe que a doutrina que você, desamparado, não pode cumprir, o faça dormir; mas permita que ela seja um aguilhão no seu lado, direcionando-o ao forte Ajudador de Israel com terrível zelo. Ah! Que você tenha graça para suplicar a Deus como se suplicasse por sua vida: "Senhor, renova dentro de mim um espírito inabalável." Aquele que ora *sinceramente* a Deus pedindo que assim faça, provará sua honestidade utilizando os meios pelos quais Deus age. Coloque-se por longo tempo em oração, viva vigorosamente na Palavra de Deus; acabe com as luxúrias que têm afastado o seu Senhor de você; tenha o cuidado de ser vigilante com os futuros pecados. O Senhor tem Seus caminhos designados; sente-se à beira da estrada e estará pronto quando Ele passar. Continue seguindo todas essas benditas ordenanças que alimentarão e nutrirão suas virtudes já moribundas; e, sabendo que todo o poder deve emanar dele, não deixe de clamar: "Renova dentro de mim um espírito inabalável."

1º de novembro

"...à igreja que está em tua casa."
FILEMOM 2

Há uma igreja nessa casa? Os pais, filhos, amigos e servos são todos membros dela? Ou alguns ainda não se converteram? Paremos aqui e nos façamos a seguinte pergunta: *Eu sou membro da igreja nesta casa?* Como o coração do pai saltaria de alegria e os olhos da mãe se encheria de santas lágrimas, se do mais velho ao mais novo, todos fossem salvos! Oremos por esta grande misericórdia até que o Senhor a conceda a nós. Ter todos salvos em sua casa provavelmente era o desejo mais caro para Filemom. Porém, isso não lhe foi concedido por completo. Ele tinha um servo perverso, Onésimo, que o tendo enganado, fugiu de seu trabalho. As orações de seu mestre o seguiram e, por fim, pela vontade de Deus, Onésimo foi levado a ouvir a pregação de Paulo, seu coração foi tocado e ele voltou ao seu senhor para não apenas ser um servo fiel, mas um amado irmão, acrescentando mais um membro à igreja na casa de Filemom. Há algum servo não convertido ou filho ausente nesta manhã? Faça uma súplica especial para que possam, ao retornar para casa, alegrar todos os corações com as boas-novas do que a graça lhes fez! E quem estiver presente participe da súplica.

Se há tal Igreja em sua casa, dirija-a de forma apropriada e que todos ajam como se estivessem sob o olhar de Deus. Executamos os afazeres rotineiros da vida com santidade instruída, diligência, bondade e integridade. Mais é esperado de uma Igreja do que de uma casa comum; a adoração familiar deve, em tal caso, ser mais devota e genuína; o amor entre as pessoas deve ser mais caloroso e constante e a conduta exterior deve ser mais santificada e semelhante a Cristo. Não precisamos temer que a pequenez de nossos números nos deixe de fora da lista de igrejas, pois o Espírito Santo inscreveu essa igreja familiar no inspirado livro memorial. Como membros do Seu corpo, que nos aproximemos do grande Cabeça da Igreja e imploremos a Ele que nos dê a graça de resplandecermos a glória de Seu nome diante dos homens.

2 de novembro

> *"Porque eu, o Senhor, não mudo..."*
> MALAQUIAS 3:6

É vantajoso para nós que, em meio a toda inconstância da vida, o Senhor é o Único a quem a mudança não pode afetar; Aquele cujo coração nunca se altera e cuja testa jamais se enruga. Todas as outras coisas mudam — todas as coisas estão mudando. O próprio sol perde o seu brilho com o passar dos anos; o mundo está envelhecendo; as vestes desgastadas começam a criar vincos; os céus e a Terra em breve passarão, perecerão, envelhecerão como o vestuário; mas há Um que é imortal, cujos anos não têm fim e em quem não há mudança. O deleite que o marinheiro sente quando, ao ter sido exposto ao mar por muitos dias, pisa em terra firme, é a satisfação de um cristão quando, em meio a todas as mudanças de sua vida atribulada, firma os pés de sua fé nesta verdade — *"Eu, o Senhor, não mudo"*.

A estabilidade que a âncora concede ao navio, quando tem pelo menos um gancho, é a mesma que a esperança do cristão lhe concede quando se fixa na gloriosa verdade: em Deus "não pode existir variação ou sombra de mudança". Quaisquer que fossem Seus atributos antigamente, continuam sendo ainda hoje os mesmos; Seu poder, sabedoria, justiça e verdade continuam imutáveis. Ele sempre foi o refúgio de Seu povo, sua fortaleza no dia da angústia e Ele ainda é seu Amparo seguro. Ele é imutável em Seu amor. Ele amou Seu povo com "amor eterno"; Ele os ama agora tanto quanto amava antes e quando todas as coisas terrenas tiverem derretido na última conflagração, Seu amor ainda estará regado com o orvalho de sua juventude. Preciosa é a certeza de que Ele não muda! A roda da providência gira, mas o seu eixo é o amor eterno.

A morte e a mudança estão sempre ocupadas,
O homem deteriora e os anos passam;
Mas Sua misericórdia jamais desvanece;
Deus é sabedoria, Deus é amor.

7 de novembro

> "...pois ele está orando."
> ATOS 9:11

As orações são instantaneamente percebidas no céu. No momento em que Saul [N.E.: 1 Samuel 14:41] começou a orar o Senhor o ouviu. Nisto está o consolo para a alma aflita que ora. Muitas vezes, uma pessoa com o coração partido dobra seus joelhos, porém consegue proferir apenas gemidos de lamento, suspiros e lágrimas. Ainda assim, esse gemido faz todas as harpas do céu vibrarem com música; Deus toma essas lágrimas e as guarda com grande estima no lacrimatório do céu. "Recolheste as minhas lágrimas no teu odre", infere que elas são recolhidas conforme fluem. O suplicante, cujos temores impedem suas palavras, será bem compreendido pelo Altíssimo. Ele talvez esteja apenas olhando com olhos lacrimejantes, mas "a oração é o cair de uma lágrima". As lágrimas são os diamantes do céu, os suspiros, uma parte da música do pátio de Jeová e são contados com "as melodias mais sublimes que alcançam a majestade nas alturas". Não pense que sua oração, ainda que fraca ou trêmula, será desconsiderada. A escada de Jacó é alta, mas nossas orações se apoiarão no Anjo da aliança e assim escalarão as rotas iluminadas dessa escada. Nosso Deus não apenas ouve orações, mas também *ama* ouvi-las. "Não se esquece do clamor dos aflitos." É verdade, que Ele não leva em conta observações elevadas e palavras imponentes; que Ele não se importa com a ostentação e o esplendor de reis; que não ouve a soberba da música de guerreiros; não considera o triunfo e o orgulho do homem; mas onde quer que haja um coração cheio de tristeza, ou um lábio tremendo de agonia ou um profundo gemido ou um suspiro desolado, o coração de Jeová se abre. Ele marca no registro de Sua memória; coloca nossas orações como pétalas de rosa, entre as páginas de Seu livro de memórias, e quando o livro for finalmente aberto, haverá uma preciosa fragrância brotando dele.

A fé não pede sinais dos céus,
Para mostrar que as orações aceitas sobem,
Nosso Sacerdote está em Seu santo lugar,
E responde do trono da graça.

4 de novembro

"...porque o poder se aperfeiçoa na fraqueza..."
2 CORÍNTIOS 12:9

Uma qualificação primária para servir a Deus com algum sucesso, e para executar a obra de Deus de modo satisfatório e triunfante, é o senso de nossa própria fraqueza. Quando o guerreiro de Deus marcha adiante para a batalha acreditando ser forte e diz, vangloriando-se: "Eu sei que vencerei, meu braço direito e minha espada vencedora me concederão a vitória," neste momento a derrota se aproxima. Deus não irá adiante com esse homem que marcha em sua própria força. Aquele que conta a vitória como sua o faz erroneamente, pois não é "por força nem por poder, mas pelo meu Espírito, diz o Senhor dos Exércitos." Aqueles que vão à luta, gloriando-se de sua bravura, retornarão arrastando no pó seus estandartes vistosos e com sua armadura manchada de desgraça. Aqueles que servem a Deus devem servi-lo a Seu modo e em Sua força, ou Ele jamais aceitará o serviço. Aquilo que o homem faz sem o auxílio da força divina, não pode ser posse de Deus. Ele desperdiça os frutos simples da Terra; ele só colherá o milho, cuja semente foi semeada do céu, regada pela graça e amadurecida pelo sol do amor divino. Deus despejará tudo o que você tem antes que lhe dê o que é dele; Ele primeiro limpará seus silos antes que os encha com o trigo mais fino. O rio de Deus é repleto de água, mas nenhuma gota flui de fontes terrenas. Deus não fará uso de nenhuma força alheia em Suas batalhas apenas da força que Ele mesmo concede. Você está lamentando sua fraqueza? Tenha coragem, pois deve haver uma consciência de fraqueza antes que o Senhor conceda a você a vitória. O seu vazio não passa de preparação para que o seu ser seja cheio e o seu abatimento, preparação para sua exaltação.

Quando sou fraco então sou forte,
A graça é meu escudo e Cristo é minha canção.

5 de novembro

"Toda arma forjada contra ti não prosperará..."
ISAÍAS 54:17

O dia de hoje é importante na história inglesa por duas grandes libertações forjadas por Deus. Neste dia, em 1605, a trama dos papistas para destruir o Palácio de Westminster foi descoberta.

Enquanto se preparam para nossos príncipes
Em profundas cavernas uma cilada candente,
Ele atira do céu um raio lancinante,
E sombria traição é trazida à luz.

Em segundo lugar, hoje é o aniversário da chegada do Rei William III, em Torbay em 1688; o que aniquilou a esperança de supremacia papista e garantiu a liberdade religiosa.

O dia de hoje deve ser celebrado, não pela anarquia de moleques, mas pelas canções dos santos. Nossos patriarcas puritanos fizeram deste momento uma época especial de ação de graças. Há registros de sermões anuais pregados por Matthew Henry neste dia. Nosso sentimento protestante e nosso amor pela liberdade deveriam nos fazer considerar esse aniversário com gratidão santa. Que nosso coração e lábios exclamem: "Ouvimos, ó Deus, com os próprios ouvidos; nossos pais nos têm contado o que outrora fizeste, em seus dias." O Senhor fez da Inglaterra a casa do evangelho; e quando o inimigo se levantou contra ela, o Senhor a blindou. "Ajuda-nos a oferecer canções contínuas para repetidas libertações. Que o anticristo nos odeie mais e mais a cada dia e se apresse o dia de sua total aniquilação. Até lá e sempre, creremos na promessa: 'Toda arma forjada contra ti não prosperará.'" O dia de hoje não deveria estar presente no coração de todo aquele que ama o evangelho de Jesus para que pleiteie pela aniquilação de falsas doutrinas e pela expansão da verdade divina? Não faria bem sondar nosso coração e expulsar qualquer traço de justiça própria que possamos ter oculto?

6 de novembro

"Porque derramarei água sobre o sedento..."
ISAÍAS 44:3

Quando um cristão cai em um sentimento degradado e triste, ele geralmente tenta se levantar castigando-se com medos obscuros e sombrios. Essa não é a forma de levantar-se do pó, mas sim de continuar nele. Como correntes nas asas da águia que sobe ao topo da montanha, assim é a dúvida para o aumento de nossa graça. Não é a lei, mas o evangelho que salva a alma; e não é a servidão à lei, mas a liberdade do evangelho que posteriormente restaura o cristão fraco. O medo escravizante não leva o apóstata de volta a Deus, o doce cortejo do amor o atrai ao peito de Jesus. Nesta manhã, você tem sede do Deus vivo e está infeliz porque não consegue encontrá-lo para que seu coração se deleite? Perdeu a alegria da fé e agora esta é sua oração: "Restitui-me a alegria da tua salvação"? Você também tem consciência de que é estéril como terra seca, de que não está dando o fruto que Deus tem direito de esperar de você; de que não é tão útil na igreja ou no mundo, como seu coração deseja ser? Então, aqui está exatamente a promessa de que precisa: "Derramarei água sobre o sedento." Você receberá a graça que tanto pede e a terá de modo a alcançar ao máximo as suas necessidades. A água refresca o sedento. Você será refrescado, seus desejos serão satisfeitos. A água vivifica a vida vegetal dormente; sua vida será vivificada pela revigorante graça. A água infla os botões e amadurece o fruto; você terá graça frutificadora; será frutífero nos caminhos de Deus. Toda boa qualidade que há na graça divina está à sua disposição para desfrutar plenamente. Você receberá em abundância todas as riquezas da graça divina; ficará ensopado e como algumas vezes os prados inundam-se com os rios e os campos se transformam em poças, assim será você — a terra sedenta será fonte de água.

7 de novembro

"Eis que nas palmas das minhas mãos te gravei..."
ISAÍAS 49:16

Sem dúvida, uma parte da surpresa da palavra "eis" é incitada pela lamentação incrédula referente à sentença precedente. Sião disse: "O Senhor me desamparou, o Senhor se esqueceu de mim." Como a mente divina deve se surpreender com esta incredulidade perversa! O que pode ser mais espantoso do que as dúvidas infundadas e os temores do povo favorecido de Deus? A amorosa palavra de repreensão do Senhor deveria nos envergonhar. Ele clama: "Como posso ter esquecido você se o tenho gravado nas palmas das minhas mãos? Como ousa duvidar da minha memória se está tudo registrado em minha carne?" Ó incredulidade, que estranho prodígio você é! É difícil dizer o que deveria nos surpreender mais, a fidelidade de Deus ou a incredulidade de Seu povo. Ele mantém Sua promessa mil vezes e, ainda assim, a tribulação seguinte nos faz duvidar dele. Ele nunca falha; jamais se torna poço seco; jamais é sol poente, meteoro que passa ou vapor que se desfaz; e ainda assim continuamente nos angustiamos com ansiedades, nos incomodamos com suspeitas e nos inquietamos com temores, como se nosso Deus fosse uma miragem do deserto. *"Eis" é uma palavra que deveria despertar admiração.* Aqui, de fato, temos um assunto que desperta assombro. O céu e a Terra podem espantar-se com o fato de que rebeldes alcancem tão grande proximidade do coração de amor infinito, a ponto de serem gravados nas palmas das Suas mãos. "Eu te gravei." Ele não diz: "Gravei o teu nome." O nome faz parte, mas não é a única coisa: "Eu te gravei." Veja a plenitude disto! Eu gravei a sua pessoa, sua imagem, suas situações, circunstâncias, pecados, suas tentações, sua fraqueza, seus desejos, suas obras. Eu te gravei, gravei tudo relacionado a você, tudo o que lhe diz respeito; eu reuni todas as suas partes aqui. Você conseguirá dizer novamente que o seu Deus o abandonou quando Ele o gravou nas palmas de Suas mãos?

8 de novembro

"...como recebestes Cristo Jesus, o Senhor..."
COLOSSENSES 2:6

A vida de fé é representada pelo *receber* — um ato que significa o oposto de qualquer coisa que se assemelhe ao mérito. É simplesmente a aceitação de uma dádiva. Como o solo bebe da chuva, como o mar recebe as correntes, como a noite aceita a luz das estrelas, também nós, nada tendo a oferecer, compartilhamos da graça de Deus. Os santos não são, por natureza, poços ou correntes, não passam de cisternas em que as águas vivas fluem; são vasos vazios em que Deus derrama Sua salvação. A ideia de receber sugere um *senso de compreensão*, tornando a questão uma *realidade*. Não se pode receber uma sombra; recebemos aquilo que é substancial e assim o é na vida de fé; Cristo se torna real para nós. Enquanto não temos fé, Jesus é um mero nome para nós — uma pessoa que viveu há muito tempo, há tanto tempo que Sua vida é apenas uma história para nós agora! Por um ato de fé Jesus se torna uma pessoa real na percepção de nosso coração. Mas receber também significa *alcançar ou ter posse de algo*. Aquilo que eu recebo se torna meu, eu me aproprio daquilo que me é dado. Quando recebo Jesus, Ele se torna meu Salvador, minha posse tão legítima que nem vida nem morte me privarão dele. Tudo isto significa receber Cristo — tomá-lo como dádiva de Deus; torná-lo real em meu coração e apropriar-me dele como meu.

A salvação pode ser descrita como um cego que recebe a visão, o surdo que recebe a audição, o morto que recebe a vida; mas nós não apenas recebemos essas bênçãos, recebemos o próprio Cristo Jesus. É verdade que Ele nos ressuscitou dos mortos. Ele nos deu perdão do pecado, Ele nos atribuiu retidão. Todas essas coisas são preciosas, mas não nos contentamos com elas; pois recebemos *o próprio Cristo*. O Filho de Deus foi derramado sobre nós e nós o recebemos e nos apropriamos dele. Quão sincero e repleto de amor Jesus é! Nem o céu consegue contê-lo.

9 de novembro

"...assim andai nele."
COLOSSENSES 2:6

Se tivermos recebido o próprio Cristo no íntimo de nosso coração, nossa nova vida manifestará o conhecimento íntimo dele por meio de uma *caminhada de fé*. Caminhar sugere *ação*. Nossa crença não deve ser confinada em nossos quartos; devemos transportar resultados práticos àquilo que cremos. Se um homem caminha em Cristo, então ele age como Cristo agiria; pois o fato de Cristo viver nele, ser sua esperança, amor, alegria e vida o torna um reflexo da imagem de Jesus; e os homens afirmam sobre esse homem: "Ele é como seu Mestre, ele vive como Jesus Cristo." Caminhar significa *progresso*. "Assim andai nele"; vá de graça em graça, corra adiante até alcançar o grau mais elevado de conhecimento que um homem pode obter em relação a nosso Amado. Caminhar significa *continuação*. Deve haver um habitar perpétuo em Cristo. Quantos cristãos pensam que nas manhãs e noites devem ir à presença de Jesus e, então, entregar seu coração ao mundo no restante do dia. Esta é uma vida medíocre. Nós deveríamos estar sempre com Ele, caminhando em Seus passos e fazendo Sua vontade. Caminhar também sugere *hábito*. Quando falamos da caminhada e dos relacionamentos de um homem, estamos falando de seus hábitos, o tom constante de sua vida. Porém, se algumas vezes desfrutamos de Cristo, e então, nos esquecemos dele; se algumas vezes o chamamos de nosso e logo mais alteramos nosso julgamento, isso não é um hábito, não estamos caminhando nele. Precisamos nos manter nele, apegarmo-nos a Ele, nunca abandoná-lo, mas também vivê-lo, e tê-lo como essência de nosso ser. "Como recebestes Cristo Jesus, o Senhor, assim andai nele"; persevere no mesmo caminho em que começou, e, como no início Cristo Jesus foi a confiança de sua fé, a fonte de sua vida, o princípio de sua ação e a alegria de seu espírito, deixe que assim permaneça até o fim de sua existência. Que Ele seja o mesmo quando você caminhar pelo vale da sombra da morte, e entre na alegria e no descanso que estão reservados para o povo de Deus. "Ó Espírito Santo, capacita-nos a obedecer este preceito celestial."

10 de novembro

> *"O Deus eterno é a tua habitação..."*
> DEUTERONÔMIO 33:27

A palavra habitação pode ser traduzida por "mansão" ou "lugar de morada", o que dá a ideia de que *Deus é nossa morada, nosso lar*. Há uma plenitude e uma doçura na metáfora, pois nosso lar é muito estimado por nosso coração, ainda que seja uma cabana mais simples, ou um sótão mais apertado. E mais estimado ainda é o nosso Deus, em quem vivemos, nos movemos e existimos. É em casa que nos *sentimos seguros*, deixamos o mundo para fora e permanecemos em calma segurança. Então, quando estamos com o nosso Deus não "temos mal algum". Ele é nossa proteção e nosso abrigo, nosso refúgio permanente. Em casa, *temos nosso descanso*; é ali que encontramos repouso após a fadiga e o trabalho pesado do dia. E, da mesma forma, nosso coração encontra descanso em Deus, quando, cansados devido aos conflitos da vida, nos voltamos para Ele e nossa alma descansa aliviada. Em casa, nós também *deixamos nosso coração livre*; não temos medo de ser malcompreendidos nem de que nossas palavras sejam mal-interpretadas. Então quando estamos com Deus podemos ter comunhão livre com Ele, deixando em aberto todos os nossos desejos escondidos pois, se "a intimidade do Senhor é para os que o temem", os segredos daqueles que o temem precisam estar, devem estar com o seu Senhor. A casa também é o lugar de nossa *felicidade mais verdadeira e pura*, e é em Deus que nosso coração encontra seu deleite mais profundo. A alegria que temos nele excede grandemente a qualquer outra alegria. *É também para nossa casa que trabalhamos*. Essa ideia nos dá força para suportar os fardos diários e aviva as mãos para executarem a tarefa; e neste sentido podemos também dizer que Deus é nosso lar. O amor a Ele nos fortalece. Pensamos nele, na pessoa de Seu amado Filho e um vislumbre da face sofredora do Redentor nos constrange a trabalhar em Sua causa. Sentimos que precisamos trabalhar, pois ainda temos irmãos a serem salvos e temos o coração do nosso Pai ao qual desejamos alegrar, trazendo para casa Seus filhos afastados; desejamos encher de santa alegria a consagrada família na qual habitamos. Felizes são aqueles que têm o Deus de Jacó como refúgio!

11 de novembro

> "...por baixo de ti, estende os braços eternos..."
> DEUTERONÔMIO 33:27

O Deus eterno é nosso auxílio em todos os momentos, especialmente quando estamos afundando em sofrimento. Há momentos em que o cristão *afunda-se profundamente em humilhação*. Sob um intenso senso de sua grande pecaminosidade, Ele se sente humilhado diante de Deus até que mal consiga orar, pois aos seus próprios olhos é completamente imprestável. Filho de Deus, lembre-se de que quando sua condição é a pior e a mais vil, ainda assim, "por baixo de ti" estão os "braços eternos". O pecado pode arrastar você para o poço mais fundo, mas a grande expiação de Cristo ainda está sustentando todas as coisas. Você pode ter ido às profundezas, mas não pode ter ido tão fundo ao ponto de chegar "ao canto mais remoto"; e Ele salva o mais longínquo. O cristão algumas vezes afunda-se muito profundamente em *dolorosa aflição exterior*. Todo auxílio terreno desaparece. O que fazer então? Ainda assim debaixo dele estão os "braços eternos". Ele não pode cair tão profundamente em angústia e aflição ao ponto que a graça da aliança, de um Deus sempre fiel, não o envolva. O cristão pode estar afundando em *angústias interiores por causa* de um conflito acirrado, mas até mesmo neste momento não pode ir tão fundo a ponto de estar além do alcance dos "braços eternos" — e enquanto sustentado por estes braços todos os esforços de Satanás para atingi-lo de nada valerão.

Essa certeza de amparo é um consolo para qualquer *trabalhador cansado*, mas zeloso no serviço de Deus. Sugere uma promessa de força para todos os dias, graça para todas as necessidades e poder para cada obrigação. E, além disso, *quando a morte vier*, a promessa ainda permanecerá válida. Quando estivermos no meio do Jordão, poderemos dizer como Davi: "Não temerei mal nenhum, porque tu estás comigo." Desceremos à sepultura, mas não mais baixo do que isso, pois os braços eternos prevenirão nossa queda. Por toda a vida, e ao encerrar-se, seremos sustentados pelos "braços eternos" — braços que não esmorecem nem perdem sua força, pois "o eterno Deus, o Senhor, nem se cansa, nem se fatiga".

12 de novembro

"...o valor da vossa fé..."
1 PEDRO 1:7

A fé que não foi provada pode ser fé verdadeira, mas é certamente uma fé pequena e pode permanecer diminuta por tanto tempo que já não é mais testada. A fé nunca prospera tão bem como quando todas as coisas estão contra ela: tempestades são suas treinadoras e relâmpagos sua iluminação. Quando a calmaria reina no mar, ainda que você estenda as velas, o navio não se moverá para seu porto; pois em um oceano inativo o barco dorme também. Mas deixe os ventos soprarem uivando e as ondas se erguerem e, então, ainda que a embarcação se agite, que seu deque seja lavado pelas ondas e seu mastro ranja sob a pressão da navegação forte e túrgida, será neste momento que ela seguirá em direção a seu desejado ancoradouro. Nenhuma flora se veste de um azul tão encantador quanto aquelas que crescem aos pés das geleiras; nenhuma estrela cintila tão nitidamente como aquelas que resplandecem no céu polar; nenhuma água tem sabor tão doce como a que emerge na areia do deserto, e nenhuma fé é tão preciosa como aquela que vive e triunfa na adversidade. A fé provada traz experiência. Você nunca teria acreditado na própria fraqueza se não fosse compelido a passar pelos rios e jamais conheceria a força de Deus se não fosse sustentado nas águas da enchente. A fé aumenta em solidez, confiança e intensidade à medida que é mais exercitada na tribulação. A fé é preciosa e o fato de ser testada também o é.

Entretanto, que isso não desencoraje aqueles que são novos na fé. Você terá lutas suficientes sem precisar buscá-las. A porção plena será calculada para você no momento certo. Enquanto isso, se você ainda não pode requerer o resultado de longa experiência, agradeça a Deus pela graça que tem; louve-o pelo grau de confiança santa que você obteve, caminhe conforme essa regra e terá mais e mais da bênção de Deus, até que sua fé remova montanhas e subjugue impossibilidades.

13 de novembro

"...não pode o ramo produzir fruto de si mesmo..."
JOÃO 15:4

Como você começou a dar fruto? Foi quando veio a Jesus e se lançou em Sua grande expiação e descansou em Sua justiça consumada. Ah! Que fruto você tinha então! Você se lembra desses dias passados? Naquela época, de fato, a videira floria, a macia uva aparecia, as romãs germinavam e as colinas de ervas aromáticas espalhavam seu aroma. Você decaiu desde então? Se sim, exortamos você a lembrar-se dessa época de amor, e a arrepender-se e se voltar às suas primeiras obras. *Invista mais tempo nas obrigações que comprovadamente o atraem para mais perto de Cristo*, porque é dele que todo fruto procede. Qualquer prática santa que levá-lo a Ele o ajudará a dar fruto. O sol é, sem dúvida, um grande colaborador para se gerar frutos entre as árvores do pomar, e Jesus o é ainda mais entre as árvores de Seu jardim de graça. Quando você foi mais infrutífero? Não foi na época em que esteve longe do Senhor Jesus Cristo, quando afrouxou na oração, quando abandonou a simplicidade de sua fé, quando suas virtudes tomaram sua atenção no lugar do seu Senhor, quando você afirmava: "Jamais serei abalado" e se esqueceu do lugar onde sua força reside — não foi *então* que o seu fruto cessou? Alguns de nós fomos ensinados, por terríveis abatimentos de alma diante do Senhor, que nada temos fora de Cristo e, ao vermos a total secura do poder de toda criatura, clamamos angustiados: "Ele é a fonte dos meus frutos, pois nenhum fruto pode jamais vir de mim." Somos ensinados, pela experiência passada, que quanto mais dependermos da graça de Deus em Cristo e, com simplicidade, esperarmos no Espírito Santo, mais fruto daremos para Deus. Ó, como é bom confiar a Jesus nossos frutos e nossa vida!

14 de novembro

"...exterminarei deste lugar... os que sobre os eirados adoram o exército do céu e os que adoram ao SENHOR e juram por ele e também por Milcom." SOFONIAS 1:4,5

Tais pessoas acreditavam estar seguras porque aderiram a ambos os lados; eles acompanhavam os seguidores de Jeová e, ao mesmo tempo, curvavam-se a Milcom. Mas a duplicidade é abominável a Deus e Sua alma odeia a hipocrisia. O idólatra que distintamente se entrega a seu falso deus, tem um pecado a menos do que aquele que leva seu sacrifício poluído e detestável ao templo do Senhor, enquanto seu coração está com o mundo e os pecados que a ele pertencem. Colocar os pés em duas canoas é uma política covarde. Nas questões comuns da vida diária, um homem irresoluto é desprezado, mas com respeito à fé, ele se torna repugnante ao grau máximo. A punição pronunciada no versículo diante de nós é terrível, mas é também merecida; pois como a justiça divina pouparia o pecador que conhece a equidade, a aprova, professa segui-la e, ao mesmo tempo, ama o mal e lhe entrega o domínio de seu coração?

Minh'alma, sonde-se nesta manhã e veja se é ou não culpada de hipocrisia. Você professa ser seguidor de Jesus — você realmente o ama? Seu coração está reto diante de Deus? Você faz parte da família do "Honesto" [N.E.: Referente ao livro *A Peregrina* de John Bunyan (Ed. Mundo Cristão, 2006)] ou é parente do "Sr. Interesse-Próprio"? [N.E.: Referente ao livro *O Peregrino* de John Bunyan (Publicações Pão Diário, 2014)]. Zelar por seu nome tem pouco valor se você estiver, de fato, morto em transgressões e pecados. Estar com um pé na terra da verdade e outro no mar da falsidade, acarretará terrível queda e total ruína. Cristo deve ser tudo ou nada. Deus enche todo o universo e, consequentemente, não há espaço para outro deus. Se, então, Ele reina em meu coração, não haverá espaço para outro poder predominante. Descanso somente no Jesus crucificado e vivo somente por Ele? Este é o meu desejo? Meu coração está decidido a agir assim? Se sim, bendita seja a poderosa graça que me guiou à salvação; e caso não esteja, "ó Senhor, perdoa minha triste ofensa e fortalece meu coração para temer o Teu nome."

15 de novembro

> *"Porque a porção do Senhor é o seu povo..."*
> DEUTERONÔMIO 32:9

De que forma o povo do Senhor é Sua porção? Por Sua própria *escolha* soberana. Ele os escolheu e colocou Seu amor sobre eles. E isto Ele fez inteiramente à parte de qualquer bondade que tivesse visto em Seu povo. Ele teve misericórdia de quem quis ter misericórdia e determinou um grupo escolhido para a vida eterna; portanto, eles são Sua posse por Sua eleição sem restrições.

Eles não são apenas dele por escolha, mas também porque foram *comprados*. Ele os comprou e pagou por eles até o último centavo, logo não pode haver contestação ao Seu direito de propriedade. A porção do Senhor foi plenamente redimida não com coisas corruptíveis como prata e ouro, mas com o precioso sangue do Senhor Jesus. Não há hipoteca de Sua propriedade; nenhum processo pode ser aberto por outros requerentes, o preço foi pago em corte aberta e a Igreja é propriedade livre e hereditária do Senhor para sempre. Veja a marca do sangue em todos os escolhidos, invisível aos olhos humanos, mas conhecida por Cristo, pois "o Senhor conhece os que lhe pertencem"; Ele não esquece nenhum daqueles que redimiu dentre os homens; Ele conta as ovelhas por quem entregou Sua vida e lembra-se bem da Igreja pela qual entregou-se a si mesmo.

Também pertencem a Ele por *conquista*. Que batalha Ele enfrentou em nós antes que fôssemos adquiridos! Por quanto tempo Ele sitiou nosso coração! Com que frequência nos enviou termos de capitulação! Mas nós obstruímos nossos portões e fortificamos nossos muros contra Ele. Não nos lembramos daquela gloriosa hora em que Ele carregou nosso coração durante a tempestade? Quando Ele colocou Sua cruz contra a parede e escalou nossa trincheira, colocando em nossas fortalezas a bandeira vermelho-sangue de Sua misericórdia onipotente? Sim, somos, de fato, os cativos conquistados por Seu amor onipotente. Portanto, escolhidos, comprados e conquistados, os direitos de nosso proprietário divino são inalienáveis: alegramo-nos por nunca podermos pertencer a nós mesmos; e desejamos, dia a dia, fazer *Sua* vontade e demonstrar Sua glória.

16 de novembro

> *"A minha porção é o Senhor, diz a minha alma..."*
> LAMENTAÇÕES 3:24

O versículo não diz: "A minha porção *parcial* é o Senhor", nem "O Senhor *faz parte* da minha porção"; mas Ele próprio é a soma total da herança da minha alma. Dentro do perímetro desse círculo está tudo o que possuímos ou desejamos. O *Senhor* é minha porção. Não meramente Sua graça, nem Seu amor, nem Sua aliança, mas o próprio Jeová. Ele nos escolheu para Sua porção e nós o escolhemos para a nossa. É verdade que o Senhor deve primeiro escolher nossa herança para nós ou nós nunca o faremos, mas se somos realmente chamados de acordo com o propósito do amor da predestinação, podemos cantar:

> *Sou amado do meu Deus e por Ele*
> *Ardo com intenso amor;*
> *Escolhido por Ele desde a eternidade,*
> *Em retribuição o escolhi como meu Senhor.*

O Senhor é nossa porção plenamente suficiente. Deus se basta a si mesmo e se Deus é plenamente suficiente para Si, deve sê-lo para nós. Não é fácil satisfazer os desejos do homem. Quando ele já sonha estar satisfeito, em pouco tempo acorda para a percepção de que há algo mais adiante e imediatamente a sanguessuga em seu coração clama: "Dê-me, dê-me." Mas tudo o que podemos desejar deve ser encontrado em nossa porção divina, para que perguntemos: "Quem mais tenho eu no céu? Não há outro em quem eu me compraza na terra." Podemos nos "agradar do Senhor" que nos faz beber do rio de Seus prazeres. Nossa fé abre suas asas e ascende como uma águia ao céu do amor divino, como se ali fosse sua habitação. "Caem-me as divisas em lugares amenos, é mui linda a minha herança." Regozijemo-nos sempre no Senhor; mostremos ao mundo que somos um povo feliz e abençoado e assim os persuadamos a exclamar: "Iremos convosco, porque temos ouvido que Deus está convosco."

17 de novembro

> "...A ele, pois, a glória eternamente. Amém!"
> ROMANOS 11:36

A ele, pois a glória eternamente. Isso deveria ser o *único* desejo do cristão. Todos os outros desejos devem ser subservientes e auxiliares a este. O cristão pode desejar prosperidade em seus negócios, mas só até o ponto em que o ajude a promover o "a ele, pois a glória eternamente." Ele pode desejar alcançar mais dons e graças, mas deveria apenas desejá-lo para que "a ele, pois a glória eternamente". Você não está agindo como deveria quando é movido por qualquer outro motivo que não o olhar fixo na glória do seu Senhor. Como cristão, você é e existe a partir de Deus e por Ele, então viva "para Deus". Não deixe que nada faça seu coração bater tão poderosamente como o amor por Ele. Deixe que esta ambição inflame sua alma; seja esta a fundação de toda empreitada em que você se colocar, e seja esse seu motivo sustentador sempre que seu zelo esfriar; faça de Deus o seu único alvo. Dependa disso, pois onde o eu começa, aí irrompe a tristeza; mas se Deus for meu deleite supremo e único alvo:

> *Para mim é semelhante que o amor determine*
> *Minha vida ou morte — e que designe a mim alívio ou dor.*

Deixe que seu desejo pela glória de Deus seja um desejo *crescente*. Você o bendisse em sua juventude, não se contente com tais louvores dados a Ele naquela época. Deus o prosperou nos negócios? Dê a Ele mais, como Ele tem dado mais a você. Deus tem-lhe dado experiências? Louve-o com fé mais forte do que você tinha no princípio. Seu conhecimento está crescendo? Então cante mais docemente. Você desfruta de momentos mais felizes do que antes? Foi restaurado da doença e sua tristeza transformou-se em paz e alegria? Então, dê a Ele mais música; coloque mais brasas e incenso no incensório do seu louvor. Conceda a Ele honra de modo prático em sua vida, colocando o "amém" nesta doxologia a seu grandioso e gracioso Senhor, por seu próprio serviço individual e santidade crescente.

18 de novembro

"...manancial recluso, fonte selada."
CÂNTICO DOS CÂNTICOS 4:12

Nesta metáfora, que faz referência à vida interior de um cristão, temos muito claramente a ideia do *secreto*. É um manancial *recluso*. Assim como havia mananciais no leste, sobre os quais um palácio era construído para que ninguém pudesse alcançá-lo, salvo aqueles que conhecessem a entrada secreta, o mesmo acontece com o coração de um cristão quando é renovado pela graça: há uma vida misteriosa em seu interior que nenhuma habilidade humana pode tocar. É um segredo que nenhum outro homem conhece; nem mesmo o próprio homem que, dono dessa vida, não consegue falar sobre ela com seu próximo. O texto inclui não apenas o secreto, mas também a *separação*. Não é um manancial comum do qual qualquer transeunte pode beber, é um manancial guardado e preservado de todos os outros; é uma fonte que leva uma marca específica — um selo real, para que todos percebam que não se trata de uma fonte comum, mas sim de uma fonte que pertence a alguém e é estabelecida por si só exclusivamente. Assim é a vida espiritual. Os escolhidos de Deus foram separados no decreto eterno; foram separados por Deus no dia da redenção e foram separados pelo fato de possuírem uma vida que outros não possuem. E é impossível para eles se sentirem à vontade com o mundo ou deleitarem-se em seus prazeres. Há também a ideia de *sacralidade*. O manancial recluso é preservado para o uso de alguém especial e assim é o coração do cristão. É um manancial guardado por Jesus. Todo cristão deveria sentir que tem o selo de Deus em si — e deveria ser capaz de dizer como Paulo: "Quanto ao mais, ninguém me moleste; porque eu trago no corpo as marcas de Jesus." Outra ideia salta à vista: *segurança*. Ó! Quão firme e segura é a vida interior do cristão! Se todos os poderes do mundo e do inferno se unissem contra ela, esse princípio imortal ainda permaneceria, pois Ele penhorou Sua vida para a sua preservação. E "quem é que vos há de maltratar" quando Deus é seu protetor?

19 de novembro

"Evita discussões insensatas..."
TITO 3:9

Nossos dias são poucos e serão mais proveitosos se fizermos o bem e se não contendermos sobre questões que são, no máximo, secundárias. Os antigos escolásticos causaram prejuízos descomunais com suas incessantes discussões sobre assuntos sem importância prática; e nossas igrejas sofrem muito com conflitos mesquinhos relacionados a assuntos ambíguos e questões insignificantes. Após tudo que poderia ter sido dito, nenhum dos lados adquiriu mais sabedoria e, portanto, a discussão já não promove conhecimento e amor; e é tolice semear em um campo tão infecundo. Questões sobre pontos que nas Escrituras permanecem silenciosos, sobre mistérios que pertencem somente a Deus, sobre profecias de interpretação duvidosa e sobre meros modos de guardar cerimoniais humanos são todas tolas e homens sábios as evitam. Nossa tarefa não é fazer perguntas tolas e nem respondê-las, mas evitá-las por completo. E se observarmos o preceito do apóstolo (Tito 3:8) para sermos solícitos na prática de obras, ocuparemo-nos muito mais com assuntos proveitosos de modo que não haverá como interessar-se profundamente por contendas impróprias, controversas e desnecessárias.

Há, no entanto, algumas questões que são o contrário da insensatez, as quais não devemos evitar, mas com elas lidar imparcial e honestamente. Questões como estas: Eu creio no Senhor Jesus Cristo? O espírito de minha mente é renovado? Estou caminhando na carne ou no Espírito? Estou crescendo em graça? Minhas conversas adornam a doutrina de Deus, meu Salvador? Estou aguardando a vinda do Senhor e vigiando como um servo que espera seu mestre? O que mais posso fazer por Jesus? Perguntas como estas exigem urgentemente nossa atenção e se de algum modo nos entregamos a sofismas que agora voltemos nossas habilidades críticas a um serviço muito mais proveitoso. Sejamos pacificadores e esforcemo-nos para levar outros, por nossos preceitos e por nosso exemplo, a evitar "discussões insensatas".

20 de novembro

"Pleiteaste, Senhor, a causa da minha alma…"
LAMENTAÇÕES 3:58

Observe quão *positivamente* o profeta fala. Ele não diz: "Espero, confio, algumas vezes penso que Deus pleiteou as causas da minha alma"; mas fala disso como fato que não pode ser contestado. "*Pleiteaste*, Senhor, a causa da minha alma." Com ajuda do gracioso Consolador, abandonemos as dúvidas e medos que tanto maculam nossa paz e nosso consolo. Seja esta a nossa oração, que, pronunciada com a voz baixa e áspera da conjectura e da suspeita, nos capacite a falar com a clara e melodiosa voz da certeza. Note com quanta *gratidão* o profeta fala, atribuindo toda glória somente a Deus! Você percebe que não há uma palavra relacionada a ele mesmo ou suas súplicas. Ele não imputa sua libertação, em grau algum, a nenhum homem, muito menos ao mérito humano, mas ao *Senhor*: "Pleiteaste, Senhor, a causa da minha alma, *remiste* a minha vida." Um espírito agradecido deveria ser sempre cultivado pelo cristão; e especialmente após libertações, deveríamos apresentar uma canção ao nosso Deus. A Terra deveria ser um templo repleto das canções dos santos agradecidos e todos os dias deveria haver um incensório queimando o doce incenso de ações de graça. Quão *alegre* Jeremias parece estar enquanto registra a misericórdia do Senhor. Quão triunfantemente ele eleva a melodia! Ele esteve no fundo do calabouço e continua sendo o profeta chorão; no livro que tem o nome de "Lamentações" ouvimos, clara como a canção de Miriã quando bateu os dedos no tamborim, aguda como a nota de Débora quando ela encontrou Baraque com brados de vitória, a voz de Jeremias subindo ao céu: "Pleiteaste, Senhor, a causa da minha alma, remiste a minha vida." Ó filhos de Deus, busquem uma experiência imprescindível com a bondade do Senhor e quando a obtiverem, falem positivamente dela; cantem com gratidão, bradem com triunfo.

21 de novembro

"E não entristeçais o Espírito de Deus..."
EFÉSIOS 4:30

Tudo o que o cristão tem deve vir de Cristo, mas vem unicamente por meio do canal do Espírito da graça. Além disso, como todas as bênçãos fluem até você por meio do Espírito Santo, não há algo bom que possa vir de você por meio de pensamentos santos, da adoração piedosa ou de atos graciosos a menos que seja por intermédio da ação santificadora desse mesmo Espírito. Mesmo que a boa semente seja semeada em você, ela ainda jaz dormente, a não ser que Ele opere em você o querer e o efetuar, segundo a Sua boa vontade. Você deseja falar em nome de Jesus — mas como você poderá fazê-lo a não ser que o Espírito Santo toque sua língua? Você deseja orar? Ai de você! Que trabalho inerte será, a menos que o Espírito interceda por você! Você deseja dominar o pecado? Deseja ser santo? Deseja imitar seu Mestre? Deseja erguer-se às supremas alturas da espiritualidade? Você está desejando ser como os anjos de Deus, repleto de zelo e fervor pela causa do Mestre? Você não conseguirá sem o Espírito: "Sem mim nada podeis fazer." Ó galho da videira, sem a seiva não produzirá fruto! Ó filho de Deus, você não tem vida se está distante da vida que Deus concede a você por meio de Seu Espírito! Então, não o entristeçamos ou provoquemos Sua ira com nosso pecado. Não o extingamos em Suas mais simples ações em nossa alma; cultivemos qualquer indício e estejamos prontos para obedecer qualquer sugestão. Se o Espírito Santo é, de fato, tão poderoso, não realizemos nada sem Ele; não comecemos projeto ou empreendimento algum, não concluamos nenhuma transação sem implorar Sua bênção. Façamos a Ele a homenagem devida, sentindo toda a nossa fraqueza quando distantes dele e, então, dependendo completamente dele, façamos desta a nossa oração: "Abre meu coração e todo o meu ser para a Tua chegada e sustenta-me com Teu Espírito quando eu receber esse Espírito em meu interior."

22 de novembro

"...Israel serviu por uma mulher e por ela guardou o gado."
OSEIAS 12:12

Jacó, enquanto ponderava com Labão, descrevia seu trabalho árduo: "Vinte anos eu estive contigo, as tuas ovelhas e as tuas cabras nunca perderam as crias, e não comi os carneiros de teu rebanho. Nem te apresentei o que era despedaçado pelas feras; sofri o dano; da minha mão o requerias, tanto o furtado de dia como de noite. De maneira que eu andava, de dia consumido pelo calor, de noite, pela geada; e o meu sono me fugia dos olhos." Mais árdua ainda foi a vida de nosso Salvador aqui no mundo. Ele zelou por todas as Suas ovelhas até prestar contas pela última vez: "Não perdi nenhum dos que me deste." Seu cabelo umedecido pelo orvalho e Seus cachos pelas gotas da noite. O sono fugiu de Seus olhos, pois durante toda a noite Ele permanecia em oração, lutando por Seu povo. Em uma noite Pedro teve que ser o foco da súplica, logo em seguida, outra pessoa reivindica Sua intercessão chorosa. Nenhum pastor sentado sob o céu gélido, olhando para as estrelas, poderia jamais proferir queixas pela severidade de sua labuta, como Jesus Cristo poderia tê-lo feito, se assim quisesse, pois a austeridade de Seu serviço para granjear Sua noiva era excessiva:

Montanhas frias e o ar da meia-noite,
Testemunharam o fervor de Sua oração;
O deserto conheceu Suas tentações,
Seu conflito e Sua vitória também.

Como é doce essa analogia espiritual em que Labão requer todas as ovelhas das mãos de Jacó. Se foram protegidas de animais selvagens, Jacó assim o fez e de modo satisfatório; se nenhuma delas morreu ele foi a segurança de todas. A luta de Jesus por Sua Igreja não foi também a luta daquele que estava sob a obrigação de levar em segurança a cada cristão para Aquele que os havia confiado ao Seu cuidado?

Olhe para o Jacó que tanto trabalhou e verá uma representação de Cristo, daquele sobre quem lemos: "Como pastor, apascentará o seu rebanho."

23 de novembro

> *"...comunhão com ele..."*
> 1 JOÃO 1:6

Quando fomos unidos por fé, a Cristo, fomos levados a tal comunhão plena com Ele que nos tornamos um com o Senhor, e Seus interesses e os nossos se tornaram mútuos e idênticos. Temos comunhão com Cristo em Seu *amor*. O que Ele ama nós amamos. Ele ama os santos — e nós também. Ama os pecadores — nós também. Ele ama a pobre raça humana que está perecendo e anela ver os desertos da Terra transformados em jardim do Senhor — assim também nós. Temos comunhão com Ele em Seus *desejos*. Ele deseja a glória de Deus — nós também trabalhamos pelo mesmo alvo. Ele deseja que os santos estejam com Ele onde Ele está — nós desejamos também estar com Ele onde Ele está. Ele deseja expelir o pecado — eis que nós lutamos pela mesma bandeira. Ele deseja que o nome de Seu Pai seja amado e adorado por todas as Suas criaturas — nós oramos diariamente: "Venha o teu reino; faça-se a tua vontade, assim na terra como no céu." Temos comunhão com Cristo em Seus *sofrimentos*. Não fomos pregados à cruz, nem sofremos uma morte cruel, mas quando Ele é censurado, nós somos censurados; e como é doce ser culpado por amor a Ele, ser desprezado por seguir o Mestre, ter o mundo contra nós. O discípulo não deveria estar acima de seu Senhor. Naquilo que é possível deveríamos comungar com Ele em Suas *obras*, ministrando aos homens pela palavra da verdade e pelos feitos do amor. Nossa comida e nossa bebida, como as dele, é fazer a vontade daquele que nos enviou para concluir Sua obra. Temos também comunhão com Cristo em Suas *alegrias*. Somos felizes em Sua felicidade, regozijamo-nos em Sua exaltação. Cristão, você já provou dessa alegria? Não há deleite mais puro ou emocionante deste lado do céu do que ter a alegria de Cristo em nós e, assim, ter alegria plena. Sua *glória* espera que completemos nossa comunhão, pois Sua Igreja se assentará com Ele em Seu trono como Sua muito amada noiva e rainha.

24 de novembro

> "Mas o SENHOR ali nos será grandioso,
> fará as vezes de rios e correntes largas..."
> ISAÍAS 33:21

Rios e correntes largas produzem fertilidade e abundância na terra. Lugares próximos a rios largos são notáveis pela variedade de suas plantas e por suas colheitas abundantes. Deus é tudo isto para a Sua Igreja. Por ter Deus ela tem *abundância*. O que ela poderia pedir que Ele não lhe concederia? Que necessidade ela poderia mencionar que Ele não supriria? "O SENHOR dos Exércitos dará neste monte a todos os povos um banquete de coisas gordurosas." Você quer o pão da vida? Ele cai como maná do céu. Você quer mananciais refrescantes? A rocha acompanha você, e essa Rocha é Cristo. Se você tem qualquer necessidade a culpa é sua. Se você está em dificuldade, não é por causa dele, mas tem a ver com sua própria índole. Rios e correntes largas também apontam para *reciprocidade*. Nosso glorioso Senhor é para nós um lugar de relacionamento e troca celestial. Por meio de nosso Redentor temos acesso ao passado, à riqueza do Calvário, aos tesouros da aliança, às riquezas dos dias de outrora da eleição, às provisões da eternidade; tudo vem até nós descendo a larga corrente do nosso gracioso Senhor. Temos também acesso ao futuro. Quantos navios carregados até a margem do rio, vêm até nós do milênio! Que visões temos dos dias do céu sobre a Terra! Por meio do nosso glorioso Senhor nos relacionamos com anjos; comunhão com os santos luzentes lavados no sangue, que cantam diante do trono; e melhor ainda, temos comunhão com Aquele que é infinito. Rios e correntes largas são especialmente planejados para anunciar a ideia de *segurança*. Rios, já, há muito tempo, funcionavam como defesa. Ó! Amado, que defesa Deus deu à Sua Igreja! O demônio não pode cruzar este largo rio de Deus. Como ele deseja poder mudar a corrente; contudo, não tema, pois Deus permanece imutavelmente o mesmo! Satanás pode nos atormentar, mas não nos destruir; nenhum barco a remo invadirá nosso rio, nem navios nobres passarão nas adjacências.

25 de novembro

> *"...para proclamar libertação aos cativos..."*
> LUCAS 4:18

Ninguém, além de Jesus, pode libertar cativos. A liberdade real vem somente dele. É uma liberdade *concedida de modo justo*; pois o Filho, que é Herdeiro de todas as coisas, tem o direito de libertar os homens. Os santos honram a justiça de Deus que agora garante sua salvação. É uma liberdade que foi *comprada por alto preço*. Cristo a declara por Seu poder, mas Ele a comprou com Seu sangue. Ele o torna livre, mas por Seus próprios grilhões. Você anda livre porque Ele carregou seus fardos, é liberto porque Ele sofreu em seu lugar. Mas, ainda que comprada por alto preço, Ele a *concede* gratuitamente. Jesus não nos pede nada como preparação para esta liberdade. Ele nos encontra sentados em pano de saco e cinzas e nos oferece o belo vestuário da liberdade; Ele nos salva como somos e tudo sem nossa ajuda ou nosso mérito. Quando Jesus liberta, a liberdade é *legado perpétuo*; nenhuma corrente pode amarrar novamente. Que o Mestre me diga: "Cativo, eu o libertei", e assim o será para sempre. Satanás pode tramar nos escravizar, mas se o Senhor estiver do nosso lado, a quem temeremos? O mundo, com suas tentações, pode procurar nos seduzir, mas maior é Ele, que é por nós, do que todos os que são contra nós. As maquinações de nosso próprio coração enganoso podem nos atormentar e incomodar, mas Ele que começou a boa obra em nós, a completará até o fim. Os inimigos de Deus e os inimigos do homem podem unir seus exércitos e marchar contra nós com furor generalizado, mas se Deus nos absolve, quem pode nos condenar? A águia que sobe até seu ninho, na rocha, e depois voa acima das nuvens não é mais livre do que a alma liberta por Cristo. Se já não estamos mais sob a lei, mas livres de sua maldição, que nossa liberdade seja *exibida de modo prático* em nosso serviço a Deus, com gratidão e deleite. "Senhor, deveras sou teu servo, teu servo, filho da tua serva; quebraste as minhas cadeias" "Senhor, que queres que eu faça?" [N.E.: Atos 9:6 ARC].

26 de novembro

> *"Tudo quanto te vier à mão para fazer,
> faze-o conforme as tuas forças..."*
> ECLESIASTES 9:10

"Tudo quanto te vier à mão para fazer" refere-se a obras que são *possíveis*. Há muitas coisas que nosso coração encontra para fazer e que nunca faremos. É algo bom, está em nosso coração; mas se desejamos ser altamente úteis, não devemos nos contentar em formar esquemas em nosso coração e deles falar; devemos levar adiante, à prática, *"tudo o que te vier à mão para fazer"*. Uma boa obra é mais válida que mil teorias brilhantes. Não esperemos por grandes oportunidades ou por um tipo de trabalho diferente, mas façamos simplesmente aquilo que "vier à mão para fazer" diariamente. Não temos outro momento em que viveremos. O passado se foi; o futuro não chegou; nunca teremos outro momento se não o presente. Então não espere até que sua experiência tenha atingido a maturidade para, então, tentar servir a Deus. Empenhe-se agora para dar fruto. Sirva a Deus agora, mas tenha cuidado com a maneira de fazer o que vier à mão para fazer — *"faze-o conforme as tuas forças"*. Faça *prontamente*; não dissipe sua vida pensando no que você planeja fazer amanhã como se isso fosse uma compensação pelo ócio de hoje. Nenhum homem jamais serviu a Deus fazendo coisas no dia seguinte. Se honramos Cristo e somos abençoados, é por aquilo que fazemos *hoje*. O que você fizer para Cristo, faça-o com toda a sua alma. Não oferte a Cristo um trabalho leviano, executado aleatoriamente; mas quando servi-lo faça-o com o coração, a alma e com suas forças.

Mas onde está a força do cristão? Não está em si mesmo, pois ele é a perfeita fraqueza. Sua força está no Senhor dos Exércitos. Busquemos, então, Sua ajuda; continuemos com oração e fé, e quando tivermos feito "o que nos vier à mão para fazer", esperemos no Senhor por Sua bênção. Então, o que fizermos será bem feito e não fracassará em seus resultados.

27 de novembro

> *"...o sumo sacerdote Josué,
> o qual estava diante do Anjo do Senhor..."*
> ZACARIAS 3:1

Em Josué, o *sumo sacerdote*, vemos uma imagem de todos os filhos de Deus que se aproximam dele, pelo sangue de Cristo, e que foram ensinados a ministrar o que é santo e entrar naquilo que está atrás do véu. Jesus nos fez reis e sacerdotes para Deus, e mesmo aqui, no mundo, exercitamos o sacerdócio de vida consagrada e serviço santo. Mas está escrito que este sumo sacerdote está *"diante* do Anjo do Senhor", ou seja, para ministrar. Essa deveria ser a condição perpétua de todo cristão verdadeiro. Qualquer lugar agora é templo de Deus e Seu povo pode servi-lo tão verdadeiramente em seus empregos como em Sua casa. Eles devem estar sempre "ministrando", oferecendo o sacrifício espiritual de oração e louvor e apresentando-se como "sacrifícios vivos". Mas note onde é que Josué está para ministrar: *diante do Anjo* de Jeová. Apenas por meio de um mediador é que nós, pobres maculados, podemos nos tornar sacerdotes para Deus. Eu apresento o que tenho diante do mensageiro, o anjo da aliança, o Senhor Jesus; e por meio dele minhas orações encontram aceitação envoltas em Suas orações; meus louvores tornam-se doces ao serem envoltos em feixes de mirra, aloés e cássia do jardim de Cristo. Se não puder levar nada a Ele, exceto minhas lágrimas, Ele as colocará com as Suas próprias lágrimas em seu próprio jarro, pois Ele um dia chorou. Se não posso entregar-lhe nada, exceto meus gemidos e suspiros, Ele os receberá como sacrifício aceitável, pois Ele já teve Seu coração ferido e suspirou profundamente em espírito. Eu, diante dele, sou aceito no Amado; e todas as minhas obras corrompidas, ainda que em si mesmas sejam apenas objetos de aversão divina, são recebidas de tal forma que Deus sente nelas um aroma suave. Ele fica satisfeito e eu sou abençoado. Veja, então, a posição do cristão — "um sumo sacerdote — diante do Anjo do Senhor".

28 de novembro

"Pois fiquei sobremodo alegre pela vinda de irmãos e pelo seu testemunho da tua verdade, como tu andas na verdade."
3 JOÃO 3

A verdade estava em Gaio e Gaio andava na verdade. Se a primeira afirmativa não fosse verdadeira, a segunda jamais teria ocorrido; e se não se pudesse afirmar a segunda sentença sobre ele, a primeira seria uma mera aspiração. A verdade deve entrar na alma, penetrá-la e saturá-la, do contrário não tem valor algum. Doutrinas mantidas como credo são como pão que fica nas mãos e não fornecem nutrição alguma para o físico; mas a doutrina aceita pelo coração, é alimento digerido que, por assimilação, sustenta e forma o corpo. Em nós a verdade deve ser uma força viva, um vigor ativo, uma realidade residente, uma parte da urdidura e da trama de nosso ser. Se estiver *em nós*, não podemos, doravante, desistir dela. Um homem pode perder suas vestes ou seus membros, mas suas partes internas são vitais e não podem ser arrancadas sem que haja perda total da vida. Um cristão pode morrer, mas não pode negar a verdade. Contudo, uma regra da natureza é que o interior afeta o exterior, como a luz brilha do centro da lanterna através do vidro. Quando, portanto, a verdade é incitada interiormente, sua claridade logo é irradiada para a vida exterior e os relacionamentos. Diz-se que o alimento de certas larvas dá a cor aos casulos de seda que fiam; é exatamente assim o alimento do qual a natureza interior de um homem vive, dá coloração a todas as suas palavras e ações. Caminhar na verdade significa uma vida de integridade, santidade, fidelidade e simplicidade — que é o produto natural desses princípios de verdade que o evangelho ensina e que o Espírito de Deus nos capacita a receber. Podemos ponderar sobre os segredos da alma por sua manifestação nos relacionamentos do homem. "Que hoje, gracioso Espírito, sejamos dominados e governados por Tua autoridade divina, de modo que nada falso ou pecaminoso reine em nosso coração, a fim de que não amplie sua influência maligna em nossa caminhada diária entre os homens."

29 de novembro

> *"Não andarás como mexeriqueiro entre o teu povo...*
> *repreenderás o teu próximo e,*
> *por causa dele, não levarás sobre ti pecado."*
> LEVÍTICO 19:16,17

O mexerico coloca em circulação um veneno triplo, pois prejudica aquele que conta a história, aquele que a ouve e a pessoa sobre quem é a história. Seja o relato verdadeiro ou falso, somos proibidos de espalhá-lo por este preceito da Palavra de Deus. A reputação do povo do Senhor deveria ser muito preciosa aos nossos olhos e deveríamos nos envergonhar de ajudar o demônio a desonrar a Igreja e o nome do Senhor. Algumas línguas precisam de um freio em vez de aguilhão. Muitos se gloriam em arrasar seus irmãos, como se nisso se promovessem. Os sábios filhos de Noé lançaram um manto sobre seu pai e aquele que o expôs recebeu uma terrível maldição. Nós talvez precisemos, em algum dia de trevas, do silêncio e da contenção de nossos irmãos, portanto, que os concedamos agora com alegria àqueles que precisam. Seja esta a regra de nossa família e nosso elo pessoal — Não difamem ninguém.

O Espírito Santo, entretanto, nos permite censurar o pecado e determina o modo como devemos fazê-lo. Devemos repreender nosso irmão diretamente, não insultá-lo sem que ele saiba. Essa direção é destemida, fraternal, tem o espírito de Cristo e debaixo da bênção de Deus será útil. A carne evita esse procedimento? Devemos, então, lidar com nossa mente e nos manter no trabalho, a fim de não nos tornarmos participantes do pecado agonizante em que se encontra nosso amigo. Centenas de pessoas foram salvas de pecados repulsivos por alertas oportunos, sábios e carinhosos de ministros e irmãos fiéis. Nosso Senhor Jesus, com Seu alerta a Pedro, estabelece um gracioso exemplo de como lidar com amigos que transgridem: a oração que antecedeu o alerta e a forma gentil como conduziu a negação orgulhosa de Pedro a respeito do fato de precisar de tal advertência.

30 de novembro

> "Disse Amazias ao homem de Deus: Que se fará,
> pois, dos cem talentos de prata que dei às tropas de Israel?
> Respondeu-lhe o homem de Deus:
> Muito mais do que isso pode dar-te o Senhor."
>
> 2 CRÔNICAS 25:9

Esta parecia ser uma pergunta muito importante para o rei de Judá e, possivelmente, tem ainda mais peso para o cristão provado e tentado. Perder dinheiro não é, em momento algum, agradável e quando há um princípio envolvendo a perda, a carne nem sempre está pronta para fazer o sacrifício. "Por que perder o que pode ser empregado tão proveitosamente? A verdade realmente precisa de sustento? O que faremos sem nossa renda? Lembra-se dos nossos filhos e nossa pequena renda?" Todas estas coisas e outras milhares tentariam o cristão a fazer uso de suas mãos para o ganho iníquo ou impedir-lhe de exercitar suas convicções honestas, quando envolvem perdas sérias. Não são todos os homens que enxergam estas questões à luz da fé e, mesmo para os seguidores de Jesus, a doutrina do "precisamos viver" tem um certo peso.

Muito mais do que isso pode dar-te o Senhor é uma resposta muito satisfatória à uma pergunta ansiosa. Nosso Pai maneja o dinheiro e o que perdemos por amor a Ele, o Senhor pode nos devolver mil vezes mais. Nosso dever é obedecer a Sua vontade e podemos ter certeza de que Ele proverá aquilo de que precisamos. O Senhor não ficará devendo nada a homem algum. Os santos sabem que um grão de tranquilidade de coração vale mais do que uma tonelada de ouro. Aquele que embrulha uma consciência tranquila num casaco surrado possui riqueza espiritual muito mais desejável do que qualquer riqueza que tenha perdido. O sorriso de Deus e um calabouço são suficientes para um coração verdadeiro; a reprovação de Deus e um palácio seriam o inferno para um espírito gracioso. Deixe que a situação ruim fique ainda pior, que todos os talentos se vão, pois não perdemos nosso tesouro que está nas alturas, onde Cristo se assenta à destra de Deus. Enquanto isso, ainda hoje, o Senhor faz o manso herdar a Terra e não retém nada do que é bom, daqueles que andam honestamente.

1º de dezembro

> *"...verão e inverno, tu os fizeste."*
> SALMO 74:17

Minh'alma, comece este mês com o seu Deus. A chegada de uma nova estação faz-lhe relembrar que Ele mantém Sua aliança com o dia e com a noite, e garante que Ele também manterá essa gloriosa aliança que fez com você na pessoa de Cristo Jesus. Ele, que é fiel à Sua Palavra nas revoluções das estações deste pobre mundo poluído pelo pecado, não será infiel no Seu proceder com Seu Filho amado.

O inverno da alma não é, de forma alguma, uma estação confortável, e se sua alma estiver entrando no inverno agora será muito doloroso para você. Mas há este consolo, a saber, que foi o *Senhor* quem fez o inverno. Ele envia as rajadas cortantes de adversidade para congelar os botões de expectativa, Ele espalha a geada como cinzas sobre as campinas verdejantes da nossa alegria, Ele lança Seu gelo como pequenas porções que congelam nosso deleite. Ele faz tudo, Ele é o grande Rei do inverno e governa os reinos da geada e, portanto, você não pode murmurar. Perdas, aflições, opressões, doença, pobreza e outras milhares de calamidades são enviadas pelo Senhor e vêm até nós com um plano sábio. Geadas matam insetos nocivos e limitam doenças graves; elas quebram o solo e o suavizam. Ó, que tais bons resultados sempre sigam nossos invernos de aflição!

Como estimamos o fogo agora! Quão confortável é sua incandescência! Que da mesma forma apreciemos nosso Senhor, que é a fonte constante de calor e conforto em todos os momentos de luta. Aproximemo-nos dele, e encontremos nele alegria e paz no crer. Que nos envolvamos nas vestes aquecidas de Suas promessas e nos coloquemos nas tarefas adequadas à estação, visto que seria mal ser como o preguiçoso que não ara por causa do frio; pois no verão implorará e nada terá.

2 de dezembro

"Tu és toda formosa, querida minha..."
CÂNTICO DOS CÂNTICOS 4:7

A admiração que o Senhor tem por Sua Igreja é maravilhosa e Sua descrição da beleza que ela tem é muito intensa. Ela não é simplesmente *formosa*, mas *"toda* formosa". Ele a vê, em Si mesmo, lavada em Seu sangue que expia o pecado, vestida em Sua justiça meritória e a considera repleta de graça e beleza. Não é surpresa que assim o seja, considerando que Ele está admirando Sua própria excelência perfeita; pois a santidade, a glória e a perfeição de Sua Igreja são as Suas vestes gloriosas sobre as costas de Sua amada noiva. Ela não é simplesmente pura ou com proporções adequadas; ela é, de fato, querida e formosa! Ela tem mérito efetivo! Suas deformidades de pecado foram removidas; mais ainda, ela obteve, por meio de seu Senhor, uma justiça meritória pela qual uma beleza verdadeira lhe foi conferida. Os cristãos têm uma justiça factual que lhes é concedida quando se tornam "aceitos no Amado" (Efésios 1:6). A Igreja também não é apenas querida, mas *insuperavelmente* querida. Seu Senhor a intitula a "mais formosa entre as mulheres". Ela tem um valor real de excelência que não pode ser antagonizado por toda a nobreza e realeza do mundo. Se Jesus pudesse trocar Sua noiva eleita por todas as rainhas e imperatrizes do mundo ou até mesmo pelos anjos no céu, Ele não o faria, pois ela está em primeiro lugar, é a mais notável — "mais formosa entre as mulheres". Assim como a lua, ela brilha muito mais do que as estrelas. E isto não é uma opinião da qual Ele se envergonhe, pois convida todos os homens para ouvi-la. Ele coloca um "como" antes, um tom especial de exclamação, convidando e capturando a atenção de todos. "*Como* és formosa, querida minha, como és formosa!" (Cântico dos Cânticos 4:1). Sua opinião Ele divulga amplamente agora e, um dia, do trono de Sua glória, Ele reconhecerá a verdade que nela há, diante do universo reunido. "Vinde, benditos de meu Pai!" (Mateus 25:34), será Sua solene afirmação sobre quão amados são Seus eleitos.

3 de dezembro

"...em ti não há defeito."
CÂNTICO DOS CÂNTICOS 4:7

Tendo pronunciado que Sua Igreja certamente é repleta de beleza, nosso Senhor confirma Seu elogio com uma alegação preciosa: "Em ti não há defeito." Como se o Noivo pensasse que o mundo maligno estivesse insinuando que Ele só havia mencionado as partes atraentes da noiva e, propositadamente, omitido as características que foram deformadas ou corrompidas, Ele resume tudo declarando-a universal e completamente formosa e totalmente destituída de mancha. Uma mancha pode ser rapidamente removida e é a última coisa que pode deformar a beleza, mas mesmo deste pequeno defeito o cristão é liberto aos olhos do seu Senhor. Se Ele tivesse declarado não haver cicatriz terrível, nem deformidade horrível, nenhuma chaga mortal, ainda assim poderíamos nos maravilhar; mas quando Ele testifica que ela está livre de toda mácula, todas estas outras formas de corrupção estão inclusas e a surpresa se torna ainda maior. Se Ele tivesse prometido remover as manchas uma por uma, teríamos motivo para alegria eterna; mas Ele diz que está feito! Quem pode conter as emoções mais intensas de satisfação e deleite? Ó minh'alma, aqui estão tutano e gordura para você, coma e fique satisfeita com as iguarias reais.

Cristo Jesus não tem questões para resolver com Sua noiva. Ela frequentemente se afasta dele e entristece Seu Santo Espírito, mas Ele não permite que as falhas da noiva afetem Seu amor por ela. Ele, algumas vezes, a repreende, mas sempre da forma mais afável, com as intenções mais bondosas. Mesmo nessa hora ela continua sendo chamada de "meu amor". Não há lembrança de nossas loucuras, Ele não cultiva pensamentos maus sobre nós, mas perdoa e ama depois da ofensa, como amava antes. Como é bom para nós que assim seja, pois se Jesus fosse tão sensível a insultos como nós somos, como Ele teria comunhão conosco? Muitas vezes um cristão perderá a razão com o Senhor por alguma virada insignificante nos acontecimentos, mas nosso precioso Esposo conhece muito bem nosso coração tolo para se ofender com nosso mau comportamento.

4 de dezembro

"...tenho muito povo nesta cidade."
ATOS 18:10

Isto deveria ser um grande encorajamento para tentar fazer o bem, considerando que Deus tem entre os mais vis dos vis, os mais libertinos e bêbados, um povo eleito que precisa ser salvo. Quando leva a Palavra a eles, você o faz porque Deus ordenou que fosse o mensageiro da vida para suas almas e *eles precisam* receber essa mensagem, para que assim o decreto da predestinação se cumpra. Eles são tão redimidos pelo sangue quanto os santos diante do trono eterno. São propriedade de Cristo e, talvez, sejam amantes da boemia e odeiem a santidade; mas, se Jesus Cristo os comprou, Ele os terá. Deus não é infiel para esquecer o preço que Seu Filho pagou. Ele não sofreu efetuando a substituição para que ela se torne, em qualquer caso, algo ineficaz ou morto. Dezenas de milhares de redimidos ainda não foram regenerados, mas precisam ser; e este é nosso consolo quando vamos até eles com a Palavra vivificadora de Deus.

Não somente isso, esses incrédulos são mencionados por Cristo em Suas orações diante do trono. "Não rogo somente por estes", disse o grande Intercessor, "mas também por *aqueles que vierem a crer em mim*, por intermédio da sua palavra." Pobres almas ignorantes, nada sabem sobre orar por si mesmas, mas Jesus ora por elas. Seus nomes estão em Seu peitoral e, em breve, curvarão seus joelhos obstinados, suspirando a penitência diante do trono da graça. "Não era tempo de figos." O momento predestinado ainda não chegou, mas quando chegar, *eles obedecerão*, pois Deus terá os Seus; *eles terão que obedecer*, pois ao Espírito não se deve resistir quando Ele vem com plenitude de poder — *eles precisam* tornar-se servos dispostos do Deus vivo. "Apresentar-se-á voluntariamente o teu povo, no dia do teu poder." "...o meu Servo justificará a muitos." "Ele verá o fruto do penoso trabalho de sua alma." "Eu lhe darei muitos como a sua parte, e com os poderosos repartirá ele o despojo."

5 de dezembro

"Pedi, e dar-se-vos-á..."
MATEUS 7:7

Conheço um lugar na Inglaterra onde uma porção de pão é servida a todo transeunte que peça por ele. Quem quer que seja o viajante, ele só precisa bater à porta do hospital St. Cross [N.E.: Fundado entre 1132-36. É a instituição de caridade mais antiga da Inglaterra] e ali receberá sua porção de pão. Jesus Cristo amou tanto os pecadores que construiu um hospital St. Cross para que sempre que um pecador tivesse fome, só precisasse bater e ter suas necessidades supridas. Ele fez ainda mais, anexou a Seu Hospital da Cruz uma área de banho e sempre que uma alma está suja, imunda, só precisa ir até lá e ser limpa. A fonte está sempre cheia, sempre eficaz. Nenhum pecador jamais foi até lá e não conseguiu tirar suas manchas. Pecados que eram escarlate e carmesim desapareceram todos e o pecador tornou-se mais branco do que a neve. Como se isso não fosse suficiente, há junto a Seu Hospital da Cruz um guarda-roupas e um pecador em tratamento, simplesmente como pecador, pode ser vestido da cabeça aos pés; e se ele deseja ser soldado, ele não terá simplesmente uma vestimenta comum, mas uma armadura que o cobrirá da sola dos pés até a cabeça. Se ele pedir uma espada, receberá a espada e junto um escudo. Nada que seja bom para ele lhe será negado. Terá dinheiro para despesas enquanto viver e terá uma herança eterna de tesouro glorioso quando entrar na alegria do seu Senhor.

Se tudo isso é recebido simplesmente ao batermos à porta da misericórdia, ó minh'alma, bata com força nesta manhã e peça grandes coisas para o seu Senhor generoso. Não deixe o trono da graça até que suas necessidades tenham sido estendidas diante do Senhor e até que, por fé, você tenha a perspectiva animadora de que elas serão supridas. A timidez não precisa protelar quando Jesus convida. A incredulidade não deveria ser empecilho quando Jesus promete. A insensibilidade não deveria refrear a obtenção de tais bênçãos.

6 de dezembro

"...como é o homem celestial, tais também os celestiais."
1 CORÍNTIOS 15:48

A cabeça e os membros têm uma mesma natureza e não é a natureza monstruosa que Nabucodonosor viu em seu sonho. A cabeça era de ouro, mas o peito era de prata, as pernas de ferro e os pés, parte de ferro e parte de barro. O corpo místico de Cristo não é uma combinação absurda de opostos; os membros eram mortais e, portanto, Jesus morreu; a cabeça glorificada é imortal e, portanto, o corpo é imortal também, pois assim está registrado: "Porque eu vivo, vós também vivereis." Como é com nosso amado Cabeça, também o é com o corpo e todos os membros. Um Cabeça escolhido e membros escolhidos; um Cabeça aceitável e membros aceitáveis; um Cabeça vivo e membros vivos. Se a cabeça é de ouro puro, todas as partes do corpo também são de ouro puro. Há então uma união dupla de natureza como fundamento para a comunhão mais íntima possível. Devoto leitor, pare aqui e veja se consegue, sem estupefação enlevada, contemplar a infinita condescendência do Filho de Deus ao elevar a sua miséria à união bendita com Sua glória. Você é tão vil que, ao lembrar-se de sua mortalidade, pode dizer à corrupção: "És minha mãe" e ao remorso: "És meu irmão"; e, ainda assim, em Cristo você é tão honrado que pode dizer ao Todo-Poderoso: "Aba Pai" e ao Deus Encarnado: "És meu irmão e meu esposo." Certamente, se relacionamentos com famílias tradicionais e nobres fazem os homens se considerarem mais elevados, nós temos alguém de quem nos gloriar, alguém muito mais nobre. Que o cristão mais pobre e mais desprezado tome posse desse privilégio; que a indolência irracional não o torne negligente para investigar sua linhagem e que não sofra de uma ligação insensata com as vaidades vigentes, ocupando seus pensamentos e excluindo esta gloriosa e celestial honra, da união com Cristo.

7 de dezembro

"Deus escolheu as coisas humildes do mundo..."
1 CORÍNTIOS 1:28

Ande pelas ruas durante a madrugada, se tiver coragem, e encontrará pecadores. Vigie na escuridão da noite, quando o vento uiva e as fechaduras das portas são arrombadas, e verá pecadores. Vá às prisões distantes, caminhe pelas guaritas e observe os homens com sobrancelhas suspensas, homens a quem você não gostaria de encontrar durante a noite, e aí também estarão pecadores. Vá aos reformatórios e observe aqueles que foram seduzidos pela desmedida depravação dos jovens, e ali verá pecadores. Atravesse os mares até o lugar onde um homem rói ossos que cheiram a carne humana, e ali haverá um pecador. Vá para onde quiser, você não precisa esquadrinhar a Terra para encontrar pecadores, pois são suficientemente comuns; você os encontrará em todas as travessas e ruas de todas as cidades, vilas e aldeias. Por tais pessoas Jesus morreu. Se você me eleger como o espécime mais vulgar da humanidade, dentre qualquer um que seja nascido de mulher, ainda assim terei esperança, porque Jesus Cristo veio para buscar e salvar *pecadores*. O amor da eleição selecionou alguns dos piores para se tornarem os melhores. Seixos do riacho da graça transformados em joias da coroa real. Sedimento imprestável Ele transforma em ouro puro. O amor redentor separou muitos dos piores da humanidade para serem a recompensa da paixão do Salvador. A graça efetiva chama muitos, dos mais vis, para sentarem-se à mesa da misericórdia e, portanto, não permite que nenhum deles se desespere.

Leitor, pelo olhar dos olhos chorosos de Jesus, pelo amor que flui das chagas sangrando, por esse amor fiel, esse amor forte, puro, altruísta e tolerante e pelo coração e pelas entranhas da compaixão de nosso Salvador, imploramos a você que não se afaste dessa verdade como se ela nada representasse para você; mas creia nele e será salvo. Confie a Ele sua alma e Ele o levará à destra de Seu Pai em glória perpétua.

8 de dezembro

> *"Tens, contudo, em Sardes, umas poucas pessoas que não contaminaram as suas vestiduras e andarão de branco junto comigo, pois são dignas."*
> APOCALIPSE 3:4

Podemos entender isto como referência à *justificação*. "Andarão de branco"; ou seja, desfrutarão de um constante senso de sua justificação pela fé; entenderão que a justiça de Cristo é imputada a eles, que foram todos lavados e se tornaram mais brancos do que a neve.

Novamente, é uma referência à *alegria e ao contentamento*, pois mantos brancos eram roupas de comemoração para os judeus. Aqueles que não macularam suas vestimentas terão suas faces sempre radiantes; entenderão o que Salomão quis dizer: "Vai, pois, come com alegria o teu pão e bebe gostosamente o teu vinho, pois Deus já de antemão se agrada das tuas obras. Em todo tempo sejam alvas as tuas vestes." Aquele que é aceito por Deus obterá vestes brancas de alegria e contentamento enquanto caminha em doce comunhão com o Senhor Jesus. Por que, então, tantas dúvidas, tanta penúria e lamentação? Porque muitos cristãos maculam suas vestes com o pecado e a culpa e, consequentemente, perdem a alegria de sua salvação e a confortável comunhão com o Senhor Jesus. Aqui no mundo não andam de branco.

A promessa também se refere a *andar de branco diante do trono de Deus*. Aqueles que aqui não macularam suas vestes, muito certamente andarão com alvas vestes nas alturas, onde os exércitos de branco cantam aleluia perpetuamente ao Altíssimo. Possuirão inconcebíveis alegrias, felicidade além daquela com que se pode sonhar, bem-aventurança que a imaginação desconhece, ventura que mesmo o desejo mais ousado não alcançaria. Os "irrepreensíveis no seu caminho" terão tudo isto — não por mérito, nem por obras, mas pela graça. Andarão de branco com Cristo, pois Ele os tornou "dignos". Em Sua doce companhia eles beberão das vivas fontes de águas.

9 de dezembro

> *"Por isso, o SENHOR espera, para ter misericórdia de vós..."*
> ISAÍAS 30:18

Deus geralmente demora para responder orações. Temos vários exemplos nas Escrituras Sagradas. Jacó não recebeu a bênção até que se aproximasse a alvorada do dia — ele precisou lutar a noite toda por ela. A pobre mulher de origem siro-fenícia não obteve uma palavra sequer como resposta por muito tempo. Paulo suplicou ao Senhor *três vezes* para que o "espinho na carne" fosse tirado dele e não recebeu garantia de que esse espinho seria retirado, mas, em lugar disso, uma promessa de que a graça de Deus seria suficiente para ele. Se você tem batido ao portão da misericórdia e não está recebendo resposta alguma, deveria eu lhe dizer o porquê o poderoso Criador não abriu o portão e deixou você entrar? Nosso Pai tem razões próprias para nos manter esperando. Algumas vezes é para demonstrar Seu poder e Sua soberania, de modo que os homens saibam que Jeová tem o direto de conceder dádivas ou de retê-las. Mais frequentemente o atraso é para nosso benefício. Talvez você seja mantido em espera para que seus desejos sejam mais fervorosos. Deus sabe que a demora avivará e reforçará o desejo e que se Ele o mantiver esperando, você perceberá sua necessidade mais claramente e buscará mais determinadamente, além de valorizar muito mais a misericórdia por sua longa demora. Também pode haver algo errado em você que precise ser removido antes que a alegria do Senhor seja concedida. Talvez seu modo de ver o plano do Evangelho esteja confuso ou você pode estar colocando uma pequena parte de sua confiança em si mesmo, em vez de confiar simples e completamente no Senhor Jesus. Deus também pode fazê-lo esperar por algum tempo para que possa, finalmente, exibir mais plenamente as riquezas de Sua graça a você. Suas orações estão todas arquivadas no céu e se não foram respondidas imediatamente, certamente não foram esquecidas, mas em pouco tempo serão respondidas para o seu deleite e satisfação. Não deixe que o desespero o silencie, mas continue suplicando urgente e fervorosamente.

10 de dezembro

> *"...estaremos para sempre com o Senhor."*
> 1 TESSALONICENSES 4:17

As visitas mais doces de Cristo, ó quão breves são — e quão passageiras! Em um momento nossos olhos o veem e nos regozijamos com alegria indizível e glória plena, mas em pouco tempo já não o vemos, pois nosso amado retira-se como uma corsa ou uma jovem gazela, Ele salta pelas montanhas da separação; Ele se vai para a terra das delícias e já não mais se alimenta dos lírios.

> *Se hoje Ele planeja nos abençoar*
> *Com senso do pecado perdoado,*
> *Ele amanhã pode nos atormentar,*
> *Fazendo-nos sentir por essa praga condenados.*

Ó, quão doce a perspectiva da época em que não o observaremos à distância, mas o veremos face a face: quando Ele não será mais como um visitante, não permanecendo por mais de uma noite, mas nos envolverá eternamente na Sua glória. Não o veremos por curto tempo, mas

> *Milhões de anos com olhos admirados,*
> *Percorrerão a beleza de nosso Salvador;*
> *E por incontáveis eras adoraremos,*
> *As maravilhas de Seu amor.*

No céu não haverá interrupções de preocupação ou pecado; o choro não ofuscará nossos olhos; nenhum assunto terreno distrairá nossos pensamentos de alegria; nada nos impedirá de fitar para sempre o Filho da Justiça com olhos incansáveis. Ó como seria doce vê-lo também agora, quão doce fitar essa bendita face para sempre e nunca ter uma nuvem à frente, jamais ter que voltar os olhos para olhar para um mundo de cansaço e aflição! Dia bendito! Quando alvorecerá? Levante-se, ó sol! As alegrias da percepção podem nos abandonar o quanto antes, pois este encontro será gloriosamente compensador. Se morrer é entrar em comunhão ininterrupta com Jesus, então a morte é, de fato, ganho, e esta inimiga é engolida em um mar de vitória.

11 de dezembro

"Fiel é o que vos chama, o qual também o fará."
1 TESSALONICENSES 5:24

O céu é um lugar onde jamais pecaremos; onde cessaremos nossa vigilância constante contra o inimigo incansável, porque não haverá tentador para enganar nossos pés. Lá os perversos já não mais transtornam e o cansado tem descanso. O céu é a "herança incorruptível"; é a terra de perfeita santidade e, portanto, de segurança completa. Mas os santos, mesmo no mundo, algumas vezes não experimentam as alegrias da segurança bem-aventurada? A doutrina da Palavra de Deus é que todos os que estão em união com o Cordeiro estão seguros; que todos os justos permanecerão no caminho; que aqueles que comprometeram sua alma a guardar-se em Cristo perceberão que Ele as preservará por ser fiel e imutável. Sustentados por tal doutrina podemos desfrutar de segurança mesmo aqui na Terra; não essa elevada e gloriosa segurança que confere liberdade de todo deslize, mas a segurança santa que resulta da promessa de Jesus de que ninguém que nele crê perecerá, mas estará com Ele onde Ele está. Cristão, reflitamos com alegria na doutrina da perseverança dos santos e honremos a fidelidade de nosso Deus com santa confiança nele.

Que nosso Deus traga a você o senso de segurança em Cristo Jesus! Que Ele possa garantir-lhe que seu nome está gravado em Sua mão e sussurre em seu ouvido a promessa: "Não temas, porque eu sou contigo." Olhe para Ele, a grande Garantia da aliança, como fiel e verdadeiro e, portanto, determinado e comprometido a apresentar você, o mais fraco da família, com toda a raça escolhida, diante do trono de Deus; e em tão doce contemplação você beberá o suco do vinho com condimentos da romã do Senhor e experimentará as delicadas frutas do Paraíso. Você terá um antepasto de deleites que cativam as almas dos santos perfeitos nas alturas, se conseguir crer, com fé que não titubeia, que "fiel é o que vos chama, o qual também o fará."

12 de dezembro

"...Os caminhos de Deus são eternos."
HABACUQUE 3:6

O que Ele fez uma vez, fará novamente. Os caminhos do homem são variáveis, mas os caminhos de Deus são eternos. Há muitas razões para esta verdade tão consoladora: entre elas está a seguinte — os caminhos do Senhor são *o resultado de deliberação sábia*; Ele ordena todas as coisas conforme a recomendação de Sua vontade. A ação humana é frequentemente o resultado precipitado da paixão, do medo e é seguida de arrependimento e mudança; mas nada pode surpreender o Todo-Poderoso ou acontecer de forma diferente do que Ele havia previsto. Seus caminhos são *o resultado de um caráter imutável*, e neles os atributos fixos e estabelecidos de Deus são vistos claramente. A menos que o próprio Deus Eterno possa suportar mudança, Seus caminhos, que são Ele próprio em ação, devem permanecer os mesmos para sempre. Ele é eternamente justo, gracioso, fiel, sábio e afável? — Então Seus caminhos devem sempre ser distintos pelas mesmas excelências. Os seres agem de acordo com sua natureza e quando esta natureza muda, sua conduta também muda; mas como Deus não conhece sombra de variação, Seus caminhos permanecerão para sempre os mesmos. Além disso, não há razão exterior que possa reverter os caminhos divinos, considerando que são a *personificação do poder irresistível*. A Terra, segundo o profeta, é fendida pelos rios, as montanhas tremem, as profundezas levantam suas mãos e o sol e a lua param, quando Jeová marcha para a salvação do Seu povo. Quem pode deter Sua mão ou dizer a Ele: O que fazes? Contudo, não é apenas o poder que concede estabilidade. Os caminhos de Deus são *a manifestação dos princípios eternos de justiça*, e, portanto, nunca passarão. A instrução errada deteriora e envolve a ruína, mas o bem e a verdade têm uma vitalidade em si mesmos que as eras não podem diminuir.

Nesta manhã, vamos ao nosso Pai celestial com confiança, lembrando-nos de que "Jesus Cristo é o mesmo ontem, hoje, e o será para sempre". E nele o Senhor é para sempre gracioso para com o Seu povo.

13 de dezembro

> "...sal à vontade."
>
> ESDRAS 7:22

O sal era usado em toda oferta queimada ao Senhor; e por suas propriedades de conservação e de purificação era o símbolo aceitável da graça divina na alma. Com respeito a isso é importante prestarmos atenção que quando Artaxerxes deu sal a Esdras, o sacerdote, ele não estabeleceu limite de quantidade; e podemos ter certeza que quando o Rei dos reis distribui graça entre Seu sacerdócio real, *Seu* estoque não fica diminuído. Geralmente somos limitados por nós mesmos, mas nunca pelo Senhor. Aquele que escolhe ajuntar muito maná descobrirá, no fim das contas, que tem exatamente a quantidade que desejava. Não há fome em Jerusalém para que os cidadãos pesem o pão antes de comê-lo ou calculem o quanto de água bebem. Algumas coisas na economia da graça são mensuradas, por exemplo: nosso vinagre e nosso fel nos são concedidos com tanta exatidão que nunca temos uma gota a mais, contudo para o sal da graça não há limitação: "Pedi, e dar-se-vos-á." Os pais precisam fechar o armário de frutas e jarros de doces, mas não há necessidade de guardar a embalagem de sal trancada a chave, pois poucas crianças comerão sal com avidez. Um homem pode ter dinheiro ou honra demais, mas nunca graça demais. Quando Jesurum engordou [N.E.: Deuteronômio 32:15 ARC], ele abandonou a Deus, mas não há como temer que o homem fique cheio demais da graça. Uma *superabundância* de graça é impossível. Mais riqueza traz mais preocupação, porém mais graça traz mais alegria. Sabedoria ampliada é sinônimo de tristeza ampliada, mas abundância do Espírito é plenitude de alegria. Cristão, vá ao trono para receber grande estoque do sal celestial. Ele irá condimentar suas aflições, que são insípidas sem o sal; preservará seu coração que se corrompe se não houver sal, e exterminará seus pecados como o sal mata lesmas. Você precisa de muito, então busque muito e obtenha muito.

14 de dezembro

"Vão indo de força em força..."
SALMO 84:7

Vão indo de *força* em *força*. Há várias interpretações para estas palavras, mas todas elas contêm a ideia de progresso. Nossa tradução já é o suficiente para nós nesta manhã. "Vão indo de força em força." Ou seja, ficam mais e mais fortes. Geralmente, se estamos caminhando, vamos da força para a fraqueza; começamos com vigor e com boa disposição para nossa jornada, mas o tempo passa, a estrada é cansativa e o sol é quente, sentamo-nos à beira da estrada e então, mais uma vez, buscamos arduamente nosso caminho fatigante. Mas o peregrino cristão obtém provisão fresca da graça e, por isso, permanece tão vigoroso, como no início, após anos de viagem penosa. Ele pode não estar tão jubiloso e animado, nem, talvez, tão veemente e impetuoso em seu zelo como antes estava, mas está muito mais forte em tudo o que compreende o poder real e viaja, embora mais lentamente, com muito mais segurança. Alguns veteranos grisalhos são tão firmes em sua compreensão da verdade e tão zelosos em difundi-la, como eram em sua juventude; porém, devemos confessar que frequentemente a realidade é outra, pois o amor de muitos esfria e a iniquidade abunda, mas este é o pecado de cada um, e não é culpa da promessa que ainda permanece válida: "Os jovens se cansam e se fatigam, e os moços de exaustos caem, mas os que esperam no SENHOR renovam as suas forças, sobem com asas como águias, correm e não se cansam, caminham e não se fatigam." Espíritos rabugentos sentam-se e se preocupam com o futuro. "Ah! Que tristeza!", eles dizem, "vamos de aflição em aflição". Muito verdadeiro, homem de pequena fé, mas você também vai de força em força. Você nunca encontra um feixe de aflição que não venha acompanhado de suficiente graça. Deus concederá a força da coragem amadurecida junto com o fardo destinado a ombros completamente desenvolvidos.

15 de dezembro

> "...Orfa, com um beijo, se despediu de sua sogra, porém Rute se apegou a ela."
>
> RUTE 1:14

Ambas tinham afeição por Noemi e decidiram retornar com ela para a terra de Judá. Mas a hora do teste chegou; Noemi, com muito altruísmo, esclareceu para cada uma as provas que as aguardavam e lhes disse que, caso se importassem com bem-estar e conforto, deveriam retornar aos amigos moabitas. Em princípio ambas declararam que lançariam suas sortes com o povo do Senhor; contudo, após consideração posterior, Orfa, com muita tristeza e com um beijo de respeito, deixou Noemi, seu povo e seu Deus e voltou para seus amigos idólatras, enquanto Rute entregou-se de todo o coração ao Deus de sua sogra. Uma coisa é amar os caminhos do Senhor quando tudo é satisfatório e outra coisa bem diferente é apegar-se a eles mesmo com todos os desencorajamentos e dificuldades. O beijo como manifestação exterior tem um valor pequeno além de ser fácil, mas o apegar-se ao Senhor de modo prático, que deve se manifestar em decisão santa pela verdade e pela santidade, não é uma questão tão simples. Qual é o nosso caso? Nosso coração está apegado a Jesus? O sacrifício está atado com cordas aos chifres do altar? Calculamos o custo e estamos solenemente prontos para sofrer toda a perda deste mundo por amor ao Mestre? O ganho posterior será recompensa abundante e os tesouros do Egito não se comparam com a glória a ser revelada. De Orfa não se ouve mais; no bem-estar glorioso e prazer idólatra sua vida dissolve-se na escuridão da morte; mas Rute vive na história e no céu, pois a graça a colocou na nobre linhagem de onde surgiu o Rei dos reis. Benditas entre as mulheres serão aquelas que por amor a Cristo renunciarem a tudo; mas esquecidas serão aquelas que na hora da tentação violentarem a consciência e voltarem-se para o mundo. Ah! Que nesta manhã não nos contentemos com a forma de devoção que se assemelhe ao beijo de Orfa, mas que o Espírito Santo trabalhe em nosso coração o apego ao nosso Senhor Jesus.

16 de dezembro

"Vinde a mim..."
MATEUS 11:28

O clamor da fé cristã é a dócil palavra "Vinde." A lei judaica dizia: "Vá e tenha cautela com seus passos e com o caminho em que andará. Quebre os mandamentos e você perecerá; guarde-os e viverá." A lei foi uma dispensação de terror que guiava o homem à sua frente, chicoteando-o; o evangelho atrai com cordas de amor. Jesus é o Bom Pastor que vai adiante de Suas ovelhas, convidando-as a segui-lo e sempre guiando-as avante com a doce palavra: "Vinde." A lei repele, o evangelho atrai. A lei mostra a distância que há entre Deus e o homem; o evangelho constrói uma ponte sobre esse terrível abismo e faz o pecador atravessá-la.

Do primeiro momento de nossa vida espiritual até sermos anunciados na glória, a linguagem de Cristo conosco será: *"Vinde, vinde a mim."* Como a mãe estica os braços para seu filhinho pedindo-lhe que ande, dizendo: *"Venha"*, assim o faz Jesus. Ele sempre estará adiante de você, convidando-o a segui-lo, como o soldado que segue seu capitão. Ele sempre irá adiante de você para pavimentar seus caminhos, abrir suas veredas; e você ouvirá Sua voz encorajadora chamando-o para segui-lo durante toda a vida; também na solene hora da morte, Suas doces palavras, aquelas que nos acompanharão até o mundo celestial, serão — "Vinde, benditos de meu Pai!"

Além disso, este não é apenas o clamor de Cristo, mas, se você é cristão, este é o seu clamor para Cristo — "Vem! Vem!" Você esperará por Sua segunda vinda e dirá: "Vem depressa, vem Senhor Jesus." Você almejará comunhão mais próxima com Ele. Como a voz dele para você é "Vinde," sua resposta para Ele será: "Vem, Senhor e fica comigo. Vem e ocupa o trono do meu coração com exclusividade; reina sem rivais e consagra-me inteiramente ao Teu serviço."

17 de dezembro

"...Lembro-me de ti..."
JEREMIAS 2:2

Notemos que Cristo se deleita em pensar em Sua Igreja e em contemplar sua beleza. Como o pássaro retorna com frequência a seu ninho, e como o caminhante apressa-se em direção a sua casa, a mente busca de forma contínua o alvo de sua escolha. Olhar constantemente para a face que amamos nunca é demais; desejamos sempre ter aquilo que nos é precioso ao alcance de nossa vista. Assim é com o Senhor Jesus. Durante toda a eternidade estiveram Suas "delícias com os filhos dos homens"; Seus pensamentos estiveram sempre além para o momento em que Seus eleitos nasceriam neste mundo; Ele os via no espelho de Seu conhecimento prévio. "No teu livro", ele diz, "foram escritos todos os meus dias, cada um deles escrito e determinado, quando nem um deles havia ainda" (Salmo 139:16). Quando o mundo foi colocado sobre seus pilares, Ele estava lá e estabeleceu os limites do povo de acordo com o número dos filhos de Israel. Muito tempo antes de Sua encarnação, Ele desceu a este mundo decaído à semelhança de homem; nos carvalhais de Manre (Gênesis 18), no vau de Jaboque (Gênesis 32:24-30), sob as muralhas de Jericó (Josué 5:13) e na fornalha ardente da Babilônia (Daniel 3:19,25), o Filho do Homem visitou Seu povo. Porque Sua alma deleitava-se neles, Ele não conseguia descansar estando longe, pois Seu coração ansiava por eles. Estiveram sempre presentes em Seu coração, pois Ele havia escrito seus nomes em Suas mãos e gravado-os em Seu lado. Assim como o peitoral que continha os nomes das tribos de Israel era o ornamento mais brilhante que o sumo sacerdote usava, assim são os nomes dos eleitos de Cristo, Suas joias mais preciosas que brilham em Seu coração. Podemos frequentemente esquecer de meditar nas perfeições de nosso Senhor, mas Ele nunca deixa de lembrar-se de nós. Sejamos severos com nós mesmos pelo esquecimento passado e oremos por graça para sempre tê-lo em terna lembrança. "Senhor, grava nos olhos de minha alma a imagem de Teu Filho."

18 de dezembro

"Rasgai o vosso coração, e não as vossas vestes..."
JOEL 2:13

Rasgar as vestes e outros sinais exteriores de comoção religiosa são facilmente manifestos e são *frequentemente hipócritas*; mas sentir arrependimento verdadeiro é muito mais difícil e, consequentemente, muito menos comum. As pessoas respeitam as regras cerimoniais múltiplas e detalhadas — pois tais coisas agradam à carne — mas a humilde religião verdadeira sonda profundamente o coração e é radical para os gostos de homens carnais; eles desejam algo mais pomposo, frívolo e mundano. Hábitos exteriores são *temporariamente confortáveis*; os olhos e os ouvidos são satisfeitos; a presunção é alimentada e a autojustiça se infla, mas são *basicamente ilusórios*, pois na questão da morte e no dia do julgamento, a alma precisa de algo mais substancial do que cerimônias e rituais em que se apoiar. À parte da piedade vital toda religião é completamente vã. Oferecida sem coração sincero, toda forma de adoração é uma fraude solene e um escárnio insolente à majestade do céu.

A rendição de coração é *divinamente lavrada e solenemente percebida*. É um pesar secreto que é *experimentado pessoalmente*, não meramente em forma, mas como uma profunda obra do Espírito Santo que move a alma. Obra executada no mais íntimo do coração de cada cristão. Não é uma questão do que meramente se fala ou em que simplesmente se acredita, mas deve ser sentida aguda e sensitivamente em todo filho vivo, do Deus vivo. É *poderosamente humilhante*, e purifica do pecado por completo; e, então, *prepara de modo doce* para as graciosas consolações que o espírito soberbo é incapaz de receber; e é *distintamente característica*, pois pertence aos eleitos de Deus, e somente a eles.

O texto nos ordena render nosso coração, mas ele é naturalmente duro como mármore. Como, então, faremos isso? Devemos levar nosso coração ao Calvário. A voz do Salvador moribundo lacerou a rocha uma vez, e tem o mesmo poder agora. "Ó bendito Espírito, permite-nos ouvir os clamores de morte de Jesus e nosso coração se rasgará, como homens rasgam suas vestes em dia de lamento."

19 de dezembro

> "A sorte se lança no regaço, mas do SENHOR procede toda decisão." PROVÉRBIOS 16:33

Considerando que o lançar da sorte vem do Senhor, a quem pertence o ajuste de toda a nossa existência? Se o simples lançar da sorte é guiado por Ele, quanto mais não seriam os acontecimentos de toda nossa vida? — especialmente quando nosso bendito Salvador nos diz: "Até os cabelos das vossas cabeças estão contados. E nenhum pardal cairá em terra sem o consentimento de vosso Pai." Sua mente seria envolvida por uma serenidade santa, caro amigo, se você sempre se lembrasse disso. Sua mente se aliviaria da ansiedade de tal forma que você seria mais capaz de caminhar em paciência, sossego e alegria como um cristão deveria. Quando um homem está ansioso, não consegue orar com fé; quando está perturbado com o mundo, não consegue servir Seu mestre; Seus pensamentos servem a ele mesmo. Se você buscar "em primeiro lugar, o seu reino e sua justiça", todas as coisas serão acrescentadas a você. Afligir-se com sua sorte e suas circunstâncias é intrometer-se nos assuntos de Cristo e negligenciar os seus. Você tem procurado executar o trabalho de "provisão" e esqueceu que seu trabalho é obedecer. Seja sábio, dedique-se a obedecer e deixe que Cristo administre o prover. Venha e inspecione o armazém de seu Pai e pergunte se Ele o deixaria passar fome, tendo tanto em Seu depósito? Olhe para o Seu coração de misericórdia e veja se isso pode, de alguma forma, provar insensibilidade! Olhe para Sua sabedoria inescrutável e veja se em algum momento poderá falhar. Acima de tudo, olhe para Jesus Cristo, seu Intercessor e pergunte, enquanto Ele clama por você: pode seu Pai tratá-lo sem a graça? Se Ele se lembra até dos pardais, Ele se esquecerá de um de Seus filhos mais pobres? "Confia os teus cuidados ao SENHOR, e ele te susterá; jamais permitirá que o justo seja abalado."

Minh'alma descanse feliz em seu estado vil,
Não espere nem deseje ser apreciada ou grandiosa;
Mas comover a vontade divina,
Seja a sua glória e riqueza.

20 de dezembro

"...Com amor eterno eu te amei..."
JEREMIAS 31:3

Algumas vezes o Senhor Jesus diz à Sua Igreja quais são Seus pensamentos de amor. "Ele não pensa nisso o suficiente quando não está diante dela, mas em sua presença Ele diz: 'Tu és toda formosa, querida minha.' Realmente, este não é Seu método comum; Ele ama de forma sábia e sabe quando guardar a insinuação de amor e quando exprimi-la; mas há momentos em que Ele não guardará segredo; momentos em que Ele a expressará sem possibilidade de contestação na alma de Seu povo" (N.E.: Extraído do livro *Sermões de R. Erskine*). O Espírito Santo se agrada, de forma muito graciosa, de testificar com nosso espírito sobre o amor de Jesus. Ele toma o que vem de Cristo e revela a nós. Não se ouve uma voz das nuvens, não se vê visões no meio da noite, mas temos um testemunho mais certo que qualquer uma destas manifestações. Se um anjo voasse do céu e notificasse o santo, pessoalmente, do amor do Salvador, o indício não seria mais satisfatório do que aquele que nasce no coração, por meio do Espírito Santo. Pergunte àqueles que pertencem ao povo de Deus, àqueles que viveram próximos aos portões do céu, e eles lhe dirão que houve momentos em que o amor de Cristo por eles, foi fato tão claro e certo que não há como questioná-lo, assim como não se pode questionar sua própria existência. Sim, amado cristão, você e eu tivemos momentos da presença restauradora do Senhor e, então, nossa fé elevou-se aos mais altos cumes de confiança. Tivemos confiança para apoiar nossa cabeça no peito de nosso Senhor e não mais questionamos a afeição de nosso Mestre por nós, assim como João não o fez quando estava naquela situação bendita; nem mesmo a ponto de fazer a pergunta sombria: "Senhor, serei eu que te trairei?", pois esta pergunta foi separada de nós. Ele nos beijou com os beijos de Sua boca e acabou com nossas dúvidas com a proximidade de Seu abraço. Seu amor é mais doce para nossa alma do que o vinho.

21 de dezembro

> *"...Pois estabeleceu comigo uma aliança eterna..."*
> 2 SAMUEL 23:5

Esta aliança é *divina em sua origem*. "Pois estabeleceu comigo uma aliança eterna." Ah! Foi Ele! Pare, minh'alma! Deus, o Pai eterno, fez, de fato, uma aliança com você; sim, esse Deus que trouxe o mundo à existência pela palavra; Ele, curvando-se de Sua majestade, toma sua mão e faz uma aliança com você. Não é realmente uma façanha esta estupenda condescendência, que arrebataria nosso coração para sempre, se realmente a pudéssemos compreender? "Ele estabeleceu uma aliança." Um rei não estabeleceu uma aliança comigo — isso já seria algo; mas o Príncipe dos reis da Terra, El *Shaddai*, o Senhor Todo-Poderoso, o Jeová das eras, o *Elohim* eterno, "Ele estabeleceu comigo uma aliança eterna". Mas note, ela é *específica em sua aplicação*. "Pois estabeleceu comigo uma aliança eterna." Aqui está a doçura dessa aliança para cada cristão. Para mim nada importa Ele ter tido paz com o mundo; quero saber se Ele tem paz *comigo*! Pouco é Ele ter estabelecido uma aliança, quero saber se Ele estabeleceu uma aliança *comigo*. Bendita é a certeza de que Ele estabeleceu uma aliança comigo! Se Deus, o Espírito Santo, me dá esta certeza, então esta salvação é minha, Seu coração é meu, Ele próprio é meu — *Ele é meu Deus*.

Esta aliança é *eterna em sua duração*. Uma aliança eterna significa uma aliança que não tem começo e que nunca, nunca acabará. Quão doce, em meio a todas as incertezas da vida é saber que "o firme fundamento do Senhor permanece" e ter a promessa do próprio Deus: "Não violarei a minha aliança, nem modificarei o que os meus lábios proferiram." Como Davi em seu leito de morte, cantarei esta promessa ainda que minha casa não esteja reta diante de Deus, como meu coração deseja.

22 de dezembro

> *"...eu te fortaleço..."*
> ISAÍAS 41:10

Deus tem um grande estoque do qual liberar esta promessa, pois Ele é capaz de fazer todas as coisas. Cristão, até que você consiga secar todo o oceano da onipotência, até que você consiga despedaçar as altas montanhas de força grandiosa, não há motivos para temer. Não pense que a força do homem, algum dia, será capaz de superar o poder de Deus. Enquanto os grandes pilares da Terra permanecerem de pé, você tem razão suficiente para permanecer firme em sua fé. O mesmo Deus que direciona a órbita da Terra, que alimenta a fornalha ardente do sol e distribui as estrelas do céu, prometeu abastecer você com força diária. Ele é capaz de sustentar o universo, então não cogite a hipótese de que Ele não será capaz de cumprir Suas próprias promessas. Lembre-se do que Ele fez antigamente, nas gerações anteriores. Lembre-se de como Ele falou e assim foi feito; de como Ele comandou e assim permaneceu. Deveria Ele, que criou o universo, esgotar-se? Ele sustenta o mundo sem suporte algum. Aquele que assim age seria incapaz de sustentar Seus filhos? Ele seria infiel à Sua palavra pela necessidade de poder? Quem refreia a tempestade? Ele não voa nas asas do vento e faz das nuvens suas carruagens e segura o oceano em Suas mãos? Como poderia falhar com você? Ele registrou uma promessa tão fiel como essa! Você conseguiria, por algum momento, ceder ao pensamento de que Ele prometeu algo que não poderá cumprir, e que foi além do que o Seu poder poderia fazer? Ah, não! Você já não pode mais duvidar.

"Ó, tu que és meu Deus e minha força, eu creio que essa promessa será cumprida, pois o reservatório ilimitado de Tua graça jamais se esgota e o depósito transbordante de Tua força não pode jamais ser esvaziado por Teus amigos ou saqueado por Teus inimigos."

Agora, seja o fraco forte,
E faça do braço de Jeová sua canção.

23 de dezembro

"...Amigo, senta-te mais para cima..."
LUCAS 14:10

Quando a vida de graça começa a existir na alma, nós, de fato, nos aproximamos de Deus, mas é com grande temor e tremor. A alma, consciente da culpa, e por isso humilhada, está sujeita pela solenidade de sua posição; é lançada à Terra por um senso da magnificência de Jeová, em cuja presença permanece. Com acanhamento sincero, ela escolhe o cômodo mais humilde.

Mas, após a vida, conforme o cristão cresce na graça, ainda que jamais se esqueça da solenidade de sua posição e nunca perca a santa admiração que deve cingir um homem gracioso quando está na presença do Deus que pode criar ou destruir; ainda assim, seu temor já não terá medo algum; se tornará uma reverência santa e não mais um pavor ofuscante. Após a vida, o cristão é chamado para o alto, para o maior acesso a Deus em Cristo Jesus. Então o homem de Deus, caminhando entre os esplendores da deidade e cobrindo sua face, como o glorioso querubim o faz com as duas asas, com o sangue e com a justiça de Jesus Cristo, aproxima-se do trono reverente e curvando-se em espírito, para ali ver um Deus de amor, de bondade e de misericórdia, e então percebe o caráter de comprometimento de Deus antes de Sua completa deidade. Ele verá em Deus Sua bondade antes de Sua grandeza, e mais de Seu amor do que de Sua majestade. A alma, então, ainda se curvando tão humilde quanto antes, desfrutará de uma liberdade mais sagrada de intercessão, pois enquanto prostrada diante da glória do Deus Infinito, será mantida pela percepção reanimadora de estar na presença da misericórdia ilimitada e do amor eterno e pela percepção de aceitação "no Amado". Portanto, o cristão é convidado a subir às alturas e é capacitado a exercer o privilégio de regozijar-se em Deus e aproximar-se dele em confiança santa, dizendo: "Aba, Pai."

Vamos de força em força,
E diariamente cresçamos em graça,
Até que, ressurretos por completo à Sua semelhança,
Vejamos o Senhor face a face.

24 de dezembro

"...se fez pobre por amor de vós..."
2 CORÍNTIOS 8:9

O Senhor Jesus era eternamente *rico*, glorioso e exaltado; mas *"sendo rico, se fez pobre por amor de vós".* Assim como o rico não pode ter comunhão verdadeira com seus irmãos pobres, a menos que ministre de seus recursos às necessidades deles, também é impossível que nosso divino Senhor (a mesma regra aplicada ao Cabeça e aos membros) tivesse comunhão conosco, a menos que nos transmitisse Sua prosperidade abundante e se tornasse pobre para que nos tornássemos ricos. Tivesse Ele permanecido em Seu trono de glória e tivéssemos nós continuado nas ruínas da queda, sem receber Sua salvação, a comunhão teria sido impossível de ambos os lados. Nossa posição na queda, isolados da aliança da graça, tornava impossível que homens caídos se comunicassem com Deus, pois era impossível que Belial estivesse de acordo com Cristo. Portanto, para que a comunhão pudesse ser alcançada, era necessário que o parente rico conferisse Sua condição a Seus parentes pobres, para que a justiça do Salvador desse a Seus irmãos pecadores Sua própria perfeição, e para que nós, pobres e culpados, recebêssemos de Sua completa graça por graça. E para que em dar e em receber, Ele descenda das alturas e os outros ascendam das profundezas, e sejam, então, capazes de abraçar-se em comunhão verdadeira e sincera. A pobreza deve ser enriquecida por Ele, em quem estão tesouros infinitos, antes que ela se aventure a comungar; e a culpa deve se perder na justiça imputada e transmitida, antes que a alma possa caminhar em comunhão com a pureza. Jesus deve vestir Seu povo com Suas vestes ou não poderá admiti-los em Seu palácio de glória e deve lavá-los em Seu sangue ou ficarão corrompidos demais para envolver-se em comunhão com Ele.

Ó cristão! Isso é amor! Por *amor a você* o Senhor Jesus "se fez pobre", para que pudesse exaltá-lo à comunhão com Ele.

25 de dezembro

> *"...eis que a virgem conceberá e dará à luz um filho e lhe chamará Emanuel."*
> ISAÍAS 7:14

Vamos hoje a Belém e, na companhia de pastores viajantes e reis magos adoradores, vejamos aquele que nasceu Rei dos judeus, pois nós, por fé, podemos reivindicar nossa participação e cantar: "Um menino *nos nasceu*, um filho se nos deu." Jesus é Jeová encarnado, nosso Senhor e nosso Deus e, contudo, nosso irmão e amigo; adoremos e admiremos. Notemos já no primeiro olhar *Sua concepção miraculosa*. Foi algo de que não se ouvira antes, incomparável até então: uma virgem conceber e gestar um Filho. A primeira promessa prosseguiu da seguinte maneira: *"A semente da mulher"*, não a descendência do homem. Considerando que a mulher temerária abriu o caminho para o pecado que desencadeou a perda do Paraíso, ela, e somente ela, anuncia o Recuperador do Paraíso. Nosso Salvador, ainda que verdadeiramente homem, era, em Sua natureza humana, o Santo de Deus. Curvemo-nos com reverência diante do santo Filho cuja inocência restaura à humanidade sua glória antiga, e oremos para que Ele seja formado em nós, a esperança da glória. Perceba *sua ancestralidade humilde*. Sua mãe descrita simplesmente como "uma virgem", não uma princesa ou profetisa, nem uma matrona de condição abastada. É verdade que o sangue de reis corria em suas veias e sua mente não era fraca nem inculta, pois cantou a mais doce canção de louvor, mas, ainda assim, que posição humilde, quão pobre o homem com quem noivou e quão miserável a acomodação proporcionada ao Rei recém-nascido!

Emanuel, Deus conosco em nossa natureza, em nossa tristeza, em nossa obra de vida, em nossa punição, em nossa sepultura e agora conosco ou, antes, nós com Ele, em ressurreição, ascensão, triunfo e esplendor da segunda vinda.

26 de dezembro

> *"...O último Adão..."*
> 1 CORÍNTIOS 15:45

Jesus é o Cabeça máximo de Seus eleitos. Como em Adão, todo herdeiro de carne e sangue tem participação pessoal, porque Ele é o Cabeça da aliança e o representante da raça que era considerada sob a lei das obras; da mesma forma sob a lei da graça, toda alma redimida é uma com o Senhor do céu, visto que Ele é o Segundo Adão, o Fiador e Substituto dos eleitos na nova aliança de amor. O apóstolo Paulo declara que Levi estava nos lombos de Abraão quando Melquisedeque o encontrou; é uma verdade certa que o cristão estava nos lombos de Jesus Cristo, o Mediador, quando antes da fundação do mundo os arranjos da aliança da graça foram decretados, ratificados e garantidos para sempre. Portanto, o que quer que Cristo tenha feito, Ele lavrou para todo o corpo de Sua Igreja. Fomos crucificados nele e sepultados com Ele (leia Colossenses 2:10-13) e para que seja ainda mais maravilhoso, ressuscitamos com Ele e, inclusive, ascendemos com Ele para assentarmos nos lugares celestiais (Efésios 2:6). Assim, então, a Igreja cumpriu a lei e foi "aceita *no amado*". É assim, portanto, que ela é estimada com complacência por Jeová, pois Ele a vê em Jesus e não a considera separada daquele que é o Cabeça da aliança. Como o Redentor Ungido de Israel, Cristo Jesus não possui nada distinto de Sua Igreja, mas tudo o que tem Ele mantém para ela. A justiça de Adão era nossa enquanto ele a manteve; e seu pecado passou a ser nosso no momento em que ele o cometeu; e da mesma forma, tudo o que o Segundo Adão é ou faz, é nosso assim como é dele, visto que Ele é nosso representante. Aqui está o fundamento da aliança da graça. Este sistema de representação e substituição, foi o que levou Justino, o mártir, [N.E.: Nasceu em Samaria por volta do ano 100 d.C., foi decapitado em 165 d.C.] a clamar: "Ó bendita mudança, ó doce permuta!" Este é o princípio fundamental do evangelho de nossa salvação e deve ser recebido com forte fé e alegria extasiante.

27 de dezembro

"Porventura, sobe o junco sem lodo?..."
JÓ 8:11 ARC

O junco é esponjoso e oco, sendo assim é como um hipócrita, não há essência ou estabilidade nele. É balançado de um lado para outro em qualquer vento, assim como formalistas se rendem a qualquer influência. Por essa razão, o junco não se quebra com a tempestade, nem os hipócritas se perturbam com a perseguição. Eu não seria enganado deliberadamente nem seria um enganador; talvez o texto de hoje me ajude a testar-me para saber se sou ou não um hipócrita. O junco, por natureza, vive na água e deve sua existência ao lodo e à umidade onde criou raiz; caso o lodo seque, o junco rapidamente definha. Seu verdor é totalmente dependente das circunstâncias; a presença abundante de água o faz florescer, e uma seca o destrói imediatamente. Este é o meu caso? Sirvo a Deus apenas quando estou em boa companhia ou quando a crença é vantajosa e respeitável? Amo o Senhor apenas quando confortos temporais vêm até minhas mãos? Se sim, sou fundamentalmente um hipócrita e, como o junco que definha, perecerei quando a morte me privar de alegrias exteriores. Mas posso declarar honestamente que quando os confortos do corpo foram poucos e meus arredores foram mais adversos à graça do que com ela colaboraram, ainda assim mantive minha integridade? Então tenho esperança de que haja piedade genuína e vital em mim. O junco não cresce sem lodo, mas plantas semeadas pela destra do Senhor podem e realmente florescem mesmo no ano de seca. Um homem piedoso geralmente cresce melhor quando suas circunstâncias mundanas decaem. Aquele que segue a Cristo por dinheiro é como Judas; aqueles que seguem por pães e peixes são filhos do diabo; mas aqueles que, por amor, o escutam são os Seus amados. "Senhor, ajuda-me a encontrar minha vida em ti, e não no lodo do favor ou do ganho deste mundo."

28 de dezembro

> *"...esse viver que, agora, tenho na carne, vivo pela fé no Filho de Deus..."* GÁLATAS 2:20

Quando o Senhor, em misericórdia, passou por nós e nos viu em nosso sangue, antes de tudo Ele disse: "Viva"; e isto Ele fez *primeiro*, porque a vida é uma das coisas plenamente essenciais nas questões espirituais e até que nos seja concedida, somos incapazes de partilhar das coisas do reino. Contudo a vida, que a graça confere aos santos no momento de sua vivificação, não é outra senão a vida de Cristo, que, como a seiva do tronco, corre por dentro de nós, os galhos, e estabelece uma conexão viva entre nossa alma e Jesus. A fé é a graça que persegue esta união, tendo nascido dessa mesma união como o primeiro fruto. É o pescoço que liga o corpo da Igreja à sua Cabeça repleta de glória.

> *Ó Fé! A fronteira da união com o Senhor,*
> *Este não é o seu ofício? E seu nome adequado,*
> *Na organização das categorias do evangelho,*
> *E nos símbolos convenientes é: o pescoço da Igreja;*
> *Identificando-a em propósito e obra*
> *Com aquele que ascendeu?*

A fé se apega ao Senhor Jesus com firmeza e determinação. Ela conhece Sua excelência e valor e nenhuma tentação pode persuadi-la a repousar sua confiança em outro lugar; e Cristo Jesus se deleita tanto com essa graça celestial que nunca deixa de fortalecê-la e sustentá-la com o amoroso abraço e o suporte plenamente suficiente de Seus braços eternos. Aqui, então, fica estabelecida uma união viva, sensível e aprazível que lança fontes de amor, confiança, harmonia, complacência e alegria das quais tanto noiva quanto noivo amam beber. Quando a alma pode perceber claramente esta unidade entre si e Cristo, a pulsação de ambos é a mesma e um mesmo sangue flui nas veias de ambos. E o coração fica tão próximo do céu quanto está da Terra e fica preparado para usufruir da comunhão mais sublime e espiritual.

29 de dezembro

> *"...Até aqui nos ajudou o Senhor."*
> 1 SAMUEL 7:12

As palavras "até aqui" são como a mão que aponta em direção ao *passado*. Seja por vinte ou setenta anos, ainda assim, "até aqui nos ajudou o Senhor"! Na pobreza, na riqueza, na doença, na saúde, em casa, em outro país, na costa, no mar, na honra, na desonra, na perplexidade, na alegria, nas lutas, no triunfo, na oração, na tentação, "até aqui nos ajudou o Senhor"! Nós nos deleitamos ao olhar adiante, para uma longa alameda de árvores. É encantador olhar de ponta a ponta do longo panorama, algo como um templo verdejante, com pilares de ramos e seus arcos de folhas; da mesma forma, olhe para os longos corredores de seus anos, para os verdes galhos de misericórdia sobre sua cabeça e os fortes pilares de bondade e fidelidade que sustentaram nossas alegrias. Não há pássaros cantando nos galhos mais distantes? Certamente deve haver muitos e todos cantam a misericórdia recebida *até aqui*.

Mas as palavras também apontam *adiante*. Pois quando um homem chega a certo ponto e escreve "até aqui", ele não está no fim, ainda há uma distância a ser percorrida. Mais provas, mais alegrias, mais tentações, mais triunfos, mais orações, mais respostas, mais labuta, mais força, mais lutas, mais vitórias e, então, vem a doença, a idade avançada, a enfermidade, a morte. Chegou ao fim? Não! Ainda há mais que surge conforme nos aproximamos da similitude a Jesus: tronos, harpas, canções, salmos, vestes brancas, a face de Jesus, a comunidade dos santos, a glória de Deus, a plenitude da eternidade, a infinitude da felicidade. Ó tenha bom ânimo, cristão, e com confiança grata engrandeça seu "Ebenézer", pois:

> *Ele que o ajudou até aqui*
> *Ajuda-lo-á em toda a jornada.*

Quando lidas à luz do céu, como será maravilhosa e gloriosa a perspectiva do seu "até aqui" aos seus olhos gratos!

30 de dezembro

"Melhor é o fim das coisas do que o seu princípio..."
ECLESIASTES 7:8

Olhe para o Senhor e Mestre de Davi; veja Seu começo. "Era desprezado e o mais rejeitado entre os homens; homem de dores e que sabe o que é padecer." Você preveria o fim? Ele se assenta à destra de Seu pai, esperando o momento em que Seus inimigos serão Seu escabelo. "Segundo Ele é, também nós somos neste mundo." Você deve carregar a cruz ou jamais usará a coroa; você deve vadear o lodo ou nunca andará nas ruas de ouro. Alegre-se, pobre cristão. "Melhor é o fim das coisas do que o seu princípio." Veja o verme rastejante, quão desprezível é sua aparência! É o começo de algo. Observe o inseto com asas suntuosas, brincando nos raios de sol, repleto de alegria e vida, este é o fim do verme rastejante. Essa lagarta é você, até que seja envolto no casulo da morte; mas quando Cristo surgir você será como Ele, pois o verá como Ele é. Contente-se em ser como essa lagarta, pois você se alegrará quando acordar já semelhante a Jesus. Esse diamante bruto é colocado na roda de lapidação. Ele o corta em todos os lados. Muito se perde — muito do que parecia ter alto custo para o diamante. O rei é coroado, o diadema é colocado na cabeça do monarca ao alegre som da trombeta. Um raio brilhante cintila da pequena coroa e é emitido exatamente daquele diamante que há pouco fora tão dolorosamente fustigado pela lapidação. Você pode se aventurar a comparar-se com tal diamante, pois você faz parte do povo de Deus; e este é o momento do processo de corte. Deixe que a fé e a paciência façam seu trabalho perfeito, pois no dia em que a coroa for colocada na cabeça do Rei, Eterno, Imortal, Invisível, um raio de glória emanará de você. "Eles serão para mim particular tesouro", diz o Senhor, "naquele dia que prepararei". "Melhor é o fim das coisas do que o seu princípio."

31 de dezembro

> *"No último dia, o grande dia da festa, levantou-se Jesus e exclamou: Se alguém tem sede, venha a mim e beba."* JOÃO 7:37

A *paciência tinha sua obra perfeita* no Senhor Jesus, e até no último dia de festa ele apelou aos judeus; e neste último dia do ano Ele apela a nós e espera para ser gracioso conosco. Admirável, de fato, é a paciência do Salvador em lidar com alguns de nós, ano após ano, não obstante nossas provocações, rebeliões e resistência ao Seu Santo Espírito. Maravilha das maravilhas é ainda estarmos no solo da misericórdia!

A compaixão expressou-se muito claramente, pois Jesus *chorou*, o que infere não apenas na sonoridade de Sua voz, mas a brandura de Seu timbre. Ele nos roga que sejamos reconciliados. "Rogamos", diz o apóstolo, "como se Deus exortasse por nosso intermédio." Que termos fervorosos e tocantes! Quão profundo deve ser o amor que faz o Senhor chorar pelos pecadores e, como a mãe, persuadir Seus filhos para que se aproximem de Seu peito! Certamente ao chamado de tal clamor nosso coração disposto virá.

A provisão é mais abundante; tudo é provido para que o homem possa extinguir a sede de sua alma. A expiação traz paz à sua consciência; o evangelho traz a instrução mais rica ao seu entendimento; a pessoa de Jesus é o objeto mais nobre de amor para o seu coração; a verdade, como é em Jesus, fornece ao homem, como um todo, o alimento mais puro. A sede é terrível, mas Jesus pode removê-la. Ainda que a alma esteja completamente faminta, Jesus pode restaurá-la.

A proclamação é aberta, todo aquele que tem sede é bem-vindo. Não há outra distinção a não ser a sede. Seja sede de avareza, ambição, prazer ou descanso, aquele que dela sofre é convidado. A sede pode ser ruim em si mesma, e não ser sinal de graça, mas antes uma marca de pecado excessivo que anseia por ser gratificado com correntes mais profundas de luxúria; mas não é a bondade na criatura que traz o convite. O Senhor Jesus o envia gratuitamente e sem consideração por alguém especificamente.